KB202963

포스트모던 사회와
열린 종교 이야기

길희성 "종교와 영성 연구" 전집 10

포스트모던 사회와 열린 종교 이야기

〈포스트모던 사회와 열린 종교〉 증보개정판

2015년 10월 20일  초판 1쇄 펴냄
2023년  2월 13일  증보개정판 1쇄 펴냄

지은이    길희성
펴낸이    김영호
펴낸곳    도서출판 동연
등 록     제1-1383호(1992. 6. 12)
주 소     (03962) 서울시 마포구 월드컵로 163-3
전 화     (02)335-2630
페이스북    https://www.facebook.com/dypress/
인스타그램  https://www.instagram.com/dongyeon_press

ISBN 978-89-6447-710-6  04200
ISBN 978-89-6447-700-7  (전집)

# 포스트모던 사회와
# 열린 종교 이야기

길희성 지음

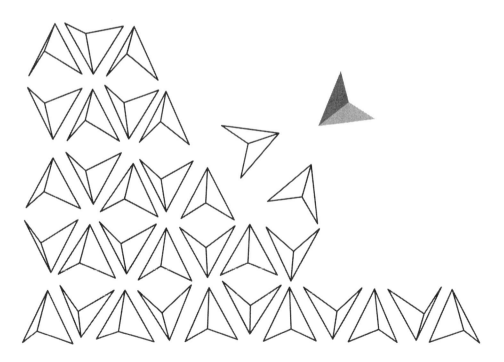

동연

# 전집을 펴내며

지난해 5월 세브란스병원에서 건강검사를 마치고 집으로 돌아오는 길에 차 안에서 동연출판사 김영호 사장과 전화 통화를 할 기회가 있었다. 마침 그분도 세브란스 병원에 입원 중이라는 말을 듣고 깜짝 놀랐다. 다시 한번 생로병사의 고통을 말씀하시면서 인생의 지혜를 일깨워 주셨던 부처님의 말씀이 생각났다. 사실, 입원이 여의치 않아 거의 뜬눈으로 병실에서 검사를 기다리며 지내다 보니, 온통 환자들과 가운을 입은 의료진만을 볼 수밖에 없었다. 그러다 보니 내가 산 지난날의 모습을 회상하게 되었다. 지금은 근 80년을 산 셈이니, 이제 흙 속에 묻혀도 여한이 없겠다는 생각, 세상에는 몸이 아파 고통을 받는 사람이 너무 많구나 하는 생각이 새삼스럽게 들었고, 하느님께서 나의 삶을 비교적 순탄케 이끌어 주셨구나 하고 감사하는 마음도 절로 생겼다. 무엇보다도 병마에 고통스러워서 소리를 지르는 사람들을 보면서, 병마의 고통을 간접적으로나마 느껴보는 것도 그리 나쁘지 않은 경험이라는 생각이 들어, 내가 그동안 받은 많은 복을 너무 당연시하며 철없는 삶을 살았다는 반성도 하게 되었다. 여하튼 김영호 사장님의 쾌차를 빌면서 대화를 마쳤다.

그동안 나의 부족한 책들을 내시느라 노고가 많았던 분도, 소나무, 세창, 서울대학교출판부, 민음사 그리고 철학과현실사 등의 사장님들과 편집진에게 깊이 감사한다. 특히 애써 만들어 출판한 책을 이번 전집에 포함시킬 수 있도록 흔쾌히 동의해 주신 너그러우심에 대해 감사하지 않을 수 없다. 아무쪼록 이 너그러움과 어려운 여건 속에서도 저의 책을 사랑하는 마음으로 전집 발간을 해주시는 동연의 김영호 사장님의 용단이 합하여, 우리나라의 열악한 출판계와 학계의 발전에 큰 기여가 되기를 기대한다.

전집 발간을 계기로 그동안 출판한 책들과 글들을 모두 다시 한번 읽어 보게 됨에 따라 눈에 띄는 오자, 탈자를 바로잡았다. 또 불가피한 경우에는 약간의 수정을 가하거나 아예 새 문장/문단으로 대체하기도 했다. 전집 발간은 자서전 쓰는 것과 유사하다. 자기가 쓴 글이라도 마음에 드는 글과 안 드는 글이 있기 마련이지만, 마치 정직한 자서전을 쓰는 사람이 자기가 살면서 저지른 잘못된 행동을 감추어서는 안 되듯이, 전집을 내는 것도 이제 와서 자기 마음에 안 든다고 함부로 누락시킬 수 없다. 이런 점에서 자서전과 전집은 정직을 요한다.

지금까지 자기가 쓴 줄도 모르고 있던 글도 있고, 자기 뜻과는 다른 논지를 편 글도 있을 수 있지만, 할 수 있는 대로 다 전집에 담으려 했다. 그러다 보니 전집의 부피가 커질 수밖에 없고, 마음에 안 드는 글은 빼려 하니 독자들을 속이는 것 같았다. 고심 끝에 양극단을 피하려 했지만, 결과는 만족스럽지 못했고, 결국 후학들이나 독자들의 판단에 맡기게 되었으니, 너그러운 양해를 구한다.

참고로, 현재까지 나온 책 12권과 앞으로 출판을 계획하고 있는 책 8권과 나머지 7권—공저 세 권과 종교학 고전 번역서 세 권 포함—의 이름들은 다음과 같음을 알려 드린다.

2022. 10.

길희성

**종교와 영성 연구 전집** (총 27권: 잠정적)

1. 『종교 10강 — 종교에 대해 많이 묻는 질문들』
2. 『종교에서 영성으로 — 탈종교 시대의 열린 종교 이야기』
3. 『아직도 교회 다니십니까? — 탈종교 시대의 그리스도교 신앙』
4. 『지눌의 선 사상』
5. 『일본의 정토 사상: 신란의 절대 타력 신앙』
6. 『마이스터 에크하르트의 영성 사상』
7. 『인도 철학사』
8. 길희성 역주. 『범한대역 바가바드 기타』
9. 『보살예수: 불교와 그리스도교의 창조적 만남』
10. 『포스트모던 사회와 열린 종교 이야기』
11. 『신앙과 이성의 새로운 화해』
22. 길희성 · 류제동 · 정경일 공저. 『일본의 종교문화와 비판불교』

(이하 출간 예정)

12. 『인문학의 길: 소외를 넘어』
13-15. 『불교 연구』 1 · 2 · 3
16-18. 『영성 연구』 1 · 2 · 3
27. 『영적 휴머니즘』 (증보개정판, 2023)

공저

19. 길희성 · 김승혜 공저. 『선불교와 그리스도교』 (바오로딸, 1996)
20. 길희성 외 3인 공저. 『풀어보는 동양사상』 (철학과현실사, 1999)
21. 길희성 외 3인 공저. 『전통, 근대, 탈근대의 철학적 조명』 (철학과현실사, 1999)

종교학 고전 번역

23. 루돌프 오토/길희성 역. 『성스러움의 의미』 (분도출판사, 1987)
24. 윌프레드 캔트웰 스미스/길희성 역. 『의미와 목적』 (분도출판사, 1991)
25. 게르하르드 반델레우/길희성 · 손봉호 공역. 『종교현상학』 (분도출판사, 2007)

기타

26. 『대담 및 단상』

# 머리말

나는 간혹 내가 약 이백 년 전쯤 조선 시대에 태어났다면 어떻게 살았을까 상상해 보곤 한다. 행여 어느 양반 가문에 태어났다고 가정해 보면 보나 마나 서당에서부터 시작하여 성균관에 진학한 후 과거 급제를 통해 입신양명하는 것을 인생의 큰 목표로 하여 살았을 것이고, 간혹 그 길에 대한 회의가 든다 해도 별수 없이 '정도'를 걸었을 것이다.

혹시 당시 퍼지기 시작한 서학 내지 천주학에 약간의 관심을 가질 수도 있었겠지만 불가불 나의 인생관, 세계관, 가치관은 철두철미 유교적이었을 것이며, 인간이 유교를 떠나 전혀 다른 신앙과 신념을 가지고도 인간답게 살 수 있다는 생각은 좀처럼 들지 않았을 것이다.

직업이나 삶의 방식에도 별다른 선택은 없었을 것이다. 마치 동물들이 주어진 환경을 벗어나 살 수 없듯이 나도 주어진 전통을 절대적인 것으로 여겼을 것이며, 그 안에서 나의 모든 사고와 행동이 결정되었을 것이다.

신앙이나 신념, 직업이나 삶의 스타일이 개인의 선택 대상이 되어 있는 오늘날에 비하면 얼마나 폐쇄적인 세계이었던가!

물론 전통 사회가 그렇게 단순하거나 단조로운 것만은 아니었을 것이며 현대 사회의 개방성과 현대인의 자유 또한 과장해서는 안 될 것이다. 현대인들이 누린다고 생각하는 자유란 어쩌면 환상에 지나지 않을 수도 있다. 현대인에게 수많은 선택이 주어졌다고는 하나 정작 한 개인이 실제로 선택할 수 있는 길은 극히 제한된 것일 수도 있다.

그렇다고 해도 조선 후기의 지성인과 현대 한국을 살고 있는 지식인의 의식 사이에는 부인할 수 없는 한 가지 현격한 차이가 존재한다. 현대의 지식인은 적어도 세계에는 다양한 사상과 이념 체계가 존재한다는 사실을 의식할 뿐만 아니라 자기 주변에서 많은 사람이 자기와는 매우 다른 신앙과 신념 체계, 가치관과 사고방식들을 가지고 살고 있다는 점을 의식하지 않을 수 없다. 사고와 행위의 일률성, 그 속에서 누리는 정신적 확실성과 안정감이 모든 전통 사회가 추구한 이상이자 어느 정도 실현된 현실인 반면에 현대인들에게는 그러한 확실성이 사라져 버린 지 이미 오래며, 그런 것을 이상으로 여기지도 않는다. 정보의 홍수, 지식의 무제한적 확대, 이에 따른 의식과 가치관의 다변화, 이로부터 오는 회의, 불확실성, 상대주의, 허무주의 그리고 자유와 선택이 안겨주는 부담과 고민, 이 모든 것들은 현대인들이 자신의 좌표를 잡아야 할 정신적 상황인 것이다.

　이 책은 바로 이러한 문제들을 안고서 씨름해 온 나 자신의 정신적 편력의 발자취이기도 하다.

　신앙의 고민을 안고서 철학과에 문을 두드린 지 벌써 30여 년이나 되었다. 그동안 줄곧 대학이라는 장을 떠나본 일이 없어서인지는 몰라도 외적으로는 큰 탈 없이 비교적 평온한 삶을 살아왔으나 내적으로는 결코 평탄한 삶이 아니었다. 정신적 좌표를 찾아 철학, 신학, 종교학 그리고 동서양의 정신세계를 왔다 갔다 하면서 방황하던 필자의 모습이 여기에 묶어 놓은 글들을 읽어 보는 사람에게 쉽게 발견되리라 믿는다. 신앙이란 한 인격의 삶에 일정한 정향성을 제시해 주며, 의미를 부여해 주는 힘이다. 신앙은 또한 사회적으로나 문화적으로 한 집단의 정체성과 밀접한 관계를 지니고 있다.

　이러한 신앙, 그 가운데서도 특히 배타적 성격이 강하다고 인식되는 그리스도교 신앙이 현대의 종교다원 세계 속에서 어떻게 도전받으며 또 어떠한 형태로 재정립되어야 할 것인가 하는 문제를 타 종교 사상들과의 다각적인 비교 연구를 통해 고찰해 보았다. 다양한 사상과 이념들이 교차하는 다원 세계의 정신적 혼란이 새로운, 보다 성숙하고 풍요로운 신앙으로 이어지는 진통이기를 바라는 마음으로 이 책을 내놓는다.

이미 여러 학술지나 잡지에 실렸던 글들 가운데서 내용상 연관성이 있다고 여기는 것만을 골라 필요에 따라 약간의 수정을 가해 "포스트모던 사회와 열린 종교"라는 제목 아래 한 권의 책으로 엮었다.

인류 역사는 바야흐로 근대를 넘어서서 탈근대로 향하고 있다는 진단이 여러 사람에 의해 제시되고 있으며, 그러한 조짐이 각 방면에서 나타나고 있다. 포스트모더니즘이라는 말이 사람에 따라 다양한 의미로 사용되고 있는 것은 사실이지만, 근대성을 지향해 온 인류 사회와 문화가 이제 하나의 총체적인 문명사적 전환점을 맞게 되었다는 데에는 모두가 인식을 같이 하고 있다. 이 전환은 아마도 자유와 평등의 이념 위에 선 인간 중심적인 '해방적 관심'으로부터 자연과의 조화와 공생을 추구하는 환경 세계에 대한 관심으로, 서구 사상 중심에서 동양 사상의 부흥으로, 획일화된 권력 구조나 사회제도, 폐쇄적인 문화와 삶의 양식으로부터 개성과 다양성을 존중하는 자유분방한 열린 사회로의 전환을 뜻한다. 이 책에서 많이 논의될 종교 다원성이라는 것도 이러한 총체적인 시대적 변화의 한 중요한 현상으로서, 근대 시민 사회와 더불어 주어진 신앙의 자유와 다원성은 앞으로 전개될 본격적인 정보화, 세계화 사회 속에서 더욱 심화될 것이다.

탈근대 시대에서 종교의 자유는 단순히 근대적인 신앙 선택의 자유를 넘어 종교 간의 경계선을 자유로이 넘나드는 창조적 신앙으로 나타날 것이다. 21세기의 종교는 열린 종교가 될 것이며, 우리의 신앙도 지금까지와는 달리 단 하나만의 전통에 의해 형성되고 유지되는 것이 아니라, 다전통적 신앙으로 나아가는 종교사의 유례 없는 변화가 예고되고 있다.

이러한 상황 속에서 전통적인 신앙이 어떠한 형태로 변모할 것이며 또 어떻게 변해야 할 것인가 하는 것이 이 책의 주요 관심사다. 전통의 보존과 근대화의 추구 그리고 탈근대로의 준비, 그 어느 것 하나도 우리가 소홀히 할 수 없는 시대적 과제로서 우리가 처한 시대적 상황의 복잡성을 말해 주고 있다.

여기 실린 나의 글들이 이러한 시대적 과제 앞에서 종교가 나아가야 할 새로운 진로를 함께 모색하는 일에 약간의 도움이라도 된다면 크게 다행스러운 일이겠다. 독자 여러분들의 많은 비판과 질정을 기다린다.

1994년 8월
길희성

# 차 례

# 제1부

# 열린 신앙을 위하여

# 종교다원 세계 속의 신앙

　종교는 한 민족이나 사회의 정체성을 형성하는 데에 결정적인 역할을 수행해 왔다. 그렇기 때문에 과거의 전통 사회는 근본적으로 종교의 다원성을 용납하기 어려운 폐쇄적인 사회였으며, 한 사회 내에는 한 종교만이 지배적 위치를 차지하도록 되어 있었다.

　물론 인도나 중국과 같은 전통 사회에 종교의 다원성이 없었던 것은 아니다. 그러나 인도의 경우에는 힌두교라는 하나의 포괄적인 종교 전통이 지배적 위치를 차지하면서 불교나 자이나교 그리고 이슬람과 같은 타 전통들과 상호 영향을 주고받는 가운데 인도의 정신세계를 주도해 왔다. 중국에도 유(儒), 불(佛), 도(道)라는 이른바 삼교(三敎)의 전통이 병존해 오기는 했으나 역시 전체적으로 보아 유교 전통이 지배적 역할을 수행해 왔으며, 불교와 도교는 방계 내지 보충 역할을 해 왔다. 마치 음양(陰陽)의 관계처럼 중국에서는 유교가 불교와 도교를 용인하면서 비교적 심각한 사회적 갈등을 일으키지 않고 공존해 왔던 것이다.

　종교 다원성에도 불구하고 인도와 중국이 비교적 종교로 인한 심각한 사회 갈등을 겪지 않은 주된 이유는 무엇보다도 그 지배적 전통인 힌두교와 유교가 지니고 있는 종교적 관용성과 포용성에 있다고 하겠다. 힌두교의 정신을 이어받은 불교 역시 동남아시아 지역의 지배적 종교 전통으로 자리 잡는 과정에서 그 지역의 토착 신앙들과 별다른 마찰 없이 발전해 나갈 수 있었다. 물론 인도의 문화 산물인 불교에 대한 거부감이 중국인들 사이에 없었던 것은 아니다. 특히 성리학의 사상가들에 의해 한때 배불적 태도가 첨예화되기도 했으나 결코 서양 역사에서와 같은 종교전쟁이나 그리스도교, 유대교, 이슬람교가 보였던 종교 갈등과 긴장 관계를 연출하지는 않았다.

일반적으로 보아 전통 사회에서 인종적, 문화적 이유 외에 종교적 이유로 심각한 갈등을 일으킨 종교들은 이른바 계시 종교, 즉 유일신 하느님의 계시에 서 있다고 주장하며, 그 계시에 대한 신앙과 복종을 강조하는 종교들이다. 유대교, 그리스도교, 이슬람교가 이러한 종교들로서 그 가운데서 유대교는 역사적으로 보아 언제나 소수민족의 종교였기 때문에 그리스도교와 이슬람교의 압박을 받기는 했지만, 스스로 타 종교를 압박하지는 않았다. 그런가 하면 그리스도교와 이슬람교는 막상막하의 세력을 지니고 팽팽한 긴장 관계를 유지해 왔다.

계시 종교의 역설적 성격은 한편으로는 우주 만물과 온 인류의 창조주인 한 하느님을 믿으면서도 다른 한편으로는 이러한 보편적 존재가 역사의 한 특수한 사건이나 인물을 통해 자신을 계시했다고 믿는 데에 있다. 힌두교, 불교, 유교나 도교가 우주의 이법(理法)에 대한 인간의 통찰에 근거한 종교들이라면, 유대교, 그리스도교, 이슬람교는 한 특정한 하느님의 계시를 주장하는 종교, 다시 말해 인간의 지혜가 아니라 하느님 자신의 계시에 근거한 종교이다. 따라서 이들 계시 종교들은 그렇지 않은 종교들에 대하여 자연히 배타적 성격을 띠게 된다. 문제는 이 세 계시 종교들이 주장하고 있는 계시의 내용이 상이하다는 데에 있다. 동일한 유일신을 신봉하면서도 그 계시 내용은 상당한 차이를 보이고 있는 것이다. 형제간의 싸움이 타인과의 싸움보다도 더 치열해질 수 있듯이 이 삼 형제 종교의 관계도 전통적으로 긴장과 갈등의 연속이었다.

그렇다면 이 세 종교는 동일한 하느님을 믿고 있는 것일까 아니면 한 분이신 유일신을 믿는다고는 하나 사실은 각기 다른 실재에 대해서 얘기하고 있는 것일까? 이에 대한 세 종교의 전통적인 견해는 근본적으로 전자의 입장을 취하면서도 상호관계에 대해서는 상이한 이해를 보이고 있다. 유대교는 그리스도교에서 하느님의 결정적인 자기 계시라고 믿고 있는 예수 그리스도를 적어도 한 예언자로서 인정하고 있으며, 그리스도교와 마찬가지로 메시아 왕국과 하느님 나라의 도래를 믿고 있다. 이슬람 또한 유대교의 예언자들과 예수를 하느님(Allah)의 사자(使者)들로 인정하며, 다만 무함마드를 하느님의 최종 예언자로 간주할 따름이다. 그렇기 때문에 이슬람은 사실 전 역사를 통해 불교나 힌두교와 같은 종교들에 대해서는 배타적이고 전투적인 태도를 취해 왔지만, 같은 유일신 신앙의 종교인 유대교나 그리스도교에 대해서는 계시의 종교들이라 하여 개종을 강요하거나 배타적인 태도를 취하지는 않았다. 종교적 배타성에 관한 한 그리스도교의 기록을 능가할 종교는 없다.

그리스도교의 종교적 배타성은 과연 어디서 오는 것일까? 그것은 무엇보다도 예수라는 역사의 한 특정한 존재를 단지 하느님을 우리에게 계시해 주는 존재로만 여기는 것이 아니라 육화된 하느님 자신이요 하느님의 아들이라고 믿는 전통적 신앙에 근본적인 뿌리를 두고 있다. 이 예수를 믿고 받아들이지 않는 한 그리고 그를 통하지 않고서는 인간의 진정한 구원은 없다고 하는 결론이 이에 따르는 것이다. 이른바 삼위일체의 교리에 의해 대표되고 있는 신앙의 진리가 그리스도교로 하여금 타 종교들 모두에 대하여 배타적 우월성을 주장하게끔 하는 것이다. 그러나 동시에 바로 이와 같은 교리가 같은 유일신 신앙을 지닌 유대교나 이슬람교로 하여금 그리스도교를 비판하게 하는 주된 요인이 되고 있다. 유대교와 이슬람교는 그리스도교가 인간 예수를 신격화함으로써 예수 자신의 가르침을 저버렸을 뿐만 아니라 순수한 유일신 사상을 배반했다고 한다. 과연 이와 같은 비판에 대하여 그리스도교 신학이 어떠한 태도를 취하느냐 하는 것은 유대교와 이슬람교와의 관계에서뿐만 아니라 다른 모든 종교 전통과의 관계에서도 가장 결정적이고 근본적인 문제이다. 만약 그리스도교 신학이 전통적인 그리스도론을 고수한다면, 그리스도교는 종래의 종교적 독선과 배타성을 벗어나기 어렵고, 현대 종교 다원 세계에서도 여전히 끊임없는 갈등의 요소로 남아 있게 될 것이다.

그리스도교가 주로 교리적 이유로 종교다원성을 수용하기 어려워한다면, 이슬람은 기본적으로 정치와 종교를 분리하지 않으려는 신앙적 입장으로 인해 종교다원성을 받아들이는 데 많은 어려움을 겪고 있다. 이슬람교는 개인뿐만 아니라 사회와 정치 공동체를 알라의 뜻에 복종시켜 구원해야 한다는 강한 사회적 성격을 지닌 종교이다. 다시 말해서 이슬람교는 이슬람적 문화와 사회질서를 구축하고자 하는 종교로서 정치와 신앙을 분리해서 생각하기를 거부하는 종교인 것이다. 따라서 이슬람교는 유대교인과 그리스도교인들을 제외하고는 사회 구성원 모두가 이슬람에 귀의하고 이슬람적 사회 규범과 행동 양식을 좇아야 한다고 믿고 있다. 이와 같은 신념이 실현될 수 있는 유일한 길은 이슬람교가 국교로 인정되는 이슬람 국가를 건설하는 일이며, 이러한 이슬람 국가 안에는 원칙적으로 종교다원성이란 허락될 수 없는 것이다.

그리스도교의 전통적 그리스도론이 새로이 해석되지 않는 한 그리스도교와 종교 다원성이 끊임없는 갈등의 요소를 안고 있듯이 이슬람이 종교와 정치에 관한 기본 입장을 새로이 정립하지 않는다면 이슬람은 현대 시민 사회의 종교적 자유와 끊임없는 마찰의 위험을 안고 있는 것이다. 종교의 다원성과 자유는 근본적으로 근세의 세속화된 사회의 현상으로서, 이슬람은 이러한 세속화 자체를 원칙적으로 인정할 수 없기 때문이다. 물론 이슬람은 인도의 경우 하나의 소수 종교로 존재하면서 그들의 이상을 현실에 적응시켜야 했다. 그러나 이것은 어디까지나 현실상의 제약에서 오는 타협이지 이슬람의 본질에 부합하는 것으로는 여겨지지 않고 있다. 파키스탄과 방글라데시의 분리 독립이 말해 주듯이 이슬람은 기회만 허락한다면 어디까지나 이슬람 국가의 건설을 목표로 하고 있는 것이다. 그렇기 때문에 이슬람은 현재에도 인도에서 심각한 사회적 갈등을 유발시킬 가능성을 지닌 채 존재하고 있으며, 힌두교 또한 다수의 종교로서 이를 좌시하지만은 않을 것이다.

현대의 종교적 상황을 살펴볼 것 같으면 한편으로는 근대적 시민 사회가 가져다준 신교(信敎)의 자유가 허락된 종교다원 사회들이 있는가 하면, 다른 한편으로는 그렇지 못하고 종교가 개인의 신앙 차원을 넘어 한 민족이나 종족의 집단적 정체성과 밀접히 연결되어 있는 전통 사회가 공존하고 있다. 후자의 경우 종교다원성은 끊임없는 민족 간의 분규와 사회 갈등의 요인으로 작용하고 있다. 지금도 세계 도처에서 일어나고 있는 대부분의 민족 갈등이 종교에 뿌리를 두고 있다는 사실은 이를 잘 입증해 주고 있다. 그러나 전자와 같이 이른바 세속화된 사회라 할지라도 실제로는 역시 하나의 지배적 종교 전통이 없이는 그 사회의 통합이 어려우며, 그러한 통합을 이루어 살고 있는 나라들은 헌법상 보장된 종교의 자유에도 불구하고 실제로는 하나의 지배적 종교 전통을 갖고 있다는 사실을 간과해서는 안 된다. 미국이나 서유럽의 여러 나라들이 종교의 자유를 보장하고 있지만, 그럼에도 이들 사회의 정신적 기반은 세속적 휴머니즘에 의해 조절된 그리스도 교 신앙임은 부정할 수 없는 사실이다. 그렇다면 우리가 사는 현대 한국 사회는 어떠한가?

오늘날 한국 사회에는 불교와 그리스도교라는 양대 종교가 막상막하의 세력으로 자리 잡고 있다. 외양적으로 보기에는 그리스도교(가톨릭, 개신교)가 보다 활성적인 모습을 띠고 있는 것이 사실이나 그 대신 불교는 오랜 전통성을 배경으로 하여 그리스도교와는 다른 양식으로 한국인들의 삶 속에 자리 잡고 있다. 이와 같이 비등한 세력을 지닌 두 종교가 한 사회 안에 공존한다는 사실은 그 자체가 이미 사회적 갈등을 일으킬 가능성을 안고 있음을 암시하며 또 실제로 간간이 두 종교 사이에 마찰이 없었던 것도 아니다.

그럼에도 우리 사회에는 아직 이렇다 할 만한 심각한 종교적 갈등은 존재하지 않는다. 그 이유는 어디에 있을까? 한 가지 분명한 점은 우리 사회가 동일한 언어를 사용하는 단일 민족으로 구성되어 있다는 사실이다. 따라서 종교 다원성이 초래할 수 있는 갈등이 민족적 동일성에 의해 제어되거나 약화된다는 것이다. 다시 말해 우리 사회에서는 동질적인 문화 전통에 의해 형성된 민족의 정체성이 그 어느 종교적 정체성보다도 강하다는 말이다.

둘째, 이와 관련해서 우리는 유교라는 종교 전통이 우리 사회에서 차지하고 있는 위치와 역할에 유의할 필요가 있다. 한국인에게 종교적 정체성과 민족적 정체성이 반드시 같이 가지 않는 주된 이유는 불교나 그리스도교보다는 유교가 실제로 한국인의 행위규범과 가치관을 지배하고 있기 때문이다. 한국인의 민족적 정체성은 불교와 그리스도교 보다는 유교 전통에 깊이 뿌리박고 있으며, 한국 사회의 통합적 기능을 수행하고 있는 것도 사회적으로나 정신적으로나 유교의 가치 체계이다. 그리스도교 신자이든 불교 신자이든 한국 사람들은 모두 유교 전통에 깊이 젖어 있으며, 어느 정도 유교 신자라 해도 과언이 아니다. 한국의 그리스도인은 유교적 그리스도인이며, 한국의 불교인은 유교적 불교인이라 해도 별로 틀린 말은 아닐 것이다. 유교는 말하자면 불교와 그리스도교의 종교적 차이를 중화시켜 주는 공통분모 내지 완충 지대의 역할을 한다고 볼 수 있다.

그러나 우리 사회에 종교 갈등의 위험성이 전혀 없는 것은 아니다. 그리고 이 위험성은 무엇보다도 그리스도교 측으로부터 온다고 해도 과언이 아닐 것이다. 유일신 신앙에 근거한 '우상' 숭배 거부 사상, 그리스도 중심의 배타적 구원관, 전투적인 개종주의 선교 정책, 경쟁적 교세 확장 등이 타 신앙인들에게 그리스도교를 위협적이고 독선적인 종교로 보이게 하는 것은 부인할 수 없는 사실이다. 이러한 것들이 참으로 그리스도교 신앙의 본질에 대한 올바른 이해에 근거한 것인지는 물어보아야 하며, 이에 대한 대답은 그리스도교 신학자들에 의해 주어져야 한다.

다만 내가 여기서 지적하고자 하는 바는 한국의 그리스도교 신앙은 그 자체의 논리에 의해서도 결코 한국의 전통 종교와 문화에 배타적이거나 무관심할 수만은 없다는 사실이다.

그 이유는 첫째, 그리스도교 신앙만으로 인간이 구원받는다면 그리스도교 신앙이 한국 땅에 들어오기 전 우리의 선조들은 어떻게 구원받을 수 있었을까 하는 의문이 제기된다. 만약 우리의 선조들이 단지 그리스도교 신앙을 몰랐다는 이유만으로 구원에서 제외되었다면 이것은 과연 누구의 책임인가?

둘째, 그리스도교 신앙은 온 세계와 인류를 내신 창조주 하느님, 온 인류의 역사를 주관하는 한 분이신 하느님을 믿는다. 그렇다면 한국의 역사와 문화에 대한 하느님의 섭리와 뜻은 과연 무엇인가? 불교와 유교, 도교와 무속과 같은 한국의 전통적 신앙이 온 인류 역사를 다스리고 인도하는 하느님과 전혀 무관하게 진행되었다고 말할 수 있겠는가?

셋째, 사랑의 하느님과 인류 구원의 문제가 제기된다. 그리스도교 신앙에 의하면 하느님은 오직 한 분일 뿐만 아니라 온 인류를 사랑하고 구원하기를 원하는 보편적 구원 의지를 지닌 분으로 이해된다. 그렇다면 이러한 보편적 구원 의지와 예수 그리스도에 대한 신앙이라는 특수한 구원의 통로는 어떤 관계가 있을까? 예수 그리스도에 대한 신앙이 없는 곳에도 하느님의 보편적 사랑과 구원 의지가 유효하다면 하느님은 보편적 인류 구원의 방법을 계시함이 없이 구원 의지를 지닌다고 말할 수 있을까? 영원부터 영원까지 사랑이신 하느님은 어떠한 방식으로든 그의 사랑을 그리스도교 전래 이전에도 한국인에게 나타내지 않았을까? 아니면 하느님은 선교사들을 통해 그리스도교 신앙을 한국에 전파할 때 비로소 갑자기 한국인을 사랑하고 구원하기로 마음을 바꾸기라도 했단 말인가? 이러한 의문들에 대한 정직하고 만족할 만한 해답을 제공해야 할 책임은 그리스도교 신학자들에게 있다. 이러한 책임을 회피한다면 그리스도교의 배타적 구원관은 순전한 독단에 지나지 않을 것이다.

우리는 여기서 '구원'이라는 말의 의미를 한번 되새겨보지 않을 수 없다. 도대체 구원이라는 것이 무엇이길래 그리스도인들만의 특권이란 말인가? 구원이라는 개념은 주로 그리스도교에서 사용하는 말이지만, 어느 종교든 그것에 해당하는 개념을 갖고 있다. 구원은 모든 종교가 궁극적으로 추구하고 있는 목적이다. 가령 불교에서는 구원이라는 말 대신 해탈(解脫)이라는 말을 사용한다. 그리고 해탈을 이룬 상태를 열반(nirvana)이라 부른다. 그리스도교의 '하느님 나라'에 해당하는 개념이라 하겠다. 대다수의 종교는 인간이 죽음이라는 단절을 넘어 새로운 삶, 새로운 생명이 있음을 말하고 있다. 즉, 사후의 구원을 증언하고 있다. 그러나 이 보이지 않는 세계, 개인의 삶의 종말이나 세계와 역사의 종말 내지 근본적 변화를 통해 주어지는 이 초월적 세계는 현세에 발붙이고 살고 있는 우리로서는 어디까지나 믿음과 희망의 대상이지 직접적 경험의 대상은 아니다. 그러나 종교는 이와 같이 사후에 주어지는 영원한 평화의 세계만을 말하지 않고 고통과 죄악이 가득한 현세의 삶 속에서도 경험될 수 있는 구원의 힘을 말하기도 한다. 구원이란 사후의 세계에서 주어지는 것일 뿐만 아니라 현재 신앙적 삶을 살고 있는 신자들의 삶 속에 이미 어느 정도 실현되고 체험되는 세계인 것이다. 만약 종교가 죽음 너머로 주어지는 궁극적 구원에 대하여 현재 가시적 증거를 제시하지 못한다면 구원이란 한갓 몽상에 지나지 않을 것이며, 그것에 대한 확신은 기대하기 어렵다. 종교는 미래의 구원을 어느 정도 현재화하며 불가시적 세계를 어떤 형태로든 가시화시킴으로써 설득력을 지니기 때문이다.

예를 들어 하느님 나라가 예수 자신과 그를 따르는 그리스도인들의 삶 속에 이미 현재화되지 않는다면 그것은 하나의 환상에 불과한 것이 되며 사람들로 하여금 그것을 위해 투신하도록 하는 현실적 설득력을 지니지 못하고 말 것이다. 마찬가지로 불교에서 말하는 열반이 불타의 인격과 그를 따르는 불자들의 삶 속에서 이미 어느 정도 구체적 모습을 드러내지 않는다면 과연 열반과 해탈이 참으로

도달 가능한 경지라는 것을 누가 믿고 수행할 것인가? 한마디로 말해 구원은 신자들의 인격과 삶 속에서 그 현실성을 인정받게 되는 것이다. 사람들의 삶과 인격을 지금 여기서 변화시킬 수 없는 종교는 제아무리 숭고한 구원의 세계를 약속한다 하더라도 결코 어떤 역사적 힘도 발휘할 수 없을 것이다.

각 종교들이 약속하고 있는 초월적 구원의 세계를 검증할 수 있는 길은 그 세계 이편에 살고 있는 우리에게는 주어져 있지 않다. 다만 우리가 할 수 있는 것은 각 종교를 따르는 신앙인들의 변화된 인격과 삶을 통해서 구원의 실재성과 현실성을 간접적으로 경험하고 확인하는 일뿐이다. 신앙인들의 삶 속에 나타나는 구원의 구체적 모습은 물론 종교적 전통마다 다르며 개인에 따라 다양하다. 그러나 우리는 종교가 약속하는 구원의 메시지의 진실성을 시험하는 몇 가지 지극히 상식적인 기준을 받아들일 수 있을 것이다. 어느 종교를 막론하고 만약 그 신앙인들의 삶 속에 불안과 초조가 그치지 않고, 사랑과 자비 대신 이기심과 증오가 불타고 있다면 우리는 불가불 그 종교가 약속하는 구원의 힘과 현실성을 의심할 수밖에 없다. 또 만약 어떤 신자가 자신의 삶의 의미와 목적을 보지 못하고 무의미한 삶을 살고 있다면, 이 또한 그가 따르는 종교가 약속하는 구원의 세계를 의심하게 만들 수밖에 없다. 사후의 불가시적 구원에 대하여 한 종교가 무어라 얘기하든 그 종교의 힘은 우선 그 신자들의 변화된 삶 속에 가시적으로 나타나야 한다. 미움 대신 사랑, 이기심 대신 자기희생, 거짓 대신 진실, 불안 대신 평화, 절망 대신 희망, 무의미성 대신 의미로 가득 찬 삶으로 나타나야 하는 것이다. 사후의 구원에 대한 각 종교의 교리와 이론이야 어떻든 현재 여기서 구원의 힘을 체험하면서 사는 사람들의 삶의 모습은 종교 간의 울타리를 넘어서 놀랍게도 유사하다.

구원의 징표가 신자들의 현재적 삶에서 나타나야 한다면 우리는 지극히 상식적인 면에서 ㅡ그러나 매우 심오한 의미에서ㅡ 구원이란 결코 한 종교만의 전유물이 아니라고 확언할 수 있을 것이다. 왜냐하면 우리는 위에 언급한 바와 같은 변화된 인격과 삶을 종교 간의 경계를 넘어서 어느 종교에서든 찾아볼 수 있기 때문이다. 아니, 우리는 그와 같은 인격과 삶을 이른바 '무종교인' 혹은 '무신론자'라고 자처하는 사람들에게서조차도 흔히 발견할 수 있다. 이러한 현상은 각 종교로 하여금 자신들이 주장하는 구원의 의미를 다시 한번 심사숙고하게 하며, 종교라는 것이 지향하고 있는 바의 실재에 대하여 그리고 종교와 비종교의 구별에 대하여 상식적 견해를 넘어서는 하나의 새로운 이해를 요구하는 현상이다.

종교학자 윌프레드 캔트웰 스미스(Wilfred C. Smith)는 일찍이 종교 간의 보다 깊은 상호 이해와 존중을 위해서는 각 종교 전통들이 자신을 '명사'보다는 '형용사'로 이해할 것을 촉구한 바 있다. '불교', '유교', '그리스도교' 등 물화된 개념보다는 '불교적', '유교적', '그리스도교적'이라는 속성을 중심으로 하여 각 종교가 스스로에 대하여 생각한다면 종교들은 종래에 생각했던 것보다 많은 공통점을 발견하게 될 것이며, 종교 간의 구별과 거리가 무너지는 것을 발견하게 될 것이라는 의미이다. 실로 심오한 통찰이라 하겠다. 가령 우리는 그리스도인들 가운데서도 어느 탐욕스러운 주지스님보다 훨씬 더 '불교적'인 사람을 허다하게 발견할 수 있을 것이며, 불교 신자들 가운데서도 어떤 독선적이고 위선적인 그리스도교 목사보다도 훨씬 더 '그리스도적'인 사람을 얼마든지 찾아볼 수 있을 것이다. 종교란 근본적으로 어떤 명확하게 구획된 경계선을 지닌 물체적 존재라기보다는 인간의 마음속 깊이 심어지는 인격적 속성이기 때문이다.

이제 나는 현대의 종교 다원 세계, 특히 한국과 같은 본격적인 종교다원 사회에서 각 종교가 직면해야 할 문제들을 잠시 고찰함으로써 본고를 마치고자 한다. 종교다원 세계에 처한 각 종교 공동체는 어떻게 하면 자신의 신앙을 타 종교와 타협하거나 희생시키지 않으면서도 동시에 타인의 신앙을 존중하며 살 수 있는가 하는 문제에 부딪힌다. 종교적 신앙은 본질적으로 남녀 간의 애정 관계와도 같이 어느 정도의 배타적 헌신을 요한다. 배타적 헌신이라 함은 반드시 타인의 신앙을 배척해야 자신의 신앙의 확실성이 보장된다는 뜻이라기보다는 적어도 자신의 신앙 전통을 최고의 것으로 믿고 그것에 대한 각별한 관심과 헌신을 경주한다는 것을 뜻한다. 이러한 헌신 없이 종교적 열정은 생기지 않으며, 종교적 열정 없는 신앙은 삶을 변화시키는 힘을 상실한 죽은 신앙이나 다름없다.

　그러나 종교적 신앙이 지닌 바로 이와 같은 헌신적 열성은 자칫하면 타 신앙에 대한 무조건적인 배척과 비방, 광신적 독선주의로 흐르기 쉬우며, 종교 집단 간의 갈등을 야기하여 한 사회 공동체를 분열시킨다. 어느 종교도 독선과 증오를 덕으로 가르치는 종교는 없고, 모두 사랑을 내세우지만, 실제로 그 사랑은 타 종교의 신앙에 이르러서는 좀처럼 극복하기 어려운 한계점을 드러낸다. 남녀노소, 언어, 인종, 민족, 문화의 장벽까지도 초월하는 종교적 신앙이라 할지라도 타 종교와의 관계에 이르러서는 그 한계를 끝내 극복하지 못하고 인류 공동체를 분열시키는 마지막 장벽으로 등장하는 것이다. 종교 간의 이해와 사랑은 바로 사랑을 외치는 종교적 메시지들의 도덕적 신빙성을 시험하는 최후의 시금석이라 해도 과언이 아니다.

　물론 타 종교의 신앙을 이해한다는 것과 타 종교의 신앙인을 사랑한다는 것은 별개의 일이고, 따라서 타 종교의 신앙인에 대한 사랑을 실천하기 위해서 타 종교를 이해할 필요가 없으며, 그 종교의 진리성까지 포용해야 하는 것은 아니라고 반론을 제기할 수 있을는지도 모른다. 하지만 사랑이란 이해를 필요로 한다. 타인의 신앙을 이해하고자 하는 진지한 노력 없이 무조건 자신의 신앙으로 개종시키려는 태도는 결코 사랑이라고 부를 수 없으며, 오히려 이기성에 근거한 맹목적 사랑에 지나지 않을 것이다. 한 인간과 그가 지닌 신앙은 떼려야 뗄 수 없는 관계에 있다. 신앙은 그의 인격의 핵심적 위치를 차지한다. 그에 대한 진정한 사랑은 그가 소중히 여기는 신앙에 대한 이해의 노력 없이는 불가능한 것이다. 종교다원 사회에서 신앙인들 상호 간의 이해와 사랑은 한 사회 공동체의 평화스러운 존립뿐만 아니라 신앙인들 자신의 도덕성, 나아가서 그들이 전하는 종교적 메시지 자체의 신빙성에 직결된 문제인 것이다.

종교다원성은 각 종교들에 대하여 도덕적 도전뿐만 아니라 그 종교가 주장하고 있는 진리에 대한 심각한 도전이 된다. 한 사회에 한 종교만이 지배적이었던 과거의 폐쇄적 전통 사회에서는 종교적 메시지를 믿는 일이 그다지 어려운 일이 아니었으나 현대 사회와 같이 다양한 종교적 교리와 사상들이 서적이나 대중 매체 혹은 빈번한 문화 접촉을 통해 쉽게 접해지는 개방 사회에서 한 특정한 종교의 진리를 유일의 절대적 진리로 받아들이는 일은 매우 어렵게 되었다. 본래 종교적 진리는 보이지 않는 초월적 실재, 따라서 경험적 검증이 불가능한 세계에 대하여 말하고 있기 때문에 여러 종교 간의 진위를 객관적으로 논하기란 상당히 어렵다. 이러한 상황 속에서 한 특정한 종교의 신빙성을 뒷받침해 주는 사회적 통제와 분위기가 다원 사회 속에서 붕괴될 때 생기는 문제는 매우 심각하다. 종교다원 사회에 처한 모든 종교는 이른바 상대주의의 위협에 봉착해 있는 것이다.

이와 같은 상대주의 문제에 대하여 가장 안이한 대응 방식은 모든 종교는 다 거짓이며 그르다는 세속주의적 불신과 회의 그리고 모든 종교는 다 마찬가지로 옳다는 무비판적 관용성이다. 이러한 태도들은 어디까지나 종교에 대하여 제삼자의 방관자적 자세는 될지언정 신앙인의 입장은 못 되기 때문이다. 그렇다면 자신이 믿는 종교의 진리성에 충실하면서 동시에 타 종교에 대해서도 개방적 자세를 가질 수 있는 길은 없을까? 나는 이 문제에 대하여 종교학적 관점에서 다음과 같은 답을 시도해 본다.

종교란 보이지 않는 초월적 실재와의 연관 속에서 진행되는 현상이다. 종교의 가시적 요소들, 즉 교리, 신화, 의례, 경전, 제도 등과 같은 종교의 외적 구성 요소들은 상징적 가치를 지닌 현상들이며, 모두 초월적 실재를 가리키는 창구 역할을 한다. 만약 그것들이 초월적 실재를 가리키는 역할을 하지 못할 때 그 순간 그것들은 종교적 존재 가치를 상실하며, 여타의 일상적 사물과 조금도 차이가 없게 된다. 그것들의 존재 이유는 어디까지나 우리로 하여금 초월적 세계를 접하고 체험하게 함으로써 일상적 세계로부터 우리를 해방시키고 세계와 인생을 보다 고차적인 새로운 안목에서 볼 수 있도록 해주는 데 있다. 이러한 의미에서 종교의 외적, 가시적 요소들은 초월의 세계를 열어주는 상징적 체계를 이루고 있는 것이다. 상징의 존재 가치는 어디까지나 상징화된 실재를 가리키는 자기 부정적, 자기 초월적 성격을 지니고 있다는 데에 있다. 따라서 종교의 가시적 요소들이 그 자체를 넘어서 초월적 세계를 개시(開示)해 주는 대신 그 자체가 목적이 되고 숭배의 대상이 된다면 이것이야말로 상대적인 것을 절대화하는 '우상 숭배'일 것이다. 그러나 유감스럽게도 이것이 많은 종교가 흔히 범하는 중대한 오류 가운데 하나이며, 이른바 종교의 자기 절대화의 오류이다.

이와 같은 자기 절대화의 유혹은 이른바 계시 종교들, 즉 오직 한 분이신 하느님의 직접적 계시를 받고 전한다는 종교들에서 강하게 나타난다. 그러나 계시란 어디까지나 초월과 역사, 절대와 상대, 하느님과 인간 사이에서 진행되는 사건이다. 다시 말해 계시도 불가피하게 역사성을 띨 수밖에 없으며, 그렇지 않으면 역사에 몸담고 사는 우리 유한한 인간들을 위한 언어가 될 수 없는 것이다. 계시 또한 상대성을 면하기 어렵다.

각 종교는 초월적 세계를 열어주는 길을 제시하고 있다. 그러나 이 길은 어디까지나 길이요 방법이요 수단이지 결코 그 자체가 초월적 실재는 아니다. 그럼에도 종교가 지닌 강한 전통성과 보수성은 바로 이 수단 자체에 강하게 집착하는 경향을 보인다. 아니 집착할 뿐만 아니라 그것을 목적으로 삼고 절대화하는 자기 모순을 범하기도 한다. 선(禪)불교적으로 말하자면 손가락은 달을 가리키는 것에 불과하나 사람들은 달을 보지 못하고 손가락만을 쳐다보는 것이다. 그리하여 자기 초월적 성격을 지녀야 할 종교적 체계와 전통이 자기 충족적인 것이 되어버리며, 절대화되고 경직화되어 오히려 초월의 길을 가로막는 장애가 된다.

각 종교가 자신의 전통을 우상화하지 않고 그것을 통해 초월적 세계를 접하게 하는 한, 각 종교는 상대적 절대성을 지닌다고 말할 수 있다. 절대적 세계를 열어준다는 점에 있어서 절대성을 지니며 동시에 그 자체는 어디까지나 역사적 상대성을 면치 못한다는 점에서 각 종교 전통은 상대성을 지닌다. 종교적 상징 체계는 변천하는 사회, 문화, 역사적 조건 속에서 전개되는 상대적 현상이지만 동시에 절대적 세계를 열어주는 힘을 지니고 있다. 이런 뜻에서 모든 종교는 상대적 절대성을 지닌다는 말이다. 종교 간의 이해와 협력을 위해서 각 종교 전통은 그 자체의 논리에 따라 자기 초월적 성격을 지닌 것임을 깨달아야 하며, 초월적인 것 앞에서 자기 부정의 겸손을 배워야 한다. 그렇지 않고 각 종교가 자신의 특수한 전통을 절대화한다면 그 종교는 종교로서의 본래적 역할을 수행하지 못할 뿐만 아니라 불가피하게 타 종교와 갈등을 일으키면서 사회 공동체와 인류 공동체의 파괴적 요인으로 작용하게 된다.

이상과 같은 통찰은 결코 한 특수한 종교 전통의 가치와 그것에 대한 신앙적 헌신의 중요성을 무시하거나 경시하는 것이 아니다. 우리는 한 특수한 종교 전통을 통하지 않고서는 결코 초월적 세계와 접할 수 없다. 우리가 하나의 언어만을 사용할 수밖에 없으며 만국 공통어란 실제로 불가능하듯 종교 일반이나 계몽주의 시대의 합리주의자들이 말하는 이른바 '자연 종교'라는 것은 지상에 존재하지도 않거니와 그런 추상적인 것을 통해서는 결코 인간을 구원하는 초월적 실재에 접할 수 없다. 특수는 특수로서의 독특한 가치를 지니고 있으며 각 종교 전통이 지니고 있는 특수성은 끝까지 고수되어야 한다. 그러나 이러한 특수성은 어디까지나 자기 초월적, 자기 부정적 성격을 지닌 것임을 간과해서는 안 된다. 종교다원 세계에서 자신의 신앙을 지키면서도 타인의 신앙을 존중할 수 있는 길은 바로 이와 같이 특수와 보편, 상대성과 절대성 그리고 열정적 헌신과 관용적 겸손을 동시에 균형 있게 취하는 데 있을 것이다.

그렇다면 인간은 이와 같이 특수하고 다양한 자기 부정적, 자기 초월적 종교 전통들(혹은 상징 체계들)을 통하여 동일한 초월적 실재를 만나는 것일까 아니면 각기 다른 세계를 향하고 있을까? 이런 물음이 불가피하게 제기된다. 길은 다르나 끝내 같은 목적지에 이르는 것인가 아니면 전혀 다른 곳을 향해 나아가고 있는 것일까? 언어는 다르나 동일한 불가언설적(不可言說的) 실재에 내하여 딜리 얘기하고 있는 것뿐인가 아니면 처음부터 전혀 다른 것에 대하여 말하고 있는 것인가? 인류의 종교사는 동일한 주제에 대한 하나의 공동체적 대화였나 아니면 제각기 다른 독백의 나열이었나?

　나는 이 문제를 여기서 논하고자 하지 않는다. 그러나 그 대답이 어떻든 한 가지 분명한 사실은 각 종교 전통들은 그 자체를 넘어서는 초월적 세계를 지향하고 있다는 사실이며 단지 이와 같은 이유에서만 이라도 초월적 실제 앞에서 인간은 모두 겸손할 수밖에 없다는 점이다.

# 시민 사회 속의 종교의 사명

　계몽주의시대는 물론 금세기에 들어와서도 종교는 인간의 무지에 근거한 지적 오류요 환상에 지나지 않는다는 견해가 꾸준히 이어져 오고 있다. 종교는 합리적 근거와 현실성을 결여한 인간의 희망 투사에 지나지 않으며, 인간을 고통스러운 현실로부터 도피시키기 위해 대리 만족을 주는 '아편'과도 같은 존재라는 것이다. 그러나 이 같은 견해에 아랑곳없이 종교는 여전히 건재할 뿐만 아니라 세계 도처에서 전보다도 더 큰 위력을 발휘하고 있는 듯 보인다. 끊임없이 일어나는 인도의 비극적 종교 충돌을 보거나 중동, 스리랑카, 북아일랜드 등이 여전히 안고 있는 종교 대립의 불씨 그리고 냉전 이데올로기의 해체와 더불어 진통을 겪고 있는 구소련과 유고 연방 내에서 벌어지고 있는 제 민족들 간의 종교 대립은 세계의 평화를 위협하는 커다란 힘으로 작용하고 있다. 그뿐만 아니라 서구적 삶의 양식과 사회질서에 동화되기를 거부하면서 독자 노선을 추구하고 있는 이슬람이 다수를 점하고 있는 여러 나라들을 볼 때 우리는 종교의 위력을 새삼 실감할 수 있다. 이와 같은 사실을 두고 볼 때 오히려 종교를 쉽게 설명해서 없애버리려던 일부 계몽주의 사상가의 후예들이 아직도 존재한다면 그들은 이러한 이해하기 어려운 현실 앞에서 종교를 설명하는 또 다른 이론을 제시하거나 자신들의 얄팍한 합리주의를 아에 포기해야 할 것이다. 그들은 도저히 이해할 수 없다는 듯 물을 것이다: "도대체 저런 종교적 광신과 증오가 어디서 오는 것이며, 저들은 왜 허구와 같은 종교를 위해 자신의 하나밖에 없는 목숨마저 내던지는 것일까?"

어쨌든 종교는 인지가 발달하고 과학이 발전함에 따라 곧 사라지리라는 견해는 그것이 비판하고 있는 종교 못지않게 또 하나의 '환상'이요 '희망사항'임이 드러났다. 종교가 담고 있는 교리나 사상의 내용은 실로 비합리적인 것일지 모른다. 그러나 이러한 비합리성은 인생 그 자체가 지니고 있는 비합리성과 부조리에 비하면 아무것도 아니다. 종교는 부조리한 인생에서 의미 있는 삶을 포기하지 않으려는 몸부림이며, 세계와 역사의 궁극적 합리성을 긍정하려는 고도의 합리주의다. "종교는 억압받는 자들의 한숨이요 비정한 세계의 온정이다"라는 마르크스의 말은 그 본래의 의미야 어떻든 충분히 공감할 만한 진리를 담고 있다. 비정한 세계가 끝내는 비정한 세계가 아닐 것이며 부조리한 사회와 역사가 종극적으로는 합리적인 세상으로 바뀌리라는 인간의 마지막 희망을 포기하지 않는 것이 종교라면, 마르크스는 이 같은 종교의 '비합리적 합리주의'를 그의 종교 비판에도 불구하고 말해 주고 있는지 모른다.

물론 세속주의적 사고가 추구하고 있는 현실적 합리주의와 종교가 약속하고 있는 보이지 않는 초월적 합리주의 내지 궁극적 합리주의 사이에는 쉽게 조화되기 어려운 간격이 존재한다. 세속주의자들이 보기에는 종교가 추구하는 인생의 의미와 합리성은 허구와 환상 내지 현실 도피에 지나지 않으며, 신앙의 관점에서 보면 세속주의자들이 추구하는 현실적 합리주의란 아무런 승산 없는 맹목적 투쟁이요 희망 없는 모험에 지나지 않을 뿐만 아니라 자칫하면 현실에의 안주 내지 타협으로 변해 버리기 쉽다. 이러한 종교와 세속주의적 세계관의 대립 속에서 세속주의의 승리가 일부 계몽주의자들이 생각했던 것처럼 그렇게 쉽게 이루어지는 것이 아님이 드러났다면, 다른 한편으로는 종교 역시 세속적 지성의 비판적 목소리에 더 이상 귀를 막을 수 없게 되었다. 세속주의자들이 추구하는 세계와 인생에 대한 이해가 아무리 불완전하다 하더라도 타계주의, 도피주의, 아편, 환상, 민중의 억압, 권위주의 등으로 매도되는 전통적 종교성 또한 문제시될 수밖에 없는 상황 속에 현대인들은 살고 있기 때문이다.

현대 사회의 정신적인 특징은 단적으로 말해 이념적 다원성이라 할 수 있다. 하나의 이념 체계에 의해 주도되어 온 전통 사회와는 달리 현대 사회에는 다양한 사상 체계와 가치관들이 공존하면서 갈등을 일으키기도 하고, 선택을 강요하기도 한다. 전통 사회에서는 하나의 세계관과 인생관, 통일된 가치관이 확고하게 자리를 잡고 있었기 때문에 그러한 지배적 이념 체계의 권위는 몇몇 회의자들이나 창조적 사상가들을 제외하고는 거의 도전받지 않았다. 전통 사회 속의 종교적 이념 체계는 마치 자연의 질서와도 같이 확고부동했던 것이다. 그러나 현대 사회는 그렇지 않다. 끊임없는 문화 접촉과 홍수처럼 쏟아지는 타 문화와 종교, 사상들에 대한 지식과 정보는 더 이상 폐쇄된 사회와 획일화된 사고를 허락하지 않는다. 다양한 사상과 가치 체계를 접하고 사는 현대인들은 의식적이든 무의식적이든 인생관과 세계관에 대한 선택을 해야 하며, 한편으로는 상대주의와 회의주의의 위협을 받는다. 다른 한편으로는 사상과 가치 체계의 다원화에서 오는 혼란과 불안감을 없애기 위해 종교적 광신과 열광주의에 도취하기도 한다. 그런가 하면 각 종교들은 타 종교들의 도전을 받는 가운데 항시 그들을 의식하면서 자기의 사상을 정비하고 정립해 나갈 수밖에 없으며, 각기 전수

받은 전통을 현대의 상황 속에서 재해석하거나 새정립하는 노력을 기울이게 된다. 나는 이 글에서 다양한 이념 체계들이 공존하고 있는 현대의 정신적 상황을 좀 더 구체적으로 살펴본 후 한국이라는 다원 사회 속에서 종교들이 공통적으로 취해야 할 자세와 사명에 대하여 논해 보고자 한다.

현대 세계의 세계관, 인생관, 가치관을 주도하는 이념 체계는 크게 보아 다섯 가지로 이야기될 수 있다. 즉, 불교, 그리스도교, 이슬람교, 세속적 휴머니즘 내지 자유민주주의 그리고 사회주의이다. 이 가운데서 앞의 셋은 이른바 인류의 3대 종교로서 수천 년의 역사를 거치면서 동서양 문명 세계의 정신적 지주가 되어왔으며, 마지막 둘은 최근 몇 세기에 전개된 운동으로서 전통 사회와 가치관을 뒤흔들어 놓으면서 현대 세계의 역사와 사회, 사고방식과 가치관을 형성하는 데 결정적 역할을 수행해 왔다. 세속적 휴머니즘과 사회주의는 물론 일반적 의미에서 종교라 하기는 어렵지만, 그 신봉자들에게 삶의 방향과 궁극적 의미를 제시해 준다는 점에서 다분히 전통적으로 종교가 수행해 온 역할을 대신하고 있는 것이 사실이다. 그뿐만 아니라 이들 세속적 이데올로기들은 목숨을 걸고 그것을 전파하고 수호하는 '선교사'와 '순교자'도 배출했으며, 이론가와 사상가를 통해 '교리 체계'를 수립하기도 했다. 이러한 의미에서 그들은 준종교적 위치를 점하고 있다 해도 지나친 말이 아니다.

이 다섯 가지 이념 체계들 가운데서 불교는 가장 오래된 역사를 지니고 있으며, 범아시아적 종교로서 아시아인의 인생관과 가치관에 지대한 영향을 끼쳤다. 현대에 와서는 서양 세계로까지 전파되어 범세계 종교로서 힘을 발휘하고 있다. 그리스도교는 본래 근동 지방에서 출발한 아시아의 종교였으나 서양에서 발전되어 그리스-로마 전통과 더불어 서양 문화의 근간을 이루어 왔으며, 서세동점의 근세 역사와 더불어 동양으로도 전파되어 문자 그대로 세계적 종교가 되었다. 이슬람 역시 범세계 종교로서 주로 유라시아와 동양 세계 그리고 아프리카 대륙에 확고한 지반을 가지고 있으며, 최근에는 북아메리카(흑인들)나 서구 세계(노동 이민들)에도 퍼져 있다.

위에 언급한 다섯 가지 전통들은 모두 특정한 종족이나 민족, 사회나 문화의 울타리를 초월하는 보편적인 이념 체계로서 적어도 그들이 지향하는 이념상으로는 인간의 어떠한 차별도 반대하는 평등주의적 인간관을 가지고 있다. 바로 이와 같은 보편주의적, 평등주의적 성격이 그들로 하여금 한 지역이나 민족에 국한되지 않고 자기들의 이념을 적극적으로 전파해 나가는 역동적인 선교 체계로 만들 수 있었던 것이다. 그러나 동시에 역설적으로, 바로 이러한 보편주의적 성격이 이들 이념들 간에 상호 충돌과 갈등을 일으키게 만드는 요소가 되고 있다는 사실 또한 간과되어서는 안 된다. 현대 세계에서 벌어지고 있는 이념적 갈등이 주로 이 다섯 가지 보편주의적 이념 체계 사이에서 이루어지고 있다는 사실은 실로 하나의 커다란 아이러니이면서도 결코 우연이 아니다.

문제의 실상을 살펴보건대 이 이념 체계들은 하나같이 보편주의를 표방하지만, 실제성에 있어서는 자신들이 내세우는 보편주의만을 절대적 진리로 여기며 다른 것들은 열등하거나 거짓으로 배척하는 배타적 성향을 지니고 있다. 그들의 보편주의란 것이 모두 특정한 역사적, 문화적 제약하에서 산출된 상대적인 것인데도 그들은 스스로를 절대적인 것으로 여기는 오만함을 보이고 있는 것이다. 보편주의의 오만은 차라리 솔직한 특수주의의 겸손보다도 인간에게 더 큰 피해를 입힐 가능성을 가지고 있다. 그리스도교와 이슬람 간의 오래고 끈질긴 갈등과 대립의 역사, 그들과 세속적 이데올로기들 간의 갈등은 모두 보편주의를 표방하는 이 이념들이 이념적 제국주의의 성격을 지니고 있음을 말해 주고 있다.

다섯 전통들 가운데서 불교는 비교적 온화한 성격을 지닌 이념 체계임에 틀림없으나 그렇다고 해서 불교가 현대의 세속적 이데올로기나 타 종교들과의 갈등으로부터 완전히 자유로울 수 있다는 것을 뜻하지는 않는다. 스리랑카에서 벌어지고 있는 타밀(Tamil) 힌두교도와 신할리즈(Sinhalese) 불교도 간의 극심한 갈등은 이를 입증해 주고 있으며, 태국과 같은 이른바 불교 국가에서는 다른 이념 체계들이 결코 완전한 종교적 관용과 자유를 누린다고는 말할 수 없기 때문이다.

종교적 도그마와 배타주의는 그리스도교, 이슬람, 불교에만 존재하는 것은 아니며, 보편적 이념으로서의 실패와 좌절 또한 그들만의 경험은 아니다. 혹자는 그리스도교와 이슬람이 지닌 배타성 때문에 마치 이 둘이 사라지고 건전한 상식과 세속적 합리주의가 지배하기만 하면 인류의 평화가 곧 이루어질 것 같다는 생각을 품기도 하나 문제는 그렇게 단순하지 않다. 사회주의와 자유민주주의 같은 세속적 이데올로기 간의 갈등은 차치하고 자유민주주의 하나만 보아도 우리는 이것을 쉽게 알 수 있다. 이른바 세속적 휴머니즘을 표방하고 나선 서구와 미국에서 과연 그것이 스스로 외치고 있는 바와 같이 모든 인간에게 차별 없이 자유와 평등과 박애가 실현된 일이 있었는가? 그리고 보편주의와 합리성의 미명 아래 저질러진 약자와 소수민족에 대한 억압과 타민족에 대해 가해진 제국주의적 횡포의 역사를 우리는 어떻게 이해해야 할 것인가? 그렇다고 해서 사회주의야말로 진정한 보편주의와 평등주의를 실현했다고 말할 수 있겠는가? 인간을 이념의 족쇄와 일당독재 아래 가두어 놓고 무수한 인간의 자유와 생명을 앗아간 사회주의 이념의 실험에 대해 아무도 그것이 진정한 인류 양심의 대변자라고 말할 사람은 없을 것이다.

오늘날 이데올로기의 종언을 말하고 나아가서 대립과 갈등으로 진행되는 역사 그 자체의 종언을 속단하는 사람도 없지 않다. 마치 자본주의 시장경제 체제가 더 이상 도전받을 수 없는 완전한 승리를 거두었고, 세계 모든 국가가 자유민주주의라는 단일 이념 체계 안에 이의 없이 수용될 듯한 소리다. 하지만 이것은 현실과 너무나도 거리가 먼 판단이다. 우선 이슬람 세계가 이것을 용납하지 않을 것이며, 동구라파의 사회주의 역시 당분간은 위축된 것 같으나 어떠한 변형된 형태로 재등장할지 아무도 단언할 수 없기 때문이다. 그뿐만 아니라 그리스도교와 불교의 세계관과 가치관은 그 어떤 세속적 이데올로기에 대해서도 끊임없는 물음을 제기하고 도전을 가할 것이다. 아니 이 모든 것보다도 자본주의 시장경제 체제와 자유민주주의라는 것 자체가 안고 있는 해결하기 어려운 문제들은 끊임없이 표출될 것이며, 그 문제들은 다른 사상적 선택과 가치관의 도움을 필요로 할 것이 분명하기 때문이다. 냉전 구도의 와해와 더불어 벌써부터 첨예화되기 시작하고 있는 국가 간의 벌거벗은 경제적 이익 다툼이나 종족, 민족, 인종 간의 끊임없는 분규가 이것을 이미 예고하고 있지 않는가? 한 마디로 전 세계는 지금도 위의 다섯 가지 전통에서 유래하는 이념 체계 및 사회체제와 가치관의 갈등과 대립, 혼합과 조화 등에 의해 특징지어지는 불안한 역사의 와중에 있으며, 그중의 어느 하나도 우리가 예견할 수 있는 한 쉽게 사라지지는 않을 것이다. 개인은 개인대로, 한 사회는 사회대로 그것들 가운데 적어도 하나 이상을 선택하거나 조화시키면서 살아가게 된 것이 현대의 다원 사회를 살아가는 전 세계인의 공통 운명이라 해도 과언이 아닐 것이다.

지금까지 나는 인류가 낳은 다섯 가지 위대한 보편주의적 이념 체계들을 중심으로 하여 현대 세계의 정신적 상황을 간략하게 정리해 보았다. 그러나 현대인의 정신적 상황을 더욱 복잡하고 어지럽게 만드는 것은 세계에는 이들 보편주의적 이념 체계 외에도 종교적으로, 문화적으로 수많은 특수주의적 전통들이 존재한다는 사실이다. 특수주의적 전통이라 함은 한 특정한 지역이나 국가, 종족이나 민족에 국한된 종교적, 문화적 관념과 관습 등을 가리킨다. 조상신, 마을신, 부족신, 지역 토착신 숭배를 시작으로 민족 특유의 종교적 관습 그리고 민족주의에 이르기까지 지구상에는 수많은 특수한 전통들이 존재한다. 거기에는 카스트 제도를 사회적 지반으로 하는 힌두교도 속하고, 유대인들의 종교적 문화적 삶을 지배해 온 유대교 전통 그리고 중국, 베트남, 한국, 일본 등 동아시아 문화권에 자리 잡고 있는 유교도 속한다. 물론 힌두교, 유대교, 유교 내에는 보편주의적 요소가 없는 것은 결코 아니며, 힌두교는 불교, 유대교는 그리스도교라는 위대한 보편주의적 종교를 산출했다. 그럼에도 그들은 특수주의적 한계를 완전히 극복하지 못하여 전 세계적 종교로 발전하지 못했다.

　　특수주의적 전통들은 흔히 공통의 언어와 생활양식과 역사적 경험을 공유하고 있기 때문에 어떤 면에서는 보편주의적 이념 체계보다도 훨씬 더 구체적이고 집요하게 인간의 삶을 지배하고 있다고 말할 수 있다. 그들은 위에서 언급한 보편주의적 이념 체계들을 자신들의 토양에 알맞게 변형시키기도 하고 굴절 혹은 변질시키기도 했다. 같은 불교, 같은 그리스도교 신앙, 같은 사회주의라 할지라도 나라와 민족과 지역마다 다른 형태를 취하는 것은(북한의 사회주의는 하나의 좋은 예이다) 바로 이러한 특수한 전통들의 제약이 크게 작용하고 있기 때문인 것이다. 현재 동구 사회주의권의 붕괴와 더불어 일어나고 있는 민족주의적 복고주의는 인간의 보다 원시적 본능에 기초한 특수주의적 전통이 얼마나 강력한 것인가를 잘 입증해 주고 있다. 보편주의의 실패, 특히 불교, 그리스도교, 이슬람이나 세속적 휴머니즘과는 달리 획일적 생활방식과 사회체제를 강요해 온 사회주의의 실패는 적어도 부분적으로는 바로 이 같은 민족 특수성의 힘을 과소평가하고 강압적인 방법으로 사회통합을 이루려 했던 데서 기인하는 것이라고 말할 수 있다. 그러나 이것은 비단 사회주의만의 문제가 아니다. 정도의 차이는 있지만 나머지 넷의 이념 체계들도 한 민족이나 지역의 종교로 뿌리를 내리기 위해 어느 정도의 토착화는 필연적인 것이었음을 그들의 역사가 말해 주고 있다. 보편적 이념이란 어디에서든 순수하게 존재하지 않는다. 그것은 언제나 지역적 특수성과 민족, 언어, 문화적 토양에 적응하고 타협해야만 오히려 생명력을 발휘하는 것이다.

보편주의적 이념들 간의 갈등은 민족이나 종족, 언어나 문화적 관습의 차이에 의해 수반될 때 더욱 강화되는 결과를 낳는다. 종교 간의 차이에 민족과 언어의 차이가 더해지면 그야말로 갈등의 필요충분조건을 다 갖추었다 해도 지나치지 않을 것이다. 이러한 경우 사람들은 흔히 갈등의 책임을 보편주의적 종교들 자체에 돌리는 경향이 있지만, 엄밀히 말해서 그것은 순수한 종교적 이념들 간의 다툼만이 아니라 언어와 풍습이 서로 다른 이질적 민족집단 간의 대립이 함께 작용하고 있는 것이다. 여하튼 인간에게 있어서 마치 자연적 환경이나 풍토와도 같이 되어버린 각 민족 집단들 간의 다양한 특수주의적 전통들은 아무리 세계가 지구촌으로 되어 간다고 하더라도 쉽사리 사라지지 않을 것은 분명하다. 무엇보다도 언어와 음식 문화의 차이는 우리가 아는 한 언제까지나 존속할 것이기 때문이다. 이러한 특수주의적 전통들은 앞으로도 계속해서 인류의 삶을 다채롭고 풍요롭게 하겠지만 동시에 끊임없는 다툼과 분쟁의 요소로 작용힐 것이다.

　이제 눈을 돌려 한반도의 상황을 살펴보자. 우선 남한의 정신적 환경을 논할 때 다음과 같은 일반적 관찰이 가능하다. 한국인의 세계관, 인생관, 가치관 역시 세계의 일반적 상황과 마찬가지로 무속이나 민속 신앙, 그리고 유교와 같이 그 역사적 기원을 분명히 알 수 없는 토착적 특수 전통들과 이미 언급한 다섯 가지 보편주의적 이념 체계들의 혼재로 규정될 수 있다. 후자 가운데서 이슬람은 극히 소규모 공동체를 형성하고 있으며 사회적 영향력으로 보아 한국인들의 가치관을 논하는 데는 무시되어도 좋을 것이다. 반면 사회주의는 명시적 추종자의 수는 얼마 안 될지 모르나 남북한의 긴장 관계와 해방 후 남한의 정치, 사회, 문학, 철학, 종교 사상 등에 끼친 영향력으로 볼 때 결코 무시할 수 없는 이념 체계이다. 불교는 조선조 오백 년 동안 억압받는 과정 속에서 창조적 발전이 저해되고 활력을 상실했다. 그러나 불교는 한국의 문화 전통과 한국인의 심성 및 인생관에 깊이 자리 잡아 온 이념 체계이며, 해방 후부터 주어진 본격적인 종교의 자유와 더불어 꾸준히 옛 활력을 되찾아가고 있다. 인생의 고통과 무상성의 자각, 무아적 자비의 정신과 실천, 업보 사상으로 대변되는 세계의 도덕적 질서와 인생의 도덕적 의미에 대한 믿음, 세속의 때를 말끔히 초월하는 탈속성, 중생과 자연환경과의 조화, 심오한 철학적 사고와 인간 이해, 예술적 창조와 건축, 공예에 이르기까지 불교가 한국인에게 제공해 온 가치는 이루 헤아리기 어렵다.

　그리스도교는 불교에 비해 매우 짧은 역사를 지녔음에도 불구하고 서양의 문물이나 사상과 함께 전래되어 근세 한국의 사회, 문화, 가치관 형성에 결정적인 역할을 했다. 전통적인 유교 사회에서 다원 사회로 들어가는 진통 속에서 많은 수난을 겪은 가톨릭의 새로운 사상과 신앙을 위한 용기와 열정, 보편주의적 정신과 세계주의적 시야 그리고 넓고 깊은 종교성은 한국인의 종교적 삶과 윤리의 식에 직접, 간접으로 많은 영향을 끼쳐왔다. 개신교 백 년의 역사는 널리 알려진 대로 다방면에서 근세 한국의 형성에 결정적인 역할을 수행했다. 선교사들의 활동으로부터 시작한 대중 교육과 의료 사업, 성서를 통한 한글 보급, 예술, 스포츠, 출판 등의 보급은 물론이요, 사회적 신분이나 남녀노소의 차별을 넘어서는 평등주의적 인간관의 실천, 교회 생활을 통해 형성된 능동적 주체성과 자발적 참여의 정신 등은 한국의 근대 시민 사회의 형성에 매우 중요한 역할을 수행해 온 것이다.

마지막으로 세속적 휴머니즘과 그 정치적, 사회적 표현인 자유민주주의는 적어도 남한 사회의 구성원 모두—개인, 사회단체, 종교 집단, 국가—가 표방하는 공식적인 이념이다. 자유민주주의 체제가 근대사의 와중에서 한국인 스스로의 주체적 결단에 의해 선택된 것이든 아니든, 그것이 표방하는 시민 사회의 자유와 평등, 인권 및 인격의 존중, 민주적 사회제도와 정치질서는 개화기로부터 시작해서 많은 시련과 우여곡절에도 불구하고 꾸준히 성장해서 이제는 누구도 의심할 수 없는 공적, 보편적 가치로 우리 사회에 뿌리내리게 되었다. 그러나 아직도 어렵게 구축되어 온 자유민주주의와 시민 사회의 질서를 위협하는 힘들이 상존하는 것 또한 부인할 수 없는 사실이다. 다음과 같은 점들을 들 수 있다.

첫째, 일제의 식민지 통치부터 시작하여 해방 후 자유당의 전횡, 잇따른 군사정권의 독재로 인해 국민의 기본권이 침해되고, 사고와 행동, 제도와 체제가 장기간에 걸쳐 민주적 발전을 저해 당해 왔으며, 그 여파는 아직도 극복되어야 할 과제로 남아 있다.

둘째, 한국적 특수 전통인 유교적 사고와 행동 양식, 인생관과 가치관이 자유민주주의의 가치관과 갈등을 일으키면서 한국인의 가치관에 이중 구조를 형성하고 있다. 자유민주주의의 가치관과 전통적 유교의 가치관 사이에는 조화되기 어려운 갈등이 있음을 부인하기 어렵다. 가족과 혈연의 윤리를 강조하는 유교 윤리와 타자와의 성숙한 관계를 요구하는 시민 사회의 윤리, 수직적 관계를 중시하는 윤리와 수평적 관계에 입각한 윤리, 차이와 구별을 강조하는 윤리와 평등성에 기초한 윤리, 사회질서와 조화를 앞세우는 윤리와 개인의 자유와 권리를 내세우는 윤리 사이에 갈등이 있는 것은 너무나도 당연한 일이다. 나는 여기서 어느 것이 옳고 어느 것이 그르다는 것을 논하려 하지는 않는다. 다만 문제 해결의 방향이 양자택일보다는ㅡ현실적으로 불가능할 뿐만 아니라 결코 바람직스럽지도 못한ㅡ 양자의 창조적 조화 내지 지양에 있어야 함을 지적하고자 한다. 이것은 곧 유교 윤리의 현대화를 뜻하며 동시에 서구식 개인주의적 윤리가 지니고 있는 문제점과 한계의 극복을 뜻하기도 한다. 이와 같은 창조적 지양을 위해서 먼저 우리의 현실을 있는 그대로 인식하는 일이 중요하다. 한국 사회는 외양적으로 자유민주주의의 기치를 내세우지만, 가정이나 학교, 직장이나 사회단체 그리고 나아가서 정치 행태 속에 나타나는 실제 가치 의식은 다분히 나쁜 의미에서의 유교적 권위주의의 지배를 받고 있다. 유교적 전통과 자유민주주의적 가치가 한국인의 사고와 행동 양식을 동시에 규정하고 있는 한 대부분의 한국인들은 상충되는 이중적 사고 구조와 행동 양식을 안고 살 수밖에 없다. 겉과 속, 공과 사에 있어서의 이중성은 물론이요 동일한 일을 판단하고 처리하는 경우라 할지라도 상반되는 가치 기준 사이를 오락가락하면서 일관성 없는 규범을 적용하는 경우가 허다한 것이 우리의 모습이다. 이것이 사실이라면 그리고 유교 전통과 세속적 휴머니즘 내지 자유민주주의

중 그 어느 것도 일방적으로 포기되어서는 안 될 가치들을 지니고 있다면, 양자의 창조적 만남과 이로 인한 양전통의 개혁 내지 재해석은 현대 한국의 지성에 부과된 가장 중요한 과제 중 하나임에 틀림없다.

자유민주주의에 기초한 시민 사회를 위협하는 세 번째 요소로서 우리는 종교적 광신과 편협성을 들지 않을 수 없다. 세계 도처에서 평화를 위협하고 있는 종교적 광신주의와 배타성은 아직 한국에서는 시민 사회를 분열시킬 위험—인도에서처럼—까지는 지니고 있지 않으나 사회의 통합을 저해할 가능성은 충분히 안고 있다. 14대 대통령 선거에서도 표출되었듯이 대통령의 종교적 소속이 선거에 쟁점 내지 관심사로 부각되었다는 사실 자체가 그 심각한 징표 가운데 하나라 하겠다. 지방색으로 인해 분열된 사회에 종교색마저 작용하면 건전한 시민 사회의 앞날은 매우 어두운 것이다.

넷째, 자유민주주의 사회의 여러 가지 장점들에도 불구하고 그것이 지니고 있는 한 가지 결정적인 문제점은 주지하는 바와 같이 자유와 정의와의 균형을 취하는 데 많은 어려움을 겪어왔다는 점이며, 이 점에서 자유민주주의는 아직도 사회주의 이념의 도전으로부터 완전히 자유롭게 되었다고 단언할 수 없다. 한마디로 말해 우리가 자유민주주의 체제를 지속해야 한다면 우리는 개인과 기업의 자유 못지않게 사회적 조화와 균형을 향한 정의와 실질적 평등에 대한 관심도 아울러 추구해야 한다.

세속적 휴머니즘과 자유민주주의 그리고 이에 기초한 시민 사회는 자유, 평등, 인권, 행복의 추구 등 그 자체의 가치들을 신봉하고 있다. 그러나 자유민주주의에서 우리가 주목해야 할 점은 그것이 내세우는 이러한 적극적 가치 그 자체보다도 자유민주주의 체제는 우리가 아는 한 다양한 사상과 가치 체계, 종교적 신념과 문화적 관습을 지닌 개인이나 집단을 갈등 없이 평화적으로 공존할 수 있게 해주는 유일한 체제라는 사실이다. 즉, 자유민주주의 체제만이 진정한 의미에서 다원주의를 가능하게 만든다는 사실이다. 그리고 만약 이것이 사실이라면 어느 종교 집단이나 사상을 막론하고 광신성과 편협성으로 인해 —이것은 사회주의 이념도 마찬가지이다— 자유민주주의 체제 자체를 부정하거나 흔들어 놓도록 허락되어서는 안 된다는 사실 또한 자명하다. 자유민주주의가 허락하는 자유의 한계는 바로 그 체제 자체를 부정할 정도의 자유는 허락할 수 없다는 것이라는 역설의 논리가 성립한다. 여기서는 물론 체제 부정의 방식이 문제가 된다. 만일 그러한 부정이 민주적 절차와 과정을 통해 이루어진다면 자유민주주의는 스스로를 포기할 수 있는 자유까지 확보하고 있다고 하겠다. 그리고 바로 이 점이 자유민주주의의 위대성이기도 하다. 그러나 그것이 폭력이나 물리적 강요, 타인의 주권을 해치는 방법을 통하여 이루어진다면 그것은 용납되어서는 안 된다는 말이다.

우리는 여기서 매우 조심스럽기는 하나 시민 사회에 있어서 종교적 자유의 한계를 논할 수밖에 없다. 바로 종교적 자유를 확보하기 위해서도 종교적 자유는 어느 정도 법적 제약을 받지 않을 수 없다는 역설적인 결론이 나온다. 종교적 광신주의도 자유민주주의 체제 안에서는 어느 정도 허락된다. 그러나 타인의 종교적 자유를 침해하거나 존중하지 않는 종교적 행위는 타인의 인격과 주권을 모독하는 행위와 마찬가지로 제재받아야 마땅하다. 무제약적 자유란 자유민주주의 사회에서도 허용될 수 없기 때문이다.

다시 한번 강조하지만, 이상의 논의는 결코 자유민주주의 자체가 어떤 경우에든 도전받아서는 안 되는 신성불가침적 존재라는 것을 뜻하지는 않는다. 자유민주주의 역시 인간이 만들어 낸 사상이요 제도이다. 다른 네 가지 보편주의적 이념 체계와 마찬가지로 자유민주주의도 특수한 역사적 과정을 통해 형성된 산물이다. 그러면서도 그것은 사상과 종교의 다원성을 가능하게 하는 자유와 관용의 정신을 지니고 있을 뿐만 아니라 그것을 제도적으로 보장하고 있다는 점에서 여타의 이념 체계와는 근본적으로 다른 점을 지니고 있다. 그렇기 때문에 그것은 다원 사회의 근본 이념으로 마땅히 보호되어야 할 가치를 지니고 있다. 그러나 자유민주주의 자체가 국민들의 자유로운 합의에 의해 채택되고 유지되는 것인 한 그것은 원칙적으로 또 다른 합의를 통해 언제든지 파기될 수 있다. 자유민주주의는 적어도 사상과 양심의 자유를 보장하고 있다. 따라서 어느 종교도, 어느 이념 체계도 사상적으로 혹은 집회나 출판이나 결사의 자유를 통해 정당한 절차를 거쳐 자유민주주의 체제 자체를 비판하고 도전할 권리를 가지고 있다. 그리고 바로 이러한 비판과 도전을 통해서 자유민주주의의 체질은 오히려 더 강화되는 것이다.

이제 다원주의를 가능케 하는 시민 사회의 질서라는 테두리 내에서 각 종교 집단들이 보전하고 키워야 할 가치관의 윤곽도 어느 정도 드러나기 시작했다. 나는 이것을 두 가지 측면에서 정리해 보고자 한다. 첫째는 각 종교 전통들과 세속적 휴머니즘과의 일치 내지 공동 보조라는 측면이고, 둘째는 세속적 휴머니즘의 한계와 각 종교들의 역할이라는 측면이다.

첫째, 위에서 이미 논한 바와 같이 각 종교들은 자유롭게 종교적 활동을 전개하되 어디까지나 자유민주주의 체제와 규범, 특히 자유의 한계를 벗어나는 일이 없도록 해야 할 것이다. 시민 사회에서 타인의 자유와 인격이 존중되어야 하듯이 종교 간에도 상호 존중과 관용이 있어야 한다. 이를 위해서는 종교 간의 대화와 교류를 통해 서로를

이해하려는 노력이 필수적이며, 편협한 배타주의나 독선적 광신주의
는 배격되어야 마땅하다. 이것은 한국과 같은 다원 사회에 공존하고
있는 종교 공동체들이 반드시 지켜야 할 최소한의 의무이다. 그렇지
않은 경우 우리에게 남는 선택은 세 가지 가운데 하나일 것이다.
첫째는 점점 증폭되어 가는 종교 간의 갈등이요, 둘째는 이 갈등이
심화되어 시민 사회 자체를 위협할 가능성이며, 셋째는 아예 종교나
사상의 다원성을 허락하지 않는 전통적인 획일적 사회로의 복귀이다.
첫 번째 가능성은 이미 어느 정도 우리 사회의 현실로 나타나고 있으며,
두 번째 가능성은 현재 인도나 스리랑카, 구소련이나 구유고 연방
등에서 전개되고 있는 상황으로써 그 귀추가 주목되고 있다. 세 번째
가능성은 전체주의 국가나 한 특정한 종교를 국교로 삼고 있는 사회의
현실이다. 거기서는 종교의 자유가 있다 하더라도 극히 명목적인
것에 지나지 않으며, 실제로는 하나의 획일적 이념만이 지배하고
있을 뿐이다. 체제 자체가 다원주의를 수용하기 어렵기 때문이다.
이 마지막 가능성은 우리 사회의 현실과는 무척 거리가 먼 것이 틀림없
지만, 그래도 우리 사회의 종교 지도자들 가운데는 한국이 기독교
사회나 불교 사회가 되는 것을 바람직한 일로 여기는 자들도 적지
않다는 점을 간과해서는 안될 것이다. 다행히도 한국은 단일 민족,
단일 언어를 갖고 있는 사회이며, 한국인들은 동일한 문화적 전통과
역사적 경험을 공유하고 있기 때문에 종교적 다원성에도 불구하고
위에서 언급한 두 번째, 세 번째 가능성은 그리 크다고 볼 수는 없다.
더욱이 한국인의 행동 양식을 가장 직접적으로 규제하고 있는 유교라
는 전통이 한편으로는 한국인의 가치관에 상당한 동질성을 부여해
주고 있으며, 다른 한편으로는 종교적 광신성 내지 열광주의를 어느
정도 제어하는 요소로서 작용하고 있다는 사실도 지적되어야 한다.

각 종교 전통들은 시민 사회에서 단지 종교적 자유의 한계를 준수한다는 소극적인 자세를 넘어서서 보다 적극적으로 자유민주주의의 가치관을 수용하고 발전시켜 나가는 노력을 기울여야 한다. 그럼으로써 아직도 일천한 역사를 지니고 있는 우리의 취약한 시민 사회는 더욱 성숙되고 공고한 지반을 가질 수 있으며, 종교 전통들 또한 현대 사회에 적극적으로 대처해 나가는 능력을 확보할 수 있을 것이다. 특히 지연과 혈연─최근에는 학연까지─이라는 강한 특수주의적 원리들에 의해 얽힌 한국 사회에서 보편주의를 표방하는 불교와 그리스도교의 역할은 지속적으로 매우 크다고 하겠다. 물론 각 종교가 세속적 휴머니즘 내지 자유민주주의 가치를 자기의 본질적 정체성을 손상시키지 않으면서 얼마만큼 적극적으로 수용하고 진작시킬 수 있는가 하는 것은 각 종교의 지도자들에 맡겨질 문제이다. 유교 전통의 경우 이미 지적했듯이 그리스도교나 불교와는 달리 종교적 열광주의의 위험보다는 자유민주주의의 기본 가치와의 상충이라는 문제점을 더 심각하게 안고 있다는 점이 다시 한번 지적되어야 한다. 그리고 이 문제의 해결은 단지 '유교인'들에게만 맡겨질 문제는 아니다. 한국인치고 '유교인' 아닌 사람은 찾아보기 어렵기 때문이다.

　이상과 같은 논의는 마치 자유민주주의가 절대적 가치로서 다른 모든 이념 체계 위에 군림하며, 그것들을 평가하는 척도가 된다는 인상을 줄 우려가 있다. 그러나 이것은 사실이 아니다. 종교는 결코 세속적 이데올로기의 노예가 될 수 없으며, 세속적 세계관과 종교적 세계관 사이에는 쉽게 해소될 수 없는 긴장이 존재하기 때문이다. 현대의 종교 전통들은 정녕 세속적 이념들로부터 오는 종교에 대한 신랄한 비판과 도전을 피할 수는 없을 것이지만, 그렇다고 해서 종교가 그 자체의 본연의 성격을 배반하고 보이는 세계만을 전부로 아는 세속적 가치관과 인생관에 무비판적으로 굴복하는 일도 없을 것이다. 나아가서 현대의 종교 지도자들은 세속적 휴머니즘과 합리주의 내지 자유민주주의가 인간의 종교적 문제는 고사하고 세속적 문제들을 해결하는 데 있어서조차 노출하고 있는 한계를 너무나도 분명히 의식하고 있다.

어떠한 보편주의적 이념 체계이든 완전한 것은 세상에 없으며 자신이 내세운 이념에 역사적으로 완전히 부합하는 체계도 존재하지 않는다. 모든 이념은 이데올로기적 허구성을 면하기 어려우며 서구의 자유민주주의 역시 예외는 아니다. 자유민주주의는 자유와 평등을 외쳐왔건만 인간성 내에 깊이 뿌리 박고 있는 차별과 편견, 폭력과 억압을 제거하는 일에 성공하지 못했고, 오히려 특정 계급이나 강자를 위한 자유와 형식적 평등으로 전락했으며, 국가주의의 한계를 벗어나지 못했다. 국가 간의 대립과 갈등, 제국주의의 횡포는 물론이요, 한 국가 내에서조차 자유민주주의 체제들은 소수민족이나 이민족에 대한 차별과 억압을 그치지 않았다. 그런가 하면 자유민주주의가 전제로 하고 있는 개인주의는 기존의 가족이나 친족 집단 등의 공동체적 유대 관계를 해체시키면서, 한편으로는 인간과 인간의 소외에 따른 개인의 고독감을 증폭시키는가 하면, 다른 한편으로는 모든 권위의 붕괴와 방종으로 나타나기도 한다. 그뿐만 아니라 자유민주주의 사상의 근본이 되고 있는 근세의 인간 중심적 세계관은 인간의 자유와 주권의 확립에는 크게 기여했지만, 인간과 자연의 공동체적 유대 관계를 파괴시키고 자연을 인간의 지배와 이용의 대상으로 삼아 현대의 환경 위기를 초래하는 사상적 배경을 제공했다. 자유민주주의 정치, 경제 체제와 함께 진행된 산업화와 대중 소비사회의 대두는 회복하기 어려운 지구 환경의 파괴와 더불어 죽음의 문화를 산출하고 있다. 이 같은 문제들을 극복하기 위해 기존의 종교 전통들은 과연 어떠한 자산을 가지고 있으며, 구체적으로 어떠한 도움을 줄 수 있을 것인가?

자유주의가 낳은 심각한 문제들을 놓고서 전통적 이념 체계와 사회로 복귀하고자 하는 보수주의 내지 복고주의적 유혹도 없지 않다. 그러나 이것은 더 이상 현대 한국인에게 열려진 선택은 아니다. 우리는 더 이상 산업사회에서 농업사회로, 개인주의에서 집단주의로, 자율사회에서 타율사회로 돌아갈 수는 없게 되었다. 우리가 가야 할 길은 계몽주의와 자유민주주의의 창조적 극복이지 그 이전으로의 퇴행이나 반동은 아니다. 우리가 원하는 것은 인간의 자율성에 근거한 새로운 권위의 수립이지 옛 권위주의가 아니며, 개인의 자유와 창의성을 살리는 새로운 공동체이지 옛 폐쇄 집단이 아니며, 산업사회의 풍요로움을 희생하지 않으면서도 인간과 자연이 아름다운 조화를 이루며 함께 살아가는 탈산업사회, 탈근대사회인 것이다.

결론적으로 말해 한국에 혼재하는 여러 가지 이념 체계 및 가치 체계들은 한편으로는 민주 시민 사회의 공통적 가치들을 공동으로 보호하고 육성할 책임을 지니고 있으며, 다른 한편으로는 세속적 휴머니즘과 자유주의 그리고 산업사회가 안고 있는 문제들을 창조적으로 극복하는 일에 그들의 정신적 자산과 역량을 총동원해야 할 역사적 사명을 지니고 있다. 이것이 21세기를 목전에 두고 근대화와 탈근대화를 동시에 추구해야 할 운명에 놓인 한국 종교계의 과제이자 사명이라 할 수 있다.

# 종교학, 다원 세계를 위한 학문

## 1. 종교학적 지성

종교에 대하여 우리가 개인적으로 어떠한 견해를 갖고 있든 종교가 인간의 삶과 역사에 있어서 매우 중요한 위치를 차지하고 있다는 사실을 부인할 사람은 별로 없을 것이다. 종교는 개인에 있어서 삶의 궁극적 의미와 방향을 제시해 주는가 하면, 한 사회나 민족에 있어서는 집단의 결속력을 공고히 해주며, 그 정체성을 형성하는 데 결정적인 역할을 수행한다. 지금도 세계 도처에서 진행되고 있는 민족 간의 분쟁과 갈등에는 거의 예외 없이 종교 간의 대립이 개재되어 있다는 사실이 이 점을 분명하게 말해 주고 있다. 이 때문에 사람들은 이제 종교 간의 평화 없이는 세계의 평화란 있을 수 없다는 것을 깨닫고 있다. 종교 간의 평화가 있다고 하여 반드시 세계의 평화가 있는 것은 아니겠지만 종교 간의 평화 없이 세계의 평화가 없다는 말은 부정하기 어려운 사실이다. 인간의 삶에 있어서 종교가 차지하는 이러한 중요성에도 불구하고 종교를 공정한 시각에서 체계적이고 이론적으로 연구하며 종교 간의 상호 이해를 증진시킬 수 있는 종교학이라는 학문에 종사하는 사람은 그리 많지 않다. 특히 우리나라와 같이 진정한 의미의 종교다원 사회에서 종교학의 보급은 고사하고 그것에 대한 기본적인 인식조차 제대로 되어 있지 않다는 사실은 매우 개탄스러운 일이다.

현재 한국은 가히 종교의 천국이라 불러도 좋을 정도로 온갖 종교가 번창하고 있으며, 이와 더불어 상호 이해와 관용에 바탕을 둔 종교 간의 공존과 협력은 더욱 절실한 문제로 부상하고 있다. 그럼에도 모든 종교에 대하여 공정하고도 객관적 자세를 견지하면서 연구하고 동시에 애정 어린 눈으로 그들을 이해해 보고자 하는 사람은 우리 주위에서 찾아보기 쉽지 않다. 종교에 대하여 관심을 많이 가진 자라 하면 주로 자기가 믿는 종교에만 관심을 가지고 있는 것이 보통이며 때로는 지극히 광신적인 열성을 보이는 경우도 많다. 그런가 하면 종교에 대하여는 어느 종교를 막론하고 아예 관심조차 기울이지 않는 사람도 부지기수며, 배운 사람 가운데서도 회교와 힌두교를 구별하지 못할 정도로 종교에 대하여 무식한 사람도 한둘이 아니다. 우리나라에는 종교인과 신앙인은 많지만 종교학자는 드물고, 종교적 열정과 뜨거운 신앙을 지닌 자는 많지만 종교학적 지성과 소양을 갖춘 자는 찾아보기 쉽지 않다. 이와 같은 현상은 종교 자체를 위해서나 우리 사회를 위해서나 결코 바람직한 일이라고 할 수 없다. 지성이 결여된 신앙, 무지에 근거한 열성은 반드시 많은 폐단을 낳기 마련이기 때문이다.

물론 종교를 학문적 지성으로 접근하는 데에는 분명한 한계가 있다. 종교는 이미 그 안에 들어가는 신앙의 눈과 헌신의 결단이 있어야만 이해되는 초월적인 측면을 분명히 지니고 있기 때문이다. 그러나 지성이 결여된 신앙, 이성을 무시하는 열정은 언제나 광신과 독선, 편협성과 배타성의 위험을 수반하며, 시민 사회가 요구하는 상호 관용과 존중의 정신을 낳기 어렵다. 종교학적 지성과 소양은 한 다원 사회를 살아가는 시민들의 건전한 상식이 되어야 하며, 타종교와 타 문화에 대한 이해는 지구촌에 살고 있는 현대인에게 필수적인 교양이 되어야 하는 것이다.

아래에서는 종교학의 특성, 타 학문과의 관계 그리고 종교학의 제 분야들을 간단하게 고찰하는 가운데 현대적 학문으로서의 종교학이 지니는 가치와 의의를 밝혀보고자 한다.


## 2. 종교학과 신학

종교학은 종교를 구성하는 제반 현상들—신조, 교리, 신화, 의례, 공동체, 제도, 종교적 체험 등—을 학문적 객관성에 입각하여 체계적으로, 이론적으로 연구하는 학문이다. 종교를 연구하는 것은 물론 종교학만의 작업은 아니다. 신학과 철학 그리고 사회학, 인류학, 민속학 등과 같은 사회과학에서도 종교에 관한 연구를 한다. 그렇다면 이러한 학문들과 종교학의 차이는 무엇이며, 종교학이 지닌 고유한 특성은 어디에 있는 것일까?

우선 종교학과 신학의 차이부터 고찰해 보자. 어느 종교든 신학을 지니고 있지 않은 종교는 없다. 신학이란 말은 문자 그대로의 좁은 의미로는 신(神, theos)에 관한 이론적 논의(logos)라는 뜻을 지니고 있으며, 주로 그리스도교에서 사용해 온 말이다. 좀 더 넓은 의미로 신학이란 그리스도교에서 신앙에 관한 성찰 내지 숙고, 교리와 전통에 대한 고찰 그리고 신앙과 전통의 현대적 의미들을 논하는 학문이다. 그러나 이러한 의미에서의 신학은 그리스도교만의 전유물이 아니다. 어느 종교든 보이지 않는 초월적 존재인 신(God, gods) 혹은 적어도 종교적 기능상 신에 상응하는 존재나 실재(實在)를 믿고 있으며, 신화나 교리, 교학 등을 통하여 이러한 존재에 대하여 그리고 그것과 인간과 세계와의 관계에 대하여 사유를 전개하고 있다. 나아가서 각 종교에는 자신의 전통을 연구하고 끊임없이 재해석해 주는 종교적 엘리트 내지 이론가들이 있기 마련이며, 이들은 곧 그 종교의 신학자들인 셈이다. 그렇다면 종교학자와 신학자는 어떻게 다른 것인가? 크게 말해 우리는 두 가지 차이점을 들 수 있다.

첫째로 신학자는 주로 자기가 속한 종교 전통만을 대상으로 하여 연구하고 해석하는 작업을 수행함에 반하여 종교학자는 가능한 한 세계의 모든 종교를 대상으로 하여 비교 연구하며 그것들을 이해하고자 한다. 즉, 신학과 종교학은 연구 대상의 범위에 커다란 차이가 존재하는 것이다. 종교학자 막스 뮐러(Max Müller)는 일찍이 "한 종교만을 아는 사람은 어떤 종교도 모르는 자이다"라고 갈파한 적이 있다. 종교학은 모든 종교를 대상으로 삼는다. 그럼으로써 타인과 타 문화의 종교는 물론이요 자기 자신의 종교에 대해서도 더 깊은 이해를 추구한다.

종교학과 신학의 두 번째 차이는 단순히 이러한 연구 범위상의 차이를 넘어선다. 양자는 연구 태도와 방법에 있어서 현저한 차이를 보이고 있다. 신학은 어디까지나 한 특정한 종교 내의 신앙을 전제로 하는 학문이며 그러한 신앙을 가진 자만이 신학을 할 수 있다. 신학은 규범적(normative) 학문이다. 다시 말해 신학은 한 특정한 종교에서 전수해 온 진리―계시에 의거한 것이든 어떤 특별한 종교적 체험이나 통찰에 의한 것이든, 신화나 의례를 통해서 전수되든 교리나 사상 체계를 통해 전수되든―에 대한 믿음을 전제로 하여 그 진리를 현대적으로 해명하고 또 후대에 전수하고자 하는 학문이다. 신학이 신앙을 전제로 하여 그 안에서 자신의 전통 이해를 추구하는 학문임에 반하여 종교학은 반드시 그러한 신앙적 태도를 요구하지 않는다. 그뿐만 아니라 종교학은 그러한 태도가 종교학자 자신이 몸담고 있는 종교 이외의 것을 이해하는 데 있어서는 장해가 될 수 있음을 경계한다. 다시 말해 종교학은 종교 연구에 있어서 한 특정한 종교의 시각이 편견과 독단이 될 수 있음을 의식하여 그것을 일단 배제하는 학문적 객관성과 공정성을 견지하고자 한다. 이러한 의미에서 종교학이란 종교적 신앙과 전통이 학문적 지성과 양심을 대할 때 비로소 이루어지는 학문이라고 말할 수 있다. 신앙과 학문적 지성의 만남, 종교와 대학의 만남 속에서 종교학은 성립된다. 그렇기 때문에 종교학의 일차적 자리는 어디까지나 일반 대학이지 교단이나 종단에서 운영하는 신학교가 아닌 것이다. 유감스럽게도 현재 한국에서는 이러한 만남이 불과 몇 개의 대학에서만 이루어지고 있는 실정이다.

이와 같은 성격으로 말미암아 종교학은 사회학, 인류학, 심리학 등 인접 사회과학에서 진행되는 종교 연구의 방법과 성과를 적극적으로 수용한다. 그렇다면 이번에는 종교학과 이러한 사회과학들과의 차이는 무엇이며, 종교학의 독자적 존재 이유는 무엇인가라는 의문이 제기된다.


## 3. 종교학과 사회과학

사회과학은 어디까지나 종교적 신념을 떠나—혹은 그것을 괄호에 넣어 두고— 세속적 지성에 의해 영위되는 학문이다. 세속적 지성은 그 자체가 가지는 한계 때문에 종교적 신앙에 대하여 이미 모종의 결론을 내리고 진행되기 쉽다. 인간의 편견은 종교적 독단에서만 오는 것이 아니라 세속적 지성으로부터도 온다. 종교학은 세속적 지성으로 영위되는 사회과학적 종교 연구가 지닐 수 있는 또다른 종류의 편견과 독단을 경계한다. 사회과학적 종교 연구는 학문적 객관성과 객관적 진리의 추구라는 이름 아래 신앙인들이 가장 중요시 하는 종교의 내적, 초월적 측면은 무시하고 경험적 관찰과 조사가 가능한 종교의 외적, 가시적인 면에 치중하여 연구하는 경향을 띤다. 그뿐만 아니라 종교를 종교적 현상으로서가 아니라 단지 사회적, 심리적 현상으로 파악하려는 이른바 '환원주의적'(reductionistic) 오류 를 범하기도 한다. 그런가 하면 종교는 민중의 아편이다, 종교는 환상에 지나지 않는다는 식의 충분히 검토되거나 검증되지 않은 전제 를 가지고서 종교를 바라보기도 한다.

종교학은 신학적 연구로부터 오는 편견 못지않게 종교의 초월적 측면을 무조건적으로 부정하거나 무시하는 세속주의적인 사회과학적 연구에서 오는 편견도 동시에 극복하면서 세계의 다양한 종교 전통들 을 공정하면서도 공감적으로, 지성적이면서도 애정을 갖고 이해하고 자 하는 학문이다. 신학과 마찬가지로 종교학은 한 종교가 그 안에 들어가 있는 신앙인들에게 지니는 의미와 가치를 존중하되 신학과는 달리 이러한 태도를 모든 종교의 연구에 있어서 견지하려고 한다. 사회과학과 마찬가지로 종교학은 종교를 학문적으로 편견 없이 연구 하되 어디까지나 종교의 독자적 세계를 존중하여 그것을 이해하고 살리려 하지 종교를 세속적 차원으로 끌어내려 설명해 없애 버리려고 하지는 않는다. 종교학적 지성은 신앙적 독단 못지않게 세속적 합리주 의의 한계와 독단을 너무나 분명히 의식하고 있기 때문이다. 이런 의미에서 종교학은 규범적 학문인 신학과 세속적 지성에 의해 영위되 는 사회과학적 종교 연구의 사이에서 양자를 매개하기도 하고 견제하기도 하는 중도적 학문이라 할 수 있다. 개별 사회과학들은 결코 인류의 종교사 전체를 포괄적으로 다루기는 어려우며 종교 간 혹은 종교 현상들 간의 비교 연구나 체계적 연구를 수행하지 못한다. 종교학은 한 특정한 사회과학의 방법론에 구애받지 않고 종교 전체에 대한 종합적이고 포괄적인 이해를 도모하는 학문이다.


## 4. 종교학과 철학

마지막으로 종교학과 철학의 차이도 언급할 필요가 있다. 확실히 종교에는 철학적 측면이 있으며, 철학에도 종교적 측면이 존재한다. 이것은 초월적 인격신을 믿는 유대교, 그리스도교, 이슬람의 경우보다는 우주와 인생의 깊은 철리(哲理)에 대한 통찰과 지혜를 중시하는 불교나 도교, 유교와 같은 동양의 종교 전통들의 경우 더욱 그러하다. 동양 철학은 종교적 철학이며, 동양 종교는 철학적 종교이기 때문이다. 따라서 동양 철학의 연구는 다분히 동양 종교의 연구와 내용적으로 일치되기도 한다. 그러나 이 경우에 있어서도 철학은 어디까지나 철학이고, 종교는 어디까지나 종교임을 간과해서는 안 된다. 종교학은 철학과는 달리 단지 사상이나 관념만을 추상적으로 다루지 않고 그것들의 배후에 있는 종교적 체험과 수행, 그것들이 위치하고 있는 삶의 자리인 종교적 의례나 공동체적 기반들에 대한 연구들도 중요시한다. 다시 말해 종교학의 관심 대상은 철학보다 훨씬 다양하고 인간의 삶에 밀착된 생동적인 현상들인 것이다.

그뿐만 아니라 같은 종교적 관념과 사상을 논한다 하더라도 철학이 비판적 지성의 입장에 서서 그것들의 진리성의 문제에 더 관심을 지니고 있다면, 종교학은 진리성의 문제보다는 그것들이 지닌 종교적 의미와 기능을 이해하는 데 일차적 관심을 두고 있다. 이러한 면에서 볼 때 철학이 신학과 마찬가지로 규범적 성격을 지닌 학문임에 비하여 종교학은 기술적(記述的, descriptive) 성격을 지닌 학문인 것이다.

종교학과 철학이 밀접하게 연결되어 있는 또 하나의 분야는 이른바 종교철학(Philosophy of Religion)이다. 종교철학은 전통적으로 종교의 본질을 묻거나 종교적 교리나 관념들의 진위(眞僞)를 묻는 학문으로서 그것이 지닌 규범적 성격으로 말미암아 종교학보다는 철학의 한 분야 이다. 그러나 종교철학이 종교의 본질을 다룬다 해도 복잡다단한 구체적 종교 현상과 현실에 대한 지식이 없이는 공허한 사변에 지나지 않으며, 종교적 교리와 사상의 진위를 다룬다 하더라도 그것들이 지니고 있는 본래의 종교적 의미에 대한 깊고 정확한 이해 없이는 무의미한 작업에 지나지 않게 된다. 따라서 종교철학은 반드시 종교학 적 기반을 필요로 하며, 그 기반 위에서만 가능한 학문인 것이다.

지금까지의 논의를 요약해서 말하자면 한 특정한 종교의 입장에 서서 종교를 다루고 평가하기 전에, 한 특정한 사회과학적 시각과 방법론을 통해 종교를 고찰하기 전에, 종교라는 인간의 생동적인 현실을 단순히 지적 관념과 사상으로 추상화하여 다루기 전에 그리고 종교의 본질과 진리를 다양한 종교 현상들에 대한 구체적이며 정확한 이해 없이 사변적으로 논하기 전에 반드시 먼저 수행되어야 할 선행 연구 작업이 존재한다. 종교학은 바로 이와 같은 기초 작업을 하는 학문인 것이다.

# 5. 종교학의 분야들

다른 학문들과 마찬가지로 종교학은 그 연구 범위가 방대하고 연구 방법 또한 다양하기 때문에 분야별로 세분화되고 전문화되어 있다. 종교학의 첫째 분야 그리고 가장 기초적인 분야는 종교사학 (History of Religion)이다. 인간이 만들어놓은 모든 문화 현상들이 그러하듯 종교도 역시 역사적 기원을 지니고 역사적으로 전개되어 온 역사적 현상임에 틀림없다. 종교사는 이러한 역사적 관점에 서서 개별 종교 전통들의 역사 및 인류 전체의 종교사적 발전을 통시적으로 고찰하는 학문이다. 종교사는 종교 현상들에 대한 모든 신화적, 교리적 설명을 배척하고 역사학적 방법에 따라 시대와 함께 변화해 가는 종교의 변천 과정을 밝혀 나가는 학문으로서, 이러한 종교사적 지식의 뒷받침 없이는 다른 어떤 종교 연구도 성립될 수 없다. 종교에 관한 어떤 이론을 수립하기 전에 우리는 무엇보다도 종교의 구체적인 역사적 모습을 파악해야 하기 때문이다.

종교를 통시적으로 고찰하는 종교사학과는 대조적으로 종교 현상들을 공시적으로 혹은 체계적으로 연구하는 방법이 있다. 이른바 종교현상학(Phenomenology of Religion)이다. 종교현상학은 종교의 구조나 유형 들을 고찰하는가 하면, 특정한 종교 전통의 울타리를 벗어나 여러 종교 전통들이 공유하고 있는 유사한 종교 현상들ー예를 들어 유사한 종교적 의미와 기능을 지닌 신(神)들, 교리나 사상, 의례와 수행법, 기도, 예언, 순례 등ー을 유형별로 묶어 비교 고찰함으로써 그 현상들이 지닌 본질적인 의미의 이해를 도모하는 학문이다. 종교사학이 통시적, 종적 연구 방법이라 할 것 같으면, 종교현상학은 공시적, 횡적 연구 방법인 것이다.

종교 현상의 연구에는 사회과학적 방법을 이용한 종교사회학 (Sociology of Religion), 종교인류학(Anthropology of Religion), 종교심리학 (Psychology of Religion) 등의 연구 방법이 있다. 모든 종교 현상은 종교 현상이자 동시에 사회적 현상이며 인간의 심리적 현상임에 틀림없다. 순수한 종교 현상이란 어디에도 존재하지 않는다. 그뿐만 아니라 동일한 종교 현상이라 하더라도 그것을 접근하는 각도에 따라 그 의미는 다양하게 해석되기 마련이다. 그러기 때문에 종교학은 사회과 학적 방법들을 동원하여 종교에 대한 다각적이고 포괄적인 이해를 도모한다.

사회과학적 방법들을 사용한 종교 연구는 종교학과 사회과학이 공유하고 있는 것이기는 하나 종교학자와 사회과학자 간에는 종교를 연구하는 관심과 태도에 있어서 상당한 차이가 존재하는 것을 간과할 수 없다. 예를 들어 종교사회학의 경우 사회학자들의 관심은 어디까지 나 인간의 사회적 행동이나 제도, 사회 변화의 이해를 위해 종교를 연구하는 경향이 강한 반면, 종교학자의 일차적 관심은 사회 현상의 이해보다는 종교 현상 그 자체에 있다. 다만 어떤 종교 현상이든 동시에 사회적 기능과 함축성을 지니고 있기에 종교학자들은 종교사 회학적 고찰을 소홀히 할 수 없는 것이다. 따라서 종교학은 종교를 전적으로 사회적 현상으로 환원해 버리려는 일부 종교사회학자들의 접근에 대해서는 매우 신중하고 비판적인 자세를 견지한다.


## 6. 종교학의 시대적 요청과 사명

오늘날 우리는 문자 그대로 지구촌에 살고 있다. 불과 일백 년

전만 해도 가히 상상을 하지 못할 정도로 국가와 국가, 사회와 사회, 문화와 문화 간의 접촉과 교류가 활발히 진행되고 있다. 우리는 더 이상 옛 전통 사회와 같이 하나의 지배적인 종교 전통에 바탕을 둔 종교 문화 속에 살고 있지 않으며, 종교의 자유가 허락되고 종교가 선택의 대상이 된 세속화된 다원 사회에 살고 있다. 우리는 더 이상 폐쇄된 세계 속에 살고 있지 않으며, 타민족, 타 문화, 타 종교에 대한 지식과 정보가 보편화되고 상식으로 요청되고 있는 개방된 세계 속에 살고 있는 것이다. 그뿐만 아니라 우리는 매일 나오는 종교적 신념이나 관습, 사고방식과 가치관 등을 달리하는 사람들과 얼굴을 맞대고 함께 살아가야 한다. 타 종교와 타 문화에 대한 지식과 이해, 종교 간의 상호 이해와 존중, 상호 교류와 협력은 이제 종교학자들이나 몇몇 종교 전문가들만의 일이 아니라 시민 사회와 국제사회를 살아가는 모든 사람의 건전한 상식으로 요청되고 있는 것이다. 이러한 시대적 상황 속에서 학문으로서의 종교학 그리고 그것을 바탕으로 하여 함양되는 종교학적 지성과 소양의 중요성은 너무나도 자명하다. 종교학이 비단 신학이나 철학 이전의 기초 학문이라는 뜻에서 지니는 학문적 중요성은 차치하고라도, 종교학적 소양은 이제 현대 다원 세계 속에 살고 있는 사람들에게 하나의 필수적 교양이 되고 있는 것이다.

어떻게 해야 우리는 고도로 합리화되고 기계화되어 가는 삶 속에 갇히다시피한 숨 막히는 현대 문명 속에서, 삶의 깊은 차원과 초월적 의미를 열어주는 자신의 소중한 신앙을 타협하거나 포기하지 않으면서도, 우리 이웃이나 타 문화들이 마찬가지로 소중히 여기는 신앙 전통에 대해서도 열린 자세를 견지할 수 있을까? 어떻게 해야 우리는 편협한 종교적 도그마에 갇히지 않으면서도 천박한 세속주의적 가치에 포로가 되지 않으며, 종교적 광신에 빠지지 않으면서도 세속적 무관심이나 회의주의의 제물이 되지 않을 수 있을까? 이 문제들에 대한 대답에 오늘날 전 인류 공동체의 운명이 달려 있다 해도 과언이 아니다. 전염병처럼 퍼지고 있는 도덕적 허무주의와 세속적 향락주의가 인간을 구원할 수 없는 것만큼이나 종교적 광신과 편협한 독단주의 역시 현대적 위기에 대한 해답은 못 된다. 탈종교화된 서구사회의 지나친 개인주의나 도덕적 방종이 바람직하지 않다면, 이슬람 근본주의자들의 전투적 종교성이나 종교 율법적 경직성 또한 바람직스럽지 않다.

그 학문적 가치 못지않게 종교학이 지니는 시대적 사명은 바로 이와 같은 문제의 해결에 중추적 역할을 수행할 수 있다는 데에 있다. 종교학은 바로 현대의 다원적 상황하에서 발생하여 그 필요에 부응하는 학문으로서, 종교로부터 오는 편견과 동시에 종교에 대한 편견을 함께 극복하고자 하는 중도적 학문이기 때문이다.

# 윌프레드 캔트웰 스미스의
# 인격주의적 종교 연구


## 1. 인격주의적 접근의 배경

종교학과 신학의 현저한 차이점 중 하나는 전자가 모든 종교에 대하여 보편적 관심을 가지고 연구하는 데 반하여 후자는 한 특정한 종교만을 대상으로 삼는다는 것이다. 물론 제아무리 야심 있고 박식한 종교학자라 할지라도 많고 다양한 세계의 종교 전통과 현상을 다 연구한다는 것은 거의 불가능한 일이다. 그렇기 때문에 자연히 어떤 종교는 더 깊게 이해하고 또 어떤 종교는 좀 소홀히 다룰 수밖에 없게 되는 것이다. 하지만 한 가지 분명한 사실은 하나의 종교 전통만을 연구하는 사람을 종교학자라 부르지는 않는다는 사실이다. 그는 신학자, 성서학자, 불교학자, 인도학자 등 각 분야의 이름을 좇아 전문가의 칭호로 불리나 결코 종교학자는 아니다.

종교학과 신학과의 차이는 이러한 연구 영역의 광협에만 있는 것은 아니다. 연구 태도 또한 큰 차이를 보이고 있다. 신학자는 한 특정한 종교를 연구함에 있어서 그 종교의 신앙 세계에 어느 정도 들어가서 작업을 한다. 신학자라고 반드시 자기 종교에 대한 회의가 없으라는 법은 없으며, 항시 신앙의 테두리 내에서만 지적 활동을 하는 것은 아니다. 그러나 그는 어디까지나 자기 종교 전통의 진리에 대한 근본적인 신뢰와 열정을 바탕으로 하여 그것을 더 깊이 이해하고 자 한다. 이런 점에서 같은 그리스도교를 연구한다 해도 한 역사가가 연구하는 것과 한 신학자가 하는 것 사이에는 상당한 거리가 있다. 마찬가지로 서양의 한 동양학자가 불교를 연구하는 것과 불교 신자인 불교학자가 불교를 연구하는 태도에도 상당한 차이를 발견할 수 있을 것이다. 종교학자는 주로 타인의 종교를 연구하는 사람으로서, 여기서 는 신앙적인 혹은 신학적인 태도보다는 소위 객관적, 학문적 태도를 중시한다. 종교학자는 일단 진리 판단은 유보하고 우선 그가 접하는 모든 종교 현상의 의미를 이해하고자 시도한다. 물론 종교학자도 신앙을 가진 한 전통의 참여자일 수도 있다. 사실 종교 연구는 세속적 지성들 못지않게 특정한 종교의 신앙을 가진 학자들에 의해서도 활발 하게 진행되어 왔다. 그뿐만 아니라 종교의 연구는 오히려 신앙적 체험이 있는 사람에 의해서 더 잘 수행될 수 있다는 견해도 대두되고 있다.[1] 이것은 물론 종교란 종교적 감각을 소유한 자에 의해 더 잘 이해될 수 있다는 것을 뜻하는 것이지 결코 학문적 객관성을 타협해도 좋다는 것을 의미하는 것은 아니다. 종교학자는 타인의 종교 현상을 이해함에 있어 어디까지나 자신의 신앙이나 신학이 장애가 될 수 있음을 의식해야 하며, 이것이 바로 종교현상학자들이 강조하는 판단 중지(epoche)의 태도이다. 그러나 종교학은 바로 이와 같은 성격 때문 에 종종 신학자들로부터 비난을 받게 된다. 과연 종교란 것이 신앙심을 떠나서 제대로 이해될 수 있을까? 종교와 같이 깊고 신비한 내면적

---

1 Wilfred C. Smith, "Comparative Religion: Whither Why?" M. Eliade & J. Kitagawa ed., *The History of Religions* (Chicago: The Univ. of Chicago Pr., 1959), 45.

세계를 과연 객관적, 학문적 태도로 잡을 수 있을까? 결국 종교를 이해하는 유일한 방법은 신학적 방법, 즉 관찰자적 태도보다는 발 벗고 들어가는 참여자적 자세가 아니겠는가 하는 의문이 제기되는 것이다. 이와 같은 비판은 사실 상당한 설득력이 있으며, 오늘날 종교학자들은 물론이요 인류학자들 가운데서도 '참여적 관찰자'의 입장이 가장 바람직스럽다는 것을 보편적으로 인정하고 있다. 이 글에서 다루고자 하는 캐나다의 종교학자 윌프레드 캔트웰 스미스 (Wilfred Cantwell Smith)는 관찰자적 객관성만을 강조하는 종교 연구가 가운데서 흔히 발견되는 종교에 대한 무감각하고 경박한 태도를 비유 하여 말하기를 마치 어항 밖에서 기어 다니는 파리와 같아서 금붕어를 관찰하기는 잘하지만 금붕어의 세계는 전혀 이해하지 못하는 것과 같다고 한다.[2] 과거에 서양의 학자들, 특히 동양학을 주로 하는 종교 연구가들은 이러한 식의 연구를 많이 해왔으며, 사실 그들의 업적은 눈부신 바 있다. 세계의 각 종교의 교리, 신조, 신화, 의례, 경전, 제도 등에 관한 그들의 정확하고 세밀한 연구는 이미 방대한 백과사전 적 지식을 축적했으며, 지금도 이러한 연구는 계속되고 있다. 스미스는 결코 이들의 업적을 과소평가하려 하지 않는다. 그러나 문제는 이러한 엄청난 노력에도 불구하고 정말로 우리가 타인의 종교를 그 깊은 내면성에 있어서 이해하기는 쉽지 않다는 점에 있다. 사실 한 종교학자 가 그리스도교에 대하여 제아무리 백과사전적 지식을 가지고 있다 하여도 십자가상 앞에서 엎드려 기도하는 한 신자의 내면적 세계에 대해서는 전혀 무감각할 수 있으며, 불교에 대하여 체계적이고 폭넓은 지식을 소유한 학자라 할지라도 불상 앞에 불공을 드리는 한 촌부의

---

2 Wilfred C. Smith, *The Meaning and End of Religion* (San Francisco: Harper & Row Pub., 1978), 7.

세계를 전혀 이해 못할 수도 있는 것이다. 스미스는 이와 같은 현상은 우리가 가지고 있는 종교 연구의 이중성에 있다고 본다. 우리는 자기가 속한 종교에 대해서 논할 때는 신앙적이고 신학적인 태도로 임하지만, 타인의 종교를 논하거나 연구할 때에는 외부적 관찰자의 자세로 대하기 쉽다는 것이다. 스미스의 인격주의적 종교 연구는 바로 이와 같은 종교 연구의 이중성을 지양하고 누구의 종교를 연구하거나 타당하게 적용할 수 있는 단일 방법을 강구하는 데에 그 근본 목적이 있다. 그는 다음과 같이 말한다.

> 지금까지 우리는 종교적 문제들을 지적으로 이해하려는 것을 업으로 삼는 자들의 두 가지 유형에 관심을 두어왔다. 하나는 자기가 보고 있는 것을 해석하려고 힘쓰는 외부 관찰자요, 다른 하나는 자기가 알고 느끼는 것을 해석하려고 힘쓰는 혹은 자기의 유산을 알고 느껴보려고 애쓰는 한 전통의 참여자다. 이제 우리는 세 번째 유형의 사람을 첨가할 수 있을 것이다. 그들은 어느 정도 결정과 선택과 탐구와 혁신을 업으로 삼고 있는 다음 세대의 사람들이다. 관찰자와 참여자를 동시에 충족시킬 수 있는 단일의 종교 이론을 건설할 필요가 있고 또 가능하게 되는 한 가지 이유는 오늘날 신앙인들이 서로 다른, 그러나 더 이상 격리되어 있지는 않은 공동체들로 구성된 전 인류의 종교적 복합체에 속한 구성원들로서 스스로를 의식하기 시작했거나 할 수 있게 됨에 따라 이 두 역할이 합쳐지고 있기 때문이다.[3]

다시 말해 타 종교의 연구는 이제 신앙인과 신앙인의 만남, 인격과 인격의 만남으로 해서 종교의 가시적 측면들만을 관찰하고 기술하는

---

3 같은 책, 200.

객관주의적 접근을 넘어서서 새로운 단계로 접어들기 시작했다는 것이다. 그리고 이것은 동시에 자기 자신의 신앙에 대한 이해도 달라질 수밖에 없다는 것을 의미한다. 즉, 자신의 신앙에 대하여도 타자와의 만남으로 인해 어느 정도 '객관화'할 수 있는 자의식을 가지게 되며, 자기가 속한 신앙 공동체를 하나의 전 세계적 신앙 공동체의 일부로 의식하게 되는 것이다.

스미스는 이와 같은 인격적 만남과 대화를 통해서 이루어지기 시작한 종교 연구의 태도 내지 방법의 변화 과정을 그의 유명한 "비교종교학: 어디로, 그리고 왜?"라는 논문에서 일련의 인칭대명사를 사용해서 분석하고 있다. 즉, 서유럽 학자들이 처음 본격적으로 그리스도교 이외의 종교들을 연구하게 되었을 때에 그들은 타 종교들을 주로 '그것'(It)으로 대했다는 것이다. 다시 말해 신앙인의 내면적 세계는 도외시하고 종교를 주로 관찰 가능한 경전, 교리, 의례, 제도와 같은 것으로 간주하는 물화(reification)의 태도가 지배적이었다는 것이다. 그러다가 학자들은 타 종교들의 배후에도 그것들을 믿고 따르는 사람들이 있음을 점차 의식하기 시작하였으며, 아직은 그들이 자신들과는 거리가 먼 존재로 여겨지기에 '그들'(They)로서 대하는 종교 연구 태도가 발전하게 되었다. 다음 단계는 '그들'이 우리와 대화도 나눌 수 있는 보다 친근한 존재가 됨에 따라 '당신들'(You)로 간주하게 되었고, 마침내는 '우리'(We)가 되어 동료 신앙인으로서 "우리 모두가 서로 '우리'에 대하여 얘기하는" 단계에 이르렀다는 것이다. 스미스의 인격주의적 종교 연구는 단적으로 말해 이러한 단계에 이른 현대인의 종교의식에 걸맞은 연구 방법을 모색하고자 하는 것이다.

## 2. 인격주의적 종교 이해

스미스에 의하면, 종교란 외형적으로 관찰 가능한 '축적적 전통'(cumulative tradition)과 눈에 보이지 않는 내면적 '신앙'(faith)이라는 양면을 가지고 있다.4 그에 의하면 과거의 종교학은—지금까지도 계속되고 있는— 종교의 축적적 전통, 즉 외형적인 면에 관한 한은 눈부신 성과를 이루어왔지만, 신앙이라는 종교의 인간적이고 내면적인 세계에 관해서는 등한시해 왔다고 한다.5 우리는 흔히 '종교'라 할 것 같으면 주로 신조, 교리, 경전, 신화, 의례, 제도 등으로 구성되는 축적적 전통을 가리키는 말로 이해해 왔으며, 전통을 창출해 내고 그것을 해석하며 그것에서 계속해서 의미를 발견하며 사는 신자들의 신앙은 줄곧 도외시해 왔다는 것이다. 이것이 곧 종교의 비인격화요 물화다.6 그리하여 우리에게는 '종교', '그리스도교', '불교' 등을 마치 인간을 떠나 독립적으로 존재하는 어떤 사물과도 같이 여기는 습관이 생겨났다는 것이다. 그러나 엄밀한 의미에서 종교란 축적된 전통이 신자들의 신앙과 만날 때 발생하는 그들 내부의 보이지 않는 사건들과 같다. 이렇게 볼 때 종교는 우리가 객관적으로 공유하는 외적 전통이나 체계라기보다는 개인들의 마음속에 시간마다 달리 진행되고 있는 역동적인 실재이다.7 종교의 장은 어디까지나 인간의 마음이며 참 종교사는 단순히 축적적 전통들의 형성 및 발전 과정이라기보다는 이 전통들이 신앙인들의 마음속에 불러일으켜 온 종교적 체험과 의미

---

4 위에 든 스미스의 책은 '종교'라는 개념의 문제점을 분석하고 이 두 개념으로 종교를 해석하려는 시도임. 특히 5, 6, 7장 참조.

5 Wilfred C. Smith, "Comparative Religion," *The Meaning and End of Religion*, 33-34.

6 Wilfred C. Smith, *The Meaning and End of Religion*, 3장, 51.

7 같은 책, 144-145; "Comparative Religion," 34.

등의 보이지 않는 내적 역사인 것이다.[8] 콜링우드가 역시를 결국 내적 사상의 역사(history of thought)로 파악한 것과 유사하게[9] 스미스는 종교 역사를 신앙의 역사로 보는 것이다.

이와 같이 종교의 물화를 거부하고 종교를 인간 내면성과의 관련하에서 파악하려는 스미스의 인격적 종교 이해는 빌헬름 딜타이(Wilhelm Dilthey)나 요아힘 바흐(Joachim Wach)의 해석학적 종교 이해와 궤도를 같이한다고 볼 수 있다. 스미스는 그의 저서 가운데서 딜타이의 직접적인 영향은 별로 반영하고 있지 않으나 딜타이가 종교를 정신의 외형적 표현인 객관적 정신으로 보는 데 별다른 이의를 제기하지 않을 것이다.[10] 다만 딜타이에 있어서 정신(Geist)이라는 말 대신 스미스는 신앙이라는 개념을 사용하여 축적되는 전통—경전, 신화, 교리, 신학, 의례, 제도, 예술—을 신앙의 표현으로 간주할 따름이다. 또한 바흐가 종교는 표현(Ausdruck, expression)과 체험(Erlebnis, experience)의 양면을 가지고 있으며, 종교학의 목표는 표현을 통하여 체험을 이해하는 데에 있다고 하는 주장도 스미스는 쉽게 긍정할 것이다.[11] 바흐의 '표현'과 '체험' 대신에 스미스는 축적적 전통과 신앙이라는 개념을 사용하고 있는 것이다. 딜타이의 '정신'이나 바흐의 '종교적 체험'에 비해 '신앙'(faith)이란 말은 주로 그리스도교에서 많이 사용하는 개념이

---

8 "Comparative Religion," 35; *Faith and Belief* (Princeton: Princeton Univ. Pr., 1979), 18-19.

9 이 점은 물론 헤겔의 역사철학이 주장하는 바이지만 콜링우드는 헤겔의 역사관을 논의하면서 자기의 찬동을 표하고 있다: R. C. Collingwood, *The Idea of History* (New York: Oxford Univ. Pr., 1956), 115, 317, 282-334의 논의를 참조할 것.

10 Wilhelm Dilthey, *Pattern and Meaning in History* (New York: Harper and Row, 1962), 113-116.

11 Joachim Wach, *The Comparative Study of Religions* (New York: Columbia Univ. Pr., 1958).

기는 하나 스미스는 결코 그것을 한 특정한 종교에 국한된 개념으로 좁은 의미에서 사용하는 것이 아니라 초월을 향해 열린 인간의 일반적인 종교적 성향을 지칭하는 말로 사용하고 있다.

종교가 축적적 전통이기보다는 인간 내부에 일어나는 사건이라는 말은 '종교의 연구는 곧 인간의 연구'[12]라는 것을 의미한다. 이 점에서 종교학은 분명히 인간 연구 및 인간 이해를 추구하는 인문학의 일부이다. 다른 인문학들과 마찬가지로 종교학에 있어서 인간 이해도 오로지 주어진 축적적 전통을 자료로 하여 간접적인 추리로만 주어질 수 있다.[13] 이러한 추리가 가능한 것은 우리가 모두 유사한 내적 성질들을 소유한 동료 인간들이기 때문이다. 인간이란 아무리 가까운 사이라 할지라도 완전히 이해할 수 없으며, 시간과 공간 그리고 문화나 기질상 제아무리 멀리 떨어져 있다고 하여도 전혀 이해 불가능한 존재도 없다고 스미스는 말한다.[14]

스미스에 의하면 종교에 있어서 객관적 상징이란 존재하지 않는다.[15] 상징이란 어디까지나 그것을 통하여 초월적 실재를 감지할 수 있는 사람들에 한해서만 상징이 되는 것이며, 그 밖의 사람들에게는 하나의 죽은 물체(예컨대 돌덩이나 나뭇조각)나 '우상'에 지나지 않는 것이다. 우리가 상징과 신앙인을 떼어놓는 순간 상징은 이미 상징으로서의 기능을 상실하며, 우리가 상징을 연구하는 이유는 바로 그 상징 자체를 이해하기 위함이 아니라 그 상징을 통하여 영원한 세계를 바라보고

---

12 "Comparative Religion," 34.

13 같은 논문, 35; *The Meaning and End of Religion*, 187-189.

14 "Objectivity and the Humane Sciences," *Religious Diversity: Essays by Wilfred Cantwell Smith*, Willard G. Oxtoby 편 (New York: Harper and Row, 1976), 172-173.

15 같은 논문, 167; *Faith and Belief*, 4.

있는 인간들, 곧 그들의 믿음과 희망, 초월을 향해 열린 그들의 삶의 의미와 태도 등을 이해하기 위함이라고 스미스는 강조한다.[16] 이것이 종교 연구를 통하여 인간 이해를 추구하는 스미스의 인격주의적 종교 접근 방식이다. 결국 엘리아데(Eliade)의 입장과 마찬가지로 종교 연구는 '종교적 인간'(homo religiosus)으로서의 인간 이해에 목적이 있는 것이다. 인간이란, 스미스에 의하면 한편으로는 세상에 발붙이고 사는 존재이나 다른 한편으로는 부단히 초월적 실재(transcendent reality)와 접하고 사는 존재이다. 이 두 세계가 인간의 삶 속에서 교차하고 있으며, 종교사(history of religion)란 바로 이러한 교차의 역사인 것이다. 그 둘 가운데 어느 한 차원이라도 무시해서는 인간에 대한 연구와 이해는 제대로 될 수 없다. 스미스의 인격주의적 종교 연구는 종교의 세속적, 외적 측면으로부터 신앙이라는 인간과 초월과의 관계로 연구의 초점을 전환시킴으로써 근세 서구 사회와 학문에 만연되어 있는 세속주의적 인간 이해에 과감히 도전하면서 인간을 연구하는 사람들, 특히 종교사가들로 하여금 인간의 역사에 중대한 요소로서 작용해 온 초월적 차원 그리고 그것과 세속과의 교차 과정을 가능한 한 충실히 이해하고 파악하고 전달하게 하려는 데 그 목적이 있다.


## 3. 종교 현상의 의미

스미스는 위와 같은 인격주의적 종교 이해로부터 종교 연구를 위한 몇 가지 대담한 결론들을 이끌어 낸다.

스미스에 의하면 어떤 종교 현상이든 그 의미는 어디까지나 신앙인

---

16 같은 논문, 168.

들이 이해하고 있는 대로이다. 즉, 그 현상을 종교적 현상으로 감지하고 그것에 의해 삶의 변화를 받고 있는 사람들, 곧 신자들이 이해하고 규정하는 의미라는 것이다. 그들이 그것을 어떻게 이해하고 있는가가 문제이지 종교학자인 내가 이해하는 바의 의미는 전혀 무의미하다는 것이다. 얼핏 듣기에 너무도 당연한 말로 생각될지 모르나 그 함축된 의미는 심각하다.

스미스는 종교 현상에는 신자의 입장을 떠나서 생각할 수 있는 고정된 객관적 의미란 존재하지 않는다고 생각한다.[17] 아니, 설사 있다 하더라도 그 어느 누구도 신과 같은 초월적 지성을 가지고 공평무사하게 그러한 객관적 의미를 발견할 수는 없다는 것이다.[18] 도대체 타인의 종교 현상의 의미를 탐구함에 있어 그것이 나에게 의미하는 바를 고집하는 것은 전적으로 무의미한 일이다. 왜냐하면 우리는 자기의 종교를 문제 삼고 있는 것이 아니기 때문이다. 예를 들어 불교란 불교 신자들이 이해하는 바가 불교이지 비신자가 제아무리 훌륭한 불교학자라 할지라도 불교의 객관적 의미를 왈가왈부할 권리가 없다는 것이다. 인격적 종교 이해, 곧 종교는 신자들의 마음속에 존재하고 있는 것이라는 주장의 당연한 결론이다. 스미스는 크리스텐센의 "만약에 한 종교사가가 종교적 현상들을 신자들의 관점 이외의 것으로부터 이해하고자 한다면 그는 종교적 실재를 부정하는 것이다. 왜냐하면 신자들의 신앙 이외에 종교적 실재란 존재하지 않기 때문이다"[19]라는 말에 전적으로 동의할 것이다.[20] 사회학으로 말할 것 같으

---

17 종교적 상징들의 객관적 의미를 부정하는 것과 마찬가지다. 신자를 떠나서는 종교 현상 자체는 아무런 의미를 갖지 않는다. 그리고 종교 현상의 의미는 역사적으로 바뀌는 유동적인 것이다. *Faith and Belief*, 14, 21.

18 "Comparative Religion," 46.

19 W. Brede Kristensen, *The Meaning of Religion* (The Hague: Martinus Nijhoff,

면, 막스 베버와 같이 사회 현상의 이해와 해석에 있어서 행위자의 주관적 의도를 존중하는 이해적 사회학(verstehende Soziologie)에 유사한 접근 방식이다.[21] 따라서 종교 현상의 의미를 이해하기 위해서는 대화가 중요하다.[22] 타인의 세계를 아는 데 대화만큼 중요한 것은 없기 때문이다. 이와 같은 입장에서 스미스는 주장하기를 우리가 타 종교 현상의 의미에 대하여 어떤 진술을 할 때 그 진술이 타당한 진술이 되기 위해서는 반드시 그 종교 신자들의 동의를 얻을 수 있는 것이어야 한다고 말한다.[23] 그들이 인정 안 하는 의미를 종교학자가 다른 어떤 이유로 해서 고집해서는 안 되고 그럴 자격도 없다는 얘기다. 스미스는 이러한 대화적 원칙을 종교학의 일반적 원리로 삼아 말하기를, "비교종교학의 임무는 적어도 두 전통 내에서 동시에 이해 가능한 종교에 관한 진술을 하는 것이다"[24]라고 한다. 즉, 진술자 자신이 속하는 공동체―그것이 한 종교 공동체이든 혹은 학문 공동체이든―가 알아들을 수 있는 진술이어야 하며, 동시에 그 진술이 다루고 있는 타 공동체의 동의를 얻을 수 있는 진술이어야 한다는 것이다.

스미스의 이와 같은 인격주의적 종교 의미론은 당장에 많은 사회과학도들의 반발을 불러일으킬 것이다. 그러한 의미론은 행위자의 주관적 해석을 과신하는 것이며 학문적 객관성을 포기하는 것이 아닌가?

---

1971), 13.

20 "Comparative Religion," 42.

21 H. H. Gerth and C. W. Mills, *From Max Weber: Essays in Sociology* (New York: Oxford Univ. Pr., 1958), 58의 역자 해설 참조. 물론 베버도 이러한 이해적 사회학의 방법으로만 사회 현상을 이해하고 있는 것은 아니다.

22 스미스의 논문 "Comparative Religion"은 대화적 종교학의 의의를 논한 것이다. 특히 47-58 참조.

23 같은 논문, 42.

24 같은 논문, 52.

학문이란 바로 당사자가 의식하지도 못하며 인정하지도 않으려는 의미를 오히려 참다운 객관적 의미로서 찾아내려는 것이 아닌가? 더 나아가서 바로 객관적 의미와 당사자의 주관적 이해와의 차이에서 이데올로기적 은폐성을 발견하는 것이 현대 사회과학의 특징이자 장점이 아니겠는가?

사실 스미스의 인격주의적 의미론은 하버마스가 말하는 '심층해석학'(Tiefenhermeneutik)과 같은 것은 용납할 수 없을 것으로 보인다.25 물론 스미스도 종교학자들이 간혹 신자들이 이해할 수도 없고 의식조차 하지 못하고 있는 의미를 발견할 수 있는 가능성을 배제하지 않는다. 특히 종교의 외적 자료들에 관해서는 학자들의 발견이나 관찰, 분석과 연구가 신자들을 능가하는 경우도 많다. 그러나 종교적 의미에 관한 해석은 반드시 신자들, 적어도 교육을 받은 지성적인 신자나 지도자들이 동의할 수 있어야 한다는 것이다. 종교 현상이 갖는 의미에 관해서는 결코 외부인이 신자를 능가할 수 없기 때문이다.26 스미스는 이 점을 좀 더 일반적으로 말하기를, 종교사에 있어서 유일한 옳은 지식은 "당사자의 의식 속에 참여하는 지식"뿐이라고 한다.27 스미스는 결코 이러한 인격주의적 의미론이 학문의 객관성을 포기하는 것이 아니라고 한다. 그것은 결코 인간이 스스로를 속이고 남을 속일 수 있다는 사실을 무시하는 자의적인 주관적 방법으로 되돌아가자는 것이 아니다. 문제는 근세의 학문적 객관주의는 종교 현상을 이해하는 데 있어서 적합하지 못하다는 데에 있다. 따라서 우리는 주관적 태도(자의적인

---

25 Jürgen Habermas, *Erkenntnis und Interesse* (Frankfurt am Main: Suhikamp Verlay, 1968 ), 267.

26 "Comparative Religion," 42.

27 "Objectivity and the Humane Sciences," *Religious Diversity*, 167.

해석)와 객관적 방법을 다 초월한 제삼의 새로운 방법을 모색해야한다는 것이다.[28]

자연 현상을 연구하는 자연과학에서는 참고로 삼아야 할 주관성이라는 것이 없지만 인간 현상을 이해하려는 '인간적 학문'(humane science)에서 추구해야 할 학문적 객관성은 훨씬 더 깊고 복잡한 것이다. 인간은 결코 하나의 객체가 될 수 없으며, 연구자 또한 객관적 사물을 대하는 듯한 초연한 관찰자로서의 주체가 아니다. 인간의 이해에 있어서는 근세 자연과학의 학문성을 밑받침해 주고 있는 주객(主客) 대립의 인식 이론은 지양되어야 하며, 오히려 상호 신뢰와 존중 속에서 대화하는 길만이 상대방을 옳게 이해하는 방법이다. 따라서 스미스는 보고 만질 수 없는 인간의 내면세계를 다루는 데 필요한 것은 주관주의와 객관주의를 넘어서는 한층 더 심화된 학문적 이상이라고 주장하며, 그는 이것을 '합리적 인격주의'(rational personalism)라고 부른다.[29] 혹은 다른 말로는 서로가 서로를 의식하는 공동체적인 비판적 자기의식(corporate critical self-consciousness)이라고 부른다.[30]

종교학이 다루고 있는 것은 결코 단지 외적 사실의 세계만이 아니라 그보다 더 중요한 인간의 내면적 사실의 세계이다. 스미스는 말한다.

> 그렇다면 우리가 공부하고 있는 것은 관찰할 수 있는 어떤 것이 아니다. 이 점에 대해서 우리는 아주 분명히 해두고 대담해지자. 개인적으로 나는 이것을 결국 인문학의 모든 작업에 있어서 사실이라고 믿는다. 그리고 우

---

28 위의 논문은 전적으로 이 문제를 다루는 논문임.

29 같은 논문, 180.

30 같은 논문, 163. 스미스의 두 논문, "Comparative Religion"과 "Objectivity and the Humane Sciences"는 이것을 종교학의 방법으로써 주장하는 논문임.

리는 그것에 대해서 탄식하거나 어떻게 피해 보려고 해서는 안 된다고 믿는다. 우리가 사물을 공부하지 않고 인격적 삶의 속성들을 공부한다는 것은 우리의 영광이다. 이것이 우리의 일을 과학자들의 일보다 더 어렵게 만들지는 모르나 그 대신 더 중요하게 만들며, 깊은 의미에서 더 참되게 만든다. 관념과 이상, 충성심과 정열 그리고 열망 등은 직접 관찰될 수 없다. 그러나 인간의 역사에 있어서 그것들의 역할은 그렇다고 해서 덜 중대하거나 덜 의미 있거나 덜 타당한 것은 아니다.[31]

스미스의 종교 의미론은 바로 이러한 인간의 소중한 내면적 세계를 이해하고자 함에 있어서 학자들은 마땅히 당사자의 인격을 존중해야 한다는 원칙을 강조하는 것이며, 이것이야말로 인간에 관한 연구에 있어서는 참으로 합리적이고 객관적인 연구 태도라는 것이다.


## 4. 종교적 진리의 문제

스미스의 인격주의적 종교 연구론은 종교의 진리 문제를 다룸에 있어서도 하나의 파격적인 이론을 제시한다. 우리는 보통 진리라 할 것 같으면 시공을 초월하며 그 진리를 주장하는 사람들과는 무관하게 그 자체로서 옳은 것을 뜻한다. 즉, 진리의 비인격적 객관성을 상정하는 것이다. 그러나 스미스는 이러한 진리론은 자연 현상을 다루는 자연과학에서는 타당할지 모르나 종교와 같은 인간적 현상을 다루는 데에서는 적합하지 않다고 한다. 종교가 인간 내부에서 일어나

---

31 "Comparative Religion," 34-35.

는 역동적 사건인 것처럼 스미스에 의하면 종교적 진리도 신자의 마음과 생활 속에서 이루어지는 사건과 같다.[32] 종교적 진리는 결코 그것을 믿고 실천하는 인격을 떠나서 그 자체의 진위를 논할 성질의 것이 아니라는 것이다. 종교에 있어서 진리란 다만 어떤 특정한 인격과의 관계 속에서 진리가 '되기'도 하고 '안 되기'도 한다. 따라서 종교적 진리는 개인과 개인 간에 다를 뿐 아니라 한 개인의 삶 속에서도 어제와 오늘 사이에 변할 수도 있다. 스미스는 이와 같은 진리론을 '인간적 진리관'(a human view of truth)이라고 부른다.[33] 사실 '진리'라는 말보다는 우리말로 '진실' 혹은 '참'의 개념에 더 가까운 진리론이다.[34] 즉, 어떤 것이 제아무리 진리라 할지라도 한 인간이 그것을 믿고 진실되게 사는 순간이라야 비로소 진리가 '되는' 것이다. 결국 스미스에 의하면 진리는 어떤 진술이나 명제 자체에 속하는 속성이라기보다는 인간에 속하는 속성이 되는 셈이다.[35] 그는 "코란은 하느님의 말씀이다"라는 이슬람교의 진술을 예로 들어서 다음과 같이 말한다.

> "코란은 하느님의 말씀이다"라고 말하는 것은 1943년 혹은 1967년에 관해서 어떤 것을 말하는 것이지 마호메트의 생존 시 7세기 아라비아에 관해서 주로 말하는 것이 아니다. 나는 따라서 코란이 일반적으로 절대적이고 비인격적으로 하느님의 말씀인가를 묻는 것을 그리고 그 대답으로써 먼

---

32 스미스는 그의 논문 "A Human View of Truth," *Truth and Dialogue in World Religions Conflicting Truth-Claims*, John Hick 편 (Philadelphia: The Westminster Pr., 1974) 에서 이슬람교의 진리관을 다루면서 이러한 진리론을 내세운다.

33 같은 논문.

34 진리와 진실, 진리와 도덕성 등이 분리되지 않는 진리관을 스미스는 위의 논문에서 주장하고 있는 것이다.

35 같은 논문, 1.

옛날을 돌아다보는 것은 그릇되고 거짓된 것이라고 느낀다. 나는 코란이 하느님의 말씀이었던 경우를 알고 있는가 하면 또 다른 경우에는 그것이 하느님의 말씀이 아니었던 경우도 알고 있다.[36]

이와 같은 관점에서 볼 것 같으면 한 개인에 있어서 자기 종교가 가르치는 진리를 실천하느냐 못하느냐의 종교적 갈등(즉, 그에게 있어서 어떤 교리가 진리가 되느냐 아니냐)은 있을는지 모르나 한 종교와 다른 종교 사이에 있어서 진리의 갈등은 있을 수 없다. 또한 자기 자신은 준행하지도 않으며, 자기의 삶과는 무관한 진리를 단순히 자기 종교의 것이라고 무조건 진리라고 내세우거나 자랑하는 일도 없을 것이다.
　　스미스에 의하면, 진리와 관계를 맺고 있는 인간을 떠나서 어느 한 종교나 어떤 한 교리적 진술의 진위를 객관적으로 논한다는 것은 무의미하고 불가능한 일이다.[37] 어느 인간도 결코 초지성을 소유한 신과 같은 존재로서 각 종교의 진위를 결정할 위치에 있지 못하다.[38] 종교적 의미론에 있어서와 마찬가지로 종교적 진리론에 있어서도 스미스는 근세 학문의 객관주의적 인식론에 도전하고 있다. 즉, 그는 의미론에 있어서 주류를 차지하고 있는 사회과학의 객관주의적 의미론을 거부하는가 하면, 다른 한편으로는 서양 철학의 오랜 전통인 객관주의적 진리론에 도전하고 있는 것이다. 특히 후자의 경우에 있어서 스미스는 서양의 학자로서는 매우 드물게 자기 전통의 유한성에 대한 의식을 보이고 있다. 즉, 서양의 진리론은 주로 아리스토텔레

36 *Questions of Religious Truth* (New York: Charles Scribner's Sons, 1967).
37 스미스는 이러한 입장을 "Conflicting Truth-Claims: A Rejoinder," *Truth and Dialogue in World Religions,* John Hick 편 (Philadelphia: The Westminster Pr., 1974)에서 전개하고 있다.
38 "Comparative Religion," 46.

스 이후 그리스 철학의 주지주의적 진리론에 연원을 눈 것으로서, 스미스는 이러한 철학 전통 역시 하나의 특수한 문화적, 역사적 산물이기에 보편성을 지닐 수 없다고 본다. 그것 역시 다른 어떤 사유 체계와 마찬가지로 역사적 유한성을 지닌 것이며 또 하나의 종교적 전통과 같은 것이다. 철학은 결코 다른 모든 종교 전통 위에 진리의 심판자로서 군림할 수 없다는 것이다.[39] 역사가로서의 스미스의 예리한 자기 성찰을 우리는 여기서 찾아볼 수 있다. '종교', '진리' 등의 추상적이고 정적인 관념의 고정성을 타파하고, 살아 있는 역동적인 인간의 현실 속에서 구체적으로 종교를 이해하려는 그의 노력은 그의 종교적 진리론에 와서 극치를 이루고 있는 것이다.

## 5. 맺음말

지금까지 우리는 스미스의 독특하고 자극적인 인격주의적 종교 연구론을 검토해 보았다. 기본적으로 종교의 연구와 이해에 있어서 비인격적 방법론을 과신하는 현대 학문의 풍조 가운데서 하나의 휴머니스트적인 종교사가로서 그는 참신한 이론을 제시했다고 본다. 종교의 연구는 인간의 연구요, 인간의 연구에 있어서는 어디까지나 타자의 인격을 존중해야 한다는 그의 입장은 방법론적 우수성을 자랑하면서 타민족의 문화와 종교 전통을 지적 오만심을 가지고 분석하고 지배하려는 태도에 일침을 가하고 있는 것이다. 제아무리 정교한 이론이라 할지라도 당사자의 인격을 무시하고 객관성을 주장하게 될 때에 이러

---

39 "Conflicting Truth-Claims: A Rejoinder," 157. 스미스는 철학도 다른 종교 못지않게 하나의 신앙에 근거하고 있다고 생각한다. *Faith and Belief,* 15-16.

한 학문적 객관성은 새로운 형태의 주관주의 혹은 문화적 종족주의
(ethnocentrism)에 빠질 위험을 안고 있는 것이다.[40] 인격과 인격의
만남으로서의 종교학은 바로 이러한 위험을 극복하고 한 인류 공동체
의 형성에까지 기여하고자 한다.

　　그러나 다른 한편으로 우리는 스미스의 종교 이론의 몇 가지 문제점들
을 제기할 수 있다. 축적적 전통을 모두 신앙의 표현으로 간주하는
문제이다. 존 힉 교수가 지적하는 대로 우리는 시와 기도, 예언과 같은
신앙의 직접적 혹은 일차적 표현과 교리와 신학 같은 이차적 표현을
구별해야 할 것이다. 후자, 즉 신학의 언어는 신앙의 직접적 표현이라기보
다는 일차적 표현을 자료로 한 체계적 사유라고 보아야 할 것이다.[41]

　　또 하나의 문제는 스미스의 의미론에 관한 것으로서 역시 우리는
신앙인 자신의 해석을 중시하면서도 그것만으로 만족할 수는 없을
것이다. 주관적 해석의 이데올로기적 은폐성의 문제와 더불어 신앙인
들의 의식 속에 잡히지도 않고 인정조차 할 수 없는 의미의 해석도
역시 사실로서 주장할 수 있을 것이다. 물론 이때의 '사실'이란 것은
스미스의 종교 이해에 의하면 이미 종교적 사실이 아니라고 말할지
모르나 종교 현상이라고 반드시 의식된 것만이어야 한다는 법은 없다.
하여튼 이 문제는 더 깊은 고찰을 요하는 문제이다. 스미스가 제시한
의미론의 또 다른 문제점은 그것이 전향하고 있는 새로운 형태의
객관주의이다. 종교 연구에 있어서 인간의 내면성과 인격적 주체성을
도외시하는 그릇된 객관주의를 극복하고자 한 면에서 그의 의미론은
공헌했지만, 타인의 내면세계를 있는 그대로 이해하고자 하는 또

---

40 스미스는 "Objectivity and Humane Science"에서 방법론에 대한 과신과 인문학에
　　있어서 객관주의적 접근의 위험성을 예리하게 지적하고 있다.
41 *The Meaning and End of Religion*, 존 힉의 서론 xvi. 스미스도 이 문제를 의식하고
　　있다. *Faith and Belief*, 17.

하나의 잘못된 객관주의에 빠질 염려가 있다. 이러한 객관주의적 이해론은 현대 해석학 이론(가다머[Gadamer] 등)에서 이미 극복되고 있다. 의미란 궁극적으로는 연구자 자신이 이해하는 것일 수밖에 없다. 제아무리 우리가 자신의 편견이나 종교적 선입견을 배제하고 신앙인 자신이 이해하고 있는 의미를 객관적으로 이해하고자 노력한다 해도 우리는 결코 정신적 진공 상태에서 타 전통의 종교 현상을 이해하는 것이 아니라, 자신이 이미 가지고 있는 관념이나 체험을 매개로 하여 자신이 처한 역사적 상황과 지평 속에서 이해한다. 타인의 신앙에 관한 객관주의적 의미론은 일단 거쳐야 하는 필수적 절차임에는 틀림없지만, 끝내 타인의 신앙을 자기 자신과는 아무런 상관이 없는 또 다른 객체로 만들어버릴 위험이 있다. 종교학자가 추구하는 이해는 이러한 단계마저 극복해야 스미스 자신이 바라는 진정한 인간과 인간의 만남으로서의 종교학이 될 것이다.

종교적 진리의 문제는 스미스의 올바른 지적대로 일부 서구 종교철학자들이 하듯 그렇게 간단히 접근해서는 안 될 문제이다. 언어화하기 어려운 인간의 내적, 초월적 경험을 무시한 채 종교적 진리를 명제화시키고 나서 그 진위를 논하고자 하는 식의 종교철학은 신앙인이나 신학자들의 입장에서는 거의 무의미한 일이다. 설령 종교적 진리가 명제화될 수 있다 하여도 무엇보다도 중요한 것은 그 명제의 깊은 신앙적 의미를 이해하는 일이다. 비록 우리가 스미스의 인격주의적 진리관과 같은 극단적 입장을 받아들이지 않는다 해도 종교적 진리의 명제화 가능성의 한계에 대한 확실한 인식과 명제들이 신앙인들의 가슴 속에 지니고 있는 참다운 의미에 대한 이해의 노력은 종교학자들이 결코 소홀히 할 수 없는 작업임에 틀림없는 것이다.

어느 종교가 참다운 종교냐 하는 진리의 문제 또한 지극히 어려운 문제다. 스미스가 지적하듯 이러한 문제 제기 자체가 종교를 어떤 교리 체계 정도로 물화했기 때문에 생기는 현상이다. 그럼에도 자기가 일생 믿고 따르는 종교의 가르침이 참된 것이냐 아니냐의 문제는 피할 수 없는 중대한 문제임에 틀림없다. 그러나 문제는 모든 종교가 궁극적으로 인간의 이성을 넘어서는 어떤 권위—그것이 신의 계시이든 신비 체험이든—에 호소하고 있다는 점이다. 그렇기 때문에 우리는 이성의 잣대로 한 종교가 주장하고 있는 진리를 함부로 심판할 수 없는 것이다. 종교의 진리성에 대한 어떠한 논의도 일단 이 사실을 인정하고 난 후에야 비로소 의미 있는 논의가 된다. 단적으로 말해 모든 종교가 공통적으로 인정할 수 있는 진리의 기준은 존재하지 않으며, 설령 존재한다 하더라도 우리 인간으로서는 알 길이 없다. 우리는 모두 이 세상에 발붙이고 사는 역사적 존재들이기 때문이다. 우리의 처한 상황이 다르고 사용하는 언어가 같지 않다. 유한한 인간이 유한성 저편의 무한한 실재에 접하고자 하는 것이 인간의 종교적 욕구라 한다면 우리가 하는 모든 종교적 체험은 상이할 수밖에 없고, 우리가 사용하는 모든 종교적 언어와 개념들은 상대적일 수밖에 없다. 상대주의를 극복하고 싶은 우리의 욕망이 제아무리 크다 해도 종교학적 입장에서는 난제인 것이다. 다만 우리가 바랄 수 있는 것은 인류 역사가 보여 온 그 모든 엄청난 종교적 정열과 몸짓들이 모두 무한한 실재 자체와는 무관한 헛된 짓들이 아니기를, 아니 그러한 무한한 세계 자체가 실재하지도 않는 망상이 아니기를 기원하는 것뿐이다. 이 무한한 세계를 추구하고 접하는 방식, 그것에 관한 이해와 교리는 정녕 종교 전통마다 다른 것이 사실이며, 그 가운데서 어느 것이 옳고 그른가는 우리로서는 식별할 길이 없지만, 그럼에도 모두가 동일한 실재, 하나의 세계에 대한 언어였기를 바랄 뿐이다. 스미스는 이 문제에 관하여 명시적으로 논하고 있지는 않으나 '세계 신학'(world theology)을 꿈꾸는 그의 가슴 속에 이미 그러한 것들은 전제되어 있는 것이나 다름없다.

# 포스트모더니즘, 종교다원주의
# 그리고 사랑의 하느님

## 1. 숨 가쁜 역사의 템포

요즈음 포스트모더니즘(postmodernism)이라는 말이 인구에 많이 회자되고 있다. 문학, 예술, 역사, 사회학, 철학 그리고 신학에서도 논의의 대상이 되고 있다. 이 말은 반드시 일정한 의미로 사용되고 있지는 않으나 여하튼 모더니즘을 추구하던 세계의 역사가 이제 탈근 대성이라는 새로운 문명사적 전환점을 맞고 있다는 데에는 많은 사람이 인식을 같이하고 있다. 포스트모더니즘이라는 말을 대하면서 나는 한국인으로서 새삼 역사의 템포가 매우 숨 가쁘게 진행되고 있음을 느끼지 않을 수 없다. 왜냐하면 한편으로는 우리가 몸담고 사는 한국 사회는 아직도 근대성(modernism, modernity)이라는 것조차 제대로 소 화하지 못한 상태인데, 다른 한편으로는 탈 근대를 논해야 하기 때문이 다. 아직 전통 사회가 안고 있는 심각한 문제들을 극복해야 할 형편인데 도 불구하고 포스트모더니즘이라는 새로운 사고와 삶의 양식을 논하 지 않을 수 없게 된 것이다. 그러나 역사는 우리를 가만히 내버려 두지 않고 있다. 역사의 지각생인 우리는 남들이 정해 놓은 템포에

발을 맞춰 허겁지겁 뛸 수밖에 없게 된 것이다. 근대사의 대열에 제대로 끼어보지도 못하고 식민 통치의 수모를 당한 후 해방을 맞아 이제 겨우 전통과 근대화라는 문제를 안고 속앓이를 하고 있는 마당에 이번에는 탈현대라는 또 하나의 커다란 문제가 우리 문턱에 와 있으니 숨 가쁨을 느끼는 것도 당연한 일이다. 역사의 템포를 압축해서 살 수밖에 없는 데서 오는 숨 가쁨일 것이다. 1992년 브라질 리우데자네이루에서 열렸던 세계환경회의가 우리의 고민을 단적으로 말해 준다. 이제 겨우 산업사회로 진입해 공업화와 경제 발전을 이루려 하는 마당에 애써 만들어놓은 산업 구조를 전면적으로 개편해야 하는 엄청난 과제에 직면하게 된 것이다. 그렇다고 해서 환경문제를 외면할 수도 없는 노릇이다. 삼키려야 삼킬 수도 없고, 뱉으려야 뱉을 수도 없이 이 문제는 이미 우리 앞에 바싹 다가와 있는 것이다. 강대국들에 의해 강요받은 문제로 보이는 면도 없지는 않으나 그렇다고 해서 공해 문제를 순전히 남의 문제로만 여기기에는 상황이 너무나 심각하다. 우리는 어쩔 수 없이 전근대, 근대 또 탈근대를 한꺼번에 치를 수밖에 없는 상황에 처한 것이다.


## 2. 모더니즘과 포스트모더니즘

근대화는 우리에게 아직 미완의 과업임에 틀림없다. 무엇보다도 우리는 성숙된 민주주의와 시민 사회의 건설이라는 미완의 과제를 안고 있다. 사실 생각해 보건대 성숙된 민주주의를 하는 나라는 이 지구상에 불과 열 손가락으로 꼽힐 정도로 그리 많지 않다. 아시아 여러 나라들이 겪는 정치적 전통들을 지켜보면서 우리는 민주화란 것이 얼마나 어려운가 하는 것을 피부로 느끼고 있다. 우리가 근대화라는 기치 아래 산업화와 경제 발전에 박차를 가한 것이 60년대, 70년대, 80년대였다. 그와 동시에 우리는 민주 사회, 시민 사회의 정치 발전을 위해 피눈물 나는 투쟁을 해야 했고, 90년대에 들어와서야 겨우 그 투쟁이 어느 정도 결실을 맺기 시작했다. 경제 발전과 민주주의는 후진국에 있어서 양립하기 어려운 것이라는 회의론을 펴는 사람도 있었지만, 어쩔 수 없이 우리는 양자를 병행해서 추구해야 했으며, 이것은 우리에게 힘겨운 과제요 도전임에 틀림없다. 아직도 우리는 계몽주의와 합리주의의 세례를 받아야만 하며, 근대적 자아와 주체성의 확립을 통해서 자유롭고 평등하고 인권이 존중되는 정의로운 사회를 건설해야만 한다. 그러기에 우리는 포스트모더니즘을 이야기하면서도 모더니즘을 놓아버려서는 안 되는 것이다. 다시 말해 우리는 아직 '해방적 관심'을 등한시할 수 없다는 얘기다.

그러면 우리는 도대체 왜 탈근대를 논해야만 하는가? 전통 사회로 복귀하기 위해서인가 아니면 전통 사회에 대한 낭만적 향수 때문인가? 결코 그렇지 않다. 우리가 원하는 것은 근대화의 극복이지 결코 전근대적 사회로의 회귀가 아니다. 적어도 이렇게 이해되지 않은 어떠한 포스트모더니즘의 논의도 우리에게는 지적 사치요 현실 도피일 수밖에 없다. 우리는 전통 사회로 돌아가려야 돌아갈 수도 없고, 돌아가서도 안 되기 때문이다. 그럼에도 근대화의 극복이 문제되는 이유는 근대화가 부인할 수 없는 위기에 봉착했기 때문이다. 이 위기를 제일 먼저 피부로 느낄 수 있게 해주는 것은 역시 뭐니 뭐니 해도 환경문제이다. 공해와 생태계의 파괴 그리고 나아가서 지구 환경 자체의 위기는 근대 산업사회가 낳은 가장 심각한 문제로 등장하고 있으며, 온 인류의 즉각적이고도 단합된 대응을 요구하고 있다. 산업화를 통해 모든 사람이 풍요롭게 사는 대중 소비사회로 들어간 현대 사회는 이제 그 풍요의 대가로 죽음의 문명을 계속해서 산출해야 하는 딜레마에 부딪힌 것이다. 오늘날 세계의 모든 나라들이 저 풍요로운 미국이나 서유럽 국가들처럼 사는 것을 목표로 하여 전력을 경주하고 있지만, 만약 모든 나라들이 정말로 저들 나라처럼 소비하고 산다면 아마 지구는 불과 몇 년도 버티지 못할 것이다. 이와 같은 모순을 우리는 어떻게 해결해야 할 것인가?

현대가 처한 환경 위기는 또 다른 과학 기술의 발전으로 해결되기를 기대할 수는 없다. 그 위기가 바로 근대 과학 기술적 사고방식, 즉 자연 세계를 대하는 근대인의 근본 자세에 근거해 있기 때문이다. 나는 여기서 이 문제에 깊숙이 들어갈 수는 없다. 분명한 것은 환경 위기는 근대적 인간관과 자연관, 데카르트나 베이컨 이래의 근대적 지식 개념, 자연에 군림하여 지배하고 이용하고 착취하려는 인간의 한없는 욕망과 오만, 근세 과학 기술적 사고방식, 근대인의 역사주의적 세계관, 무한한 진보와 발전의 이념, 산업사회의 개발과 성장 이데올로기 등 근세인이 소중하고 자랑스럽게 여겨왔던 모든 것에 대한 과감한, 아니 혁명적 재평가와 변혁을 요구하고 있다는 사실이다. 단적으로 말해 환경 위기는 근대 문명의 총체적 위기 그 자체라 해도 빗나간 말은 아닐 것이다.

근대화가 낳은 또 하나의 심각한 문제는 국가주의 내지 민족주의(nationalism)이다. 근대 국가들은 시민 사회를 형성해서 자기네 사회 안에서는 어느 정도 자유와 정의를 이룩하며 살고 있지만, 다른 한편으로는 국가지상주의 내지 민족지상주의를 발전시켜 제국주의적 패권주의를 낳아 국가와 민족 간의 갈등은 해결하기 어려운 문제로 남아 있다. 국제간의 진정한 정의와 평화는 찾아보기 어렵고, 힘이 정의로

행세하는 것이 부인하기 어려운 현실이다. 더군다나 자유민주주의와 사회주의라는 양대 이념 체제의 대립에 의하여 어느 정도 제어되어 오던 민족과 국가 간의 대립과 갈등은 이제 사회주의권의 붕괴와 더불어 더욱 적나라한 형태로 노출될 것이 명백하다. 냉전 시대의 종말과 함께 핵 대결의 위험이 감소되기는커녕 오히려 더 증대되어 가고 있다는 역설적 상황에 국제사회는 불안감과 당혹감을 감추지 못하고 있다. 새로운 국가주의 내지 민족주의의 대두와 더불어 새로운 국제 질서의 구축은 더욱 시급한 문제로 등장한 것이다. 국가 간의 빈부의 차이 역시 심각한 문제이다. 국가 중심적 국제 질서 속에서 국가 간의 경제적 격차는 더욱 커져만 간다. 아시아, 아프리카, 라틴 아메리카 그리고 최근 구유고 연방의 여러 나라에서 민중이 겪는 가난은 실로 비참하다는 말로도 충분히 표현되기 어려울 정도이다. 그나마 냉전 시대에는 정치적 배려 속에서 원조라는 것이 베풀어졌지만, 이제는 그럴 필요도 없어졌다. 불과 몇 년 전까지만 해도 후진국들은 사회주의 실험을 통해 후진 상태를 빨리 극복하고 정의로운 사회를 건설할 수 있으리라고 생각했지만, 이제는 그 꿈마저도 무산됐고, 그렇다고 해서 자본주의식으로 근대화를 이루고 따라가기엔 자원 및 자본 등 자체 내의 역량이 부족하고, 국제적 현실이 너무나 냉혹하다.

근대화가 초래한 또 하나의 심각한 문제는 극도로 발달된 개인주의이다. 자신의 존재 근거와 정체성을 뚜렷한 자의식과 의식의 자율성에서 찾은 근대인은 그 어느 것에 의한 종속도 거부하는 자유와 해방의 역사를 창조해 냈다. 그러나 전통보다는 합리성, 집단보다는 개인의 자유를 강조하는 근대적 개인주의는 현대에 이르러 소외와 고독의 문화를 산출했으며, 발달된 산업사회에서 발견되는 공동체의 해체와 이에 따른 개인의 외로움 그리고 이것이 가져다주는 여러 가지 사회적 병리 현상들은 더 이상 외면하기 어려운 심각한 상태에 이르렀다. 현대인은 이제 되묻지 않을 수 없게 되었다. 권위와 신화가 무너진 사회가 과연 바람직스러운 사회인가? 인간 자율성의 한계는 과연 어디까지이며 인간의 이성이란 실로 방해만 받지 않는다면 저절로 각자 인생의 선과 사회적 공동선을 찾도록 되어 있는 것일까? 근세인이 애써 얻은 자유는 과연 무엇을 위한 자유였던가? 아니, 자유라는 것이 정말로 존재하는 것인가? 인간의 의식이 그렇게 자율적이고 투명한 것이며, 침투하기 어려운 단단한 벽에 둘러싸인 개인의 주체성이라는 것이 진정한 사랑의 공동체와 양립할 수 있는 것인가? 포스트모던 현대인에게는 이 모든 것이 불확실해졌다.

근대화가 낳은 가장 심각한 문제 중의 하나는 역시 반종교적 세속주의라고 할 수 있다. 물질적으로는 풍요롭지만, 정신적으로는 빈곤한 삶을 살고 있는 것이 현대인의 자화상임은 부정하기 어렵다. 전통과 신화를 거부하고 정신적 자유를 찾아 나선 현대인들이 과연 전통 사회의 사람들보다 정신적으로 안정되고 풍요로운 삶을 살고 있는지 지극히 의심스럽다. 창조적 삶을 살고 있는 극소수의 사람을 제외하고는 현대인의 자유란 결국 공허한 자유, 자유를 위한 자유 아니면 방종과 감각적 쾌락의 추구 정도로 끝나버리는 것은 아닌가? 근대의 계몽주의적 합리주의는 반종교적 합리주의로 출발했다. 그러나 오늘날 서구의 반종교적 세속주의, 물질주의, 과학주의, 인본주의 등은 커다란 딜레마에 봉착해 있다. 합리주의와 개명성을 표방했던 근대인은 자신 안에 여전히 남아 있는 야만성과 폭력에 굴하지 않으면 안 되게 되었으며, 인간성과 휴머니즘을 부르짖으면서 신은 죽었다고 외쳤던 현대인은 신이 죽기 전에 자신이 먼저 죽는 것을 목격하는 상황을 연출하게 된 것이다.

이미 19세기 후반부터 많은 지성의 선각자가 근대 문명, 서구 문명에 대하여 근본적인 물음을 제기해 왔다. 이런 면에서 보면 포스트모더니즘이라는 것은 사실 새로운 것이 아니다. 키르케고르나 니체, 마르크스나 프로이트 같은 사상가들은 모두 근대 계몽주의의 후예들이자 동시에 그 문제점들을 누구보다도 예리하게 의식했던 사람들이었다. 그리고 그들이 제기했던 비판적 문제들은 아직도 해답을 보지 못한 채 남아 있다고 해도 과언이 아니다.

탈근대화는 필연적으로 탈서구화를 의미할 수밖에 없다. 근대화를 주도해 온 것이 서구 문명이며 지구상의 여러 문화에 있어서 근대화는 곧 서구화와 다름없었기 때문이다. 그러나 이제 근대화와 서구화에 대한 맹목적 신앙은 깨어지고 있다. 적어도 1, 2차 세계대전 이후 서구 문명은 스스로에 대한 확신을 상실하기 시작했으며, 세계의 여타 문화의 엘리트들은 이 점을 간파하는 데 오랜 시간이 걸리지 않았다. 그들은 서구화가 반드시 바람직한 것만은 아니며, 근대화가 곧 서구화일 필요도 없다는 것을 자각하기 시작했다. 이러한 자각은 과학 기술이나 군사, 물질문명은 서구를 배워야 하지만, 종교와 윤리 등 정신생활에서는 동양적 전통과 지혜를 고수해야 한다는 동도서기론(東道西器論)과 같은 주장을 낳았으며, 비록 그러한 주장이 지나치게 단순한 논리임을 깨닫기는 했으나 현시점에 와서는 그것이 전혀 무의미한 생각만은 아니라는 점도 부인하기 어렵게 되었다. 적어도 근대화가 반드시 서구화일 필요가 없다는 점, 근대화를 위하여 동양인들이 자기의 혼까지 바치면서 물질과 정신 모두에서 무조건적으로 백기를 들 필요는 없으며, 그래서도 안 된다는 생각 그리고 동서양의 문화가 상호 보완적일 필요가 있다는 점 등은 오늘날 많은 지성인의 공통된 인식이 되고 있는 것이다. 서구가 자신의 문제점을 인식하고 탈근대화로 나아가려 하고 있는 마당에 타 문화들이 구태여 서구의 근대화를 맹목적으로 모방하여 그 전철을 밟을 필요는 없는 것이다. 인류 전체를 위해서는 물론이요 서구 문명 자체를 위해서도 세계의 문화적 획일성은 바람직스럽지 못하며, 문화적 다양성과 풍요로움은 반드시 보존되어야 한다. 포스트모던 시대에는 이른바 '저개발 국가'나 '후진국'의 개념이 적어도 더 이상 자명하지 않게 되었으며, 모든 '전통 사회'를 근대화의 잣대로 손쉽게 재던 서구의 오만도 더 이상 당연시할 수 없게 된 것이다.

## 3. 포스트모더니즘과 종교

근대화가 낳은 이상과 같은 문제들에 대한 우리의 진단이 옳다면, 포스트모더니즘이 나아가야 할 사상적 방향은 비교적 분명하다. 이 글에서 나는 그 가운데서도 마지막에 언급된 반종교적 세속주의의 문제에 특별히 주목하고자 한다. 포스트모더니즘의 정신성이 어떠하든 간에 한 가지 주목할 만한 현상은 아마도 그것이 반종교주의를 성숙하게 극복하는 방향으로 나아가지 않을까 하는 조심스러운 전망을 낳고 있다는 점이다. 다시 말해 포스트모더니즘은 종교의 재발견, 종교를 기반으로 했던 전통문화 및 민족문화들의 새로운 평가로 이어질지 모른다는 점이다. 이것은 결코 단순한 반동주의나 복고주의를 뜻하는 것이 아니라 새로운 차원에서 종교의 의미와 영적 가치들이 재발견됨을 의미한다. 포스트모더니즘의 시대에는 얄팍한 합리주의, 신경질적이고 유치한 반종교주의는 극복되며, 종교에 대한 보다 성숙한 태도가 일반화되지 않을까 하는 전망이 가능하며, 이것은 근대의 유산인 휴머니즘의 포기를 뜻하기보다는 오히려 현대인의 인간적 성숙성을 뜻한다. 현대인은 신이 사라져버린 삭막한 세계의 외로움에 지쳐 있고, 초월적 가치를 상실한 일차원적 세계의 무의미성에 괴로워하기 시작했다. 말하자면 집 나갔던 자식들이 아버지의 품으로 다시 돌아와야 한다는 것을 느끼고 있으며 또 돌아갈 수 있는 날을 기다리고 있다. 다만 아직도 조금 남아 있는 마지막 자존심과 자유와 방종에의 미련이 고향으로 가는 길을 막고 있는 것이 아닐까?

이와 같은 전망은 결코 계몽주의, 합리주의가 제기했던 종교에 대한 비판이 완전히 무시되어도 좋다는 이야기도 아니고, 제도화된 전통적 종교가 예전과 같은 형태로 또다시 번창하리라는 것을 의미하지도 않는다. 마르크스, 니체, 프로이트 등이 제기한 날카로운 종교 비판의 진리성은 어디까지나 정직하게 수용되고 극복되어야 한다. 그러나 종교 없이 인간의 문제 해결은 없고 합리주의가 산출한 문제들은 또 하나의 고차적 합리주의에 의해 해결되기는 어렵다는 것 그리고 이성의 한계는 또 다른 이성의 행위로써 극복될 수 없다는 의식이 확산되면서 현대인을 보다 겸손하고 성숙하게 만들고 있다. 현대인은 이제 거칠고 미숙한 사춘기적 반항기를 극복하고 아버지의 위치를 조금 이해하기 시작하는 성숙한 단계에 접어들기 시작했다는 말이다. 물론 아버지를 배반한 탕자들, 아니 프로이트적 표현을 빌리자면 아버지를 죽인 아들들의 귀향이 그리 쉽지만은 않을 것이다. 그리고 아들의 반항과 자유가 결코 무익했던 것이 아니며, 쉽게 포기되어서도 안될 것이라는 것 또한 분명하다.

이들의 회개와 귀향이 탈근대라는 문명사적 전환점에 처해 있는 종교가 지닐 수 있는 조심스러운 희망이라면, 일단 나갔던 자식은 결코 예전의 모습으로 돌아오지 않는다. 그는 결코 전통의 굴레를 다시 지려 하지는 않을 것이며, 획일성의 강요에 굴종하시 않을 것이다. 그러기에 아버지에게 반항하여 집을 떠난 근대인의 자유의 무제한적 확대와 이에 따른 사상, 신앙, 삶의 양식의 엄청난 자유와 창의성 그리고 혼란은 포스트모던 시대가 종교에 가져다주는 도전이요 시련 이며, 유례없는 위기이자 기회가 될 것이다. 포스트모던 시대가 우리에 게 무엇을 가져다줄지 아직은 불확실하다 해도 하나만은 확실할 것 같다. 즉, 근대적 종교와 신앙의 자유와 창의성은 계속해서 확대되어 갈 것이라는 점이다. 그리고 그 폭은 인류 역사상 유례없이 엄청나게 크고 빠르며, 이에 따라 각 종교 전통들의 자기 이해도 질적으로 달라질 수밖에 없다는 것이다.

역사적으로 보아 신앙의 자유는 서양 근세인들이 어렵게 쟁취한 가치였음에 틀림없다. 그러나 이 자유는 그들에게 있어서 실제상으 로는 같은 그리스도교 내에서의 선택의 자유를 의미했을 뿐이었다. 보다 구체적으로 말하자면 가톨릭의 전통을 고수하느냐 아니면 개 신교의 한 종파를 선택하느냐 하는 문제에 지나지 않았던 것이다. 그러나 탈근대적 오늘날의 상황은 이보다 훨씬 복잡하다. 엄청나게 쏟아지는 출판 인쇄물의 홍수와 이에 따른 정보와 지식의 확대, 지 구 구석구석에서 일어나고 있는 사건들을 바로 눈앞에서 보듯 생생하 게 전달해 주고 있는 대중 매체들의 위력, 보편화된 여행의 자유 등은 현대인들을 문자 그대로 조그마한 지구촌에 살게 하고 있다. 문화적 차이나 종교적 다양성에 대한 의식은 이제 몇몇 인류학자나 종교학자들만의 것이 아니고 하나의 보편화된 상식이 되었으며, 이에 따라 종교다원주의나 문화 상대주의는 설명을 필요로 하지 않는 자명 한 결론처럼 되어버린 것이다. 서구 문화의 우월주의가 당연시되던 시대는 이미 지나갔고, 그리스도교의 우월주의 또한 생각 있는 그리스도인들의 의식 속에서는 더 이상 설득력을 갖지 못하게 되었다. 모든 문화, 모든 종교가 무조건적으로 동등한 가치를 지녔다고 이야기할 수도 없지만, 적어도 서구 문화와 그리스도교가 근세까지 지녀왔던 자신감과 우월감은 탈근대를 맞는 오늘날 더 이상 지탱하기 어렵게 되었다. 이미 서구 신학자들은 이러한 변화된 현실 앞에서 신학의 새로운 진로를 모색하기 위하여 진지한 사색을 전개하고 있다.

인류 문명은 이제 하나의 거대한 총체적 전환점을 맞고 있으며, 세계의 종교 전통들은 중대한 갈림길에 놓여 있다. 두 가지 가능성이 존재한다. 즉, 인류의 생존이 달려 있고, 지구의 보존이 문제가 되는 오늘날의 총체적 위기 앞에서 종교들이 사회적 대립과 분열을 넘어서서 화해와 일치를 이루는 힘으로 작용하며, 교리적 배타주의를 극복하고 새로이 주어지는 기회 앞에서 인류 공동의 위기를 타개해 나갈 힘을 제공할 수 있을 것인가, 아니면 지금도 세계 도처에서 목격할 수 있듯이 과거의 유산에 얽매여 인종 간, 민족 간의 갈등에서 헤어나오지 못하고 오히려 그 갈등을 증폭시키거나 한 사회를 분열시키는 힘으로 작용하면서 세속주의자들의 계속적인 지탄의 대상이 되어버릴 것인가의 선택이다. 전자의 가능성을 위해서 각 종교들은 이제 더 이상 지탱할 수 없게 된 종래의 폐쇄성에서 과감히 탈피하여 타 종교들의 목소리에 귀 기울이며 그들을 이해하고, 그들과 협력하여 탈근대화 시대의 문제들에 공동으로 대처해 나가는 개방된 자세를 취하지 않으면 안 된다. 역사는 근대를 지나 탈근대로 나아가고 있는데, 종교만은 아직도 전근대적 양태를 탈피하지 못하고 있다면 종교의 앞날은 뻔한 일이다. 박물관의 유품이 되어 일부 호고가들이나 역사가들의 연구 대상이 되거나 아니면 과거의 맹목적 습관을 떨쳐버리지 못하고 전통에 대한 낭만적 향수를 씻어버리지 못한 사람들의 휴식처

정도로 존속할 것이다.

이상과 같은 시대적 맥락에 비추어 볼 때 한국 그리스도교, 특히 한국의 신학은 어떠한 모습을 띠고 있으며, 그것이 나아가야 할 방향은 어떠한지 눈을 돌려보자.

## 4. 시대착오적인 신학적 배타주의

신학은 시대에 따라 달라져야 한다. 그리스도교의 진리가 영원불변한 것이라 해도 그 진리를 사람들이 의미 있게 수용하기 위해서는 시대에 따라 변하는 개념과 사고방식, 세계관과 지식 수준에 부합하는 새로운 신학적 언어를 창출해야만 한다. 그러나 유감스럽게도 한국의 이른바 보수 신학은 대체로 서양의 전근대적인 신학을 그대로 추종하고 있다. 계몽주의 사상이나 이른바 자유주의 신학에 의해 한 번도 여과되지 않은 신학을 마치 금과옥조처럼 수호하고 있는 것이다. 그뿐만 아니라 보수 신학은 한국의 문화적 상황이나 종교적 전통을 전혀 무시한 채 마치 그리스도교의 진리가 하나의 영구불변하고 보편적인 교리 체계 안에 담길 수 있는 것같이 생각한다. 그리고 더 나아가서 그러한 체계를 이미 소유하고 있다고 믿음에 따라 복음과 문화의 생동적인 상관관계를 도외시하고 그리스도교 진리를 주체적으로 이해하려는 창의적인 노력들을 이단시한다. 역사적 상황에 무감각하고 문화적 전통을 무시하는 몰역사적인 추상적 신학을 '정통'이라는 이름 아래 맹목적으로 고수하고 있는 것이 소수의 창의적인 신학 서클을 제외한 한국 신학의 일반적인 경향이다.

서양의 전통적 신학은 근본적으로 종교 다원성이라는 것을 모르고 형성된 신학이다. 신구약 성서의 기자들이 알고 있었던 타 종교란 고작해야 고대 근동 세계와 헬레니즘 문화권에 퍼져 있던 농경신들을 숭배하는 다신교 정도였다. 그리고 그 후 그리스도교 신학자들이 접했던 타 종교들은 같은 유일신 신앙을 고백하는 유대교나 이슬람 정도였지 동양의 심오한 철학적 종교들은 아니었다. 더군다나 그리스도교와 막상막하의 세력으로 그리스도교 세계를 위협하던 이슬람에 대하여 서양 신학자들이 알고 있었던 것은 오늘날 학자들이 아는 것에 비하면 그 양이나 질에 있어서 비교할 수 없을 정도의 낮은 수준이었다. 그러한 상황하에서 형성된 그리스도교의 신학적 우월주의나 배타성은 단적으로 말해 무지에 근거한 것이었으며, 동시에 그리스도교 문화권을 지키려는 사회적, 정치적 동기를 반영하고 있다. 실제로 그리스도교가 로마를 점령하고 제국의 종교가 된 이래로 그리스도교는 항시 정치권력을 등에 업고 세력을 유지하고 확대해 왔다. 이러한 정치, 사회적 힘을 배경으로 지니고 있는 한 그리스도교 진리의 절대성은 어떠한 도전도 허락되지 않았다. 이러한 서양 그리스도교권의 교리적, 사상적 통일성은 종교개혁이 일어난 16세기까지 별다른 도전 없이 순조로이 지탱될 수 있었으며, 종교개혁 이후도 비록 교회의 통일성은 깨어졌지만, 그리스도교 진리의 절대성에 대한 확신은 근본적으로 흔들리지 않았다. 더군다나 스페인, 포르투갈, 네덜란드, 프랑스, 영국 그리고 최근에는 미국 등으로 이어지는 근세 그리스도교 국가들의 제국주의적 팽창은 그리스도교의 영역을 전 세계로 확장시키는 결과를 초래했다. 아이러니한 일은 이러한 선교적 팽창이 그리스도교가 서구 자체 내에서는 오히려 문화적, 사상적 주도권을 상실해 가는 내적 침체기에 일어났다는 점이다.

서양에서 그리스도교적 세계관이 근본적으로 흔들리는 변화를 가져온 것은 무엇보다도 근대 과학적 세계관과 계몽주의적 합리주의였다. 세계가 하느님의 뜻과 섭리에 따라 일정한 목적(telos)을 향해 움직인다는 목적론적 세계관이 의심받기 시작했으며, 무신론적 세계관과 세속주의적 인생관이 그리스도교를 본격적으로 위협하기 시작한 것이다. 엄밀하게 말하면 그리스도교는 아직도 이 충격에서 정말로 벗어났다고 얘기할 수 없다. 근대 과학과 합리주의의 위협 못지않게 그리스도교의 절대성을 위협한 것은 또 하나의 근대적 사고방식인 역사주의 내지 역사적 세계의 자각이었다. 이제 모든 진리, 사상, 전통, 권위, 신화, 가치들은 역사적 기원을 가진 것, 즉 인간이 특정한 역사적 환경 속에서 만들어 낸 것으로 여겨지게 됨으로써 그 신성성과 절대성은 깨어지게 되었다. 그리스도교의 진리도 예외는 아니어서 한 특수한 문화권의 종교 이상으로 여겨지기 어렵게 되었다. 더군다나 동양학자, 비교종교학자, 사회과학자 그리고 선교사들을 통해 고도로 철학적이고 심오한 중국과 인도의 종교 사상들이 알려지면서 그리스도교 진리의 절대성에 대한 믿음은 흔들리지 않을 수 없게 되었다. 이른바 역사적 상대주의의 충격으로서, 이 충격은 19세기 말과 20세기 초에 절정에 이르렀으며, 서구 신학은 아직도 이 충격을 완전히 소화했다고 말 못 한다. 칼 바르트 같은 신학자가 출현하여 계시의 절대성을 내세워 역사적 상대주의의 물결을 막으려 했으나 너무나도 자명한 인간의 종교적, 문화적 다양성이 제기하는 진리의 상대성의 문제에 대한 설득력 있는 해답이 되기에는 역부족이었다.

동양의 위대한 종교 전통들의 도전은 지금까지의 어떠한 도전과도 다른 성격을 지니고 있다. 첫째, 유대교나 이슬람처럼 같은 유일신 신앙의 울타리를 벗어나서 힌두교와 불교, 유교와 도교는 전혀 다른 종류의 물음을 제기하고 있다는 데에 유의해야 한다. 단지 대답만이

다른 것이 아니라 제기하는 물음부터가 다르기에 그리스도교로서는 상대하기가 여간 어렵지 않다. 다신교, 유대교와 이슬람에 대해서는 우월감을 지니기가 그다지 어렵지 않다고 생각했으나 중국과 인도의 철학적 종교들 앞에서 그러한 우월감은 정당성을 가지기 어려운 것으로 보였다. 우선 동양의 종교에서는 인격적 하느님을 우주 최고의 존재론적 원리로 인정하지도 않으며, 계시란 것도 별로 문제가 되지 않는다. 인간을 보는 시각이 다르며 세계관도 다르다. 그러면서도 숭고한 윤리가 있는가 하면 심오한 철학이 있다. 초월적 인격자에 대한 신앙보다는 우주 만물을 지배하는 이법에 대한 지적 통찰과 예지를 중시하며, 교리보다는 종교적 체험을 중시하기에 현대인에게 더욱 매력적으로 보이기도 한다. 그렇다고 동양 종교는 그리스도교가 이미 오래전에 대면하여 극복했다고 생각하는 그리스 철학과 같이 지적 추구만으로 그치는 것이 아니라 무수한 사람들에게 죽음의 문제를 해결해 주고, 그들의 삶을 지배하는 힘을 발휘하고 있다. 이와 같은 아시아의 위대한 종교 전통 앞에서 과연 그리스도교의 전통적인 자기 이해와 자기 주장이 그대로 먹힐 것인지 서구 신학자들은 동양 종교를 알면 알수록 당혹감을 감추기 어렵게 된 것이다. 과학적 세계관의 도전과 마찬가지로 역사적 상대주의, 문화적 상대주의, 종교적 다원성이 제기하는 문제 앞에서 신학은 아직 만족할 만한 해결책을 찾지 못하고 있다. 근래에는 종교신학(theology of religion)이란 것이 신학의 한 분야로 자리 잡으면서 이 문제에 대한 신학적 해결을 다각적으로 모색하고 있지만, 아직 이렇다 할 만한 대안을 제시하지 못하고 있는 형편이며, 대다수의 서양 그리스도인들은 물론이요 신학자들조차도 문제를 외면하고 전통적인 신학을 그대로 고수하고 있는 실정이다.

　서양은 그렇다 치더라도 문제는 한국의 신학이 이러한 서구의 전통적 신학을 맹목적으로 추종하고 있다는 점이며, 고대 그리스 철학적 사고방식에 바탕을 두고 형성된 교리 체계를 절대적 진리인 양 고수하는가 하면, 전근대적 신학을 정통의 이름 아래 끊임없이 반복하고 있다는 사실이다. 문제의 심각성조차 의식하지 못하고 서구의 종교신학이 간신히 도달한 것조차 거부한 채 현대판 종교재판까지 자행하고 있는 것이 한국 그리스도교계의 한심한 실정이다.

한국 그리스도인들에게 종교 다원성이란 신학적, 이론적 문제의 제기에 앞서 바로 현실 그 자체이다. 한국인들은 그리스도교를 접하기 수천 년 전부터 그리고 그리스도교적 관점에서 타 종교들을 논하기 훨씬 이전부터 이미 유교, 불교, 도교, 무교, 민속 신앙 등 양한 종교적 흐름 속에 몸을 담아왔으며, 그 속에서 우리의 인생관과 가치관이 형성되었고, 그 속에서 인간다운 삶을 다져왔다. 우리가 어깨를 비비며 살고 있는 사람들 가운데 수많은 사람이 불교 신자이며, 우리가 원하든 원하지 않든 유교적 윤리와 불교적 인생관이 뼛속 깊은 곳에 자리 잡고 있고, 무교적 열성과 정열이 우리의 종교적 삶을 지배하고 있다. 그럼에도 대다수의 한국 신학자들은 서구 신학자들이 그리스도교만을 종교로 아는 상황 속에서 형성해 놓은 신학을 무비판적으로 수용하고 추종한다. 그리스도교를 알기 전 수천 년 동안이나 동양인들의 삶을 인도해 온 정신적 힘을 그들은 마치 남의 것인 양 알려고도 하지 않으며, 오히려 순전한 무지에 근거한 독단을 올바른 신앙의 수호로 착각하기도 한다. 도대체 그리스도교가 한국 땅에 들어오기 전 한국인은 하느님 없이 살았단 말인가? 동양인임에도 불구하고 자신들의 종교철학의 유산을 전적으로 무시하는 어처구니없는 신학을 대다수의 한국 신학자들은 아직도 계속하고 있다. 구태여 문화적 주체성을 들먹일 필요도 없다. 도대체 한국의 신학자들은 누구를 위해 신학을 하는 것이며, 신학의 본질이 무엇이기에 그토록 편협하고 맹목적인 사고를 계속한다는 말인가? 과연 아시아의 신학자들이 아시아의 위대한 종교적 전통이나 철학적 지혜를 무시하고 신학을 할 수 있으며 또 그렇게 해도 좋다는 말인가? 도대체 우리가 지금 하고 있는 그리스도교 신학이나 서구 철학에서 사용되는 개념들이 불교나 유교 말고 어디서부터 온 것이며, 그러한 개념들이 우리의 기존 언어에 존재하지 않았다면 우리가 과연 현재와 같은 수준의 개념적 사고를 전개할 수 있었겠는가?

서양에서는 아직도 아우구스티누스와 토마스 아퀴나스를 빼놓고는 신학을 할 수 없다. 그러나 주지하는 바와 같이 아우구스티누스의 신학은 플라톤 철학, 아퀴나스의 신학은 아리스토텔레스 철학을 각각 업고서 형성된 것이다. 플라톤과 아리스토텔레스를 빼놓고는 아우구스티누스와 아퀴나스를 이야기할 수 없다. 그러면 우리의 플라톤, 우리의 아리스토텔레스는 과연 누구이겠는가? 당연히 원효, 지눌, 퇴계, 율곡, 이런 분들이 우리에게는 아리스토텔레스이고 플라톤이다. 그런데 우리 신학자들은 그들을 무시한 채 신학을 해 왔다. 만약 아우구스티누스와 아퀴나스 같은 신학자가 옛날 한국 땅에 태어났더라면 그들의 신학적 언어는 어떠했을 것이며, 불교나 유교가 한창 한국인의 철학적 사고를 지배하고 있었을 때 그리스도교가 한국에 들어왔다면 한국의 신학자들은 과연 어떻게 신학을 전개했을 것인가? 필경 그들은 플라톤 철학, 아리스토텔레스 철학 대신 유교나 불교 철학을 업고서 그리스도교 신학을 전개했을 것이다.

문화에서와 마찬가지로 신학에서도 서구 편향 내지 서구 우월주의는 극복되어야 한다. 더군다나 오늘날 그리스도교는 더 이상 서구의 종교가 아니라는 사실을 감안할 때 이것은 너무나도 당연한 얘기이다.

전 세계 그리스도인 가운데 서구 그리스도인이 차지하는 비중은 점점 줄어들고 있으며, 현재 북미와 유럽보다는 아시아, 아프리카, 남미 등 이른바 제3세계에 살고 있는 그리스도인이 더 많다는 사실은 결코 가벼이 넘길 일이 아니다. 이제 각 민족과 각 문화들은 서구적 언어와 사고방식을 벗어나 자신의 언어로 복음을 이해하고 해석하는 신학적 창의성을 발휘할 때가 되었으며, 이미 그러한 작업은 시작되었다. 이것을 굳이 신학의 토착화(indigenization)라 부를 필요도 없다. 토착화란 말은 이제 더 이상 사용되어서는 안 된다. 왜냐하면 토착화되지 않은 신학이란 처음부터 존재하지 않기 때문이다. 모든 신학은 각각 구체적이고 특수한 역사적, 문화적 맥락 속에서 이해되고 해석되는 하느님의 말씀이요 복음으로서, 유한하고 상대적일 수밖에 없다. 서구 신학도 이 점에 있어서는 결코 예외가 아니다. 그럼에도 토착화란 말은 마치 서구 신학은 제외하고 비서구 지역의 그리스도교와 신학에만 해당되는 일종의 선교적 방편 내지 기술적 작업이라는 그릇된 인상을 심어온 것이다. 토착화는 신학에 있어서 선택의 문제가 아니라 단지 어떻게, 무엇을 매개로 하여 하느냐가 문제일 뿐이다. 순수한 복음, 순수한 하느님의 말씀은 우리 인간에게는 누구에게도 존재하지 않는다.

한국 그리스도인에게 동양의 종교 전통은 단지 신학적 성찰의 대상만이 아니다. 그것은 그들 자신의 정신적 유산이요, 현재도 그 안에서 숨 쉬며 살고 있는, 살아 있는 전통들이다. 따라서 한국 신학은 결코 종교신학이라는 이론적 차원에만 머물러 있을 수 없으며, 아시아적, 한국적 신학의 해석학적 실천으로 나아가야 한다. 서구 신학의 틀 내에서 전개되는 종교신학은 어디까지나 서구 신학의 한계를 탈피하기 어렵기 때문이다. 그럼에도 현재 한국 그리스도교가 아직 서구 신학의 지배하에 있는 것이 엄연한 사실인 한 종교 다원성이라는 현상 자체를 적극적으로 수용하는 서구의 개방된 종교신학들의 이론과 통찰을 먼저 수용하는 일도 중요하다. 인간의 다양한 종교적, 문화적 전통을 적극적으로 수용하는 신학적 자세가 성립되어 있지 않는 한 한국적 신학의 전개는 불가능하기 때문이다. 그렇기 때문에 우리에게 우선 요구되는 일은 서구 신학자들 자신에 의해서 전개된 보다 개방적인 종교신학의 관점만이라도 먼저 수용하여 한국의 신학 풍토를 지배하고 있는 배타주의 및 경직된 교리주의와 '정통주의'적 사고방식으로부터 하루빨리 벗어나는 일이다. 그렇게 될 때 비로소 한국의 신학자들은 참으로 인간을 살리며 자유롭게 하는 한국인을 위한, 한국인에 의한 한국인의 신학을 정립하는 일에 매진할 수 있을 것이다.

## 5. 배타주의에서 다원주의로

현대 신학에서 그리스도교 외의 모든 종교의 의미와 가치를 무조건적으로 무시하고 배척하는 배타주의적인 입장은 서서히 극복되고 있다. 현대 신학자들 가운데는 배타주의(exclusivism) 대신 포괄주의(inclusivism)적 신학을 주창하는 사람도 있다. 즉, 그리스도교 신앙을 중심에 두면서도 다른 종교가 지니고 있는 선한 것, 가치 있는 것은 모두 본래부터 그리스도교적인 것으로서 인정하고 수용하고자 하는 입장이다. 배타주의적인 신학이 교회 중심적인 신학으로서 교회밖에는 구원이 없다는 입장이었다면, 포괄주의는 그리스도 중심(Christocentrism)의 신학으로서 그리스도의 활동 영역은 그리스도교 교회라는 울타리를 넘어서며,

교회 밖에서도 그리스도를 만날 수 있으며, 교회 밖에도 크리스천이 있을 수 있다는 입장이다. 이들은 자기도 모르는 사이에 그리스도라는 초역사적인 실재의 영향 아래서 그리스도적인 가치를 실현하고 있다는 것이다. 그런 사람을 칼 라너는 '익명의 크리스천'이라고 부른다. 오늘날 이러한 입장은 제2차 바티칸 공의회 이래 가톨릭교회의 공식적인 입장이 되다시피 했다.

그러나 익명의 크리스천이라고 부르면서 교회 밖에도 크리스천이 존재할 수 있다고 하는 입장은 오히려 솔직한 배타주의보다 비양심적인 태도가 아니냐 그리고 교회 밖의 모든 선한 사람들을 그렇게 부를 때 그들이 과연 그것을 좋아하겠느냐 하는 의문이 생긴다. 우리는 불교 신자인데, 우리를 왜 억지로 원하지도 않는 그리스도교 신자로 만들려고 하느냐 하는 항의가 있을 수 있다. 그것은 하나의 종교 제국주의적 발상이 아닌가 하는 비난을 받기 쉽다. 물론 이런 신학을 전개한 라너 같은 사람에게는 그러한 의도가 없었을 것이다. 교회를 통해서만 구원을 받는다면 구원을 못 받을 사람이 너무도 많으며, 이것은 모든 인간을 구원하기 원하시는 하나님의 보편적 구원 의지에 배치되기 때문에 그리고 실제로 교회 밖에도 자기희생적인 선한 삶, 거룩한 삶을 살고 있는 사람이 너무나도 많다는 사실에 비추어 볼 때 도달한 그의 신학적 결론이었다. 스스로는 모르고 있겠지만 그들은 모두 그리스도의 은총으로 살고 있다는 것을 말하려고 한 것이다. 그래도 역시 이러한 해석은 타인의 인격을 제대로 대접하고 타 종교의 가치를 있는 그대로 존중하는 태도는 못 된다는 비판을 면키 어렵다. 따라서 이보다 더 진보적인 입장을 취하는 신학자들 가운데는 어떠한 우월주의나 포괄주의도 포기하고 솔직하게 그리스도교의 상대성을 인정하며 타 종교들의 가치도 동등한 수준에서 인정하는(길키[Langdon

Gilkey]의 표현대로 "동등성으로서의 종교적 다원성"[religious plurality as parity])
다원주의적(pluralistic) 신학으로 나아가야 한다는 주장을 하게 된 것이
다. 이렇게 하고도 신학이 가능하냐는 문제가 당장 제기될 것이며,
그럼에도 선택의 여지없이 모험을 감행해야 한다는 것이 다원주의
신학을 주창하는 학자들의 견해이다. 나는 아래에서 그 내용이나
방법보다는 다원주의 신학이 정립되어야 할 당위성에 대하여 주로
논하고자 한다.

다원주의 신학은 아직 뚜렷한 모습으로 등장한 것은 아니고, 학
자들마다 상이한 형태로 모색하고 있지만, 그 핵심은 역시 그리스도
중심(Christocentrism)의 신학―배타적으로 이해되든 포괄적으로 이해
되든―을 탈피하여 하느님 중심(Theocentrism)으로 전환하는 데에 있
다. '하느님'이라는 말이 아직도 유일신 신앙의 전통을 지니고 있는
종교에 뿌리를 둔 말이라고 한다면, 우리는 그 대신 더 중립적이고
철학적 개념인 실재(Reality) 중심이라는 말을 사용해도 좋겠다. 그러나
굳이 그럴 필요는 없다. 왜냐하면 다원주의 신학도 그리스도교적
신학인 한 하느님이라는 그리스도교의 중심되는 상징을 기피할 하등
의 이유가 없기 때문이다.

다원주의 신학은 종교 다원성을 하나의 엄연한 사실로서 진지하게
받아들이는 데서부터 출발한다. 지구상에 수많은 종교가 존재하며,
인류 대다수가 나와는 매우 다른 하느님 혹은 실재에 대한 이해와
신앙을 가지고 종교적 삶을 영위하고 있으며, 그러면서도 나와 똑같은,
아니 때로는 훨씬 더 훌륭한 도덕적, 인간적 삶을 영위하고 있다는
사실을 놓고서 어떠한 배타주의적 신학도, 포괄주의적 신학도 더
이상 통하지 않는다는 것을 솔직하게 인정하는 종교신학을 하자는
입장이다. 양심적으로나 지성적으로 그리고 신학적으로, 종교 다원성

을 긍정적으로 받아들일 수밖에 없다는 것이나. 단순히 종교 다원성이라는 현상을 사실로서 인지하자는 정도가 아니라, 그리스도교의 신학적 배타주의나 제국주의 그리고 우월주의마저도 과감히 버리고, 세계의 주요 종교 전통들의 동등성을 받아들이고, 그것을 전제로 한 신학을 하자는 것이다. 왜 그렇게 해야 하는가? 나는 이 글에서 어느 특정한 다원주의 신학자의 견해를 서술하기보다는 나 자신의 의견을 피력해 보고자 한다. 물론 여기에는 다른 학자들의 견해도 반영되어 있기는 하다.

세 가지 이유를 들 수 있다. 첫째는 지적 이유이고, 둘째는 도덕적인 이유 그리고 셋째는 신학적인 이유이다. 이 글에서는 그 가운데에서 마지막 신학적인 이유에 대해서 좀 더 상세하게 이야기할 것이다.

## 1) 지적인 이유

진리는 상대적이라는 인식이 오늘날 지성인들 사이에 보편화되어 있다. 심지어 과학적인 진리에서조차 그러한 견해가 대두되는 마당에 하물며 철학이나 종교에서야 말할 나위가 있겠는가? 물론 진리 그 자체가 상대적이라는 말은 아니다. 그러나 우리가 진리의 내용을 묻고 이에 대답하는 순간 우리는 상대성을 면하기 어렵다는 것이다. 진리를 파악하는 인간의 능력은 역사적, 문화적 제약을 받을 수밖에 없기 때문이다. 우리가 사용하고 있는 언어라는 것 자체가 이미 진리 파악의 상대성을 말해 주고 있다. 진리에 대하여 논하고자 한다면 우리는 언어를 사용할 수밖에 없고, 언어는 이미 문화 제약적임으로 진리에 관한 모든 논의와 언술―신화, 신앙 고백, 교리, 신학 등―은 처음부터 상대적일 수밖에 없는 것이다. 현대의 발달된 역사의식은 진리에 대한 어떠한 언술에도 절대성을 허락하지 않는다. 언술자는 절대적이고 보편타당한 진리를 말한다고 생각할는지 모르나 결과적으로 보면 시대적 제약과 문화적 편협성을 벗어나지 못하는 것이다. 언어뿐만 아니라 우리가 사용하고 있는 일체의 비언어적 상징들, 예컨대 성스러운 물건이나 의례들 혹은 음악이나 예술 작품들도 상대적이다. 인간은 철저히 유한한 존재이다. 인간은 하느님이 아니기에 진리를 이해하고 표현하고자 할 때 자신이 처한 문화적, 언어적, 역사적, 풍토적 제약을 벗어날 수 없는 것이다. 따라서 모든 진리는, 아니 정확하게 말하자면 적어도 인간이 파악한 진리는—이것 외에 다른 무엇이 있겠는가?— 상대성을 지닐 수밖에 없다. 실재에 대한 우리의 모든 언어와 개념은 특정한 역사적 상황과 문화적 전통에 뿌리박고 있으며, 실재에 대한 우리의 모든 인식과 관념은 문화적 선험성을 피하기 어려운 것이다. 이것이 바로 역사적 상대주의이고, 바로 이 문제를 가지고 현대 신학자들은 많은 고민을 할 수밖에 없었다. 그리스도교의 교리들 그리고 나아가서 성서를 통해 계시된 진리도 상대적이란 말인가? 아니, 말씀이 육신이 되어 오신 하느님의 아들 예수 그리스도의 존재, 그의 삶과 가르침도 상대적이라는 말인가 하는 의문이 당연히 제기되기 때문이다.

칼 바르트는 이 문제를 가장 심각하게 고민한 사람 가운데 하나이다. 역사주의가 신학의 방법론으로서 풍미하고 있던 19세기 말과 20세기 초에 그는 그리스도교 진리도 결국 역사적 상대성에 의해 와해되는 것이 아니냐 하는 고민을 하게 되었으며, 그 해결책으로 그는 계시의 절대성을 들고나온 것이다. 하느님이 자기 아들을 보내서 인간을 구원했다는 계시 사건만은 어떤 역사적 사건과도 달리 역사적 제약성을 뚫고 위로부터 내려온 유일무이한 절대적 사건이며,

이 성육신(incarnation)의 사건만은 절대로 상대화될 수 없는 진리의 절대적 기준점이라는 것을 그는 강력하게 논증했던 것이다. 바르트에 의하면 그리스도교라는 종교는 역사적이고 상대적이며 죄로 얼룩진 기록을 가진 하나님의 심판의 대상이지만, 위로부터 은총으로 주어진 하느님의 계시, 예수 그리스도만은 결코 상대적인 것이 아니며, 이것만은 하느님의 무조건적인 선물로서 역사의 상대성을 초월하는 절대적 기준점이라는 것이다.

그러나 문제는 그렇게 간단하게 해결되지 않는다. 과연 계시 사상으로 상대주의를 극복할 수 있을까? 우선 계시를 주장하는 종교가 하나가 아니라는 점이 문제이다. 이슬람과 유대교가 좋은 예이다. 계시의 다양성을 어떻게 해결해야 할 것인가라는 난제가 생기는 것이다. 그뿐만 아니라 사적인 계시를 주장하는 사람도 많이 있다. 이와 같이 계시를 주장하는 종교가 여럿 있는 가운데서 어느 것이 참 계시를 받은 종교인가는 객관적으로 판별하기 어렵다. 만약에 그것을 객관적으로 판별할 수 있는 어떤 기준을 찾아야 하며, 그것이 모든 사람이 수긍할 수 있는 합리적 기준에 따라 찾아질 수 있다면, 그러한 합리적 기준 자체가 진리를 아는 데 있어서 계시보다도 우위에 있는 셈이될 것이며, 이것은 결국 계시 사상 자체를 부정하는 셈이 된다. 그렇기 때문에 계시의 다수성과 다양성을 감안해 볼 때 무조건 거기에 호소한다고 하여 상대주의가 극복되는 것은 아니다.

그렇다고 계시 말고 종교의 우열을 객관적으로 가리는 방법, 예를 들어 인권의 신장이라든가 풍요로운 삶에 기여한다든지 하는 등의 다른 어떤 척도를 세워서 종교들 간의 우열을 논할 수도 없는 노릇이다. 모든 종교는 각각 자기가 궁극적 진리를 지니고 있다고 믿고 있기 때문에 그들 모두가 공통적으로 수긍하는 진리의 척도를 마련하는 일은 실제로 불가능하다. 설령 그런 기준을 세워 놓는다 하더라도 그것은 실제 각 종교에서는 별 의미를 지니지 않을 것이다.

우리는 지적인 이유에서 인간의 유한성을 인정하고 종교적 진리의 문제라 할지라도 역사적 상대주의 내지 문화적 상대주의를 수용할 수밖에 없다는 결론이 나온다. 바람직스럽지는 않을는지 모르나 현대의 역사의식은 지성인들로 하여금 종교다원주의를 솔직하게 수용할 수밖에 없게 만든다.

## 2) 도덕적 이유

둘째는 도덕적 이유이다. 인간이란 의사소통을 하며 사는 존재이며, 분쟁이나 갈등이 있을 때는 대화를 통해 해결하는 것이 가장 바람직하다. 대화가 아니면 갈등이고, 갈등이 심화되면 전쟁으로 갈 수밖에 없기 때문이다. 그렇기 때문에 인간이 사랑의 공동체를 실현하기 위해서는 서로 이해하는 것이 필요하고, 이해하기 위해서는 대화를 해야 한다. 오늘날 대화는 해도 좋고, 안 해도 좋은 것이 아니라 하나의 도덕적 지상 명령이라고 해도 과언이 아니다. 인류 공동체간의 평화가 달려 있기 때문이다.

인류 공동체의 분열과 갈등의 원인은 간단히 이야기하면 개인적 이기주의와 집단적 이기주의에 있다. 집단적 이기주의는 종족적 이기주의, 만족적 이기주의, 문화적 이기주의 등이 있겠는데, 불행히도 이 집단적 이기주의에 종교는 상당히 큰 몫을 차지하고 있다. 종교는 집단적 정체성을 확립시키고 강화하며 때로는 집단적 이기주의를 신의 이름으로 정당화하고 옹호하는 역할을 해 왔다. 지금도 세계 도처에서 일어나고 있는 인종 분규, 민족 분규가 예외 없이 종교적 차이와 대립을 수반하고 있다는 사실이 이 점을 입증해 주고 있다. 그리하여 합리적 타협으로 해결될 수 있는 문제까지도 종교적 갈등으로 인해 오히려 더 어렵게 되기도 한다. 차라리 저렇게까지 극심하게 싸우지는 않을 텐데 하는 생각마저 든다. 종교로 인해 대립이 더 격렬해지고, 자기 입장이 절대화되며, 싸움이 하느님을 위한 성스러운 전쟁으로 바뀌게 되기 때문이다.

종교들은 한편으로 평화와 사랑을 외치지만, 다른 한편으로는 분열과 증오를 조장하는 데에 큰 몫을 담당하고 있다. 이것은 종교들에게 심각한 도덕적 문제를 제기하고 있다. 종교가 대화의 장애 요인으로, 공동체를 파괴하는 요소로 작용하고 있는 상황은 종교의 메시지 자체에 심각한 회의를 품게 한다. 종교 간의 대화, 이해, 사랑 없이는 인류의 평화가 불가능할 뿐만 아니라 종교 그 자체의 존재 이유도 의문시될 수밖에 없다. 근세 서구의 반종교적 사상의 배후에는 종교전쟁과 같은 종교 간의 갈등이 적지 않은 원인 제공을 한 것이다.

그러나 종교 간의 상호 이해를 위한 대화는 결코 쉬운 일이 아니다. 모든 종교는 세계와 인간 그리고 궁극적 실재에 대하여 자기만의 특별한 지식을 가지고 있다고 확신하고 있기 때문이다. 하지만 대화는 겸손을 전제로 한다. 진정한 대화는 자기의 진리 인식이 오류일 수도 있으며, 부분적이거나 불완전한 것일 수도 있음을 전제로 해야만 가능하다. 자기 교정과 변화의 가능성을 배제한 대화는 대화라기보다는 일방적인 설득이나 선전일 뿐이다. 아무도 진리를 독점할 수 없다는 진리 앞에서의 겸손, 자기가 인식한 진리를 믿고 이야기하면서도 남의 이야기에 귀를 기울이는 겸손은 대화의 필수 조건인 것이다. 일상생활에서부터 시작해서 종교의 문제에 이르기까지 대화는 진리 인식의 필수적 방법이며, 독단과 독선, 우월주의와 배타주의는 대화의

적이며 공동체 형성의 적이다. 자기가 우월하다, 자기만이 진리를 지녔다고 생각하는 한 우리는 처음부터 남의 이야기를 들으려 하지 않고 또 들어도 왜곡한다. 이러한 상태에서 종교 간의 상호 이해는 기대하기 어려우며, 결국 인류 공동체 간의 평화는 요원한 꿈일 뿐이다.

신학적 독선주의, 배타주의는 대화를 저해하고, 인류 공동체의 절실한 염원인 평화를 해치는 비윤리적 태도로 직결된다. 종교다원주의는 지적 이유 못지않게 도덕적 관점에서도 수용할 수밖에 없다. 대화, 이해, 사랑, 평화를 저해하는 종교적 독단성과 편협성은 그 자체가 비도덕적이기 때문이다. 교리를 사랑의 실천보다 앞세우는 종교가 있다면, 우리는 과연 그 종교의 교리와 메시지를 신뢰할 수 있겠는가? 대화가 도덕적 요청이라면, 타자를 타자로서 용납 못 하고 대화를 처음부터 불가능하게 만드는 독선적 배타주의나 포괄주의는 포기되어야 마땅하다. 아무리 자신이 믿는 것이 옳다 하여도 타 신앙인에게도 진리의 길이 열려 있을 가능성을 인정하지 않는 한 대화는 불가능하다. 평화를 위한 대화는 본격적인 다원주의의 수용은 아니라 할지라도 적어도 잠정적인 형태의 다원주의라도 전제로 해야만 한다.

다원주의를 받아들여야 하는 도덕적 이유는 또 다른 측면에서 고려되어야 한다. 단순히 종교 간의 상호 이해와 평화를 위해서만이 아니라 인류가 직면하고 있는 시급한 문제들을 해결하기 위해서도 종교 간의 협력이 절대적으로 필요하다. 사실 사람에 따라서는 종교 간의 갈등 문제보다도 차마 동료 인간으로서 눈 뜨고 볼 수 없는 참혹한 기아와 질병, 가난과 억압 그리고 나아가서 환경 문제나 핵전쟁의 위협 등이 더 심각한 문제라고 생각할 것이다. 이 같은 문제들은 어느 한 종교의 힘으로 도저히 해결하기 어려운 것들이며, 종교들의 범세계적 단합과 협력을 요구하고 있다. 이러한 공동의 과제를 앞에

놓고서 종교 공동체들 간의 대화와 협력 그리고 이 대화와 협력의 전제가 되는 종교 다원주의—선을 향한 타 종교들의 의지와 신앙을 인정하는—는 어느 종교인, 어느 신앙인도 외면할 수 없는 하나의 절실한 실천적 요구인 것이다. 현실적 문제를 해결하는 데 있어서 각종 국제기구들의 활동, 국가나 자발적인 단체들의 노력에 못지않게 아직도 힘을 지니고 있는 것이 종교 단체들이기 때문이다.

### 3) 신학적 이유

종교 다원주의를 수용할 수밖에 없는 데는 지적, 도덕적 이유를 넘어서서 신학적인 이유가 존재한다. 제아무리 지적, 도덕적 이유들이 설득력 있다 하더라도 그리스도 신앙 자체로부터 다원주의를 받아들이도록 하는 이유를 발견하지 못한다면, 그것은 그리스도인들을 움직이게 하기에는 부족할 것이다. 아래에서는 그러한 신학적 이유들 가운데서 가장 기본적인 몇 가지만을 언급하고자 한다.

첫째는 하느님의 초월성이다. 하느님 앞에서 우리는 겸손해야 한다는 말이다. 너무나도 당연한 말로 들릴는지 모르지만, 결코 쉬운 일은 아니다. 역설적인 일이지만, 종교인일수록 그리고 신앙이 깊다고 자처하는 사람일수록 오히려 하느님의 초월성 앞에 참으로 겸손하기 어렵다. 하느님은 그리스도인들이 알고 있는 것 이상의 존재이다. 알려진 하느님과 숨어 계시는 하느님, 계시된 하느님과 계시하시는 하느님 사이에 존재하는 거리를 완전히 부정할 때, 우리는 하느님의 자유와 주권, 초월성을 부정하는 셈이다. 누구든 하느님을 완전히 독점해 버린 것처럼 생각해서는 안 된다. 하느님의 자유와 신비를 위한 공간은 언제나 남겨져 있어야 하는 것이다.

인간이 세상에서 사용하는 언어로 하느님에 대하여 말하는 것은 처음부터 불가능한 일이다. 이 불가능한 일이 가능하게 된 것은 오직 하느님이 먼저 우리를 향해 말씀하셨기 때문이다. 곧 하느님 자신이 스스로를 낮추어 인간의 언어로 말씀하셨다는 그의 은총 때문이다. 본질적으로 언어를 초월하시는 하느님에 관한 인간의 모든 언어는 계시에 근거한 언어까지 포함하여 불완전한 언어일 수밖에 없다. 모든 종교적 언어는 선불교에서 말하듯 달을 가리키는 손가락과 같이 상징적 역할을 할 뿐이다. 상징은 결코 실재 그 자체가 아니다. 상징은 자기 자신을 넘어서서 그 이상의 것을 지시하는 데에 그 존재 이유가 있다. 그럼에도 이 상징 자체를 절대화하고, 마치 그것이 실재 자체를 완전하게 드러낼 수 있는 것처럼 생각하는 것은 큰 오산이요 우상숭배이다.

하느님에 관한 언어가 우리에게 가능하다는 것은 궁극적으로 신비이며 은총이다. 이 신비를 신비로서 내버려 두고, 이 은총을 은총이게끔 하는 것이야말로 가장 신앙적 태도일 것이다. 그러나 그리스도교인들은 흔히 하느님에 대해서 모든 것을 다 알고 있는 것처럼 생각하는 중대한 오류를 범한다. 하느님은 우리가 그에게 나아가 구원을 얻기에 족할 만큼 우리에게 스스로를 계시하셨다. 그러나 우리가 하느님을 전적으로 다 안다고 생각하면 곤란하다. 하느님의 자유 공간, 하느님의 신비 공간은 남겨져 있어야 하는 것이다. 그렇기 때문에 그리스도인들은 타 종교에서도 하느님의 계시가 이루어질 수 있고, 타 종교에서도 우리가 보지 못하고 있는 하느님에 대한 진리가 포착될 수 있다는 가능성을 항시 열어놓아야 한다. 예수는 하느님의 아들로서 하느님을 전적으로 계시하시는 분이기에 그리스도교는 하느님에 대하여 절대적으로 확실한 지식을 가졌다고 반론을 제기할 사람이 있을는지 모른다. 어느 정도 타당한 주장이다. 분명히 그리스도교 신앙은 하느님께서 예수 그리스도를 통하여 결정적으로 말씀하셨고, 자기 스스로를 현시하셨다고 믿는다. 그렇기 때문에 그리스도인들은 결코 하느님을 추상적으로 이야기하지 않고, 그의 모습을 가장 확실하게 보여주는 그의 아들 예수 그리스도를 통해서 계시된 하느님에 대하여 말한다. 그러나 그렇다고 해서 예수가 하느님의 모든 것을 계시했다고 말할 수는 없다. 하느님은 예수 그리스도를 통해서 자신을 계시함에 있어서도 역시 하나의 인간적 언어를 사용하실 수밖에 없었다. 예수는 그의 신성이 어떠하든 간에 어디까지나 한 인간이었고 역사적 존재였다. 그의 초월적 본성이 어떠하든 예수는 어디까지나 한 특정한 시간과 공간 속에 살다 간 존재였다. 그렇지 않으면 계시는 성립될 수 없었다. 그렇기 때문에 그리스도교 신앙은 그가 우리 인간을 위해 하느님의 형상을 버리고 자기 자신을 비워 우리와 같은 인간의 몸으로, 그것도 종의 형태를 취해 이 세상에 오셨다고 고백하는 것이다(빌 2:5-8). 초월적 존재이신 하느님이 이렇게 자기 부정과 자기 비하를 통해 우리에게 다가오지 않으면 우리는 하느님을 확실히 알 수 없다. 그러나 우리가 아는 것은 어디까지나 자기 부정을 통해 역사에 모습을 드러낸 제한된 하느님이다. 예수는 전적으로 인간이면서도 전적으로 하느님이라고 전통적인 그리스도론은 말하지만, 그렇다고 그가 하느님의 전부라고까지 말할 수는 없다. 성부와 성자를 동일시하면서도 구별하는 이유는 바로 여기에 있다. 하느님의 초월성과 신비, 이것은 그리스도인들을 겸손하게 만들며 그들로 하여금 종교적 다원주의에 대하여 개방적 자세를 취하도록 하는 첫 번째 신학적 이유이다. 동시에 종교다원주의 신학이 하느님 중심 혹은 실재 중심적 성격을 띠게 된다는 것은 너무나 당연한 일이다.

둘째로 하느님은 오직 한 분밖에 안 계신다는 유일신 신앙이 지닌 의미를 생각해 보자. 이 신앙이 지닌 의미를 숙고해 보면 우리는 종교다원주의에 한 걸음 더 가까이 나아가게 된다. 초월적인 하느님은 세상의 다른 어느 존재와도 비교할 수 없으며, 그와 동등한 존재는 없다는 것이 그리스도교를 포함한 모든 유일신 신앙을 기초로 한 종교들의 공통된 증언이다. 그러나 이 초월적 존재는 동시에 세계와 우주 만물의 존재 근거로서 그와 관계하지 않는 존재는 아무것도 없고, 그를 떠나서 생명을 유지하는 존재는 하나도 없다. 하느님은 만물을 하나로 묶어주는 실재로서 만물이 단절되고 고립된 듯 보이나 사실 사물들은 하느님 안에서 하나로 연결되어 있다. 하느님은 모든 인류의 창조주이시고, 모든 인류의 아버지가 되시는 분이다. 그는 그리스도인들만의 하느님이 아니며, 그리스도인들의 하느님 외에 비그리스도인들의 하느님이 따로 존재하는 것도 아니다. 하느님은 그리스도인들만의 하느님이 아니라 불교인들의 하느님이기도 하고, 회교도들의 하느님이기도 하다. 그러나 그리스도인들은 종종 이 단순하면서도 심오한 사실을 망각한다. 타 종교의 사람들이 아무리 하느님을 잘못 이해하고, 잘못 숭배한다 하더라도 그들도 결국은 오직 한 분이신 하느님을 찾아 숭배하고 있으며, 오직 한 분뿐이며 모든 존재의 근거(Ground of Being)요 생명의 뿌리인 하느님은 그들의 역사와 체험 속에서도 활동하며 스스로를 계시하신다. "악한 사람에게나 선한 사람에게나 똑같이 해를 떠오르게 하시고, 의로운 사람에게나 불의한 사람에게나 똑같이 비를 내려주시는" 하느님은 모든 인간을 사랑하시고, 모든 인간을 구원하시기를 원하시는 분임이 틀림없을 것이다. 그리고 타 종교에 선하고 진실된 것, 아름답고 숭고한 것이 있다면 이 모든 것은 의심의 여지없이 오직 한 분이신 하느님으로부터 온 것임을 그리스도인들은 믿을 수밖에 없다. 유일신 신앙을 철저히 긍정하는 그리스도교 신앙은 결코 종교다원주의를 신 앞의 적으로 간주할 수 없다. 오히려 모든 종교사를 통해서 그리스도교 신앙은 하느님 안에서 인류의 분열과 대립보다는 일치와 화해를 확인하도록 해야 할 것이다. 한 하느님, 한 인류, 이것이 모든 종족주의를 초월하는 그리스도교 신앙의 기본 입장이다. 한 하느님 신앙 안에서는 종교적 종족주의마저 초월되어야 한다.

셋째로 위와 밀접하게 연결된 사항으로서, 그리스도교 신앙은 하느님이 사랑임을 믿는다. 이 점은 그리스도인들이 종교다원주의를 긍정할 수밖에 없는 가장 중요한 신학적 이유를 제공한다. 그리스도인들은 사랑의 하느님을 믿는다. 하느님은 그리스도인뿐만 아니라 온 인류를 구원하시기 원하는 보편적 구원 의지를 지닌 사랑의 하느님이시다. 그리스도인들은 예수 그리스도를 통해 하느님이 사랑임을 깨달으면 깨달을수록 하느님의 보편적 사랑을 의심 없이 믿게 된다.

생각해 보면 하느님이 사랑이라는 것처럼 믿기 어려운 일도 없다. 세상의 온갖 불행과 악, 온갖 부조리와 모순을 생각할 때 우리는 온 우주와 인류 역사를 주관하는 분이 과연 사랑의 존재일까 의심하게 된다. 그럼에도 그렇게 믿을 수 있도록 해주는 분이 바로 예수 그리스도이며, 그를 통해 그리스도인들은 하느님의 사랑을 확신하며 희망 가운데서 살아간다. 이 세상의 모든 악과 부조리에도 불구하고 예수와 같은 존재가 세상에 살았다는 사실 하나만으로도 그리스도인들은 하느님의 선하심과 사랑을 믿기에 충분하다고 생각한다. 그는 하느님의 사랑이 무엇인지를 가장 강력하게 보여주신 분이며, 사랑의 하느님, 하느님이 아버지 되심을 가장 분명하게 보여주신 그의 아들이기 때문이다.

사람들이 하느님의 사랑을 알든 모르든 그리스도인들은 하느님이 부모가 모든 자식을 사랑하듯 모든 인간에게 사랑과 자비를 베푸시는 분이라는 것을 믿는다. 그리스도인들은 흔히 하느님이 자신들만을 특별히 선택해서 사랑한다고 이야기하지만, 그러한 하느님은 그리스도인들 자신이 지닌 편협성의 투영일 뿐이다. 엄격히 말해서 선택이란 그리스도를 통하여 우리가 하느님의 사랑을 깨닫도록 해주신 것에 있지 우리만을 사랑하는 하느님의 편파성을 뜻할 수는 없다. 예수 그리스도의 하느님은 결코 그러한 편파적인 하느님이 아니다. 세상에는 분명히 하느님을 등지고 어두움 속에서 사는 사람들이 있고, 하느님의 존재를 부인하며 사는 무신론자들도 있으며, 하느님에 대하여 그릇된 관념을 가지고 잘못 숭배하는 사람들도 있다. 그러나 하느님은 이 모든 사람에게도 여전히 사랑의 하느님이다. 자식이 부모의 뜻을 어기며 괴롭혀도 부모가 자식을 포기하지 않고 오히려 더 깊은 관심과 애정을 쏟듯 하느님은 죄인과 불의한 자를 더욱 사랑하신다는 것이 예수의 가르침이요 사도 바울로의 증언이다. 탕자의 비유는 바로 이 점을 분명하게 말해 주고 있다. 하느님은 집을 나간 자식이라도 그를 향한 사랑의 손길을 거두는 일은 없으며, 그가 돌아오기를 언제나 고대하고 있다.

예수를 믿느냐 안 믿느냐보다도 더 근본적인 인생의 문제는 우리가 과연 예수를 통해 증언된 이 사랑의 하느님을 정말로 믿을 수 있느냐 없느냐 하는 것이다. 왜냐하면 우리로 하여금 하느님이 사랑이심을 믿기 어렵게 만드는 일들이 우리 주위에 너무나도 많이 있기 때문이다. 두 가지 사실을 생각해 보자. 첫째는 무고한 사람들이 당하는 고난의 문제이다. 지금 이 순간에도 우리는 세계 도처에서 아무 죄도 없는 무수한 어린 생명들이 기아와 질병으로 죽어가고 있다는 사실을 알고 있으며, 수많은 사람이 자신과는 무관한 전쟁으로 고통당하고, 허무하게 죽는 것을 본다. 이들의 인생도 과연 의미 있는 인생이며, 저들에게도 하느님은 사랑이신가? 그런가 하면 절망적인 상황 속에서도 정의와 인권을 위해 엄청난 고난을 받다가 자신의 생명까지 던지는 비극적 삶을 산 사람들도 허다하다. 이 같은 사실을 앞에 두고서 우리는 실로 인생에 대한 근본적인 회의를 품게 된다. 타자를 위한 그들의 삶이었건만 과연 그것이 그들 자신에게 있어서도 의미 있는 것이었으며, 그들에게도 하느님은 과연 사랑이라고 말할 수 있을까? 왜 하느님은 그들의 고통을 외면하고 침묵하는가?

사랑의 하느님에 근본적인 회의를 품게 하는 또 하나의 문제는 그리스도교의 복음을 알지도 못하고 살다 간 수많은 인간의 운명에 관한 일이다. 그들이 하느님을 알지 못하고, 예수 그리스도를 믿지 않은 것이 그들 자신의 책임이 아니라면 그들에게도 영원한 생명은 약속되어 있는 것일까? 더군다나 예수를 모르고 살다 간 사람들 가운데는 그리스도인 못지않게 경건하고 선한 삶을 산 사람이 얼마든지 있다. 그럼에도 그들이 만약 배타주의적 신앙이 주장하는 대로 하느님의 사랑과 은총에 참여하지 못한다면 그래도 우리는 사랑의 하느님을 말할 수 있을까?

억울하게 고통을 당한 사람들, 하느님과 예수 그리스도를 알지 못하나 의롭고 선하게 살다 간 무수한 인생들을 생각할 때 우리는 하느님이 진정으로 사랑이라면 그들에게도 반드시 사후의 위로와 상이 있어야 한다고 생각하지 않을 수 없다. 만약 그렇지 않다면 우리는 세계와 인생의 도덕적 의미를 긍정 못하는 무신론자가 되고 말 것이다. 더군다나 그들이 단지 예수 그리스도를 몰랐다는 이유 하나만으로 사후의 위로와 희망을 거부당한다면, 그리하여 그리스도인들이 하느님의 구원을 그리스도인들만의 것으로 제한한다면, 인류의 대부분은 궁극적으로 무의미한 삶을 산 결과가 될 것이며, 이것은 우리로 하여금 하느님의 사랑을 의심하고도 남게 만든다. 인생에 도덕적 의미가 있다면 모든 인생에 대하여 있을 것이지 일부의 인생에게만 있을 수는 없다. 인생에는 도덕적 의미가 존재하든지 안 하든지 둘 중의 하나일 것이다. 만약 그리스도인들이 이 같은 사실 앞에서 하느님의 사랑을 자신들에게만 제한시킨다면, 그렇지 않아도 믿기 어려운 하느님의 사랑은 더욱 믿기 어려워진다. 이것은 그리스도인들 자신이 믿는 바를 부정하거나 약화시키는 결과를 초래할 뿐이다. 다시 말해 자신들만을 사랑하고 자신들만의 인생을 의미 있게 해주는 하느님은 결코 사랑의 하느님이 아니라는 사실이다. 그러나 그리스도인들은 부정하기 어려운 인생의 도덕적 부조리에도 불구하고 예수 그리스도를 통하여—그의 말씀, 그의 행위, 그의 죽음과 부활을 통하여— 사랑의 하느님을 믿으며 인생의 궁극적 유의미성을 긍정할 수 있게 되었다. 바로 그렇기 때문에 그리스도인들은 하느님의 사랑과 구원을 독점할 수도 없거니와 독점하려 해서도 안 되는 것이다.

숭고한 휴머니스트들은 여기서 다음과 같은 반론을 제기할지도 모른다. 보이지도 않는 하느님의 위로나 사후의 보상 같은 것을 바라느니 차라리 빨리 손을 써서 무고하게 고통당하는 사람들의 삶에 동참하여 그들의 고난을 조금이라도 제거해 주고 정치적으로, 사회적으로 그들의 문제를 해결해 주며, 필요하면 혁명까지도 불사하여 사회 정의를 이룩하여야 한다고. 인간이 해야 할 노력을 먼저 하지도 않으면서 왜 존재하지도 않는 하느님을 탓하고 사후의 구원이라는 허구를 붙잡고 누구는 구원받고, 누구는 못 받는다는 부질없는 논쟁이나 일삼고 있느냐고 용기 있는 휴머니스트들은 탓할 것이다. 일리 있는 말이다. 하느님께 모든 것을 맡기고 인간이 마땅히 인간으로서 해야할 일을 등한히 하는 신앙인이 많이 있으며, 보이지 않는 하느님의 보상을 핑계 삼아 보이는 인간의 고통을 외면하는 신앙도 있기 때문이다. 그러나 역시 한 가지 의문은 남는다. 역사의 수레바퀴에 억울하게 깔려 죽은 사람이 부지기수로 많은데, 이미 죽은 사람들의 고통을 누가 어떻게 보상한다는 말인가? 또한 지금 이 순간에도 독재의 사슬에 묶여 신음하며, 정의를 위해 몸부림치건만 끝내 정의를 보지 못하고 죽어가는 사람들이 수없이 많고 앞으로도 많을진대, 그들의 삶의 가치와 의미는 어떻게 긍정될 것이며, 누가 그들의 눈물을 씻어주고 그들의 피를 보상해 준단 말인가? 이 문제는 결코 세속적 휴머니스트나 행동주의자들로서는 해결할 수 없는 문제다. 초월적 시각 없이는 해결하기 어려운 인생의 부조리이다. 호르크하이머(Horkheimer)의 표현대로 가해자가 피해자에게 영원히 승리하지 않도록 하기 위해서 신의 존재는 요청될 수밖에 없다. 요청이 곧 사실을 의미하는 것은 아니지만, 적어도 요청된다는 것만은 인생의 엄연한 사실이며, 여기에 우리 인생의 도덕적 의미가 좌우된다는 사실 또한 아무도 부인하지 못할 것이다.

이른바 복음주의자들은 다음과 같이 말할 것이다. 초월적 위로의 확신이 필요하니까 어서 속히 그들에게 가서 예수 그리스도의 복음을 전하고 예수 그리스도를 통한 구원의 희망을 주어야 할 것이 아닌가라고. 이것 역시 옳은 얘기다. 가급적 열심히 전도해서 한 생명에게라도 하느님의 영원한 사랑과 구원에 대한 확신과 희망을 주어야 할 것이다. 그리스도교 신앙인으로서 이것을 부정할 사람은 아무도 없다. 그러나 역시 이것으로써 해결 안 되는 문제가 남아 있다. 똑같은 의문이 다시 한번 제기된다. 전도 받지 못하고 이미 삶을 마감한 수많은 인생은 어떻게 할 것인가? 억울하게 죽은 사람들, 예수의 이름조차 듣지 못하고 사라진 사람들에게도 구원은 있는 것일까? 그들을 위한 하느님의 사랑과 정의는 어디에 있으며, 그들이 예수를 모르고 죽은 것이 그들 자신의 책임이 아닐진대, 과연 누가 그들에게 영원한 생명의 약속을 거부할 수 있겠는가? 전도적 접근으로 인생의 부조리를 해결하려는 데에는 분명히 한계가 있음을 인정하지 않을 수 없다.

정의와 인권을 위해 수난당하는 자들의 고통에 동참하는 일이 소용 없으며, 전도가 필요 없다는 이야기가 아니다. 문제는 죽은 이들의 억울한 과거를 보상할 길이 없다는 것이며, 이 문제가 해답을 얻기 전에는 그리스도교적 인생의 의미는 긍정되기 어려우며, 하느님의 사랑 또한 의심받을 수밖에 없다. 그리스도인들만을 사랑하고, 그들에게만 영생을 약속하는 하느님은 적어도 예수 그리스도의 하느님은 아니며, 그러한 하느님을 믿느니 차라리 하느님의 위로 없이 용기 있는 휴머니스트로 살든지, 그러한 용기가 없다면 평범한 존재로서 가까운 주위 사람들과 외로운 세상에서 정을 나누다 가는 것이 차라리 나으리라.

하느님은 영원부터 영원까지 사랑이시다. 예수 그리스도를 통해서 그리스도인들은 하느님이 철두철미 사랑이심을 확신한다. 하느님은 그리스도교가 한국 땅에 전해지기 전에 살다 간 우리 선조들도 사랑하시고, 눈물마저 메말라 버린 아프리카의 굶주린 어린아이들도 사랑하신다. 그들에게는 실로 미안한 얘기로 들릴는지 모르나 만약 이것을 긍정 못 한다면 모든 것이 무너져 버린다. 하느님이 이 땅에 선교사들을 보내서 복음을 전파하도록 했을 때, 그는 비로소 한국 사람들을 사랑하고 구원하기로 마음을 바꾸기라도 했다는 말인가? 그동안 무엇하고 계시다가 백 년 전 혹은 이백 년 전에야 선교사들을 보냈단 말인가! 이 땅에 하느님께서 복음을 보낸 것은 한국 백성이 하느님의 사랑을 더욱 깊이, 더욱 확실하게 깨달아 그리스도의 사랑을 실천할 수 있도록 보낸 것이지, 여태까지 다 멸망하도록 방치했던 사람들을 뒤늦게 구원하기 위해서 갑자기 마음을 바꾸어 선교사들을 보낸 것은 아닐 것이다.

하느님은 한국 백성을 포함하여 모든 인류를 내시고 사랑하시는 분이시며, 이 사랑을 분명하게 알아 다툼과 분열이 있는 세상에서 사랑과 일치를 이루게 하려고 예수 그리스도를 세상에 보내서 천국 복음을 선포하게 하신 것이다. 그러나 그리스도교는 어처구니없게도 이러한 사랑의 하느님을 믿는 대신 맹목적인 예수 숭배의 종교로 화하여 예수를 모르는 사람들을 비방하고 업신여기며 지옥에 간다고 협박하면서 하느님의 사랑으로부터 제외시키는 편협한 미움의 종교로 화했다. 복음의 기쁜 소식이 오히려 배타와 미움의 구실이 되어버린 것이다. 그리스도교의 존재 이유는 탕자와 죄인까지도 사랑하시는 하느님의 사랑을 전하고 확신시키는 일이지 결코 단순히 그리스도교 밖에 있다는 이유 하나만으로 혹은 예수를 모르거나 믿지 않는다 하여 하느님의 사랑에서 제외하고, 신자와 비신자를 편협하게 편 가르는 일은 결코 아니다.

하느님은 모든 억울한 눈물을 씻어줄 것이며, 모든 억울한 피를 보상해 줄 것이다. 새 하늘과 새 땅, 정의로운 세상은 반드시 오고야 말 것이다. 이것이 예수가 전한 하느님 나라의 기쁜 소식이고, 그는 그 가능성과 실재성을 누구보다도 강하고 확실하게 몸소 보여 주신 분이다. 그렇기에 그리스도인들은 그로 말미암아 하느님을 믿을 수 있게 되었고, 구원의 하느님을 희망 가운데서 기다리며 사랑의 하느님을 말과 행동으로 증언하며 살 수 있게 된 것이다. 그러나 하느님의

사랑은 그리스도인들에게만 베풀어지거나 그리스도교만을 통해서
증거되며 실천되는 것은 아니다. 그리스도인들은 무한한 하나님의
사랑을 그리스도교라는 좁은 울타리 속에 가두어 버리는 우를 범해서
는 안 된다. 하느님의 사랑의 역사, 성령의 역사는 결코 그리스도인들
의 좁은 생각이나 집단적 이기주의, 그리스도교의 종교적 독선과
독단에 의해 갇힐 수 없는 힘이기 때문이다. 모든 종교의 끊임없는
유혹은 자기 절대화이며, 그리스도교가 물리칠 마지막 유혹도 자기
우상화이다.

그리스도교 신자가 아닌 사람들은 그리스도교의 선택 사상에 특별
한 거부감을 느낀다. 실로 이 선택이라는 것이 하느님의 편파성,
불공정성, 즉 어떤 사람들에게는 구원을 허락하고 또 어떤 사람들은
영원히 구원받지 못하도록 배제하는 것을 의미한다면, 그러한 선택
사상은 포기해야 마땅할 것이다. 선택이란 특권이기에 앞서 사명이다.
그리스도를 통해 하느님의 사랑을 깨달은 그리스도인들에게는 바로
불의와 부조리한 세계 가운데서 하느님의 정의와 평화를 선포하는
책임, 소외되고 버림받은 자, 축복받지 못한 자, 저주받았다고까지
여겨지는 자들을 향한 하느님의 사랑을 증언하고 실천해야 하는 특별
한 사명이 주어진다. 본래 이스라엘의 선민사상이 그러한 것이다.
하느님이 이스라엘을 그의 백성으로 삼은 것은 이스라엘만을 구원하
기 위해서가 아니라 이스라엘을 통해 모든 민족을 구원하기 위한
것이었다. 아브라함을 통해 모든 민족이 축복 받게 된다는 것이다(창
12:3). 또 이스라엘의 메시아 사상이라는 것도 보편적 구원의 비전을
제시하고 있다. 메시아가 올 때 모든 민족이 시온을 향해 행진해
나아갈 것이며, 그때 모든 민족은 하느님의 영광을 보고 하느님이
하느님이심을 알게 될 것이라는 것이 메시아 대망의 꿈인 것이다(사

2:2-3, 60:2-3; 마 8:11-12). 하느님은 모든 인류를 구원하기 위해서 이스라엘을 택한 것이지 결코 이스라엘만을 구원하고 다른 민족은 구원에서 배제하기 위해서 택한 것이 아니다. 그리스도인들의 선택도 이와 마찬가지인 것이다.

인간이 구원을 얻는 것은 궁극적으로 하느님의 사랑에 의해서이다. 하느님의 사랑은 우리의 믿음까지도 초월한다. 그리스도인들은 마치 자기들의 신앙이 자기들을 구원하는 것처럼 착각할 때가 있지만, 신앙이란 하느님의 사랑에 대한 응답일 뿐이다. 우리의 신앙이 하느님의 사랑의 복음을 만들어내지는 못한다. 믿음이 우리가 내세우는 또 하나의 자랑이나 공로가 되어서는 아니되며, 우리와 저들을 가르는 또 하나의 장벽이 되어서도 안 된다. 오직 은총(sola gratia), 오직 하느님의 사랑만이 인간을 구원하는 힘일 뿐이며, 우리의 믿음이 존재할 수 있는 것도 하느님의 은총이며, 그의 사랑이 먼저 우리에게 임했기 때문이다(요일 4:7-10). 우리의 하잘것없는 선행, 우리의 연약하기 그지없으며 흔들리는 믿음에도 불구하고 우리를 구원하는 하느님의 사랑과 은총을 우리가 어찌 감히 자신들에게만 베풀어지는 특권으로 제한할 수 있으며, 우리가 그리스도인으로 된 것이 어찌 우리 자신의 공로, 자신의 선택에 의해서였다고 말할 수 있겠는가?

하느님이 예수 그리스도를 세상에 보내신 것은 그의 사랑 때문이다. 하느님은 그를 외면하고 죄악으로 일그러진 세상을 포기하지 않고 끝까지 사랑하시어 자신의 독생자를 주셨으니, 예수 그리스도는 하느님의 사랑의 결정적인 표현이다. 그 가장 구체적이고 확실한 표현이기에 그리스도인들은 하느님의 사랑을 이야기할 때 더 이상 예수 그리스도의 삶과 메시지, 그의 죽음과 부활을 떠나 추상적으로 논할 수 없게 되었다. 그리스도인들에게는 하느님의 사랑과 예수는 더 이상 분리해서 생각할 수 없게 된 것이다. 그러나 하느님의 사랑, 아니 사랑이신 하느님은 예수라는 한 특정한 존재의 표현을 넘어서는 보편적인 힘이요 실재이다. 그것 없이는 세계가 한시라도 존재할 수 없으며, 그것 없이는 누구도 생명을 유지할 수 없으며, 그것 없이는 누구에게도 희망이 없는 그런 힘이다. 하느님의 사랑과 예수 그리스도는 불가분리이긴 하지만 구별돼야 한다.

하느님의 사랑을 앞세우는 신학은 그리스도 중심(Christocentrism)에서 하느님 중심(Theocentrism)의 신학으로 나아갈 수밖에 없다. 그리스도 중심 신학과 하느님 중심의 신학 중 하나를 선택하고 다른 하나를 버려야 한다는 것은 아니다. 하느님의 사랑과 예수 그리스도는 그리스도인들에게는 떼려야 뗄 수 없는 관계에 있기 때문이다. 그러나 우리에게 예수 그리스도를 선물로 보내신 것은 하느님의 보편적 사랑이며, 이것이야말로 세상을 구원하는 힘이요 모든 인류의 궁극적 희망이다. 인식의 순서상(order of knowing)으로는 그리스도인들에 있어서 예수 그리스도가 하느님의 사랑보다 우선적일지 모르나 존재의 순서상(order of being)으로는 하느님의 사랑이 예수 그리스도보다 우선한다.

하느님은 본질적으로 사랑이기에 자기 부정과 자기 분화를 통해 성자 하느님으로 우리에게 가까이 오신다. 사랑으로 하느님은 우주 만물을 창조하시고 유지 보존하신다. 사랑은 존재 자체의 힘이다. 하느님이 사랑이라는 말은 사랑이 단순히 인간적 감정이 아니라 초월적 가치이자 우주적 실재임을 뜻한다. 그리스도인들은 예수를 알면 알수록 그를 통해 바로 이러한 하느님의 사랑을 깊이 깨달으며, 이 사랑이야말로 모든 인류를 위한 구원이요 희망임을 확신하게 되는 것이다.

하느님이 사랑임을 믿지 못할 때 인생의 궁극적 의미는 긍정되기 어렵다. 종교다원주의 신학은 결코 무조건석으로 모든 종교, 모든 종파, 모든 종교 사상을 다 긍정하자는 것이 아니다. 적어도 누군가가 구원을 받는다면 그것은 틀림없이 하느님의 사랑 때문일 것이며, 그는 이 사랑을 실천하는 사람일 것이다. 그리고 이 사랑은 그리스도교라는 울타리에 갇힐 성질의 것이 전혀 아니다. 하느님의 사랑에 생명의 물줄기를 대고 살지 않는 사람은 이 세상에 아무도 없으며, 이러한 사랑의 뛰어난 실천자는 그리스도교라는 울타리 밖에도 얼마든지 존재한다. 그들이 하느님의 사랑을 하느님의 사랑으로서 인식하든 말든, 그들이 하느님을 하느님이라 부르든 말든 그들의 삶은 하느님의 사랑이라는 실재에 뿌리박고 있는 삶일 것이다. 하느님의 뜻을 실천하는 사랑의 사도들은 종교와 종파를 떠나 누구나 하느님의 자녀답게 살고 있는 자들이며, 영원토록 하느님의 사랑 안에 거하는 존재들이다 (마 7:21-27; 요일 4:7-8). 이러한 의미에서 그들은 '익명의 그리스도인'이라기보다는 익명의 하느님의 자녀라 부르는 편이 더 합당할 것이다.

## 6. 맺음말

이상에서 나는 그리스도인이 자신의 신앙에 충실하면서 종교다원주의를 받아들여야 하는 신학적 이유를 세 가지 측면에서 살펴보았다. 그리고 종교다원주의를 받아들이는 그리스도교 신학은 하느님 중심 혹은 실재 중심 그리고 무엇보다도 하느님의 사랑 중심의 신학이어야 함도 밝혔다. 그러한 신학만이 종교다원 사회를 살고 있는 그리스도인들의 정직하고 책임 있는 신학이요, 탈근대라는 문명사적 전환점에서 새로운 종교적 가능성을 모색하고 있는 온 인류를 위한 개방적이며 창조적인 신학이 될 수 있기 때문이다.

종교 다원성을 지적, 도덕적 이유에서뿐만 아니라 신학적 이유에서 인류의 보편적인 구원을 위한 하느님의 사랑으로 수용하는 신학을 우리는 종교다원주의 신학이라 부를 수 있다. 이와 같은 변화된 입장에서 그 구체적 사상 내용, 즉 전통적인 그리스도교의 교리나 사상을 어떻게 새로이 이해하고 정립하느냐 하는 것은 이 글의 범위 밖에 있는 문제로서, 나는 다만 그것이 하느님 중심의 신학이 되어야 한다는 점만을 언급했을 따름이다. 이에 따른 그리스도론, 성령론, 창조론, 종말론, 교회론 등의 새로운 전개는 모든 신학이 그러하듯 종교다원주의를 수용하는 신학자들에 의해 저마다 달리 전개될 것이다. 그리고 무엇보다도 그리스도론이 결정적 역할을 하게 되리라는 것은 쉽게 짐작할 수 있다. 다만 여기서 한 가지 분명히 해 두고 싶은 점은 타 종교들의 존재와 가치를 적극적으로 인정하는 종교다원주의 신학이라 해서 그리스도교적 정체성을 완전히 포기하고 아무 소속성도 없는 어떤 얼치기 신학이나 혼합적 신학이 되어버릴 것이라고 생각하는 것은 속단이요 피상적인 견해라는 점이다. 종교다원주의 신학은 어디까지나 하느님의 말씀 예수 그리스도와 성서 그리고 교회의 전통에 입각한 그리스도교 신학으로서, 누가 보아도 의심의 여지없는 그리스도교적 특성을 지닌 신학이어야 한다. 다만 종래의 신학이 그리스도교적 정체성을 유지하기 위하여는 타 종교의 가치를 부정하거나 그리스도교적 가치에 흡수해야 한다고 생각했던 반면에 다원주의 신학은 그렇게 해서는 안 되며 또 그렇게 할 필요도 없다는 관점에서 한편으로는 그리스도교적 전통을 재해석하며, 다른 한편으로는 변화된 세계와 역사의 현실 가운데서 새로운 그리스도교적 정체성을 정립하고자 하는 것이다.

포스트모던 시대의 종교는 국도의 자유를 구가하는 종교요, 창의성을 발휘해야 하는 종교가 될 것이다. 한 종교가 한 사회의 주도적 역할을 하면서 진리를 독점하던 시대는 이미 끝난 지 오래고, 한 종교가 자신의 전통만을 소재로 하여 신학적 사유를 전개하던 시대도 서서히 종말을 고하고 있다. 이제 종교들은 서로의 존재를 의식하며 자신의 상대성을 솔직히 시인하는 가운데 서로의 지혜를 배우는 겸허한 신앙을 지녀야 할 때가 도래했다. 이러한 현상은 인류 역사상 일찍이 유례없는 일로서 종교들에 아집과 편견, 자기 절대화와 자기 우상화를 탈피하고, 새롭게 자기를 이해하고, 자기 정체성을 정립하도록 요청하고 있다. 이와 동시에 각 종교는 자기에게 주어진 문화적, 종교적 전통 속에서 근세의 세속주의적 세계관과 인생관을 극복하고 삶의 영적 차원을 새롭게 확신시키며, 나아가서는 탈근대 시대가 제기하고 있는 인류 공통의 문제들에 대하여 대화와 협력을 통해 공동으로 대처해 나가는 과제를 안고 있는 것이다.

전통과 근대화, 동양과 서양이 공존하며, 근대성과 탈근대성이 함께 추구되어야 하는 것이 현대 한국의 정신적 상황임을 나는 이 글의 서두에서 지적했다. 이러한 상황에서 한국의 그리스도교 신학이 나아가야 할 길은 어떠한 것인가 하는 것이 논의의 관심이었으며, 이에 대한 한 가지 대답으로서 나는 종교다원주의 신학이 수용되어야 하는 신학적 당위성과 이에 기초한 창의적인 한국적, 아시아적 신학의 필요성을 역설하고자 했다.

# 제 2 부

비교 연구를 통해 본 신앙 세계

# 불교의 자비와 그리스도교의 아가페

## 1. 머리말

모든 사회 문제는 인간의 이기심에서 비롯된다. 다른 사람과의 관계 속에서 삶을 영위할 수밖에 없는 인간 생활에서 이기심은 무서운 파괴력을 가지고 사회를 위협한다. 의식주의 문제를 비롯한 인간이 생존을 위해 해결해야 하는 생물학적 욕구 충족의 문제 외에 인간에게 가장 절실한 문제가 있다면, 그것은 인간 자신 안에 도사리고 있는 이기심이 빚어내는 사회적 갈등일 것이다. 이기심은 개인적 이기심과 사회적 이기심으로 구별해 볼 수 있다. 개인적 이기심이 개인 간의 관계를 해치고 불화를 가져온다면, 집단적 이기심은 가족, 종족, 국가, 인종, 종교, 문화 집단 간의 갈등과 대립을 야기시켜 인류의 평화를 위협한다. 인간의 모든 윤리 사상은 바로 이와 같은 인간의 자기중심적 이기심을 해결하기 위한 노력의 산물이라 해도 과언이 아닐 것이다.

세계의 많은 종교 전통들 가운데서 불교와 그리스도교는 윤리 문제의 해결에 있어서 특수한 위치를 차지하고 있다. 불교와 그리스도교가 제시하는 윤리는 보편주의적 평등 윤리로서 남녀노소, 종족, 지역, 사회, 문화의 차이를 초월하여 인간이면 누구나가 마땅히 지켜야 하는 보편적인 윤리적 의무와 삶의 길을 가르치고 있다. 그뿐만 아니라 이 두 종교는 인간의 모든 사회적, 문화적 차이와 그것으로부터 오는 분열과 대립에도 불구하고 인간을 하나로 묶어주는 보편적 공동체인 승가와 교회를 형성하여 그 높은 윤리적 이상을 실현하고자 노력해 왔다. 불교와 그리스도교가 이와 같이 평화와 일치의 길을 제시하고, 그것을 어느 정도 역사적으로 구현할 수 있었던 것은 무엇보다도 이 두 종교의 윤리가 한 특정한 사회 집단이나 계층의 이익을 대변하지 않고 인간이 인간답게 사는 보편적 삶의 길을 제시했기 때문이다. 역사적으로 볼 때 불교는 인도인들의 삶의 방식과 밀착되어 있는 힌두교의 특수 윤리 체계, 특히 카스트의 신분 윤리를 초월하여 보편적이고 평등주의적인 윤리적 이념을 제시함으로써 세계 종교로 나아갈 수 있었으며, 그리스도교 역시 유대교의 종족적 제약과 율법(Torah)주의를 극복함으로써 세계 만인을 위한 종교가 될 수 있었던 것이다.

불교와 그리스도교가 각기 힌두교와 유대교의 특수 윤리적 전통을 초월할 수 있었던 가장 근본적인 원인은 무엇보다도 두 종교가 초월적 구원을 추구하는 종교였다는 점에 있다. 불교와 그리스도교는 어떤 윤리 체계이기에 앞서 현세적 질서와 삶의 양식 자체의 극복을 추구하며, 나아가서 모든 인간이 처해 있는 한계 상황과 문제로부터 해방과 구원을 선포하는 종교이다. 불타는 덧없고(無常), 괴롭고(苦), 무의미한 생사의 반복으로부터 벗어나 열반의 안식을 얻는 길을 전파했으며, 그리스도는 죄와 불의와 폭압이 지배하는 역사의 종말을 고하는 하느님 나라의 새로운 질서를 선포했다. 불교와 그리스도교의 보편적이고 평등주의적 윤리는 이러한 초월적 구원의 이상 속에서 비로소 그 참다운 의미가 드러난다. 이 두 종교에 있어서 윤리란 구원이라는 궁극적 가치와 불가분의 관계에 있으며, 이러한 가치를 실현해 가는

과정의 일부이기 때문이다. 불교와 그리스도교가 초세간석 혹은 초월
적 구원과 현세적 윤리 사이의 관계를 어떻게 이해하고 있든 두 종교가
궁극적으로 지향하고 있는 것은 상식적인 세상의 윤리도 아니요,
세속의 합리성에 근거한 삶의 길도 아니다. 불교와 그리스도교의
궁극적 관심은 이 모든 것을 초월하는 구원의 이상과 이를 실현하고자
하는 종교적 윤리인 것이다. 내가 이 글에서 고찰하고자 하는 불교의
자비와 그리스도교의 아가페의 윤리도 이와 같은 맥락 속에서 이해되
어야 한다.

불교와 그리스도교는 오늘날 한국의 양대 종교로 확고한 자리를
차지하고 있다. 온갖 탐욕과 이기심, 갈등과 반목이 지배하고 있는
우리 사회에 보편적 인류애를 가르치는 이 두 위대한 종교가 크게
성행하고 있다는 것은 다행한 일이나 다른 한편으로는 부끄러운 일이
기도 하다. 분열과 대립을 넘어 새로운 질서를 구축할 영적 잠재력을
우리 사회가 지니고 있다는 점에서는 다행이요, 그러한 잠재력에도
불구하고 우리 사회가 여전히 도덕적 혼란 속에서 갈피를 잡지 못하고
있다는 점에서는 부끄러운 일이라 하겠다. 이와 같은 상황 속에서
불교와 그리스도교의 사랑의 개념을 비교적인 관점에서 고찰하면서
다시 한번 그 의미를 새겨보는 일은 매우 의미 있는 일일 것이다.
더군다나 종교 간의 대립과 반목 자체가 적지 않은 사회적 갈등의
요인으로서 작용할 소지가 이 사회에 존재한다는 점을 감안할 때
더욱 그러하다. 유구한 전통을 가지고 한국인의 정신 생활에 커다란
영향을 끼쳐 온 불교와 근대 서구 문화의 유입과 더불어 들어와 급속히
성장하여 또 하나의 대중적 종교로 확고히 자리 잡은 그리스도교
사이의 깊은 상호 이해와 협력은 우리 사회가 요구하는 하나의 긴요한
시대적 요청이다. 이 글은 이러한 상호 이해를 촉진하기 위한 노력의

일부로서, 불교의 자비와 그리스도교의 아가페(agape) 개념에 대한 비교 연구를 시도하고자 한다. 사랑의 개념을 중심으로 한 이와 같은 비교 연구를 통하여 불교와 그리스도교는 서로를 더 잘 이해할 수 있을 뿐만 아니라 각기 스스로를 이해하는 데도 큰 도움을 얻을 것이다. 타 종교에 대한 이해는 동시에 자신의 종교에 대한 이해를 수반하기 때문이다.

모든 이해는 결국 비교를 통하여 이루어진다. 자기가 이미 알고 있는 것과 그렇지 못한 것과의 비교를 통해서 후자에 대한 인식이 생겨나는 것이다. 더군다나 그리스도교의 경우에 그 안에 이미 불교적 개념들과 언어가 들어와 있다는 사실을 우리는 간과해서는 안 된다. 자비라는 말은 성서에도 여러 번 나오는 말로서, 단지 불교만의 용어가 아니라 이미 그리스도교에서도 널리 사용되고 있는 개념이다. 하느님을 자비로우신 분이라고 부른다든가 혹은 하느님의 자비를 구하는 기도 등에 흔히 쓰이는 개념이다. 이렇게 보면 그리스도교는 자기의 신앙을 표현하는 데에 이미 불교적 개념을 사용하고 있는 셈이며, 불교의 도움을 받고 있다고 말할 수 있다. 사실 한국에서의 그리스도교 선교는 결코 문화적, 정신적 진공 상태에서 이루어진 것이 아니고, 어디까지나 불교나 유교 그리고 무속 신앙과 같은 기존의 종교 전통들을 바탕으로 하여 이루어졌다는 사실에 비추어볼 때 이것은 오히려 당연한 일이다. 이러한 면에서도 불교의 자비와 그리스도교의 아가페를 대비시켜 조명해 보는 일은 매우 의미 있는 일이라 하겠다. 이 글은 두 개념을 둘러싼 윤리 철학적 문제들의 고찰보다는 경전과 몇몇 대표적 학자들의 해석에 근거하여 자비와 아가페의 근본 성격과 의미를 밝히고, 그 실천에 대하여 기술적인(descriptive) 고찰을 하고자 한다는 점을 먼저 밝혀 둔다.

## 2. 순수한 사랑

불교와 자비와 그리스도교의 아가페는 모두 순수 우리말 '사랑'이라는 개념으로 이해될 수 있다. 그러나 사실 자비와 아가페는 우리가 보통 사용하고 이해하는 사랑의 일반적인 개념과는 매우 다른 특수한 의미를 지니고 있다. 자비와 아가페는 무엇보다도 종교적 의미의 사랑이며, 불교와 그리스도교의 사랑의 윤리는 근본적으로 종교적 윤리이기 때문이다. 사랑에는 여러 가지의 유형이 있다. 부모와 자식 간의 사랑, 남녀 간의 애정, 친구 간의 우정, 형제 간의 우애 등 여러 가지 사랑이 있다. 그러나 자비와 아가페는 이와 같이 우리가 일상적으로 체험하고 느끼는 자연적인 사랑과는 질적으로 다른 차원의 사랑이다. 자비와 아가페는 세속적 사랑이 아니라 종교적 사랑, 성스러운 사랑 그리고 초월적인 사랑이다. 나는 이제 이러한 성스러운 사랑의 성격을 순수성, 무차별성, 절대성이라는 세 가지 측면에서 조명해 보고자 한다. 먼저 자비와 아가페가 지니는 사랑의 순수성에 대해서 고찰해 보자.

자비와 아가페는 순수한 사랑이다. 세속적 사랑과는 달리 자비와 아가페는 자기중심적 이기성을 완전히 탈피한 성스러운 사랑이기 때문이다. 남녀 간의 사랑이든, 가족 간, 친구 간의 사랑이든 모든 사랑은 본질상 어느 정도까지는 자기중심성의 초월을 요구하지만 그렇다고 해서 모든 사랑이 다 똑같이 순수하다고는 말할 수 없다. 인간의 철저한 이기성은 사랑의 행위마저 자기중심적으로 왜곡시키기 때문이다. 그리하여 우리의 사랑은 그 대상의 선택에서부터 자신의 이익과 욕망을 기준으로 삼으며 남을 사랑한다고 할 때에도 실은 자신의 이익을 구하는 일이 비일비재하다. 사실 모든 세속적 사랑은 정도의 차이는 있을지언정 이와 같은 이기성의 지배를 벗어나기 어렵다. 자식에 대한 부모의 사랑이나 남녀 간의 사랑보다는 친구 간의 사랑이 더 순수할 수 있으며, 친구 간의 사랑보다는 고통받는 이웃에 대한 사랑이 더 순수한 사랑일 수 있다. 우리는 흔히 자식에 대한 부모의 헌신적 사랑을 가장 순수한 사랑으로 말하지만, 그것이 부모와 자기 자식이라는 자연적이고 본능적인 관계에 근거하고 있는 한 인간이 지니고 있는 이기성을 완전히 초탈한 사랑이라고는 말할 수 없다. 칸트가 말한 대로 이러한 사랑은 의무로서의 윤리적 사랑은 아닌 것이다. 하물며 자식을 통하여 자신의 욕망을 채우려는 비뚤어진 부모의 사랑이야 더 말할 필요가 있겠는가? 불교에서 말하는 자비와 그리스도교의 아가페의 본질은 모든 사랑의 순수성을 파괴하는 인간의 철저한 자기중심성을 근본적으로 초월한 사랑이다. 물론 자비와 아가페도 현실적으로 한 인간에게서 나타날 때는 역시 인간적 제약을 받는 것이 사실이다. 그럼에도 자비와 아가페는 그 지향성은 물론이요, 그 본래적 성격에 있어서 세속적 사랑과는 질적으로 구별되는 사랑이며, 모든 세속적 사랑이 본받아야 하는 사랑의 규범이요 이상이다. 불타와 예수 그리스도 그리고 그들의 제자들 가운데서 출현한 수많은 성인들이 보여 준 자비와 아가페의 전형적인 모습은 인류 역사를 통하여 언제나 사랑의 가장 완벽하고 순수한 표현으로 추앙받고 있는 것이다.

자비(慈悲)라는 말은 흔히 하나의 복합 명사로 사용되고 있다. 그러나 본래는 불교에서 자(慈, maitri)와 비(悲, karuna)는 구별되는 개념이다. '자'를 뜻하는 범어의 'maitri'(팔리어 metta)는 친구(mitra)라는 말로부터 파생된 개념으로서 일반적으로 우정, 친애의 뜻을 지니고 있으며, 불교에서는 중생에게 이익과 안락을 주려는(與樂) 마음을 뜻한다. '비'는 남의 불행을 불쌍히 여기는 애린(哀憐), 동정(同情)의 뜻을 지닌 말로서 중생의 고통과 불이익을 보고 제거해 주려는(拔苦) 마음을 뜻한다. 자와 비는 말하자면 사랑의 두 측면을 각각 부각시키는 개념들인 것이다. 그러나 이 두 개념은 흔히 복합어로 사용되어 왔기 때문에 특별한 경우를 제외하고는 엄격히 구별할 필요가 없다.

다치바나는 그의 『불교윤리학』에서 자비를 실천하는 불교적 이유세 가지를 말하고 있다.[1] 첫째는 불교 수행에 있어서 가장 악으로 간주되는 번뇌 중의 하나인 증오심(瞋, dvesa)을 제거하기 위함이다. 『법구경』(法句經)에서는 다음과 같이 말하고 있다.

증오는 결코 증오에 의하여 종식되지 않는다. 증오는 자비에 의하여 종식되며, 이것은 영원한 법칙이다(*Dhammapada* 5).
탐욕을 떠나고 증오를 물리칠지어다. 무한한 자심(慈心)을 내어 밤낮 끊임없이 힘써 사방으로 선의를 펼칠지어다(*Dhammapada* 291).

둘째는 불교의 윤회관에 근거한 것으로서, 누구든지 전생에서는 자신의 가족이나 친족, 친구이었을 가능성이 있기 때문이다. 셋째 이유는 동정심(同情心)이다. 자기가 자기 자신을 아끼고 사랑하듯이 남도 그러하다는 것을 깨달아 남에게 자기가 싫어하는 일을 해서는 안 된다는 것이다.

사방 어디를 가나 사람은 자기 자신보다 귀한 것은 발견하지 못할 것이다. 타인에게 있어서도 똑같이 자기 자신은 귀하다. 그런즉 자기 자신을 귀하게

---

1 S. Tachibana, *The Ethics of Buddhism* (London: Curzon Press, 1975; reprint of the 1926 edition, Clarendon Press), 184-190.

여기는 자는 타인을 해쳐서는 안 된다(Samyuttanikaya 1, 75; Udana 47). 누구나 채찍을 두려워하며 누구나 죽음을 두려워한다. 다른 사람을 자신에다 비교하여 그들을 해치거나 죽이지 말지어다(Dhammapada 129-130).

이상과 같이 볼 때 자비는 증오나 성냄의 반대로서 자기가 자신의 행복을 바라듯이 타인의 행복과 복리를 바라는 선의(善意), 호의(好意)이며, 타인의 고통을 자신의 고통과 같이 생각하여 측은히 여기는 마음이라 하겠다.

이상과 같은 자비는 불교 신자이면 누구나 다 지녀야 하는 마음의 성품이지만, 자비에는 이와 같은 일반적인 윤리 덕목을 넘어서는 특수한 측면이 있음을 유의할 필요가 있다. 즉, 자비는 선정(禪定)을 닦는 출가승들의 정신 훈련의 한 과정 내지 방편이라는 사실이다. 이러한 자비는 어떤 도덕적 계율(sila)에 속하는 것도 아니요 어떤 자연적 감정도 아니다. 우선 경전의 말을 들어 보자.

약하거나 강하거나, 높거나 크거나 작거나 중간이거나 짧거나 작거나 혹은 커다랗든지, 보이는 것이나 보이지 않는 것이나, 가까운 것이나 멀리 있는 것이나, 이미 태어난 것이나 앞으로 태어날 것이나 존재하는 모든 생물들은 예외 없이 행복할지어다. 어느 누구도 남을 속이지 말며, 어떠한 경우에든 남을 경멸하지 말지어다. 노여움과 원한으로 남의 고통과 괴로움을 원하지 말지어다. 마치 어머니가 목숨을 걸고 외아들을 보호하듯이 모든 살아 있는 것에 대해서 한량없는 자심(慈心)을 낼지어다. 또한 온 세계에 대해서 한량없는 자비를 행할지어다. 위아래로 또는 옆으로, 장애와 원한과 적의가 없는 자비를 행할지어다. 서 있을 때나 걸을 때나 앉아 있을 때나 누워서 잠들지 않는 한 이러한 마음 상태에 머무를지어다. 이러한 상태를 사람들은 이 세상의 신성한 경지(梵住)라 부른다(Suttanipata 146-152).

이와 같이 하여 자심으로 충만한 참선자는 자기 주변의 세계를 무한한 자심으로 채운다. 자와 비는 남의 행복을 따라 기뻐하는 희(喜, mudita) 그리고 희비고락(喜悲苦樂)이나 애증(愛憎)에 의해 동요되지 않는 평정을 뜻하는 사(捨, upeksa)와 더불어 이른바 사범주(四梵住, brahrma-vihara) 혹은 사무량심(四無量心, apramana-citta)에 속한다. 사범주는 사선(四禪, dhyana)과 같이 선정(禪定)의 단계 내지 방법으로서, 그것을 닦는 사람은 비물질적인 무색계(無色界, arupa-dhatu)에 거하는 흠 없고 순수한 범천(梵天)과 같은 경지에 들어가기 때문에 범주(梵住)라 불린다. 사범주는 열반을 얻기 위한 수행 과정의 일부이며, 그 가운데서도 사범주(捨梵住), 즉 평정심(平靜心)이 가장 중요하다. 자와 비는 이와 같이 열반을 목표로 한 선정의 일환이기 때문에 결코 어떠한 집착이나 애착이 있어서는 안 된다. 자비는 애욕(kama), 애정(priya), 격정(raga)과는 전혀 다른 종류의 사랑이다. 그것은 고요하고 관조적인 마음의 상태로서, 역설적으로 말해 무정(無情)한 사랑이며, 사랑 아닌 사랑이라 할 수 있다. 자비는 바로 정집(情執)과 애착(愛着)으로부터 자유롭기 때문에 순수한 사랑이 되는 것이다. 자비의 마음을 지닌다 해도 결코 무상(無常)하고 고(苦)인 세계와 인생에 대하여 어떠한 애착을 가져서는 안 된다. 인간이란 단지 오온(五蘊)의 가화합(假和合)에 지나지 않으며, 실아(實我)로서 간주할 만한 것이 없다. 이러한 무아(無我)의 진리에서 보면 누가 누구를 모독할 수도 없고, 미워하는 자도, 미움의 대상도 없는 것이다.

그가 나를 모독했다, 그가 나를 때렸다, 그가 나를 패하게 했다, 그가 나의 것을 훔쳤다. … 이러한 생각을 품는 자에게는 증오가 그치지 않을 것이다. … 그러한 생각을 품지 않는 자에게는 증오가 그칠 것이다. 왜냐하면 증오는 결코 증오에 의하여 그치지 않는다; 증오는 자비에 의하여 그치나니, 이것은 영원한 법칙이다(Dhammapada 3-5).

인간은 괴롭고 무상한 오온의 존재이기에 자심을 낸다 하더라도 어느 누구에게도 정집(情執)을 지녀서는 안 된다. 진리의 입장에서 보면 자비를 베푸는 자도, 자비를 받는 자도 모두 무아이다. 불교의 자비는 바로 이러한 무아의 진리에 근거해 있기 때문에 이기적 집착과 동기로부터 자유로운 순수한 사랑이 되는 것이다.

이것은 대승불교의 자비(karuna) 개념에서도 마찬가지다. 대승에서는 무아를 공(空, sunyata)으로 파악하며, 진정한 자비는 공의 지혜(般若, prajna)와 같이 간다. 자비와 지혜는 보살이 지니는 양대 능력으로서 상호 불가분적 관계에 있다. 아상(我相), 인상(人相), 중생상(衆生相), 수자상(壽者相)의 사상(四相)을 여읜 공의 지혜에 근거한 자비는 자비를 베푸는 주체, 자비의 대상 그리고 자비를 베푼다는 관념이 없이 행해지는 순수한 자비다. 이러한 자비를 대승에서는 대자비(大慈悲, mahakaruna) 혹은 무연자비(無緣慈悲)라 부른다. 무연자비는 중생연자비(衆生緣慈悲)나 법연자비(法緣慈悲)와 구별되는 말로서, 중생연자비가 아직도 중생상을 떠나지 못한 자비이고, 법연자비는 중생의 공(我空)은 깨달았으나 법공(法空)을 아직 깨닫지 못한 낮은 지혜에 근거한 자비인 반면, 무연자비는 제법의 실상(諸法實相)인 공에 근거한, 따라서 어떤 상도 대상으로 하지 않는(無緣) 순수한 자비이다.[2] 대승 최고 논사인 용수(龍樹)는 그의 『대지도론』(大智度論)에서 이런 순수한 자비를 다음과 같이 말하고 있다.

> 모든 부처는 능히 중생상(衆生相)을 떠나 자비를 일으킬 수 있다. … 지금 모든 부처는 십방(十方)으로 중생을 구하나 얻지 못하고 중생상 역시 취하지 않고 능히 자비를 일으킨다.[3]

공의 지혜 없이는 참된 자비는 불가능하다. 정토종(淨土宗)의 논사 담란(曇鸞)은 다음과 같이 말한다.

> 만약 지혜 없이 중생을 위할 때면 전도(顚倒)에 떨어진다. 실상(實相)을 알기 때문에 삼계 중생의 허망상(虛妄相)을 안다. 중생의 허망상을 알면 곧 진실의 자비를 낸다.[4]

보살이 닦아야 하는 육바라밀다(六波羅密多)는 남에게 베푸는 보시(布施, dana) 바라밀다를 제일 먼저 들고 있다. 그러나 이 보시 역시 반야(般若, prajna) 바라밀디의 기반 위에 서 있을 때 비로소 진정한 보시가 된다. 즉, 베푸는 자, 베풂의 대상, 베푼다는 관념 등으로부터 벗어나서 베풀 때에야 비로소 순수한 보시가 된다는 것이다.

불교의 자비와 마찬가지로 그리스도교의 아가페(agape) 또한 이기성에 물든 세속적 사랑과는 다른 순수한 사랑이다. 니그렌(Nygren)은 그의 유명한 저서 『아가페와 에로스』에서 아가페를 대상의 가치와

---

2 『大智度論』第二十卷, 『大正新修大藏經』 제25권 209(四無量義): 中村元, 『佛教語大辭典』, 「三緣慈悲」.

3 『大智度論』第二十七券, 『大正新修大藏經』 제25권 257b.

4 岩本泰波 『キソスト教と 佛教の對比』 (東京: 創文社, 1974), 434부터 재인용.

전혀 무관한 사랑이라고 규정하고 있다.5 대상이 자신에 대하여 지닌 가치에 의하여 유발되는 사랑이 아니라 전적으로 "자발적이고 무동기적"인 사랑이라는 것이다.6 대상이 지닌 가치를 향유하고 소유하려는 에로스와는 달리 아가페는 자기희생적 사랑이다. 키르케고르가 말하듯, 정열적인 선호(passionate preference)일 수밖에 없는 에로스나 우정이 또 하나의 형태의 자기 사랑이라면7 아가페는 자기 사랑의 극복이요, 모든 자기중심적 이기성을 초월한 순수한 사랑이다. 성서에서 명하고 있는 사랑은 바로 이러한 아가페적 사랑인 것이다. 두말할 필요도 없이 그리스도교에서는 이와 같은 순수한 사랑이 예수 그리스도에게서 가장 완벽하게 나타났다고 본다. 인간에 대한 그의 사랑은 죄인들, 세리들, 창녀들, 병든 자와 불구자들, 가난한 자들과 억압받는 자들과 같이 사랑하기 어렵고, 사랑할 가치를 가진다고 여겨지지 않는 사람들에게 집중적으로 나타났다. 그의 일생은 이기적 동기나 목적 없이 아빠(abba) 하느님 자신의 아가페를 그대로 보여주는 삶이었으며, 마지막에는 십자가 위에서 자신의 생명마저 내어주는 삶이었다. 그렇기 때문에 사람들은 예수에게서 그가 섬기는 '아빠' 하느님의 아들의 모습을 보았으며, 인간을 찾아오시는 하느님의 사랑의 결정적인 표현을 본 것이다.

> 하느님이 세상을 극진히 사랑하셔서 외아들을 주셨으니 누구든지 그를 믿으면 멸망하지 않고 영생을 얻으리라(요 3:16).

---

5 Anders Nygren, *Agape and Eros*, trans. by Philip S. Watson (New York: Harper & Row, 1969), 77.

6 같은 책, 75.

7 S. Kierkegaard, *Works of Love*, trans. by Howard and Edna Hong (New York: Harper & Row, 1962), 65.

하느님께서 그의 외아들을 세상에 보내주심으로 우리가 그를 통하여 생명을 얻게 되었습니다. 하느님의 사랑은 이것으로 우리 가운데 밝게 나타났습니다(요일 4:9).

의인을 위하여 죽는 사람은 거의 없고 선한 사람을 위하여 감히 죽으려는 사람은 더러 있습니다. 그러나 우리가 아직 죄인이었을 때에 그리스도께서 우리를 위하여 죽으심으로 하느님께서 우리에 대한 그의 사랑을 나타내셨습니다(롬 5:7-8).

그리스도인의 사랑은 죄인들과 소외당한 자들에게 특별히 더 관심을 쏟으시는 하느님과 예수 그리스도의 아가페에 바탕을 두고 있으며, 그것을 본받는 사랑이다.

내 계명은 이것이다. 내가 너희를 사랑한 것 같이 너희도 서로 사랑하라(요 15:12).

그리스도께서 우리를 위하여 자기 목숨을 버리셨습니다. 이것으로 우리가 사랑을 알게 되었습니다. 그러므로 우리도 형제를 위하여 목숨을 버리는 것이 마땅합니다(요일 3:16).

사랑하는 이들이여, 하느님께서 이렇게까지 우리를 사랑하셨으니 우리도 서로 사랑해야 합니다(요일 4:11).

우리가 서로 사랑하는 것은 하느님께서 먼저 우리를 사랑하셨기 때문입니다(요일 4:19).

사도 바울은 다음과 같이 그리스도인의 사랑을 말한다.

그리하여 여러분은 사랑받는 자녀답게 하느님을 닮는 자가 되시오. 그리스도께서 여러분을 사랑하신 것처럼 여러분은 사랑 안에서 살아가시오. 그는 우리를 위하여 그 자신을 내놓아 하느님 앞에 향기로운 제물과 희생 제물로 드리셨습니다(엡 5:1).

서로 친절하여 다정하게 되어 하느님께서 그리스도 안에서 여러분을 용서하신 것 같이 서로 용서하시오(엡 4:32).

사랑은 오래 참습니다. 사랑은 친절합니다. 사랑은 자랑하지 않습니다. 교만하지 않습니다. 무례히 행하지 않습니다. 자기 이익을 구하지 않습니다. 성내지 않습니다. 남의 악행을 기억하지 않습니다. 불의를 기뻐하지 않습니다. 그리고 진리와 함께 즐거워합니다. 모든 것을 덮어줍니다. 모든 것을 믿습니다. 모든 것을 바랍니다. 모든 것을 견딥니다. 사랑은 영원합니다(고전 13:4-8).

그리스도교적 사랑은 무엇보다도 "네 이웃을 네 자신과 같이 사랑하라"(마 22:39)는 계명과 "너희가 무엇이든지 남에게 대접을 받고자 하는 대로 너희도 남을 대접하라"는 예수의 가르침에 가장 단적으로 나타나 있다. 자기가 자기 자신을 사랑하듯 이와 똑같이 남을 사랑한다는 것은 자기 사랑을 이웃에게 전환함으로써 진정한 사랑의 실천이 가능하다는 것을 뜻한다. 이것은 곧 자기 사랑을 부정하고 초월하라는 뜻이지 결코 자기 사랑과 타인의 사랑을 똑같이 하라는 말도 아니요, 자기 사랑을 격려하는 말은 더구나 아니다. '너 자신과 같이'라는 표현을 두고 키르케고르는 "자기 사랑이 스스로를 방어하려는 싸움처럼 집요하고 무섭고 강렬한 싸움이 또 어디 있겠는가? 그럼에도 그리스도교는 일격에 그 모든 것을 끝장낸다"라고 말하고 있다.[8] 물론 이와 같은 자기 부정을 통한 이웃 사랑의 실천이야말로 자신을 올바로

사랑하는 길이라고 키르케고르는 지적한다.9 그러나 이러한 올바른
자기 사랑은 철저한 자기 사랑의 부정을 거쳐야만 가능한 것임에
유의할 필요가 있다.10 이런 뜻에서 니그렌은 단호하게 말하기를
예수의 말에는 하느님 사랑, 이웃 사랑 외에 자기 사랑이라는 제3의
사랑의 계명은 없다고 한다.11 결론적으로 말해 이웃을 자기 자신과
같이 사랑하는 그러한 사랑은 이기성을 완전히 떠난 순수한 사랑인
것이다.


## 3. 무차별적 사랑

자비와 아가페는 자기중심적 이기성을 떠난 순수한 사랑이기 때문
에 동시에 무차별적 사랑이다. 자신의 이익이나 바람을 기준으로
하여 사랑의 대상을 선별하거나 차별하지 않기 때문이다. 세속적
사랑과는 달리 자비와 아가페는 사랑의 대상이 지닌 가치와는 무관한
사랑이기에 평등하고 무차별적인 사랑일 수밖에 없다. 남녀노소,
신분과 계급, 종족이나 인종, 국가와 사회 그리고 이념이나 신앙의
차이마저도 초월하여 언제 어디서든지 누구에게나 베풀어지는 보편
적인 사랑인 것이다. 이미 인용한 바 있는 『숫타니파타』는 자비의

---

8 *Works of Love*, 35.

9 같은 책, 39.

10 같은 곳.

11 *Agape and Eros*, 100. 岩本泰波는 그의 『キソ자敎と 佛敎の對比』에서 이 문제에 관해
니그렌과 키르케고르의 입장의 차이를 말하고 있으나(412-417 참조) 필자의 생각으
로는 어떤 근본적인 차이도 없다고 본다. 아가페와 자기 사랑의 미묘한 문제에 관해서는
Gene Outka, *Agape* (New Haven: Yale Univ. Pr., 1972), 제2장 "Agape and
Self-Love"를 참조할 것.

무차별성을 다음과 같이 강조하고 있다.

약하거나 강하거나 높거나 크거나 작거나 중간이거나 짧거나 작거나 혹
은 커다랗든지 보이는 것이나 보이지 않는 것이나 멀리 있는 것이나 가까
이 있는 것이나 이미 태어난 것이나 앞으로 태어날 것이거나 모든 살아
있는 것은 다 행복할지어다(Suttanipata 146-147).

불타는 인간을 볼 때 인도 사회의 기본 질서였던 사성(四姓) 계급
제도나 카스트 제도에 따라 판단하기를 거부했으며, 인격의 기준
이 도덕성에 있음을 강조했다. 자비의 실천은 결코 사회적 신분에
제약받을 수 없는 것이다.

사람이 사랑하는 자가 누구이든, 가령 천민의 여자라 할지라도 모든 사람
은 평등하다. 사랑에는 차별이 없다.12

불교의 무차별적 자비는 비단 인간에게만 해당하는 것이 아니라
모든 살아 있는 생명체들(有情)에게 미친다. 이 점에 있어서 자비는
그리스도교의 아가페보다도 한층 더 보편적이고 무차별적 사랑이라
고 할 수 있다. 실제로 불타의 전생에 관한 이야기인 『본생경』(本生經,
Jataka)에 의하면, 불타는 보살로서 맹수들에게까지도 희생적 자비를
베푸는 삶을 살았다고 한다.
　자심(慈心)은 자신에게 미운 사람, 고운 사람, 친한 사람, 소원한
사람의 구별 없이 모든 인간에게 베풀어져야 하지만, 이러한 평등적이

---

12 *Jataka* VI, 421; 中村元, 『原始佛教』(東京: 日本放送出版t福會, 1970), 125 재인용.

고 보편적인 사랑이 처음부터 쉽게 생겨나는 것은 아니다. 따라서 불교 명상법은 사람을 네 부류로 구분해서 자심을 점진적으로 확대해 나갈 것을 가르친다. 즉, 자기 자신, 가족이나 친구와 같이 자기가 사랑하는 사람들, 중립적인 사람들 그리고 적대적이고 미워하는 사람들의 네 부류다. 그리고는 먼저 자기 자신을 향하여 자심을 낼 것을 권하고 있다. 왜냐하면 자기가 사랑하는 사람들에 대해서는 애착심을 내기 쉽고, 미워하는 사람에 대해서는 자심을 내기 어렵고, 중간적인 사람의 경우에는 마음을 움직이기가 어렵기 때문이라고 한다. 상좌불교(上座佛敎)의 최고 논사인 불음(佛音, Buddhaghosa)은 그의 『청정도론』(淸淨道論)에서 다음과 같이 말하고 있다.

> 만약 그가 '나는 행복하다, 내가 행복을 원하고 고통을 두려워하듯이 그리고 내가 살기를 원하고 죽기를 싫어하듯이 다른 사람들도 그러하다'라고 생각하면서 자신을 예로 들어 자심을 발전시킨다면 다른 사람의 복리와 행복을 원하는 마음이 생긴다. … 그러한즉 그는 먼저 자신을 예로 하여 자심으로써 스스로를 편안케 하여야 한다. … 왜냐하면 '자신을 사랑하는 자는 타인을 해치지 않을 것이기' 때문이다.[13]

불음은 이와 같이 자기 자신으로부터 시작하여 존경하는 사람들, 사랑하는 사람들, 중립적인 사람들 그리고 마지막으로 적대적인 사람들의 순서로 자심을 확대해 나갈 것을 권한다.[14] 이와 같은 방법은 비심(悲心)의 경우에도 마찬가지로서 타인을 불쌍히 여기는 마음에

---

13 Winston King, *Buddhism and Christianity* (London: George Allen and Unwin LTD, 1963), 74 재인용.
14 같은 곳.

있어서도 하기 쉬운 것부터 시작하여 점차로 범위를 확대해 나가야 한다는 것이다. 다만 자심의 경우와는 달리 먼저 적대적인 사람들로부터 시작하여(적대감은 그것을 품은 사람을 해칠 뿐이기에 동정의 대상임) 사랑하는 사람, 중립적인 사람, 마지막으로 자기 자신에게로 확장해 나간다.15 자와 비는 이와 같이 그 범위가 무한하고 무차별적이기 때문에 희(喜)와 사(捨)와 더불어 사무량심(四無量心)이라 부르는 것이다.

불교의 자비가 이와 같이 세속적 사랑과는 달리 무차별적 성격을 지닌 사랑이 될 수 있는 근본적인 이유는 무엇보다도 그것이 무아와 공의 통찰에 근거해 있기 때문이다. '나'라는 생각으로부터 자유로워진다면 사실 '남'이라는 생각도, 적이라는 생각도 사라진다. 자기와 타인, 친구와 원수 등 일체의 대립을 초월한 절대 평등의 경지 위에서야 비로소 무조건적이고 무차별적 사랑으로서의 무연자비는 가능하게 되는 것이다.

그리스도교의 아가페 또한 무차별적 사랑이다. 아가페는 자신에게 가까운 사람만을 사랑하는 이기적 사랑이 아니라 원수까지도 사랑하는 무제한적 사랑이다. 하느님 아버지의 완벽한 사랑을 본받는 무차별적 사랑이다. 예수는 바로 이러한 사랑을 실천했고 명했다.

> 네 이웃을 사랑하고 원수를 미워하라고 하신 말씀을 너희는 들었다. 그러나 나는 너희에게 말한다. 원수를 사랑하고 너희를 박해하는 사람들을 위하여 기도하라. 그래야 너희가 하늘에 계신 아버지의 아들이 될 것이다. 아버지께서는 악한 사람에게나 선한 사람에게나 똑같이 해를 비추어주시고 의로운 사람에게나 불의한 사람에게나 똑같이 비를 내려주신다. 너희

---

15 같은 책, 76-77.

가 너희를 사랑하는 사람들만 사랑하면 무슨 보상을 받겠느냐? 세리들도 그만큼은 하지 않느냐? 또 너희가 형제들에게만 인사하면 남보다 나을 것이 무엇이냐? 이방 사람들도 그만큼은 하지 않느냐? 그러므로 하늘에 계신 너희 아버지께서 완전하신 것같이 너희도 완전하라(마 5:43-48).

키르케고르는 "네 이웃을 네 자신과 같이 사랑하라"는 예수의 계명을 해석하면서 이웃 사랑이란 대상의 가치나 성격과는 전혀 무관한 무차별적 사랑이며, 시인들이 찬양하는 애정이나 우정과 같이 '정열적 선호'에 근거한 사랑과는 전혀 차원이 다른 사랑임을 강조하고 있다.[16] 사실 그는 말하기를 애정이나 우정은 윤리의 문제라기보다는 행운의 문제라고까지 주장한다.[17] 이웃 사랑이 모든 사람을 향한 자기 부정적 사랑이라면, 선택된 몇몇을 향한 애정이나 우정은 결국 '또 하나의 자기 사랑'이라는 것이다. 사실 '이웃'이라는 개념 자체가 이미 사랑의 무차별성을 의미하고 있다. 키르케고르는 이에 관해서 다음과 같이 말한다.

에로스적 사랑은 대상에 의해 결정된다. 우정도 대상에 의해 결정된다. 오직 이웃 사랑만이 사랑에 의해 결정된다. 우리의 이웃은 모든 사람인 까닭에, 조건 없이 모두인 까닭에 실로 모든 차별이 대상으로부터 제거되는 것이다.[18]

아가페는 이기심을 떠난 순수한 사랑이기에 무차별적인 사랑이

---

16 *Works of Love*, 65-70.
17 같은 책, 64.
18 같은 책, 77.

될 수 있다. '자기의 유익을 구하지 않는' 사랑이기에, 대상의 가치를 고려하지 않는 사랑이기에 아가페는 사회에서 소외되고 억울하고 고통받는 보잘것없는 사람에게 향하는 사랑이며, 자신을 미워하고 저주하는 사람까지도 용서하고 축복하는 사랑이다. 바로 이러한 사랑이 하느님 아버지의 사랑이요, 예수 그리스도가 보여준 사랑이다. 예수는 심지어 자신의 어머니와 다른 사람들과의 사이에조차도 사랑의 차별을 두지 않았다.

누가 내 어머니며 내 형제들이냐? … 하늘에 계신 내 아버지의 뜻을 행하는 사람은 누구나 다 내 형제요 자매요 어머니다(마 12:48-50).

가족의 정과 사랑마저도 초월하는 평등하고 무차별적인 사랑의 단적인 표시인 것이다. 그러나 평등하고 무차별적인 사랑이라 해서 모든 사람을 똑같이 사랑한다는 뜻은 아니다. 예수는 죄인과 의인, 가진 자와 가난한 자, 권력자와 억압받는 자, 건강한 자와 병든 자를 똑같이 사랑한 것은 아니다. 오히려 평등한 사랑이기에 예수는 약한 자들과 소외된 자들에게 더 많은 관심과 애정을 베풀었던 것이다. 예수가 죄인과 세리들과 함께 한 식탁에서 식사하는 것을 보고 바리사이파 사람들이 비난하자 예수는 말했다.

건강한 사람에게는 의사가 필요하지 않으나 병자에게는 필요하다. 너희는 가서 "내가 바라는 것은 자비요 희생 제물이 아니다" 하신 말씀이 무슨 뜻인지 배우라. 나는 의인을 부르러 오지 않았고 죄인을 부르러 왔다(마 9:1-13).[19]

## 4. 절대적 사랑

순수하고 무차별적인 사랑인 자비와 아가페는 또한 절대적인 사랑
이다. 조건에 따라, 대상에 따라 변하지 않는 사랑이기에 절대적인
사랑일 수밖에 없는 것이다. 무연의 자비, 무조건적인 아가페는 이
말씀은 우리말 성서가 불교적 용어 '자비'를 사용한 좋은 예이다.
물론 자비는 이미 불교만의 용어가 아니라 일반화된 단어이다. 여기서
'자비'로 번역된 성서의 단어는 'eleos'라는 말로 불쌍히 여기는 마음,
긍휼(mercy) 등의 의미를 지니고 있다.

미움에 상대적인 사랑, 미움의 가능성을 지닌 사랑, 미움과 공존하
는 사랑, 미움으로 전환될 수 있는 사랑이 아니라 전혀 새로운 차원의
사랑이다. 세속적 사랑은 자신에 대한 집착을 떠나지 못한 사랑이기에
언제든지 증오나 질투로 바뀔 수 있는 사랑이다. 애(愛)와 증(憎)은
동전의 양면과 같은 것이다. 증오는 반대로 "변한 사랑", "파탄 난
사랑"이다.[20] 그러나 자비와 아가페는 자신의 필요나 욕구, 대상의
가치나 매력과는 무관한 사랑이기에 흔들림이 없는 절대적인 사랑이
다. 본래부터 대상과의 관계 속에서 생긴 사랑이 아니기에 대상의
변화에 따라 달라지거나 퇴색되지 않는 변함 없는 사랑인 것이다.
이기심이 없는 사랑에 실망이나 절망이란 있을 수 없다. 키르케고르의
지적대로 자연적 사랑, 지상의 사랑은 항시 변화의 가능성에 대한
불안을 안고 있는 사랑임에 반하여 오직 사랑하지 않으면 안 된다는
의무로서의 사랑, 사랑이 의무가 될 때 비로소 그 사랑은 영원성이

---

19 이 말씀은 우리말 성서가 불교적 용어 '자비'를 사용한 좋은 예이다. 물론 자비는 이미
   불교만의 용어가 아니라 일반화된 단어이다. 여기서 '자비'로 번역된 성서의 단어는
   'eleos'라는 말로서, 불쌍히 여기는 마음, 긍휼(mercy) 등의 의미를 지니고 있다.
20 S. Kierkegaard, *Works of Love*, 49.

확보된다는 것이다.21 아가페는 바로 이러한 성스러운 의무로서의 사랑이다. 그것은 그리스도가 준 '새로운 계명'인 것이다.

> 이제 내가 새 계명을 너희에게 준다. 서로 사랑하라. 내가 너희를 사랑한 것같이 너희도 서로 사랑하라. 너희가 서로 사랑하면 모든 사람이 그것으로 너희가 내 제자인 줄을 알게 될 것이다(요 13:34-35).

한편 불교의 자비 또한 애증의 대립성을 초월한 사랑이다. 우리가 이미 보았듯이 자비는 본질상 애(愛)와는 다른 종류의 사랑이기 때문이다. 자비는 애욕, 애정, 애착 같은 것과는 거리가 먼 순수한 사랑이다. 나카무라 하지메는 자비를 다음과 같이 말한다.

> 자비는 순수한 사랑으로서 세속적 사랑과는 구별된다. 세속의 사랑은 미움과 대립된 것이다. 사랑은 쉽게 미움으로 변한다. 그러나 자비는 애증의 대립을 초월한 깨끗한 마음으로부터 나타난 것이다.22

## 5. 사랑의 실천

우리는 위에서 종교적 사랑으로서 자비와 아가페의 초월성에 대해서 살펴보았다. 세속적인 사랑과는 달리 성스러운 사랑인 자비와 아가페는 순수하고 무차별적이고 절대적인 사랑임을 보았다. 다소

---

21 같은 책, 44-52.
22 『原始佛教』, 119.

추상적인 지금까지의 논의를 보충하기 위하여 이번에는 관점을 바꾸어 이러한 절대적인 사랑이 구체적으로 두 종교 전통 속에서 어떻게 표현되며 실천되는가를 고찰해 보도록 한다. 같은 초월적 사랑이지만 자비와 아가페는 그 실천 양식에 있어서 상당히 달리 표현되어 왔으며, 이러한 차이는 물론 두 종교가 지향하고 있는 종교적 체험과 가치의 차이 그리고 인간관, 세계관, 실재관 등의 차이에 기인하고 있다.

원한과 증오를 극복하는 자비의 마음은 재가 신도나 출가승의 구별 없이 모든 불자가 지녀야 하는 마음의 자세이다. 그러나 자비는 단지 마음의 상태일 뿐만 아니라 구체적 행위로 표현된다. 불살생(不殺生)이나 불망어(不妄語)와 같이 남을 해치지 않는다는 소극적인 행위도 자비의 표현이라고 볼 수 있으나 더 적극적으로는 자비는 보시의 행위로서 나타난다. 다치바나는 자비와 보시에 대해서 다음과 같이 말한다.

보시는 실천적 행위로서 나타나는 자비의 한 특수한 형태이다. 보시는 자비의 연장이다. 양자의 주요 차이는 자비가 남에게 선을 행하려는 자선의 감정이나 마음 상태인 반면에 보시는 주로 음식, 음료수 그리고 삶의 다른 필요한 것들을 남의 행복을 증진하기 위해 주는 자선적 행위 혹은 실천적 노력이다.[23]

이 보시에는 재시(財施)와 법시(法施) 두 가지가 있다.

스님들이여, 두 가지 보시가 있다. 두 가지란 무엇인가! 재시와 법시이다.

---

23 *The Ethics of Buddhism*, 200.

이 둘 가운데서 법시가 뛰어나다(*Anguttara-nikaya* 1, 91-92).

재시는 주로 재가 신자들이 승가나 도움을 필요로 하는 사람들에게 555의 심정적 차원에 머무는 경향이 있다. 재가 신자들은 재시를 통하여 자비를 실천하는 한 그 자비는 구체성을 지니기는 하나 다른 한편으로는 그 보시가 출가승들에게 집중되는 경향을 보이고 있다. 또 흔히 보시의 목적이 자신을 위한 선업의 축적에 있다는 역설적인 성격을 보이기도 한다.[24] 반면에 선업의 축적보다는 열반을 지향하는 출가승들의 자비는 이러한 역설적 이기성은 떠났으나 다분히 명상적이고 심정적인 차원을 벗어나기 어렵다는 제약을 지닌다.

선정의 수행이 일반적으로 신통력을 가능케 하듯이 이러한 자심 또한 깊어지면 신비한 주술적 힘을 지니게 된다고 한다.[25] 예를 들어 자심의 힘은 사자나 호랑이와 같은 맹수조차 양순하게 하는 힘이 있다고 한다. 불타의 사촌 데바닷타(Devadatta)가 그를 살해하려고 좁은 골목에서 사나운 코끼리를 돌진시켰을 때 불타는 자심으로써 그 코끼리를 침투시켜 양순하게 만들었다고 한다.[26] 그러나 이러한 자심은 도덕적 혹은 영적 감화력은 있을지언정 타인의 고통에 동참하여 그의 고통을 덜어 주려는 적극적인 행위를 유발하지는 않는다. 불타의 경우 물론 그는 자비의 마음 때문에 성도 후에도 45년간 중생의 교화 활동을 편 것이 사실이다. 그러나 불타의 자비 역시 주로 무지로 인해 고통당하는 중생을 깨우쳐 주는 교화적 차원, 관념적

---

24 같은 책, 205-209.

25 Friedrich Weinrich, *Die Liebe im Buddhismus und im Christentum* (Berlin: Verlag von Alfred Topelmann, 1935), 54-58에서 자(慈)의 주술적 힘에 관한 불교 경전의 이야기들을 취합해 놓고 있다.

26 같은 책, 55.

차원에 머물렀음은 부정하기 어렵다.

이와 같이 볼 때 불교의 자비는 그리스도교의 아가페보다 훨씬 더 조용하고 관조적이며 정적 성격을 띤다고 할 수 있다. 그 주된 이유는 무엇보다도 자비는 어떤 실천적인 명령이나 계율이라기보다는 열반이라는 궁극 목표를 향해 나아가는 정신 수행 과정의 일부분이기 때문이다. 생사의 세계에 적극적으로 개입하여 중생의 고통을 해결해 주려는 노력은 오히려 마음의 번거로움만을 더해 열반 추구에 장애가 된다. 무상하고 고(苦)인 세계에 집착할 만한 것이나 애쓸 값어치가 있는 것은 아무것도 없다. 고통받는 중생 또한 근본적으로 자신의 무지와 애욕에 사로잡혀 있는 가련한 존재들에 지나지 않는다. 인간은 다만 오온(五蘊, [色, 愛, 想, 行, 識])의 가화합으로서 본래 무아인데 스스로 헛되이 아견(我見)을 내어 아집에 빠져 고통을 당하고 있을 뿐이다. 생사의 세계를 벗어나려고 하는 수행자로서 자신의 마음의 평정(捨, upeksa)마저 해치면서 중생을 위한 구체적 사랑의 실천에 투신하기는 어려운 일이 아니겠는가? 사실 바로 이와 같은 것이 소승불교가 지니고 있던 한계였으며 대승불교는 소승의 성자인 아라한들이 보여준 열반에 대한 집착과 영적 이기성을 극복하고자 나선 불교 운동이었던 것이다.

불교의 자비는 또한 따뜻한 인간애나 형제애로 묶인 공동체의 형성으로 나아가지는 않는다. 열반을 지향하는 명상적 자비에는 인간과 인간을 이어주는 정의 끈이 있어서는 안 되기 때문이다. 명상적 자비는 결국 개인의 심성 속에 머무는 덕은 될지언정 타인과의 정감 있는 사랑의 친교로 발전하지는 못한다.

모든 생물에 대해서 폭력을 쓰지 말고, 모든 생물을 그 어느 것이나 괴롭히지 말며, 또 자녀를 갖고자 하지도 말라. 하물며 친구이랴. 무소의 뿔처럼 혼자서 가라. 서로 사귄 사람에게는 사랑과 그리움이 생긴다. 사랑과 그리움에는 괴로움이 따른다. 연정에서 우환이 생기는 것임을 알고, 무소의 뿔처럼 혼자서 가라. 친구를 동정한 나머지 마음이 거기 얽매이면 본래의 뜻을 잃는다. 가까이 사귀면 이런 우려가 있는 것을 알고, 무소의 뿔처럼 혼자서 가라(Suttanipata 35-37).

출가승들은 물론 승가(sangha)라는 하나의 공동체를 형성하여 서로가 서로를 돕는 새로운 가족적 관계를 형성하는 것이 사실이다. 율장(律藏)에는 다음과 같은 말이 있다.

비구들이여, 불타께서 말씀하시기를, 스승은 제자를 자기 아들처럼 여기며, 제자는 스승을 자기 아버지처럼 여겨야 한다. 이렇게 둘은 자비와 신뢰와 친교에 의하여 묶여서 법(法)과 율(律)에 있어서 발전하고 나아가며 높은 경지에 이를 것이다.[27]

그러나 이것은 승가의 상부상조의 공동체 정신을 강조한 것이지 결코 출가승 상호 간의 정감적 유대 친교를 권장하는 말은 아니다. 출가승의 궁극 목표는 어디까지나 개인의 수행을 통한 해탈과 자유에 있는 것이다. 결론적으로 말해 소승불교에서는 자기 수행과 타자에 대한 적극적인 사랑의 헌신은 양립하기 어려우며, 이것이 아마도 소승적 자비의 한계일 것이다.

대승불교는 불타의 성문(sravaka) 제자들이 자신들의 해탈에만 열

---

27 *The Ethics of Buddhism*, 193 재인용.

중하여 중생의 고통을 외면하는 폐단을 비판하면서 보살(bodhisattva)의 운동을 전개했다. 보살은 지혜와 자비를 고르게 겸비한 자로서 불타가 전생에서 보살로서 행한 자기희생적이고 이타적인 삶의 행적을 본받고자 한다. 보살은 단 하나의 중생이라도 생사의 세계에서 고통을 당하고 있는 한 결코 열반에 들지 않고 중생 제도에 힘쓰겠다는 서원을 한다. 보살이 닦아야 하는 육바라밀다(六波羅密多, paramita)가 보시(dana)를 첫째 덕목으로 들고 있음도 보살의 자비를 강조한 것이다. 유마거사(Vimalakirti)는 문수보살(文殊, Manjusri)의 병문안을 받았을 때 다음과 같이 말한다.

> 문수여, 나의 병은 무지와 생존에 대한 갈애로부터 오며 모든 중생의 병이 있는 한 존속할 것이다. 모든 중생의 병이 없어지면 나도 아프지 않을 것이다. … 문수여, 마치 상인의 외아들이 아플 때 그의 양친이 아들의 병으로 인하여 아프듯이. 그와 같이, 문수여, 보살은 모든 중생을 자기의 하나밖에 없는 자식처럼 사랑한다. 중생이 병들 때 보살도 병들고 중생이 나을 때 보살도 낫는다. 그대는 나에게 보살의 병이 어디서 오는가 묻고 있다. 보살의 병은 대자비로부터 온다.[28]

보살의 대자비(mahakaruna)는 소승의 자비와는 달리 중생의 아픔을 몸으로 함께 아파하는 동체대비(同體大悲)의 사랑이다. 자신의 마음의 평안만을 중시하는 또 하나의 이기적 사랑이 아니라 자타의 구별을 초월하고 자신에 대한 어떠한 집착으로부터도 벗어나 중생의 고통에 적극적으로 동참하는 적극적 사랑인 것이다.

---

28 Robert A. F. Thurman, trans., *The Holy Teaching of Vimalakirti* (University Park and London: The Pennsylvania State Univ. Pr., 1976), 43.

그렇다면 중생의 아픔을 함께하는 보살의 자비는 구체적으로 어떻게 나타나는가? 이 문제에 대하여 우리는 다음과 같은 점에 먼저 유의할 필요가 있다. 즉, 보살이 함께 아파하는 중생의 병은 무지와 생존에 대한 갈애로부터 온다고 하는 유마거사의 말이다. 이 말은 곧 중생의 병을 고쳐 주려는 자비의 행위도 일차적으로 그들의 무지를 깨우쳐 주고 생의 집착으로부터 해방시켜 주는 일에 있음을 의미한다. 물론 이것은 자비를 단지 관념적으로나 혹은 설법으로서만 행한다는 것을 뜻하지는 않는다. 수많은 불자의 삶이 그렇지 않음을 웅변적으로 말해 주고 있다. 그럼에도 역시 불교에서 자비행의 중심은 무엇보다도 모든 고통의 근본 원인인 중생의 미망을 깨우쳐 주는 일에 있음을 부인하기 어렵다.

그렇다면 무지란 무엇인가? 그것은 결국 제법실상인 공의 진리를 모르는 것으로서, 이러한 무지로 인하여 인간은 한없는 욕망을 내고 고통을 당하는 것이다. 그리고 이러한 중생의 무지를 깨우쳐 주려는 보살의 자비 그 자체도 공의 지혜에 근거하고 있다. 이미 앞서 고찰한 대로 지혜 없이는 보살의 순수한 무연자비는 불가능하기 때문이다. 지혜로 인하여 보살은 중생을 향한 자비의 헌신에도 불구하고 어떤 집착이나 번뇌에 사로잡히지 않는 것이다. 유마거사는 다시 이렇게 말한다.

> 앓고 있는 보살은 이렇게 생각해야 한다. '나의 병이 실재하지 않듯이 중생의 병도 또한 실재하지 않는다.' 이러한 생각을 통하여 그는 모든 중생을 향하여 감상적 자비에 빠짐이 없이 대자비를 일으킨다.[29]

---

29 *The Holy Teaching of Vimalakirti*, 46.

보살의 자비는 감상적, 감정적 사랑이 아니다. 그것은 병도 없고 병든 자도 없고, 병을 고쳐 주는 자도 없다는 철저한 인식 위에서 이루어지는 순수하고 신비한 사랑, 곧 대자비인 것이다. 중생도 없고 부처도 없는, 생사도 없고 열반도 없는 절대 평등의 세계, 불이(不二, advaya)의 세계에 나타나는 차별의 세계가 보살이 거하는 세계이며, 이 차별의 세계에서 보살은 무한한 방편으로써 대자비를 실천하고 있는 것이다. 하지만 공관(空觀)에 기초한 대승적 자비가 중생이 중생으로서 당하는 뼈아픈 현실적 고통들―예컨대 육체의 질병, 가난, 경제적 착취, 인권 유린, 정치적 억압과 폭력 등―을 얼마만큼 심각하게 받아들이고 구체적인 사랑의 실천으로 이어질 수 있는가 하는 근본적 물음은 여전히 남아 있다.[30]

보살의 자비가 공이라는 초월적 안식에 근거한다면, 그리스도교의 그리스도를 통하여 나타난 하느님의 아가페라는 종교적 체험에 근거하고 있다. 죄악 세상을 버리지 않고 찾아오시는 하느님의 사랑, 죄인을 용서하시며 죄의 장벽을 허물고 화해를 이루시는 하느님의 사랑, 율법을 어긴 죄인과 세리들, 가난한 자들과 병든 자들의 친구가 된 예수의 사랑 그리고 마지막에는 십자가 위에서 자신의 생명마저 버린 사랑, 이와 같은 사랑이 곧 그리스도인들이 본받아야 하는 아가페 사랑이다. 그리스도교적 아가페의 실천은 세 가지로 요약될 수 있다.

첫째는 죄의 용서다. 하느님께서 우리의 죄를 용서하시는 것같이 우리도 서로의 죄와 잘못을 용서하는 데서 아가페는 나타난다. 예수는 참회하는 자를 용서하시는 하느님의 사랑을 가르치고 보여주었으며, 그러한 용서의 실천을 명했다(마 5:38-42, 18:21-22). 악을 악으로 갚지

---

30 이 문제에 관해서는 필자의 논문 "민중불교, 선 그리고 사회윤리적 관심," 「종교연구」 제4집(1988)을 참조할 것.

말고 서로 선을 행하라는 사도 바울의 말(살전 5:15) 역시 용서의 사랑을 강조하는 말이다. 아가페 사랑은 죄인을 있는 그대로 용납하시는 하느님의 행위다. 용서는 이러한 은총을 받은 인간 상호의 용서 행위인 것이다.

둘째로 아가페는 봉사와 섬김의 행위로 나타난다. 아가페는 단지 마음으로만 느끼는 사랑이 아니라 행동으로 나타나는 사랑이다. 예수는 선한 사마리아인의 비유를 통하여 사랑의 구체적 실천을 강조하고 있으며("너도 가서 이와 같이 행하라"눅 10:37), 예수 자신의 삶은 이와 같은 봉사와 섬김의 삶이었다. 종의 형상으로 오신 예수 그리스도(빌 2:6-7), 섬김을 받으러 오신 것이 아니라 섬기러 오신 예수(마 20:28), 제자들의 발을 씻어주신 예수의 본을 받아 그리스도인들은 "사랑으로 서로 종노릇하라"(갈 5:13)는 사도 바울의 권면을 받고 있다.

섬김과 봉사에는 사랑의 희생과 의로운 고난이 따르기 마련이다. 그렇기 때문에 아가페는 셋째로 고난의 자취(自取)로서 나타난다. 소승적 자비가 중생을 향한 선의에도 불구하고 다분히 명상이라는 주관의 심정적 차원에 머문다면, 그리스도교의 아가페는 보살의 용맹과 인내와 같이 세상에서 받는 고난을 두려워하지 않는다. 아가페는 오히려 의로운 고난, 사랑의 고난을 기꺼이 자취한다. 그리스도교 신앙은 이러한 아가페적 고난의 전형을 예수 그리스도가 받은 십자가의 고난에서 발견한다. 그뿐만 아니라 그가 죄 없이 받은 고난과 죽음을 인류의 죄를 대속하는 힘을 지닌 "많은 사람을 위한 속전"(막 10:45)으로 이해한다. 이러한 그리스도의 십자가 사랑에 감격한 사도 바울은 그리스도의 죽으심을 언제나 몸에 짊어지고 다닌다(고후 4:10)고 말하며 또 "나는 여러분을 위하여 받는 고난을 즐겁게 여기고 있으며 그리스도의 남은 고난을 그의 몸인 교회를 위하여 내 몸으로

채워가고 있습니다"(골 1:24)라고 고백하고 있다. 그리스도와 함께 고난받는 것은 그리스도인들의 사랑의 의무인 것이다: "그리스도께서 육체의 고난을 받으셨습니다. 여러분도 같은 마음으로 무장하시오"(벧전 4:1).

사랑으로 인해 남을 위해 자초한 고난에는 구원의 힘이 있다고 그리스도인들은 믿는다. 이른바 남을 위한 대속의 고난(vicarious suffering)이다. 그렇기에 그리스도인들은 그리스도의 대속의 고난을 본받아 남을 위한 의로운 고난에 동참해야 하며, 이것이야말로 아가페 사랑의 극치라고 믿는다.

나는 앞에서 불교의 자비가 중생이 겪는 구체적 고통을 제거하려는 사랑의 실천보다는 고(苦)의 원인으로 말해지는 무지의 제거라는 관념적 해결에 치중할 위험이 있음을 언급했다. 마찬가지로 나는 그리스도교의 사랑도 고통받는 사람들의 삶의 현장에 뛰어들어 그들의 한을 풀어주는 구체적 사랑의 실천보다는 그리스도를 통한 죄의 용서와 구원만을 일방적으로 약속하는 다분히 관념적인 사랑에 머무를 가능성이 있음을 지적하고자 한다.

죄의 용서, 봉사와 섬김 그리고 남을 위한 의로운 고난, 이와 같은 행위들을 통하여 그리스도교의 아가페는 구체적으로 표현된다. 불교의 자비에서도 우리는 이와 유사한 사랑의 표현을 발견할 수 있을까? 불교의 자비도 죄의 용서를 요구한다. 불교와 그리스도교 모두 악을 악으로 갚지 말 것을 가르치고 있다. 다만 그 용서의 근거와 성격에 차이가 있을 뿐이다. 그리스도교의 용서가 하느님이 예수 그리스도를 통해서 보여준 죄의 용서에 근거한다면, 자비는 인격적 관계에서의 용서라기보다는 무아의 진리에 기초한 용서이다. 사실 용서라기보다는 피해자와 가해자라는 관념 자체를 초월하는 지혜에 근거한 용서 아닌 용서이다. 나아가서 불교적 용서는 무지로 인해 악을 행하는 자에 대한 자비의 표현이기도 하다.[31] 한편 대승불교에서는 보살이 닦는 육바라밀다 가운데서 인욕(忍辱, ksanti), 곧 욕됨을 참는 인내를 언급하고 있다. 이것 역시 공관(空觀)에 근거하여 가능한 것으로서, 욕되게 하는 자와 욕됨을 받는 자 그리고 욕됨이라는 생각 모두를 초월할 때 비로소 진정한 인욕이 가능해진다.

자업자득을 말하는 불교에서 남의 고난을 대신 받는다는 대속적 고난의 사랑을 발견할 수 있을까? 남을 위해 자취하는 사랑의 고난은 모두 대고(代苦)의 성격을 지닌다. 이와 같은 생각은 아무래도 엄격한 자업자득의 개인주의적 윤리를 넘어서서 공덕의 회향(廻向)을 믿고 실천하는 대승 보살의 자비 사상에서 찾아야 할 것이다. 중생의 제도를 위하여 자신이 쌓은 공덕을 아낌없이 넘겨준다는 회향의 사상은 아마도 불교적 자비의 극치일 것이며, 우리는 이와 같은 예를 아미타불에 대한 타력 신앙에서 찾아볼 수 있다. 아미타불이 보살이었을 때 자력으로는 해탈하기 어려운 중생을 향한 자비 가운데 세웠던 서원과 수행은 그리스도가 자취한 대속의 고난에 비견할 만한 불교적 사랑의 표현이 아닐까?

## 6. 맺음말

지금까지 우리는 불교의 자비와 그리스도교의 아가페를 비교의 관점에서 살펴보았다. 자비와 아가페는 초월적 사랑이기에 세속적

---

31 이와 같은 용서를 우리는 "아버지, 저 사람들을 용서하여 주옵소서. 그들은 자기들이 무슨 일을 하는지 알지 못하옵니다"(눅 23:34)라 하신 예수의 말에서도 찾아볼 수 있다.

관점에서 보면 인간으로서는 거의 실천 불가능한 사랑처럼 보인다. 신학자 니부어(R. Niebuhr)의 표현대로 예수가 명하는 사랑의 원리는 '불가능한 가능성'으로 보는 것이 온당할지도 모른다. 그렇기에 이러한 사랑이 실로 실천 가능한 사랑이라고 한다면, 그 힘이 어디서 오는 것인지 다시 한번 우리는 묻지 않을 수 없다. 불교에서는 그것은 사물의 실상을 여실히 보는 지혜의 힘일 것이다. 특히 인간을 자아에 대한 집착으로부터 해방시켜 주는 무아와 공의 진리를 인식하는 지혜이다. 이와 같은 지혜가 없이는 범부들의 세속적 사랑은 가능할지 모르나 결코 보살의 대자대비와 같은 순수한 사랑은 불가능한 것이다. 그리스도교에서는 무엇보다도 하느님 아버지와 그의 아들 예수 그리스도의 사랑과 은총에 대한 체험 없이 아가페 사랑을 기대하기는 어렵다.[32] 특히 성서는 지금도 그리스도인의 마음속에서 활동하면서 그러한 사랑을 가능케 하는 성령의 힘에 대하여 말하고 있음에 유의할 필요가 있다(갈 5:22). 세상적 사랑이 아닌 성스러운 사랑 아가페는 단순한 인간적 가능성이 아니라 결국 하느님 자신으로부터 온다.

> 사랑하는 이들이여, 서로 사랑합시다. 사랑은 하느님께로부터 온 것입니다. 사랑하는 사람은 누구나 하느님께로부터 났으며 하느님을 압니다. 사랑하지 않는 사람은 하느님을 알지 못합니다. 하느님은 사랑이시기 때문입니다(요일 4:7-8).
>
> 하느님은 사랑이십니다. 사랑 안에 있는 사람은 하느님 안에 있으며 하느

---

32 그리스도교에서 사랑의 실천 능력에 관한 문제는 인간의 죄성을 얼마만큼 강하게 인정하느냐에 따라 다른 입장이 있을 수 있다. 일반적으로 말해 개신교 신학은 가톨릭 신학보다 인간의 죄성을 보다 강하게 강조하는 경향이 있으며, 따라서 사랑의 실천 능력에 대해서도 적어도 인간 자신의 능력에 관한 한 부정적으로 보는 경향이 강하다.

님께서는 그 사람 안에 계십니다(요일 4:16).

여기서 우리는 불교의 자비에 대해서 하나의 근본적인 물음에 접하게 된다. 자비는 단지 인간 자신 안에 내재해 있는 가능성인가 아니면 실재 자체에 근거한 하나의 존재론적 힘인가? 자비는 실재, 즉 공을 깨닫는 지혜(般若, prajna)로부터 온다. 그렇다면 공 자체도 자비라는 인격적 성질을 지닌 것으로 볼 수는 없을까? 물론 불교는 전통적으로 실재를 그리스도교의 하느님과는 달리 비인격적인(impersonal 혹은 nonpersonal) 것으로 파악해 왔다. 다시 말해 그리스도교에서 하느님이 사랑이라고 말하듯 공 혹은 진여(眞如) 그 자체가 사랑이라고 말하지는 않는다. 그러나 이와 같은 통상적으로 이야기되는 실재관의 차이를 넘어서서 우리는 양자 사이에 보다 깊은 일치를 발견할 수는 없을까? 그러기 위해서는 실재의 인격성과 비인격성이라는 차이가 절대화되어서는 안 될 것이다. 하느님이 사랑이라는 말은 사랑이 단지 인간적 속성일 뿐만 아니라 전 우주적, 존재론적 차원을 지닌 실재임을 암시하는 말이다. 공이라는 것도 화엄 사상에서 해석하고 있듯이 사물과 사물이 막힘이 없이(事事無碍) 자기 긍정과 자기 부정을 통해 서로를 향해 열린 존재들임을, 즉 사랑의 존재들임을 말해 주고 있는 것이다. 따라서 우리는 공을 사랑의 존재론적 언어 그리고 사랑을 공의 인격적 표현으로 이해해도 되지 않을까?

이 문제는 앞으로 더 많은 시간을 두고 숙고해 볼 문제임이 틀림없다. 분명한 사실은 불교와 그리스도교는 둘 다 사랑의 종교라는 점이다.

뿌리 깊은 인간의 이기심과 자기중심성을 철저히 변혁시키는 순수하고 무차별적이고 절대적인 사랑의 힘을 가르치고 실천하는 종교이다. 사랑은 모든 존재들을 하나로 연결시켜 주는 힘 내지 원리로서,

인간의 머리로 생각해 낸 어떤 사상이나 이념의 차이 그리고 종교 간의 울타리마저도 뛰어넘어 모든 인류를 하나로 묶어 주는 어떤 궁극적인 힘이 아닐는지.

자비와 아가페라는 초월적 사랑과 현실 사회의 윤리와의 관계는 많은 문제를 제기한다. 과연 이러한 초월적 사랑이 그대로 현실 세계에 적용될 수 있으며, 그것이 반드시 바람직스러운 일일까? 그러한 무조건적인 사랑은 사회가 필요로 하는 질서와 정의의 요구와 양립할 수 있을 것인가? 또 초월적 사랑과 세속적 사랑, 성스러운 사랑과 속된 사랑과의 관계는 어떻게 이해해야 할 것인가? 이상과 같은 윤리 철학적 문제들은 우리가 별도의 관심을 갖고 숙고해 보아야 할 문제들로 남아 있다. 키르케고르의 말로 이 글을 마친다.

시간과 영원을 참으로 묶어주는 것은 무엇일까? 그것은 다른 모든 것 이전에 존재하며 다른 모든 것이 지나가도 남아 있는 사랑 외에 무엇이겠는가?[33]

---

33 *Works of Love*, 24.

# 돈오점수론의 그리스도교적 이해
## ― 지눌과 칼 바르트를 중심으로

## 1. 그리스도교적 불교 이해

불교와 그리스도교는 각기 동양과 서양을 대표하는 세계적 종교이
다. 물론 동양이라는 말을 넓은 의미에서 사용한다면 중동과 근동
지방, 즉 서아시아 지역이 그 안에 포함되어야 하며, 그럴 경우 이슬람
이라는 또 하나의 세계 종교를 무시할 수 없을 것이다. 그러나 이슬람교
는 유대교와 마찬가지로 지리적 기원은 서아시아에 두고 있지만,
유일신(唯一神) 신앙을 핵심으로 하는 종교라는 점에서 그리스도교와
근본적으로 성격을 같이 하는 종교이며, 비록 동양 세계를 무대로
하여 펼쳐진 종교이기는 하나 어느 정도 '서양적' 종교라 해도 무방할
것이다. 반면에 불교는 역사상 서양과는 지리적으로 가장 멀리 떨어진
곳인 동남아시아와 동북아시아를 무대로 하여 전개되었을 뿐만 아니
라, 그 종교적 특성 또한 그리스도교와는 상당한 차이를 보이고 있다.
그리스도교가 우주의 궁극적 실재를 인격적 존재로 간주하는 반면에
불교에서 파악하고 있는 실재(空, 眞如)는 비인격적 성질의 것이다.
그리스도교의 인격적 신은 세계를 지으신 창조주로서 그의 피조물

과는 건너뛸 수 없는 질적 차이를 지닌 존재인 반면에 불교에서는 세계와 인간을 동틀어 하나의 공통된 실재를 말하고 있다. 그리스도교가 신의 계시에 근거한 종교라 하면, 불교는 인간의 능력으로 사물의 이법을 있는 그대로 파악하고자 하는 종교이다. 따라서 구원을 위하여 요구되는 인간의 행위에 있어서도 그리스도교는 인격적 신앙과 사랑을 강조하는가 하면 불교는 지혜(般若)와 선정(禪定)을 중시한다.[1]

과연 이와 같은 대조적 성격을 띤 두 종교 사이에 진정한 의미에서의 대화와 상호 이해가 가능할까? 대화와 이해란 기본적으로 양자 사이에 무엇인가의 공통성이 있어야 그것을 매개로 하여 가능한 것이 아닌가? 한 종교적 입장에서 다른 종교를 이해한다는 것은 자신의 신앙적 입장을 완전히 던져버리고 어떤 중립적 입장에 서서 그것을 연구하는 행위와는 다르다. 그 이상의 것이다. 진정한 이해와 대화는 오히려 자신의 입장이 있어야 가능하다. 오해와 왜곡의 가능성이 있더라도 신앙인들은 어디까지나 자신의 종교적 체험이나 관념을 매개로 하여 유비(analogy)나 공감(empathy)을 통해 상대방의 입장을 어디까지나 종교적으로, 신앙적으로 이해하고자 한다. 따라서 불교와 그리스도교의 상호 이해의 경우에도 그리스도인들은 어떤 방식으로든지 불교에 대한 그리스도교적 이해 그리고 불교인들은 그리스도교에 대한 불교적 이해를 모색하는 단계에까지 가지 않으면 안 된다. 그리스도교와 불교는 바로 종교의 양극을 대표하다시피 한 상반된 세계 종교이기 때문에 오히려 양자의 상호 이해는 서로에게 전혀 새로운 세계를 열어줌으로써 자신을 새롭게 이해하고 정립하는 하나의 창조적 계기

---

1 H. Dumoulin, *Christianity Meets Buddhism* (La Salle, Illinois: Open Court Publishing Co., 1974), 제5장 "Ultimate Reality and the Personal"에서 이상과 같은 대조성을 심도 있게 다루고 있다.

가 될 것이다.2

　‘그리스도교적 불교 이해’란 두 종교의 상치되는 성격에 비추어
볼 때 어휘상의 모순처럼 들릴 것이며, 어쩌면 불교를 오해하는 가장
확실한 길로 보일는지도 모른다. 그러나 그것은 추구되어야 하며
또 이미 진행되고 있는 활동이다. 진정한 이해란 결코 자신의 입장과
선입견을 깨끗이 떠나서 정신적인 진공 속에서 이루어지는 것이 아니
라 자신의 입장과 타인의 입장과의 만남, 가다머의 얘기대로 두 개의
“지평의 융합”(Horizontverschmelzung) 속에서 이루어지는 것이기 때문
이다. 아무런 선입견과 전제가 없는 이른바 ‘객관적’ 이해란 인간의
역사성과 유한성에 비추어 볼 때 처음부터 불가능한 일이다. 설사
그런 것이 가능하다 하더라도 그러한 객관적 이해는 불교를 나 자신의
신앙과는 무관한 하나의 객체로 대하게 될 것이며, 이러한 태도는
결코 불교를 진지한 종교적 대화의 ‘상대’(Thou)로 보기보다는 단지
하나의 학문적, 지적 탐구의 ‘대상’(It) 정도로 삼는 결과를 초래할
것이다. 그 어느 학문적 이해보다도 불교의 그리스도교적 이해는
그리스도교인으로서 불교를 대하는 가장 진지하고 진실한 태도이며,
이러한 종교 간의 이해를 통해서만 진정한 종교 간의 대화는 가능하게
될 것이다. 이것은 물론 불교가 가지고 있는 특성을 무시하고 일방적으
로 그리스도교적 관점에서 그리스도교의 틀이나 어떤 교리에 억지로
짜 맞추어도 좋다는 것을 의미하지 않는다. ‘타자’로서의 불교의 ‘타자
성’은 어디까지나 존중되어야 하며, 이 타자성의 이해를 위해서는

---

2 지금까지 미국과 일본을 중심으로 하여 전개된 불교와 그리스도교의 대화를 점검해
　보는 모임에서 미국의 신학자 존 캅(John Cobb)은 이 점을 자신의 불교, 그리스도교
　대화에 대한 관심의 이유로 제시하고 있다. Masao Abe and John Cobb, "Buddhist-
　Christian Dialogue: Past, Present and Future," *Buddhist-Christian Studies* (1981),
　19.

종교현상학이 말하듯 자신의 신앙과 선입견을 일단 괄호에 넣어두는 (Einklammerung, bracketing) 태도가 요청된다. 그러나 이것은 종교 간의 상호 이해에 있어서 선행되어야 하는 준비 과정일 뿐이지 결코 목적은 아니다. 그렇게 이해된 타자가 어디까지나 타자로 머무는 한 그것으로 끝날 뿐 진정한 만남이 이루어졌다고는 볼 수 없다. 진정한 만남은 나와 타자가 한데 어울려 나 안에서 타자를 발견하고, 타자 안에서 나를 발견하는 '우리'의 단계까지 나아가야 하는 것이다.

이러한 그리스도교적 불교 이해는 자연히 불교와 그리스도교 간에 어떤 공통점이나 접촉점을 찾거나 혹은 불교의 어떤 중요한 개념이나 사상을 그와 유사한 그리스도교의 개념이나 사상에 대비시키는 비교적 방법을 취하게 된다. 모든 이해, 특히 새로운 것의 이해는 이미 자기가 알고 있는 것과의 유비나 비교를 통하여 가능하게 되기 때문이다. 이미 언급한 대로 불교와 그리스도교라는 두 대조적 종교 사이에 내용상이든 형식상이든 어떤 매개점을 찾는 일은 쉽지 않으나 그러한 노력이 없었던 것은 아니다. 예를 들어 하느님 나라와 열반(틸리히 [Tillich]), 하느님과 진심(강건기), 그리스도교 신비가의 무와 대승불교의 공(일본의 경도학파), 화이트헤드의 과정철학과 화엄 사상과의 비교(캅[J. Cobb], 오딘 [S. Odin]) 등은 대표적 예들이다.

나는 이 글에서 두 종교 사상 사이에 어떤 내용적 비교보다는 하나의 형식적 비교를 시도해 보고자 한다. 그리스도교와 불교는 그 세계관과 인간관의 현격한 차이에도 불구하고 둘 다 구원의 소식을 전하며 구원의 길을 제시한 구원의 종교라는 점에서 근본적인 형식적 일치를 보인다. 양자 모두 세상으로부터의 초월과 자유를 추구하는 종교인 것이다. 이러한 초월과 자유를 추구하는 방식은 분명한 차이를 보이는 것이 사실이며, 세상적 삶과 역사, 사회 등에 대한 태도에도 양자 사이에는 상당한 거리가 있는 것이 사실이다. 그럼에도 두 종교는 다만 눈에 보이는 현실에 종속되어 이기적 탐욕에 몰두하는 비본래적 삶을 거부하고 하나의 새로운 존재, 본래적 인간상을 되찾으려는 동일한 관심을 소유하고 있다. 틸리히는 모든 진정한 신학적 사유는 인간의 본성에 대한 세 가지 요소들을 담고 있다고 말한다. 즉, 본질적 선함과 실존적 소외 그리고 본질과 실존의 괴리가 극복되고 치유되는 제삼의 요소이다.3 그리스도교와 선불교는 모두 인간을 실존적 소외로부터 해방시키고 진정한 인간성을 회복시키려고 한다. 이 글은 이러한 인간 해방 내지 변혁을 추구함에 있어서 제기되는 문제의식과 그 해결 방식에서 발견되는 양자 사이의 놀라운 유사성에 주목하여 그것을 밝혀 보려고 한다. 두 전통 사이에 존재하는 현저한 개념상의 차이에도 불구하고 인간이 구원을 추구하는 과정에서 인간으로서 부딪히는 문제의식과 해결 방식의 근본적 유사성을 확인함으로써 두 종교 간의 거리는 좁혀지고 상호 이해는 깊어질 것이다.

이러한 목적을 위하여 필자가 선택한 제목은 "돈오점수론의 그리스도교적 이해"이다. 돈오점수(頓悟漸修)란 한국 선불교의 기본적 수행원리로서, 본래 중국의 화엄 사상가이자 선의 조사인 규봉 종밀(圭峯宗密, 780~841)에 의하여 이론적으로 정립된 후 고려 중기의 선사 보조국사 지눌(知訥, 1158~1210)에 의해 계승되어 우리나라의 선 전통에 하나의 확고한 원리로 자리 잡게 되었다. 돈오란 자신의 마음이 곧 부처임을 갑자기 깨닫는 체험으로서, 이러한 돈오의 체험 후에는 반드시 점차로 마음의 번뇌를 닦아나가는 점수가 뒤따라야 한다는 것이 돈오점수론의 요점이다. 돈오점수론은 한마디로 말해 인간의 자기 변화를 추구하는 선불교의 구원론으로서, 우리는 이것을 개신교

---

3 Paul Tillich, *Theology of Culture* (New York: Oxford University Press, 1964), 119.

신학의 전통, 특히 칼 바르트 신학의 구원론과 대비시킴으로써 선불교의 그리스도교적 이해를 시도해 보려는 것이다. 필자는 결코 여기서 지눌의 돈오점수론이나 선 사상 자체를 다루려는 것도 아니며, 칼 바르트의 구원론이나 신학 자체를 논하려는 것도 아니다. 어디까지나 인간 구원의 문제에 접근하는 양자의 시각에 관심의 초점을 맞추면서 제한된 범위 내에서 그들의 사상을 다루고자 한다.


## 2. 두 가지 기쁜 소식

그리스도교든 선불교든 인간의 구원은 우리가 지금부터 스스로 노력해서 성취해야 하는 것이 아니라 이미 우리에게 성취되어 있다는 사실을 깨닫고 받아들이는 데서 시작된다. 구원은 인간의 주관적 행위에 앞서 이미 존재하고 있는 엄연한 객관적 사실을 인식하는 데서 출발하는 것이다. 인간의 신앙이 제아무리 깊다 해도 복음의 진리를 만들어 낼 수 없다. 우리가 알든 모르든 엄연히 존재하고 있는 사물의 참모습을 깨닫는 것이 선불교에서 말하는 진리요, 우리가 믿든 안 믿든 간에 엄연히 하느님이 그의 자유로운 은총 가운데서 인간을 향해 이미 성취해 놓은 행위와 사건이 복음의 기쁜 소식이기 때문이다. 이러한 의미에서 불교에서는 법(法)과 인(人)을 구별하여 논한다. 법은 인간이 깨달아야 할 진리 자체를 가리키는 말이며, 인은 인간에 관한 것, 곧 그 진리를 깨닫기 위해서 우리가 실천해야 하는 사항들을 말한다. 당나라의 종밀 선사는 그의 『선원제전집도서』(禪源諸詮集都序)에서 선리(禪理)와 선행(禪行)을 구별하고 있다.[4] 선리란

4 『都序』, 四集合本 (安震湖 編), 480.

인간의 미오(迷悟) 여하를 막론하고 존재하는 영원불변의 진리, 곧 진여(眞如), 진심(眞心), 불성(佛性) 등으로 표현되는 공적영지지심(空寂靈知之心)을 가리키는 것이요, 선행이란 이러한 객관적 진리를 깨달아 알고 닦는 실천을 의미한다. 칼 바르트의 신학 역시 구속(redemption)이 무엇보다도 하느님 자신의 행위이며 사건임을 강조한다. 그렇기 때문에 그는 참 하느님, 참 인간, 참 하느님이자 참 인간인 예수 그리스도 안에서 성취된 온 인류를 위한 객관적 화해의 사실을 그것에 대한 인간의 주관적 응답인 믿음, 사랑, 소망으로부터 분명히 구별한다. 전자는 인간의 태도 여하에 관계없이 그리스도 안에서 누구에게나 주어진(ascription) 하느님의 객관적 은총이요, 후자는 성령의 역사를 통하여 그리스도인들에 의하여 주관적으로 수용된(appropriation) 은총이다.5

종교적 체험이 제아무리 귀하다고 하더라도 종교적 진리를 만들어 내지는 못한다. 선불교와 그리스도교는 우리가 깨닫거나 깨닫지 못하거나, 믿거나 믿지 않거나 그 자체에 있어서 진리인 사실들을 선포하고 있다. 우선 선불교에서는 인간의 마음이 곧 부처임(心卽佛)을 얘기하고 있다. 온갖 번뇌와 망상에 의하여 괴로움을 당하고 있는 보통 사람들(凡夫)의 마음이 사실은 부처와 조금도 다르지 않다는 것이다. 우리가 그것을 깨닫지 못할 뿐이지 엄연한 사실이라는 것이다. 이것은 그리스도교에서 선포하는 복음의 기쁜 소식과도 같다.

번뇌에 시달리고 괴로워하는 중생의 마음이 그대로 부처의 마음과 같다는 사실은 믿기는 어려우나 하나의 놀라운 해방의 소식으로 들려지기 때문이다. 오랜 세월에 거친 각고의 수행과 정진을 통해서도 아무런 성불의 가능성조차 볼 수 없던 답답한 마음에 "너의 마음이

---

5 Karl Barth, *Church Dogmatics* IV, 1, 147.

곧 부처다"라는 선불교의 파격적인 소식은 하나의 신선한 해방감을 안겨 주는 구원의 소리임이 틀림없다. 종래의 교학을 위주로 하는 불교에서는 보살이 52위의 수행 단계를 거쳐 성불하기까지는 3아승기 겁이나 소요된다고 하며, 그것도 어떤 사람의 경우에는 성불의 가능성이 전혀 없는 사람(無性有情)도 있다고 한다. 그러나 화엄(華嚴)이나 천태(天台)와 같은 일승 사상(一乘思想)을 배경으로 하고 있는 선(禪)에서는 열반경(混葉經)이 설하는 대로 모든 중생이 불성을 지니고 있다(一切衆生恐有佛性)고 할 뿐만 아니라, 중생들의 일상적인 마음 그 자체가 곧 도(平常心是道)라고 한다. 부처의 경지는 오랜 수행 후에야 비로소 도달되는 결과가 아니라 이미 지니고 있는 자신의 마음의 본성 자체라고 한다. 그러기에 선가에서는 "사람의 마음을 곧바로 가리킨다"(直指人心) 혹은 "자기 본성을 봄에 성불한다"(見性成佛)라고 말하는 것이다. 물론 이러한 선의 진리는 각자가 스스로 깨달아야만 자신을 위한 진리가 된다. 그러나 스스로의 깨달음이 있기에 앞서 이미 깨달은 자들의 증언이 있어야만 한다. 이 증언은 자신의 깨달음 여하를 막론하고 엄연한 사실로서 선포되고 있다. 믿기 어렵고, 이해하기 어렵고, 상상하기조차 어려운 파격적인 소식이나, 이 소식이야말로 선불교가 그토록 사람의 마음을 울리는 대중적 호소력을 지니게끔 만드는 것이다.

한편 그리스도교의 복음은 또 하나의 놀라운 사실을 선포한다. 곧 "하느님이 우리와 함께 하신다"(God with us: Immanuel)는 사실이다. 하느님께서 그의 인류 구속을 위한 의지 가운데서 인류와 함께 하시는 하느님이시기를 원하고 선택하셨다는 사실이다.6 인간이 자신과 하느님을 배반하여 그의 피조물로서의 지위를 상실하고 구원을 박탈당했음에도 불구하고 하느님은 인간을 위하시는 하느님이라는 사실, 그리

---

6 같은 책, 3-14.

하여 타향 만리에서 헤매고 있는 인류를 찾아서 주님이 종으로(the Lord as Servant) 오셔서 친히 우리의 존재와 삶과 활동에 참여하심으로써 우리의 문제를 자신의 문제로 대신 지시고 우리의 고통을 짊어지시고 우리의 죄과와 형벌을 대신 받으셨다는 사실, 그리하여 우리는 무죄 판결을 받고 그의 뜻에 따라 살 수 있도록 되었다는 사실이다. 한마디로 말해서 그리스도 안에서 인간의 운명이 180도 바뀌었다는 사실이 그리스도교에서 선포하는 복음의 놀라운 소식이다.

바르트는 이와 같은 소식을 전하는 성서의 대표적 구절로서 요한복음 3:16과 고린도후서 5:19을 든다.[7] "하느님이 세상을 이처럼 사랑하사 그의 독생자를 주셨으니 누구든지 그를 믿는 자마다 멸망치 않고 영생을 얻으리라"는 말씀과 "하느님께서 그리스도 안에 계셔서 세상을 자기와 화해하게 하시며 인간들의 죄과를 인간들에게 돌리시지 않고 오히려 화해의 말씀을 우리에게 맡겨주셨다"라는 말씀이다. 이 두 구절에서 우리의 주의를 요하는 것은 바르트에 의하면, 첫째 인류의 구속은 무엇보다도 하느님 자신의 자유로운 행위요 결정이라는 점이며, 둘째로 하느님의 사랑과 구속의 대상이 단지 그를 믿는 신자들만이 아니라 바로 그에게 적대하고 있는 이 세상 전체라는 사실이다. 물론 이러한 하느님의 구원 행위는 믿음이라는 인간의 반응을 필요로 한다. 그러나 인간의 믿음이 결코 하느님의 구원 사건을 만들어 낼 수는 없다. 구원의 사건은 우리가 믿든 믿지 않든 이미 미쁘신 하느님 자신에 의해 주도적으로 일어난 사건이며, 이미 모든 인간의 상황과 운명을 결정적으로 바꾸어 놓은 객관적 사건이다. 바르트는 말하기를, "그리스도 안에서 세상의 악함과 무신성(無神性, godlessness), 죄와 적대감이 하나의 거짓말로서 드러났고, 한 번이자 영구히 객관적으로 제거되

---

7 이 구절들에 대한 바르트의 해석은 같은 책, 70-78.

었다"라고 한다.8 이와 같은 사실은 인간의 인식과 경험 이전에 인간의 존재 자체에 관한 사실이라고 바르트는 강조한다.9 물론 이러한 사실은 인간이 인식하고 경험해야 하는 대상이다. 그리고 이러한 인식과 경험이 그리스도인으로 하여금 그리스도인이 되게끔 만든다. 하지만 인간이 하느님과 화해되었다는 사실은 그리스도인의 감정이나 희망이나 경험의 문제 이상이다. 옛것은 지나갔고 모든 것이 새로워졌다, 하느님은 그리스도 안에 계셔서 세상을 자기와 화해하게 하셨다, 그리하여 인간의 운명은 완전히 바뀌어 버렸다. 이것이 그리스도교에서 전하는 복음의 기쁜 소식이다.

그리스도 안에서 주어진 인류의 구속을 신학적 용어로는 의화(義化, justification)와 성화(聖化, sanctification)라 부른다. 바르트는 종래의 개신교 신학이 이 두 개념만을 주축으로 삼아 구원론을 전개해 왔으나 제3의 요소, 즉 종말의 완성을 향한 부름(calling)이 첨가되어야 한다고 주장한다.10 이 셋은 화해자로서의 그리스도가 인류의 구원을 위하여 이룩한 업적으로서 그리스도 안에서 주어진 하느님의 객관적 은총의 세 형태라고 한다.11 우리는 이와 같은 은총의 세 형태를 차례로 고찰하며 선불교의 진리와 어떻게 상응하는지를 보게 될 것이다. 그러나 은총의 객관성을 강조하는 현재의 맥락에서 우리의 관심 대상은 무엇보다도 의화에 있다. 화해론이 의화에서 시작할 뿐 아니라 의화는 성화와 부름의 기초가 되기 때문이다.

의화는 종으로 오신 주님(the Lord as Servant), 먼 곳에 찾아오신

---

8 같은 책, 76.
9 같은 책, 90.
10 같은 책, 108-109.
11 같은 책, 145.

하느님의 아들 예수 그리스도의 사건 속에서 이루어진 하느님의 판결 (verdict)에 근거하고 있다. 심판자가 심판받을 자를 대신하여 심판받는 (the judge judged in our place) 판결이다. 심판자이나 우리의 위치를 점령하시고 심판받은 자로서 우리를 대신하여 십자가의 고난을 받으심으로 우리는 자신의 위치를 빼앗긴 자들(displaced persons)이 되어 더 이상 하느님과의 언약을 파기한 오만한 죄인이 아니며, 우리의 과거는 끝이 났다는 판결이다.12 이 판결은 동시에 그리스도의 부활이 선포하는바 인간을 하느님의 충실한 종으로, 친구로, 자녀로, 언약의 상대로 인정하고 받아들인다는 적극적인 판결이다.13 의화는 그리스도와 그의 죽음과 부활에서 계시되고 집행된 판결로서 옛것은 파괴되고 새로운 인간을 창조하는 판결이다.14

바르트는 오직 믿음으로 말미암아 의롭게 된다는 개신교의 의화 원리를 긍정하되 믿음이 결코 또 하나의 인간의 공로(work)가 아니며, 칼뱅이 말한 바와 같이 결코 의화에 공헌할 수 없음을 강조한다.15 믿음이란 그리스도를 바라보는 행위로서, '오직 믿음'(sola fides)이란 말은 오직 그리스도라는 것을 뜻한다.16 우리의 믿음이 깊으면 깊을수록 역설적으로 우리는 우리의 믿음으로 하느님을 기쁘게 할 수 없음을 알며, 우리가 예수 그리스도 안에서 죽었고 새로운 존재로서 자유를 얻게 되었다는 사실에 더욱더 매달릴 것이라고 한다.

---

12 같은 책, 59절 "The obedience of the Son of God."
13 같은 책, 94-95.
14 같은 책, 96.
15 같은 책, 617.
16 같은 책, 632.

## 3. 의화, 믿음, 돈오

우리는 지금까지 선불교와 그리스도교 복음이 전하는 구원의 객관성에 대해서 고찰해 보았다. 범부의 마음이 곧 부처요, 죄인들이 곧 하느님의 자녀라는 것이 선불교와 그리스도교 복음이 전하는 객관적 구원의 소식이다. 그러나 문제는 우리가 어떻게 하여 이러한 믿기 어려운 놀라운 사실을 자기 자신의 진리로서 받아들일 수 있는가 하는 것이다. 구원의 객관성 못지않게 구원의 주관적 수납 내지 응답 또한 구원론의 중요한 문제가 되는 것이다. 주관적 수납이 없는 종교적 진리란 끝내 허황된 얘기로밖에 들리지 않을 것이며, 우리의 존재와 삶에 필경 아무런 힘도 발휘하지 못하는 공허한 진리가 되고 만다. 비록 주관적 체험과 수납의 행위가 구원의 객관적 진리를 창출하지는 못하지만, 그것 없이는 객관적 진리란 나와는 무관한 사실로 남아 있을 따름이기 때문이다. 이와 같은 주관적 수납의 행위 혹은 체험을 선불교에서는 돈오라 부르고 그리스도교는 믿음이라 부른다. 먼저 선불교의 돈오에 대하여 고찰해 보자.

> 돈오란 범부가 미혹했을 때 4대(四大, 지, 수, 화, 풍)를 몸이라 하고 망상을 마음이라 하여, 제 성품이 참법신(法身)임을 모르고 자기의 신령스런 앎(靈知)이 참부처인 줄 알지 못하여 마음 밖에서 부처를 찾아 허덕이며 헤매다가 갑자기 선지식(善知識)의 지시를 받고 바른길에 들어가 한 생각에 빛을 돌이켜 제 본성을 보면 이 성품에는 본래 번뇌가 없고 번뇌 없는 지혜의 본성이 본래부터 갖추어져 있어 모든 부처님과 털끝만큼도 다르지 않음을 아나니 그 때문에 돈오(頓悟)라 한다.[17]

본래 번뇌가 없는 자기 자신의 마음, 본래 지혜의 본성을 갖추고 있는 자신의 성품이 곧 부처임을 갑자기 깨닫는 것이 돈오인 것이다. 돈오의 체험은 악몽에 시달리다 깨어난 고관대작이 자신에게 아무런 이상도 없음을 깨닫고 안도하는 것에 비유되기도 한다.[18] 돈오의 체험을 위해서는 선지식의 지시나 일깨움이 필요할 뿐만 아니라, 무엇보다도 이러한 지시를 믿는 믿음이 필요하다. 스스로를 범부라 하여 비하시키는 자굴심을 버리고 자신이 곧 부처임을 긍정하는 용기와 믿음이 필요하다는 것이다. 지눌에 있어서 믿음과 깨달음 혹은 믿음(信)과 앎(解)은 같이 간다. 영명연수(永明延壽)의 말을 빌려 지눌은 말하기를 "해(解) 없는 신(信)은 무지를 증장시키며, 신 없는 해는 사된 견해를 증장시킨다"고 한다.[19] 혹은 "믿음이 지극해지면 깨달음이 열린다"라고 말하기도 한다.[20]

지눌에 의하면 진정한 깨달음은 자신의 마음을 향하여 빛을 돌이켜 비추어 보는 회광반조(廻光返照)의 행위를 요한다. 이러한 공이 없이 말이나 관념만으로 얻어지는 깨달음은 참다운 깨달음이 아니라고 한다.[21] 진리를 들은 후에는 반드시 친히 자기 자신의 마음을 비추어 보는 반조의 행위가 뒤따라야 하며, 그 가운데서 깨침이 주어진다는 것이다. 그러나 깨달음 자체는 갑작스러운 것이며, 점진적으로 주어지는 것은 아니다. 진리에는 단계나 등급이 없기 때문에 점차로 아는 것이 아니라 대번에 깨닫든지 아니면 전혀 깨닫지 못하든지 둘 중의 하나라는 것이다.

---

17 『感吐譯解普照法語』, 金虛 譯 (松廣寺, 1963), 43.
18 『節要』, 四集合本, 708-709.
19 『普照法語』, 62.
20 『節要』, 762.
21 같은 책, 803-804.

돈오는 자기 존재의 실상을 발견하는 행위이다. 돈오는 미처 깨닫지 못했던 실상을 문득 깨닫는 것에 불과하지 새로운 사실을 만들어 내거나 전에는 무엇이 아니었지만 이제는 그것이 되는(become) 과정상의 변화를 의미하지는 않는다. 다만 자신의 마음이 언제나 부처였고 지금도 그렇다는 변함없는 사실(being)을 발견하는 의식상의 변화인 것이다. 선불교에 의하면 진리란 있는 것이지 만들어 지거나 되는 것이 아니다. 돈오란 이 변함없는 진리를 그대로 깨닫는 행위일 뿐이다.

마찬가지로 바르트에게 믿음이란 이미 그리스도에 의하여 이루어진 구속의 사실, 즉 우리의 바뀐 운명을 인정하고(acknowledge, anerkennen), 인식하고(recognize, erkennen), 고백하는(confess, bekennen) 행위이다.[22] 믿음은 인간의 행위인 한 전혀 창조적(creative) 성격은 없고 다만 인지적(cognitive) 성격만을 지녔다고 한다. 따라서 믿음은 어떤 것도 바꾸어 놓을 수 없다. 믿음은 다만 예수 그리스도의 죽음 속에서 일어났으며, 그의 부활 속에서 계시되었고, 그리스도교 공동체에 의하여 증거된 인간 상황의 변화를 확인하는 행위일 뿐이라는 것이다.[23] 그러나 동시에 이러한 인간 상황의 변화를 확인하고 인정하는 믿음이 어떤 사람들 속에 존재한다는 놀라운 사실, 즉 증인으로서의 신자들이 존재한다는 사실은 그리스도 안에서 이루어진 인간 상황의 변화에 속하는 일로서, 단지 인지적인 것 이상의 창조적인 사건이라고 바르트는 말한다.[24] 그렇다면 이와 같은 신자들의 믿음은 어떻게 설명되는가? 다른 모든 사람과 조금도 차이가 없는 죄인들이면서도 그들이 이러한 변화의 사실을 인정하고 받아들인다는 사실은 이해하

---

22 같은 책, 758.
23 같은 책, 751.
24 같은 책, 751-752.

기 어려운 일이다. 결국 믿음은 예수 그리스도 자신에 근거하고 있다고 한다. 믿음은 그리스도를 향할 뿐만 아니라 그로부터 주어진다. 따라서 신자들은 그리스도에 의하여 앞과 뒤로 감싸여 있는 존재들이라고 바르트는 말한다.25 믿음은 그리스도의 성령이 지닌 저항할 수 없는 힘에 의하여 일깨워져 일어나는 사건이다. 그렇기 때문에 이 믿음의 사건은 인간의 행위로서의 인지적인 성격만을 지닐 뿐만 아니라 창조적 성격도 지닌다고 한다. 즉, 그 안에서 새로운 존재, 새로운 피조물, 새로운 탄생이 이루어진다는 것이다.26 이러한 새로운 존재로서 신자들은 그리스도가 나를 위한 그리스도임을 고백하는 것이다.

우리는 여기서 잠시 선불교의 돈오 체험에 다시 눈을 돌릴 필요가 있다. 믿음이 성령에 의해 주어지는 '타력적'인 것이라면, 선에서 말하는 돈오는 스스로의 힘으로 깨치는 자력적인 것이 아닌가? 그러나 깊이 숙고해 보면 선불교에서도 역시 인간의 상황에 근본적인 변화를 초래하는 깨달음이라는 것이 일어난다는 사실은 설명하기 어려운 신비이다. 선지식의 지시나 우리의 노력이 미혹을 깨뜨리는 깨달음이라는 사건 자체를 설명해 주지는 않기 때문이다. 그렇기 때문에 『대승기신론』(大乘起信論)에서는 시각(始覺)과 본각(本覺)을 구별하여 불각(不覺)에서 각(覺)으로의 변화를 의미하는 시각의 근거로서 우리 자신의 행위가 아닌 본각이라는 것을 인정하며, 나아가서 이 본각에 의한 진여훈습(眞如薰習)까지 논하고 있는 것이다. 성령의 힘과 비견될 수 있는 개념이 아닐까? 믿음의 근거와 대상이 예수 그리스도이듯, 돈오의 근거와 대상도 결국 자신의 본래적 깨달음의 성품(覺性)이요 부처의 성품(佛性)이다.27 진리만이 진리를 볼 수 있고, 진리만이 진리가 될

---

25 같은 책, 752.
26 같은 책, 753.

수 있다는 자명하면서도 심오한 사실을 말하고 있는 것이다.

믿음이 성령의 힘에 의하여 일깨워진다 하더라도 그것은 어디까지나 우리의 자발적이고 자유로운 능동적 행위라고 바르트는 말한다.[28] 그에 의하면 믿음은 인정(anerkennen)과 인식(erkennen)과 고백(bekennen)이라는 세 형태를 취한다.[29] 이 세 행위는 모두 '앎'(kennen)이라는 공통적 성격을 지니고 있다. 즉, 예수 그리스도의 존재와 업적을 아는 지식을 근간으로 하고 있는 것이다. 인정(acknowledgement, anerkennen)이란 그리스도를 중심으로 받아들이는 복종과 순종의 행위이다. 지눌에게 있어서 신(信)이 참다운 자기 자신을 인정하는 용기라면, 바르트에게 있어서 인정이란 무엇보다도 그리스도에의 복종과 순종의 행위로 파악된다. 이와 같은 차이는 물론 자력 종교로서의 선불교와 타력 신앙으로서의 그리스도교가 지닌 근본적 성격의 차이에 기인한다고 보아야 할 것이다. 그러나 양자에 있어서 모두 믿음은 거짓으로 드러난 자신의 옛 모습(범부와 죄인으로서의 자신)을 거부하고 자신에 대한 새로운 진리를 긍정하려는 의지적 결단의 행위로 파악되고 있다. 그뿐만 아니라 지눌에게 있어서 믿음이 의지적 측면만을 지닌 것이 아니라 깨달음이라는 지적 현상과 불가분의 관계를 가지고 있듯이 바르트에게 있어서 인정과 인식의 두 행위는 상호 밀접히 연결되어 있다. 인정을 하는 행위 속에는 이미 인식이 포함되어 있으며, 복종이란 아무런 인식이나 통찰도 없는 맹목적인 것이 아니라고 바르트는 말한다.[30] 믿음의 행위로서의 인식이란 성서에 의하여 증거되고 그리스도

---

27 D. T. Suzuki, *Zen Doctrine of No Mind* (New York: Samuel Weiser, Inc., 1972)는 이 문제를 심도 있게 다루고 있다. 필자의 논문, "How does one know a Zen monk has achieved satori?"「철학」제15집 (1981).

28 같은 책, 758.

29 같은 곳.

공동체에서 선포되는 바대로 예수 그리스도를 아는 올바른 인식(recta cognitio)을 의미한다. 예수 그리스도에 관한 인식은 동시에 자기 자신에 관한 인식(self-recognition)을 수반한다. 곧 예수 그리스도에 의해서 성취되고 계시된 새로운 존재로서의 자신에 관한 이해이다. 선불교에 있어서 신(信)과 돈오(頓悟)가 결국 자기 자신의 참모습의 발견이요 자기 이해이듯이 그리스도교의 믿음도 그리스도의 존재와 활동을 통하여 변화된 새로운 자기의 발견이며 자기 이해이다. 그리스도 안에서 자신의 오만한 마음이 극복되고 옛 자아가 죽었다는 사실을 알며, 나를 위한 그리스도의 희생과 복종을 통하여 잃었던 의와 생명이 회복되었다는 사실을 아는 자기 인식이다. 그리스도를 아는 행위 속에서 그리스도 안에서 바뀐 자기 자신의 새로운 상황과 새로운 모습을 발견하는 인식이다.

믿음의 세 번째 행위는 고백이다. 믿음은 그리스도를 인정하고 인식함으로써 받아들이기만 하는 행위가 아니라 주는 행위이기도 하다는 것이다.[31] 그리스도에 나타난 하느님의 영광을 인정하고 인식하는 행위는 그것을 드러내고 선포하는 믿음의 행위를 통하여 계속되어야 한다.[32] 이것이 고백으로서의 신앙 행위이다. 그리스도가 나 자신만을 위해서가 아니라 그를 모르는 온 인류를 위하여 죽으시고 다시 살아나셨다는 사실, 하느님께서 그리스도 안에서 세상을 자신과 화해케 하셨다는 객관적 사실을 증거하는 고백의 행위이다. 선불교로 말할 것 같으면 깨달음 후의 중생을 위한 선지식(善知識)과 보살들의 이타행에 해당되는 행위일 것이다.

---

30 같은 책, 761.
31 같은 책, 776.
32 같은 곳.

결론적으로 말해서 믿음과 돈오는 단순한 인간의 주관적 노력에 의한 행위만은 아닌 신비한 사건으로서, 자신에 관한 새로운 진리를 인정하려는 의지적 행위에 근거한 새로운 자기 인식의 행위라고 말할 수 있을 것이다.

## 4. 성화, 사랑, 점수

돈오에 의해 자신의 마음이 곧 부처임을 깨달았으나 그렇다고 해서 자기가 곧바로 부처와 같이 되는 것은 아니라고 지눌은 말한다. 자신의 행실은 여전히 깨치기 이전의 범부의 모습을 그대로 지니고 있으며, 여전히 번뇌에 괴로움을 당하는 자신을 발견한다. 그렇기 때문에 지눌은 깨달음 이전의 사람들에게는 스스로를 범부라고 굴하는 태도를 버리라고 권하지만, 깨달음을 얻은 후에는 스스로를 높여 오만하지 말 것을 권한다.[33] 앎과 실천, 존재와 행동, 깨달음과 행위 사이에는 건너야 할 간격이 있다는 것이다. 따라서 우리는 돈오만으로 만족할 수 없으며, 점수의 행이 뒤따라야 한다.

> 점수란 비록 본래의 성품이 부처와 다르지 않음을 깨달았으나 오랫동안의 습기(習氣)는 갑자기 버리기 어렵기 때문에 깨달음에 의해 닦아 차츰 노력이 이루어짐에 성인의 태(胎)를 길러 오랫동안을 지나 성인이 되는 것임으로 점수라 한다. 마치 어린애가 처음 태어날 때 모든 기관이 갖추어져 있어서 어른과 다를 것이 없지만 그 힘이 아직 충실하지 못하기 때문에

---

33 『節要』, 799-800.

제법 세월이 지난 뒤에야 비로소 사람이 되는 것과 같다.34

    그렇기 때문에 지눌은 오후(悟後)에도 부단한 성적등지(性寂等持)와 정혜쌍수(定慧雙修)의 실천 수행을 권한다. 정(定)과 혜(慧)의 닦음에는 두 가지가 있다. 하나는 자성정혜(自性定慧)요, 다른 하나는 수상정혜(隨相定慧)이다. 전자는 자기 자신의 심성, 곧 공적영지지심(空寂靈知之心) 자체가 본래부터 갖추고 있는 정(定, '空寂')과 혜(慧, '靈知')를 그대로 드러내는 행위로서, 선문(禪門)에 있어서 번뇌의 장애가 지극히 엷고 능력이 뛰어난 사람만이 할 수 있는 '노력 없는 노력'이며, 가벼운 형태의 수행이다. 후자는 반면에 번뇌의 장애가 두텁고 능력이 뒤떨어지는 사람들이 닦는 것으로서 번뇌 하나하나를 점차 대치해 나아가는 구체적인 수행 방법이다. 이것은 본래 돈문으로서의 선문의 수행 방법은 아니나 현실적으로는 많은 사람이 방편적으로 빌려 쓸 수밖에 없는 것임을 지눌은 말하고 있다.35 그렇다면 과연 어째서 돈오의 체험이 미리 필요하며, 깨닫기 이전의 수행과 그 이후의 수행에는 무슨 차이가 있는 것일까?

    지눌에 의하면 선의 진정한 수행은 반드시 오후(悟後)의 수(修)이어야 한다. 오전(悟前)의 수는 번뇌가 본래 공(空)함을 모르고 자신의 본성이 정과 혜임을 모르기 때문에 번뇌를 억누르고 끊으려는 부단한 노력을 하지만, 돌로 풀을 누르는 것과 같아 끝이 없고, 이러한 노력 자체가 도리어 또 하나의 장애를 일으키게 되어 끝없는 악순환에 빠지게 된다고 한다.36 지눌은 이런 수행을 오염수(汚染修)라 부른다.37

---

34 『普照法語』, 43-44.

35 같은 책, 53-55.

36 같은 책, 50.

반면에 오후의 수는 번뇌와 망념이 본래 공함을 깨닫는 무념수(無念修)로서 끊음이 없는 끊음, 닦음이 없는 닦음과 같은 쉬운 길이라는 것이다.[38] 오전의 수가 범부로부터 부처가 되려는 한없는 노력의 길인 반면에 오후의 수는 이미 자기 자신이 곧 부처이며, 범부와 부처의 구별이 본래적인 것이 아님을 깨달은 후에 하는 가벼운 훈련에 지나지 않는다는 것이다. 깨달음 후의 닦음은 이미 얻어진 완성이요 이미 이긴 싸움이라는 것이다.

우리는 깨달음과 수행을 둘러싼 이상과 같은 선불교의 문제의식과 지극히 유사한 것을 그리스도교의 구원론에서도 발견하게 된다. 예수 그리스도를 통하여 이루어진 인류의 구원을 나의 구원으로 내가 믿고 받아들인다 하더라도 과연 나 자신의 추한 모습이 실제로 일순에 사라지는 것은 아니다. 믿음으로써 그리스도 안에서 자신을 인식하면 우리는 자신의 변화된 운명과 상황을 깨닫지만, 자기 스스로의 모습을 볼 때는 여전히 옛 모습 그대로인 자신을 발견할 수밖에 없다고 바르트는 말한다.[39] 그렇기 때문에 우리는 그리스도를 통한 의화(義化)와 그것에 대한 우리의 응답인 믿음에만 머물러 있을 수 없고, 그리스도의 성화(聖化)의 지시와 명령 앞에 놓여 있다는 것이다. 의화와 믿음만으로는 우리의 구원은 불완전할 수밖에 없으며, 성화의 은총과 사랑의 응답이 요구된다. 마치 돈오 후에 점수가 요구되는 상황과 흡사한 것이다. 앎과 실천, 존재와 행위 사이의 괴리는 그리스도교나 선불교를 막론하고 인간이 직면해야 하는 공통의 실존적 고민이며, 앞으로 고찰하겠지만 이 문제를 해결하는 방식 또한 유사성을 지니고 있다.

---

37 같은 책, 54-55.
38 같은 책, 48-49.
39 *Church Dogmatics* IV, 1, 97.

의화가 종이 되신 주님, 하느님의 아들 예수께서 그의 사제의 직분(priestly office)으로서 이루어놓은 화해의 업적이라고 할 것 같으면, 성화는 주님이 되신 종, 인간의 아들 예수가 그의 왕의 직분(kingly office)으로서 성취하신 화해의 업적이라고 바르트는 파악한다.[40] 의화가 죄인을 위한 하느님의 판결에 근거한 것이라면, 성화는 의화된 인간을 위한 하느님의 지시(direction)에 근거하고 있다. 하느님의 판결이 인간이 누구인가를 말해 주는 것이라면, 하느님의 지시는 이러한 판결에 근거하여 이미 화해된 인간이 이제 어디에 속하고, 어디에 거하여야만 하는가를 말해 준다. 즉, 하느님과 화해된 인간으로서 하느님이 통치하시는 하느님의 나라에 살며, 아버지의 자녀로서 아버지의 집에 거하라는 지시요 명령이요 초대이다.[41] 우리로 하여금 그리스도를 따르고 순종하며 제자의 길을 걷는 성도가 되게 하는 부름(call)인 것이다. 곧 죽음의 나태한 잠으로부터 깨어나 새로운 삶으로 전향케 하는 부름이다(the awakening to conversion).[42]

그러나 이 지시와 명령은 우리가 이미 그 나라 안에 있다는 사실과 그곳에서의 생활에 우리 자신을 적응시켜 갈 수밖에 없다는 사실을 깨달으라는 촉구에 지나지 않는다.[43] 그렇기 때문에 이 지시는 사실 어떤 율법이나 명령이라기보다는 일종의 암시나 충고에 지나지 않는다고 바르트는 말한다.[44] 우리가 해야 할 일은 이미 우리를 위해서 결정되고 실현된 바를 따르고 행하는 일뿐이며, 이미 우리를 위해서 선택된 바를 선택하는 일뿐이다.[45] 아버지의 집에서 사는 자녀들이

---

40 *Church Dogmatics* IV, 1, 2: "The Exaltation of the Son of Man."
41 같은 책 IV, 1, 99.
42 같은 곳.
43 같은 책, 100.
44 같은 곳.

아버지의 지시와 인도를 따르는 것은 당연한 일이며, 그 안에 인간의 참된 자유의 본질이 있다. 우리의 자유는 우리 스스로에 있는 것이 아니라 그리스도 안에서 주어졌기 때문에 우리는 그의 지시를 필요로 하는 것이다.[46]

하느님의 지시는 이미 그리스도 안에서 우리에게 주어진 자유를 행사하라는 지시에 불과하다.[47] 한마디로 우리는 이미 하느님의 자녀요 자유인이므로 하느님의 자녀답게 자유인으로서 살라는 지시인 것이다. 직설법(indictive)에 근거한 명령법(imperative)인 것이다. 인간이 이러한 지시 아래 놓여 있음이 다름 아닌 성화(sanctification)이며, 모든 그리스도교 윤리의 전제가 된다고 바르트는 말한다.[48] 성화란 인간의 모든 삶과 존재와 행위가 하느님의 뜻하는 바의 요구(claim) 아래 들어감을 말한다.[49]

그러나 우리가 기억해야 할 사실은 이러한 하느님의 지시와 요구는 구속, 즉 예수 그리스도 안에서 성취되고 계시된 하느님을 향한 인간의 전향의 한 형태라는 점이다. 성화도 그리스도의 화해 행위의 한 요소라는 사실이다. 따라서 성화는 결코 의화로부터 분리될 수 없다. 성화는 결코 인간이 이룩하는 자기 성화가 아니요, 하느님과의 화해란 인간이 공헌할 수 있는 어떤 것이 아니라고 바르트는 강조한다.[50] 성화는 하느님이 이룩한 의화를 인간이 완성하는 어떤 행위가 아니다. 의화와 마찬가지로 어디까지나 그리스도 안에서 그에 의하여 이루어진 성화

---

45 같은 곳.
46 같은 책, 100-101.
47 같은 책, 101.
48 같은 곳.
49 같은 곳.
50 같은 곳.

인 것이다. 그렇기 때문에 인간이 하느님 앞에서 어떤 존재인가라는 판결 못지않게 성화의 지시 또한 하느님의 자유로운 은총의 행위라는 것이다.[51] 고린도전서 1장 30절 말씀과 같이 "그리스도는 하느님께로부터 주어진 우리의 지혜요 의와 성결과 속량이시다."[52]

이처럼 의화와 성화의 교리는 선불교의 돈오점수론과 놀라운 유사성을 지닌다. 우리는 닦음이 돌로 풀을 누르듯 단순히 번뇌의 억압이 아니라 수(修) 아닌 수, 단(斷) 아닌 단으로서의 쉽고 자유로운 행위가 되려면 깨달음의 체험에 근거하고 있어야 한다는 것을 보았다. 깨달음은 닦음을 근본적으로 변화시키기 때문이다. 마찬가지로 의화와 성화는 불가분리로서 그리스도의 화해의 업적이 지니고 있는 양면이다. 성화가 단순히 죄인인 인간을 향한 하느님의 무서운 명령이나 무거운 율법이 되지 않는 이유는 그것이 의화라는 하느님의 은총의 판결에 근거하고 있기 때문이다. 성화 역시 하느님의 은총이기에 쉽고 가벼운 멍에가 된다. 직설법에 근거한 명령법은 명령 아닌 명령, 지시 아닌 지시인 것이다.

그러나 지시는 어디까지나 지시다. 의화가 만인을 위한 그리스도의 은총이지만 믿음으로 응답할 때에 비로소 자기 자신의 현실이 되듯이 성화가 우리에게서 실제로 일어나는 것은 우리가 이러한 지시에 사랑으로 응답하고 나설 때 이루어지는 것이다. 성화는 온 인류를 대신하는 그리스도의 거룩함 속에서 원칙상(de jure) 만인에게 이미 이루어졌지만, 사실상으로는(de facto) 성령의 역사를 통하여 지시를 받고 잠에서 깨어나 성도로서 사는 자들 가운데서 현실화된다.[53] 마치 오후의

---

51 같은 책, 101.
52 같은 곳.
53 *Church Dogmatics* IV, 2, 118-132.

수가 이미 자성정혜(自性定慧)로서 완성되어 있으나 사실상에 있어서는 수상정혜(隨相定慧)를 방편상 닦는 것과 마찬가지이다. 부활하신 그리스도를 바라볼 때 이미 우리는 죄인이 아니요, 높여지고 성화된 존재이나 나 자신을 바라볼 때는 우리는 여전히 죄인이요, 구습을 떨치지 못한 나태한 존재들이다. 그렇기 때문에 우리는 부단히 성화의 지시와 사랑의 실천을 요구받고 있는 것이다. 돈오를 통해서 우리 자신의 마음이 곧 부처임을 깨달았으나 우리의 행실은 여전히 구습에 얽매여 있기에 부단히 점수의 공을 필요로 하는 것과 같다. '이미이지만' '아직도 아닌' 모순의 존재들, 이것이 인간의 실상이며, 이와 같은 모순을 해결하는 것이 성화와 점수의 길이다. 그러나 우리가 걸어야 하는 이 성화와 점수의 길은 가볍고 쉬운 길이며, 이미 이긴 싸움과 같다는 것이 선불교와 그리스도교 구원론의 공통된 증언이다. 오후의 수이며 의화에 근거한 성화이기 때문이다.

지눌에게 있어서 돈오와 점수가 밀접하게 연결되나 분명하게 구별되어야 하듯이 바르트에게 있어서 의화와 성화는 불가분이나 분별없이 혼동되어서는 안 된다. 그에 의하면 가톨릭의 신학은 의화를 성화 속에 포섭하려는 경향이 있는 반면에 복음주의 신학(Evangelical Theology)은 성화를 의화의 의역 정도로 보려는 위험을 지니고 있다고 한다.[54] 하나는 '값싼 은혜'에 떨어지며, 다른 하나는 인간의 자기 의화에 빠질 우려가 있다는 것이다.[55] 그러나 지눌이 선돈오후점수(先頓悟後漸修)를 주장하여 오와 수의 선후를 분명히 가리는 것과는 달리 바르트는 의화와 성화 사이에 분명한 시간적 혹은 내용상의 순서가 있음을 주장하지 않는다.[56] 그러나 그의 논의들은 성화와 의화가 화해라는

---

54 같은 곳.
55 같은 곳.

하느님의 행위의 두 요소이나 전자가 후자에 근거하고 있음을 명백히 밝히고 있다.

죄인들 가운데 내려진 하느님의 판결과 의화의 메시지가 성령을 통하여 그리스도인 공동체를 모으고 개인의 믿음을 불러일으키듯이 하느님의 지시와 성화는 성령을 통하여 그리스도인 공동체를 세우며 개인적으로는 사랑을 불러일으킨다. 믿음과 사랑은 의화와 성화의 관계와 마찬가지로 불가분이지만 구별되어야 하는 것으로서 그리스도교적 실존이라는 동일한 운동의 두 요소라고 한다.[57] 믿음의 순종에는 항시 사랑의 순종이 동반하는 것이다.[58] 그리스도교적 사랑이란 하느님의 사랑에 대한 인간의 능동적인 인정이라고 바르트는 말한다.[59] 이러한 그리스도교적 사랑의 근거는 믿음의 대상인 하느님 자신의 사랑이다.[60] 예수 그리스도 안에 나타난 하느님의 사랑이 먼저 우리에게 은총으로 주어지며, 이에 대한 감사로서 우리는 하느님을 사랑하고, 이웃을 사랑한다.[61] 믿음으로 하느님의 사랑을 받은 그리스도인은 자유 가운데서 하느님의 사랑에 응답하고 증거하는 사랑의 행위를 한다는 것이다. 여기서 우리는 믿음과 사랑이 의화와 성화의 관계와 평행하는 것을 보며, 점수의 노력이 돈오의 체험에 근거하기 때문에 노력 아닌 노력, 자유롭고 가벼운 조율이 된다는 지눌의 사상과 일치함을 본다. 의화가 성화의 기반이 되듯이 믿음은 사랑의 기반이 된다. 성화가 근거 없는 명령과 지시가 아니듯이 사랑

---

56 같은 책, 507-511.

57 같은 책, 728-731.

58 *Church Dogmatics* IV, 1, 102.

59 같은 책, 103.

60 *Church Dogmatics* IV, 2, 751.

61 같은 책, 754 이하.

또한 근거 없는 명령이 아니며, 율법의 멍에가 아니다. 돈오 후의
점수가 억압적 수행이 아니듯.


## 5. 소명, 희망, 증오

의화와 성화로써 하느님과 인간의 화해가 완성되는 것은 아니며,
믿음과 사랑이 그리스도교적 실존의 전부를 이루는 것은 아니다.
예수 그리스도는 그의 예언자적 직분으로서 인간의 구원을 완성하셨
다. 세상은 예수 그리스도 안에서 하느님의 판결과 지시를 받을 뿐만
아니라 그의 약속을 받았으며, 신자들은 희망으로 이에 응답한다.
의화, 성화, 소명(vocation)은 하느님이 예수 그리스도를 통하여 주신
은총의 세 형태이며, 인간은 믿음과 사랑과 희망으로 이에 순종하고
응답한다.[62] 하느님의 약속은 하느님의 판결과 지시에 목적과 방향을
제시해 주며, 우리로 하여금 종말적 미래로 나아가게 한다. 하느님의
나라에서 그와의 친교 속에서 영원한 삶을 누리는 희망을 불러일으킨
다.[63] 믿음이 이미 일어난 사실에 관계되고, 사랑이 현재 일어나고
있는 일에 관계된다면 희망은 아직 오지 않은 미래, 곧 그리스도의
재림을 기다린다. 그러나 그리스도인의 희망 속에서 이 미래는 이미
현재화되고 있다고 바르트는 말한다.[64]
이와 같은 그리스도교의 종말론적 희망에 상응하는 요소를 우리는
선불교에서도 발견할 수 있을까? 선은 과거와 미래보다는 영원한

---

62 *Church Dogmatics* IV, 1, 108-109.

63 같은 책, 110-111.

64 같은 책, 119.

현재를 강조하는 것이 사실이다. 그러나 돈오뿐만 아니라 점수를 강조하는 지눌의 선 사상에 있어 미래를 향한 기다림은 항시 존재한다. 점수란 결국 수행의 과정을 말하는 것이며, 이러한 수행의 과정은 최종적인 완성을 기다리기 때문이다. 지눌은 그것을 증오(證悟)라고 하여 수(修) 이전의 오(悟)인 해오(解悟)와 구별하고 있다. 이론과 실제, 앎과 행동의 괴리가 더 이상 발견되지 않는 깨달음이며, 부처의 마음 그대로를 실현하는 열반의 세계를 말하는 것이다. 그러한 최종적인 완성의 방법으로서 지눌은 화두(話頭)를 간하는 간화선(看話禪)을 권하고 있다. 그러나 그것은 누구나 실천할 수 있는 것은 아니며, 뛰어난 능력을 지닌 극히 일부분의 수행자만이 할 수 있는 것이라고 그는 말한다.

하느님 나라와 열반은 그리스도교와 선불교가 각각 궁극적으로 지향하는 바로서, 이미 어느 정도 우리의 현실이기는 하나 아직도 그렇지 못하다는 것이 공통된 증언이다. "나는 이 모든 것을 이미 얻었다는 것도 아니요, 또 이미 완전해졌다는 것도 아닙니다. 다만 그것을 잡으려고 달려가는 것뿐입니다"(빌 3:12)라는 사도 바울의 고백에 지눌은 주저 없이 동의를 표했을 것이다.


## 6. 맺음말

선불교와 그리스도교, 지눌과 칼 바르트 사이에는 엄청난 간격이 존재한다. 이들의 사상에 있어서 어떤 내용적 공통성을 기대하기란 처음부터 거의 불가능한 일이며, 이 글은 그러한 것을 시도하지는 않았다. 다만 그리스도교와 선불교가 모두 인간 존재의 근본적 변혁을 추구하는 구원의 종교라는 사실에 기조하여 칼 바르트와 지눌이 구원의 문제에 접하는 문제의식과 접근 방법을 비교적으로 고찰해 보았다. 그러나 이 글의 목적은 단지 양자의 사상을 비교하려는 것만도 아니었다. 오히려 이러한 비교를 통해서 선불교에 대한 하나의 그리스도교적 이해를 시도해 보려는 것이었다. 인간의 구원이라는 공통의 과제를 놓고 지눌의 선불교가 고심하고 있는 문제들을 바르트의 그리스도교 복음 이해의 관점에서 가능한 한 공감적으로 이해해 보려는 것이었다. 이러한 시도는 필자로 하여금 자연히 양자 사이에 발견되는 많은 사상적 차이점들을 부각시키기보다는 공통점에 치중하게 만든 것이 사실이다. 불교와 그리스도교와 같이 너무나도 상이한 두 종교의 상호 이해를 위해서는 우선 공통점의 포착을 통한 공감대의 형성이 필요하며, 이러한 공감대를 바탕으로 하여 비로소 진정한 대화는 가능하게 될 것이다.

선불교와 그리스도교는 그 사용하는 언어와 개념이 다르다. 세계와 인간을 보는 눈이 상이하고, 궁극적 실재에 대한 체험 양식에도 근본적인 차이가 존재한다. 흔히 그리스도교는 불교식 표현을 빌린다면 타력 신앙이요, 선불교는 자력 종교라 한다. 사실 우리의 비교 연구가 말해 주듯이 양자의 구원론의 두드러진 차이점 중 하나는 선불교가 돈오와 점수라는 인간의 행위만을 구원의 방도로서 지시하는 반면에 은총을 강조하는 그리스도교의 구원론은 의화, 성화, 소명이라는 그리스도의 객관적 은총과 믿음, 사랑, 희망이라는 인간의 주관적 응답을 동시에 필요로 한다는 점이다. 그러나 돈오와 점수가 궁극적으로 볼 때 정말로 인간의 주관적 행위뿐일까? 돈오와 점수는 결코 불성(佛性)의 진리를 떠나서 이루어지는 행위가 아님을 우리는 보았다. 선이든 그리스도교든 진리에 의한 자유와 구원을 말하고 있으며,

진리란 이미 존재하는 것이지 내가 만들어 낸 것은 아니다. 물론 진리에 대한 이해가 양자에 있어서 차이가 있다는 사실을 간과할 수는 없다. 그리스도교는 진리의 인격성과 초월성을 강조하는 반면에 선은 진리의 비인격성과 내재성을 강조한다. 그러나 양자 모두 진리로부터 소외된 인간 존재의 모습을 안고서 고민하는 종교들이며, 각기 진리 회복의 길을 제시하고 있다. 소외된 인간의 자기 회복의 길을 제시하고 있는 것이다.

# 선과 민중 해방
## ― 임제의현의 사상을 중심으로

## 1. 종교와 해방

선과 민중 해방은 만날 수 있는가? 이 둘은 양립할 수 있는 것일까? 선은 흔히 번거로운 삶을 피하여 다만 개인의 마음의 평안만을 추구하는 종교로 간주된다. 그리하여 많은 사람은 선의 '현실 도피적'이고 '몰역사적' 태도를 비판한다. 이러한 일반적인 견해는 선에 대한 정확한 이해에 근거해 있다고 말할 수는 없다. 선은 그러한 이기적 도피주의에 빠진 사람을 '취적지도'(趣寂之徒)라 비판하고 있으며, 정적한 삶만을 탐하는 이러한 취적 행위는 세상사에 대한 집착 못지않게 그릇된 태도로 간주된다. 유명한 선사들의 삶을 살펴볼 것 같으면 선이란 일상생활과 매우 밀착되어 있는 활기찬 현실적인 종교임이 분명하다. 선은 적어도 초세간적인 혹은 타계주의적인 형태의 구원을 추구하지는 않는다. 왜냐하면 선은 현상세계와 분리되어 있는 어떤 형이상학적 실재도 인정하지 않기 때문이다.

그러나 이상과 같은 사실에도 불구하고 선의 세계에 대한 긍정과 온갖 갈등과 혁명적 변화가 그치지 않고 일어나고 있는 역사적 세계에 대한 현대인의 긍정 사이에는 건너기 어려운 단절이 있는 것 같다. 역사적 세계의 긍정은 세계와 인생에 대하여 선과는 전혀 다른 태도를 요구한다. 선에서 '사물을 있는 그대로' 긍정하는 것과 사회·역사적 세계에 존재하는 가혹한 착취와 억압의 현실을 있는 그대로 직면하는 것은 별개의 일인 것이다. 그렇다면 세계에 대한 선적 태도는 우리로 하여금 억압받고 비인간화된 민중에 대한 구체적이면서도 진지한 관심을 불허하는 것은 아닐까? 선의 비도덕적(amoral) 혹은 초도덕적 (supramoral) 종교적 체험은 정열적인 도덕적 헌신이나 약자와 짓밟힌 자들을 위한 강한 편파적 의무감과 같이 갈 수 있는 것일까? 이러한 문제들은 선이 민중 해방에 기여할 수 있는 방식들을 탐구해 보는 이 글에서 우리가 고찰해야 할 근본적인 문제들이다.

그러나 오늘날 이러한 민중 해방 운동으로부터 오는 도전과 부딪혀야 하는 것은 선만이 아니다. 오늘날 세계의 모든 종교 전통은 중세의 기나긴 잠에서 깨어나 역사적 세계를 대면하기 시작했으며, 어떤 종교 공동체도 더 이상 민중 해방 운동의 불길로부터 안전하게 도피할 수 없게 되었다. 종교는 이렇게 역사화된 세계에 어떻게 관계할 것이며, 인간으로서 그리고 '역사의 주인'으로서 자신들의 권리를 자각하기 시작한 사람들을 위하여 과연 무엇을 할 수 있을 것인가? 몰트만이 오늘날의 그리스도교 신학에 관해서 말하고 있는 바는 아마도 선을 포함한 다른 모든 종교 전통에도 마찬가지로 타당할 것이다.

현대의 신학은 불가피하게 자유의 신학이 될 것이다. 현대 세계는 해방 운동들로부터 태어났으며 아직도 더 그러한 운동 속에 붙들려 있다. 교회 와 신학이 너무나 오랫동안 전통적인 '권위주의적 원칙'에 집착해 왔기 때 문에 많은 자유 운동은 무신론과 연합해 왔다. 만약 그리스도교 신학이 현대 무신론을 극복하고자 한다면 먼저 그 충격을 극복하고 민중의 출애 굽과 그리스도의 부활을 '가능케 한' 성서의 하느님이 인간의 자유를 방해하지 않고 오히려 그 근거를 제공하고 보호하고 옹호한다는 것을 증명해야만 한다.[1]

모든 종교 전통은 해방을 약속한다. 불교도 예외가 아니며, 그 궁극적 목적은 바로 모든 중생을 무상한 세계의 고통들로부터 해방시키는 일이었다. 그렇다면 결정적인 문제는 종교적 해방과 현대의 세속적 해방이 동일한 차원과 종류에 속하는 것이며, 만약 그렇지 않다면 양자는 어떠한 관계를 지니고 있는가 하는 문제일 것이다. 이 둘은 어떤 방식으로든지 합류할 수 있는 것인가 아니면 전혀 길을 달리하며 때로는 상호 적대적이기도 한 것인가? 종교적 해방은 세속적 비판가들로부터 날카로운 공격을 받아 왔다. 그들은 비판하기를, 종교는 현실적인 역사적 해방 대신 거짓된 초역사적이고 형이상학적인 해방을 약속해 왔다고 한다. 따라서 종교는 사후의 어떤 이상세계를 약속함으로써 민중들로 하여금 삶의 가혹한 현실에 눈을 감게 하는 '민중의 아편'이라는 것이다. 종교는 또한 사회·정치적 영역과 같은 객관적 세계의 '실제적'(real) 문제들은 도외시하고, 개인의 영혼에 국한된 반사회적·내면적 해방에 집착해 왔다고 비판한다.

오늘날 종교적 양심은 더 이상 이러한 비판들을 도외시할 수 없게 되었다. 종교적 해방은 세속적 이상주의자들이 추구하는 역사적 해방과 완전히 일치하지 않을는지도 모른다. 종교는 또한 실재에 대한 인식을 독점하여 그것에 따라 종교적 진리를 심판하고자 하는 세속주

---

1 Jürgen Moltmann, *Was ist heute Theologie?* (Freiburg, Basel, Wien: Herder, 1988), 32.

의자들의 주장을 거부할 수도 있을 것이다. 그러나 분명한 것은 종교 그리고 종교가 약속하는 해방의 메시지가 어떠한 방식으로든지 사회 · 역사적 세계에서 정의와 평화를 이룩하려는 민중의 노력과 투쟁을 방해하거나 약화시켜서는 안 될 것이라는 사실이다. 우리가 만약 해방을 향한 억압받는 민중들의 외침에서 하나의 '종교적' 차원을 발견할 수 있다고 할 것 같으면―"밥이 하느님이다"― 그리고 또한 완전한 인간으로서의 삶을 살고자 하는 민중들의 끊임없는 열망 속에서 어떤 종교적 의미를 발견할 수 있다고 할 것 같으면, 종교적 해방과 세속적 해방은 어떤 방식으로든지 만나야 할 것이다. 적어도 종교가 인간의 인간성을 회복하고 지키려는 것인 한 인간화를 위한 민중의 열망을 외면하지는 못할 것이기 때문이다.

그렇다면 과연 선이 민중 해방 운동과 어떻게 만날 수 있을 것이며, 그것을 위하여 어떤 역할을 할 수 있는가?

## 2. 선과 해방적 관심

선이 민중 해방 운동에 공헌할 수 있으려면 무엇보다도 선의 종교적 체험 자체가 억압받는 자들의 구체적인 고통에 대한 심각한 관심과 양립할 수 있어야만 한다. 민중 해방을 위한 헌신은 강한 역사의식과 결단을 수반할 뿐만 아니라 복잡한 사회 현실에 대한 예리한 분석과 판단을 필요로 한다. 선적 해방의 체험은 이러한 역사의식과 양립할 수 있으며, 갈등과 모순의 사회 현실을 직시하도록 허용하는가? 이 문제에 관해서 루벤 하비토는 다음과 같은 관찰을 하고 있다.

이 세 번째 문제—역사에 있어서 하느님의 해방적 행위에 선은 어떤 역할을 할 수 있는가?—에 대한 답은 선의 버팀목인 진정한 깨달음의 체험을 통하여 나올 수 있다. 이 체험은 인격을 자기중심성으로부터 해방하여 이기심을 비우고 모든 존재와 더불어 하나가 되어 사는 전적인 자유의 삶으로 나아가게 한다. 그러한 인격의 해방은 개인으로 하여금 인간을 눈멀게 하고 노예로 만드는 자기중심성이 우리의 구체적 세계의 사회, 경제, 정치적 구조들까지도 오염시키고 있다는 것을 보게 한다. 그리하여 이러한 집단적 자기중심성은 대중들의 고통을 자아내는 억압과 착취와 폭력으로 이어지는 사회적 관계들 속으로 스며들고 확대된 것으로 파악된다. 물론 선 체험 자체로는 사회의 구조적 악을 꿰뚫어 보고 사회적 참여를 요구하는 사회적 성향을 지닌 비전을 확보해 주지는 않는다.

하비토는 계속해서 말한다.

이와 같은 비전을 위해 요구되는 것은 또 하나의 단계로서, 구체적 상황 속에서 고통받고 착취당하는 자들의 고통에 참여하면서 억압과 착취의 현실을 직접 대면하는 일이다. 그러한 대면은 깨달음의 해방적 지혜와 더불어 주어지는 자비(compassion)의 샘을 솟게 하여 선의 사회적 차원을 열어주며, 개인으로 하여금 역사에서의 하느님의 해방적 행위 속으로 그 모든 의미에서 자신을 전적으로 투신하도록 해 준다.[2]

여기서 우리는 선의 깨달음의 체험 그 자체가 이 '또 하나의 단계'를

---

2 Ruben L. Habito, *Total liberation: Zen spirituality and the social dimension* (Maryknoll, New York: Orbis Books, 1989), "Introduction," xv-xvi.

가로막지 않는지 심각하게 물어보아야 할 것이다. 우리의 물음은 공(空)의 진리를 인식하는 절대적 무분별지(無分別智, nirvikalpa-jnana)에 근거한 선의 해방적 체험이 억압받는 사람들의 구체적 고통의 경험을 얼마만큼이나 정당하게 대할 수 있을까 하는 문제이다. 이 문제는 선의 체험을 먼저하고, 그다음 이와 별도로 사회적 현실을 대면한다는 순차적 방법에 의해서 다루어질 문제가 아니다. 문제는 오히려 깨달음의 체험 자체가 심각한 사회적 현실을 보는 우리의 눈과 태도에 어떠한 영향을 미치는가 하는 것으로서, 이 문제는 곧 선 체험의 근저에 깔려 있는 존재론과 해방 운동이 요구하는 사회ㆍ윤리적 의식의 관계에 관한 문제인 것이다. 이 문제는 또한 대승불교의 전통적인 도식, 즉 지혜(prajna) 더하기 자비(karuna)라는 보살의 덕목에 의하여 만족스럽게 해결되기도 어렵다. 왜냐하면 깨달음에 의하여 주어지는 실재에 대한 선적 통찰이 과연 중생의 실제적 고통에 대하여 몸으로 느끼는 진정한 자비를 가능케 할 것인가라는 질문이 또다시 제기되기 때문이다.

나는 이 문제를 이미 "민중불교, 선 그리고 사회윤리적 관심"이라는 글에서 고찰한 바 있으며,[3] 그 글의 요지는 다음과 같다. 선은 일상적 세계를 전적으로 부정하거나(色卽是空) 긍정(空卽是色) 혹은 부정과 긍정을 동시에 할 수는 있어도 일상적 경험 세계의 일부는 부정하고 다른 일부는 긍정하는 선택적(혹은 차별적) 긍정이나 부정의 원리를 지니고 있지는 않다는 점이다. 달리 말해 선의 존재론은 모든 것을 긍정하거나 모든 것을 부정하는 자유로움은 보이고 있으나 현실의 어떤 면은 받아들이고 다른 면은 배격해야만 하는 윤리적 입장과는 양립하기 어렵다는 것이다. 선은 사물을 '있는 그대로'(things as they

---

3 「종교연구」, 제4집 (1988): 27-40.

are) 순수하게 받아들이나 사물이 '있어야만 하는'(things as they ought to be) 당위적 상태를 지향해가는 종교적 논리를 결여하고 있다는 주장이다.

선의 세계 긍정적 측면을 강조하거나 혹은 지혜 더하기 자비가 선과 해방적 관심을 매개할 수 있는 튼튼한 기반이 될 수 없음을 감안할 때, 우리는 양자를 유기적으로 연결시키는 또 다른 길을 모색해 보지 않을 수 없다. 나는 이러한 탐구의 하나로 이 글에서 선이 지니고 있는 '휴머니즘적' 요소에 초점을 맞추면서 그것이 민중 해방을 위한 선 자체의 내재적인 종교적 동기를 제공할 수 있는가를 고찰해 보고자 한다. 이러한 목적을 위하여 나는 중국의 선사 임제의현(臨濟義玄)의 선 사상을 중점적으로 검토해 보고자 한다. 임제는 물론 선 역사상 가장 역동적이고 창의적인 인물 가운데 하나였으며, 중국, 한국, 일본의 선 전통에 지대한 영향을 주어 온 인물이다. 선의 휴머니즘적 요소라 할 때 나는 무엇보다도 임제 사상이 지니고 있는 '사람'에 대한 특별한 강조를 염두에 두고 있다. 임제 사상의 이러한 측면을 제일 먼저 주의 깊게 살펴본 사람은 스즈키 다이세츠(鈴木大拙)였다. 그는 "임제의 기본사상"이라는 논문에서 "『임제록』은 '인'(人)을 기본으로 하여 설하여 졌고, 인의 활동을 기록하고 있다. 이 '인'을 이해하면 이 책을 관통하고 있는 것을 포착할 수 있다"라고 말하고 있다.[4] '인'이란 말은 『임제록』에서 196회나 사용되고 있다.[5] 이 말의 사상적 의미에 관하여 야나기다 세이잔(柳田聖山)은 다음과 같이 말한다.

'인'의 주장은 확실히 『임제록』 전체를 꿰뚫고 있는 것이다. 임제 이전의

---

4 『鈴木大拙 全集』 제3권 (東京: 岩波書店, 1968), 350.
5 『臨禪』 佛典講座 30 (東京: 大藏出版, 1972), 314.

전통적인 불교학자가 법성(法性)이라든가 진여(眞如)라든가 혹은 불성 (佛性)이라든가 여래장(如來藏)이라든가, 심성(心性)이라든가 진성(眞 性)으로 부른 불교에 있어서 주체성의 문제를, 이러한 시설(施設)을 버리 고 단지 현실의 구체적인 인간에 있어서 파악한 것은 확실히 임제가 최초 이며 혹은 동시에 최후일는지도 모른다.[6]

야나기다는 임제의 이러한 인간 강조 사상에서 전통적인 대승의 존재론과는 다른 선의 세계에 대한 새로운 접근 양식을 보고 있다. 그에 의하면 '인'의 주체성을 강조하는 임제의 사상은 인간과 세계의 새로운 관계를 가능케 한다. 약간 길기는 하나 그의 말을 직접 들어볼 필요가 있다.

일반적으로 불교는 현실의 세계는 세속으로서의 세간이며, 세간은 어디 까지나 무상하고 진리는 이것을 초월하는 곳에 있다고 한다. 물론 세간과 출세간은 상즉(相卽)하는 것이며, 출세간이라 해도 전혀 세간을 떠나버 리는 것이 아니며, 세간을 완전히 부정해 버리는 것도 아니다. 오히려 참된 출세간은 세간에 즉(卽)한 것이 아니면 안 된다. 이른바 일단 부정된 세간 은 출세간의 수연(隨緣)으로서 다시 긍정되며, 출세간적 진리가 활동하 는 장소가 된다. 임제가 이상과 같은 불교 일반의 통설을 알고 있는 것은 말할 필요도 없다. 그러나 그는 스스로는 세간이라는 말을 사용하지 않는 다. 『임제록』에 나오는 겨우 두 가지밖에 안 되는 예는 모두 고인의 언구의 인용에 지나지 않는다. … 그가 삼계(三界)나 세간을 보는 방식은 불교의 통설과 전혀 다름이 없다.

---

6 같은 책, 318.

야나기다는 계속해서 말한다.

그러나 현실의 세계의 무상함에 대한 반성으로부터 출발하여 이 무상한
세계를 어떻게 할 것인가 하는 문제에 오면 그는 이러한 세계가 필경(法)
을 들고 있는 '인'이 붙이는 명구(名句)에 지나지 않는 것임을 지적한다.
여기서 임제의 말은 돌변한다. … 그리하여 삼계는 법(法)을 들고 있는 '인'
의 심(心)의 대지(大地)를 떠나지 않고 오히려 법을 들고 있는 '인'이 스스
로 부여한 이름에 지나지 않는다고 한다. 이른바 세간도 출세간도 모두
'인'이 활동하는 장소로서 '인'이 부여한 명구에 지나지 않는다. 명구는 의
(依) 혹은 의(衣)이며, 이것들은 필경 무의(無依)의 것이 아니기 때문이다.
… 이것은 이른바 관념론이 아니다. 심이나 의식이 삼계라는 실체를 만들
어 낸다는 뜻이 아니다. … 환언하자면 이것은 현실의 인간의 존엄성을
직시하는 것 이외의 것이 아니며, 이러한 의미는 임제에 와서 가장 강하다.[7]

그러면 이제 임제 사상이 지닌 이러한 측면을 좀 더 자세히 살피면
서 이와 같은 선적 휴머니즘이 과연 선과 민중 해방 운동이 협력할
수 있는 튼튼한 토대를 이룰 수 있는지 검토해 보자.


## 3. 임제 선의 휴머니즘

만약 전통과 해방이 어떤 과격한 합리주의자들이 주장하듯 두
개의 모순적 가치들이며, 만약 종교가 전통의 토대가 되어 온 것이

---

7 같은 책, 369-371.

사실이라면, 모든 해방 운동은 종교의 부정, 즉 종교로부터의 해방에서 시작해야 할 것이다. "종교의 비판은 모든 비판의 전제다"라는 마르크스의 말이 옳을 것이다. 그러나 종교의 비판은 언제나 세속적 진영으로부터만 온 것은 아니다. 종교는 기존의 종교 전통 내에서 더 이상 의미를 발견하지 못하는 사람들에 의하여 내부로부터 도전을 받기도 했다. 선은 그 가장 좋은 예 가운데 하나이다. 기존의 번쇄한 경전 해석과 정교한 교리 체계, 복잡한 의례들과 명상법들에 더 이상 만족할 수 없었던 선은 이러한 전통적 불교의 가치들에 대한 하나의 대담한 반발로 시작되었던 것이다. 선의 강한 우상 타파적 반전통주의는 무엇보다도 부처님의 말씀이자 불교 전통의 토대인 경전에 대한 과격한 평가절하에 잘 나타나 있다. 선은 이러한 면에서 불교 아닌 불교라고까지 불릴 수도 있다.

문자에 대한 선의 불신은 유명하다. 문자는 본성상 추상적 관념들이나 이론만을 표현한다. 문자는 삶의 직접적인 경험을 통하여 계시되는 생동적인 진리로부터 인간을 소외시키며 진리를 '사건'으로서 포착할 수 없다. 선에 의하면 말이란 그 자체의 논리와 선입견으로 인하여 실재의 파악을 왜곡시킬 수밖에 없다고 한다. 따라서 선은 수수께끼 같은 표현들이나 알 수 없는 언사들 그리고 때로는 모순적인 진술들을 서슴지 않고 사용하기를 좋아한다. 이러한 표현들은 언어라기보다는 일종의 '반언어'(反言語) 혹은 언어 아닌 언어로서 받아들여져야 할 것이다. 선사들이 자신들이 터득한 종교적 진리를 전달하는 매체로서 체계적인 논서보다는 그들의 어록에서 보이는 바와 같이 일상적인 언어로 주고받는 살아 있는 대화를 선호하는 것도 또한 당연한 일이다. 요컨대 경전과 문자의 거부는 불타 자신으로까지 소급되는 전통의 권위를 거부하는 것과 마찬가지이다. 선은 어떠한 전통적 진리든지 그것이 자기 자신이 직접 깨달은 진리가 아니고, 타자에 의하여—그들이 부처이든 혹은 선사들이든— 전달되는 한 거부한다. 어떠한 보편적 진리나 어떠한 객관적 진리도 자기 자신의 깨달음의 체험을 통하지 않고서는 무의미하다는 것이다.

이와 같은 선의 반전통주의와 반권위주의는 임제의 선 사상에 가장 강력하게 나타나 있다. 임제에 의하면 선은 자기 자신에 대한 믿음, '자신'과 타인의 권위에 대한 배격으로부터 시작한다. 임제는 자신의 결여를 깨달음으로 나아가는 데 있어서 가장 큰 장애로 여긴다.

> 수행자들이여, 옛날 선덕(先德)들은 모두 사람을 구출하는 길을 갖고 있었다. 산승(山僧)이 사람들을 가르치는 것으로 말하자면 여러분이 다만 다른 사람에 의하여 미혹되지 말기를 요구할 뿐이다.
> '진실(眞實)의 자기를' 활용하고자 한다면 곧 활용하고 지체하거나 머뭇거리지 말라. 요즈음의 수행자들은 '깨달음'을 얻지 못한다. 어디에 병이 있는가? 그들의 병은 스스로를 믿지 못하는 곳에 있다. 그대들은 자신이 부족하기 때문에 곧 정신없이 일체의 경(境)을 따라서 굴러다니며 만 가지 외경(外境)에 이끌려 다니며 자유를 얻지 못한다. 그대들이 만약 능히 생각마다 '밖을 향해' 치달으며 구하려는 생각을 쉴 수 있다면 곧 조불(祖佛)과 다름이 없다.[8]

"타인에 의하여 미혹되지 않는다"라는 것(不受人惑) 혹은 "아무에

---

8 秋月龍珉 역주, 『臨濟錄』, 禪の語錄 10 (東京: 筑摩書房, 1972), 38. 여기에서는 위의 秋月龍珉의 역주본을 사용했으며 그 밖에도 柳田聖山의 역주 및 Paul Demiéville 역주, *Entretiens de Lin—chi* (Paris: Fayard, 1972)와 Ruth Fuller Sasaki 역, *The Recorded Sayings of Ch'an Master Linchi-Hui-chao of Chen Prefecture* (Kyoto: The Institute for Zen Studies, 1975)를 참조했다.

의해서도 자기를 속이게끔 허락지 않는다는 것"9이야말로 임제에 의하면 선 수행자가 취해야 할 가장 중요한 자세이다. 자신의 결여로 인하여 타인에 의해 미혹된다는 것은 임제에 의하면 주체성의 상실을 의미하는 것이며, 이것은 정신적 노예 상태나 다름없다. 선은 이것을 맹렬하게 거부해야만 한다. 임제의 유명한 설법을 들어보자.

> 수행자들이여, 그대들이 참다운 견해를 얻고자 원한다면 다만 인혹(人惑)을 받지 말아라. 안에서든 밖에서든 만나는 것마다 즉시 죽여버려라. 부처를 만나면 부처를 죽이고, 조사를 만나면 조사를 죽이고, 나한을 만나면 나한을 죽이고, 부모를 만나면 부모를 죽이고, 친권속을 만나면 친권속을 죽여라. 그래야 비로소 해탈을 얻고 아무 물(物)에도 구속받지 않고 일체에 투탈(透脫)하여 자재(自在)하리라.10

타인에 의하여 미혹되지 않고 정신적 노예 상태를 거부하는 사람을 임제는 무의도인(無依道人)이라 부른다. 임제는 말하기를 불(佛)은 무의(無依), 곧 정신적 독립성으로부터 탄생된다고 한다.

> 다만 법(法)을 듣고 있는 무의도인(無依道人)만이 있을 뿐이며 이것이 제불(諸佛)의 모(母)이다. 그런고로 불(佛)은 무의로부터 생긴다. 만약 무의를 깨달으면 불 또한 얻을 것이 아니다. 만약 이와 같이 볼 수 있다면 이것이 진정한 견해이다.11

---

9 "Ne se laisser abuser par parsonne," Paul Demieville 번역, 위의 책, 55.
10 『臨濟錄』, 101.
11 같은 책, 65-66.

타인에 의해 미혹되지 않는 사람은 결코 '손님'이 되지 않으며 언제나 '주인 노릇'(作主)을 한다.12 그러한 사람은 결코 타인으로 하여금 자신을 하나의 대상(境)으로 취급하도록 허락하지 않으며, 결코 자신을 꿰뚫어 보도록 허락하지 않는다. 임제는 선객들이 만나서 선문답을 할 때에 벌어지는 상황을 이러한 '주'(主)와 '객'(客)의 대치 관계로 파악한다. 그리하여 두 선사가 만나서 문답을 할 때면 행여 자신의 주체성이 상대방에 의하여 빼앗기거나(令皮) 혹은 자신이 하나의 대상으로 전락될까 봐 치열한 정신적 싸움이 벌어진다. 마지막 순간까지 자신의 주체성을 지키는 자가 '주'(主)가 되며 승자가 되는 것이다.

무의도인(無依道人)은 인혹(人惑)뿐만 아니라 경혹(境惑), 즉 대상 세계에 의한 미혹도 거부한다.13 그 대상이 무엇이든, 그것이 세상사든, 자기가 처한 상태나 상황이든 혹은 어떤 교리나 관념이든 그 어느 것도 신을 미혹하도록 허락해서는 안 된다. 어떤 대상이 다가오든, 어디에 처하든 '인'은 결코 경에 의하여 좌우되지 않으며, 오히려 경을 자유로이 '타며'(乘境) 사용(用境)한다.14 임제 자신의 말을 들어보자.

그대들이 다만 처한 곳마다 주인 노릇을 하면(作主) 서 있는 곳마다 진(眞)이 된다. 경(境)이 다가와도 그대들을 끌어내지 못한다. 설사 그대들이 과거 악업(惡業)의 습기(習氣)가 있고 오무간업(五無間業)을 지었다 하더라도 저절로 해탈의 대해(大海)가 되어버릴 것이다. 오늘날의 수행자는 법을 알지 못하여 마치 코가 부딪치는 것마다 입 안에 넣는 양과 같다. 노비

---

12 같은 책, 56, 74.

13 같은 책, 97.

14 같은 책, 71, 不被境轉 處處用境.

와 주인을 판별 못 하고 손님과 주인을 구별 못 한다. 이러한 사람들은 사심(邪心)으로 인도한 사람들로서 떠들썩한 곳을 마구 출입한다. 진짜 출가인이라 할 수 없고 오히려 진짜 속가인이다.[15]

임제는 진리에 접근하는 자신의 방식에 관하여 다음과 같이 말하고 있다.

대장부는 주인(主人)이다, 시(是)이다, 비(非)이다, 색(色)과 재(財)를 논하면서 논설과 한가로운 이야기로 세월을 보내지 않는다. 산승(山僧)에 관한 한 승(僧)이든 속(俗)이든 다만 [法을] 구하여 찾아보는 자가 있으면 철저히 그를 알아버린다. 그가 어디서 오든 [그의 입장이 무엇이든] 그가 [사용하는] 모든 명성(名聲)이나 문구(文句)는 모두 몽환(夢幻)과 같은 것이다. 그러나 나는 그에게서 경을 타고 있는 사람(乘境低人)을 보며 이것이 곧 제불(諸佛)의 깊은 뜻이다. 불의 경(境)이 스스로 "내가 불경(佛境)이다"라고 말할 수는 없다. 오히려 바로 이 무의도인(無依道人)이 경을 타고 나온다.[16]

'경'은 임제에게 우리가 항상 갈아입는 옷과 같다. 무의도인은 자신의 주체성이나 전체성을 상실함이 없이 자유롭게 의복을 갈아입는다. 임제는 주체로서 자기 자신이 지닌 자유에 대하여 다음과 같이 말하고 있다.

---

15 같은 책, 56-57, 隨處作主 立處皆眞.
16 같은 책, 74.

산승이 오늘 [사용하는] 활동 방식으로 말할 것 같으면 진정으로 세우기도 하고 파괴하기도 하며 신통한 변화를 가지고 놀며 일체의 경에 들어가나 가는 곳마다 무사(無事)이며 경이 나를 빗나가게 하지 못한다. 구하여 찾아오는 자가 있으면 나는 곧 나가 그를 보지만(看) 그는 나를 알지 못한다. 내가 곧 여러 가지 옷을 입으면 학인들은 이해하려는 [마음을] 내서 곧바로 나의 언구(言句)에 빠져버린다. 불쌍하도다, 눈먼 대머리 무안인(無眼) 人들은 내가 입은 옷을 붙잡고 청색, 황색, 백색이다 말한다. 내가 옷을 벗고 청정경(淸淨境) 중에 들어가면 학인들은 보고는 곧 좋아서 사모하는 마음을 낸다. 내가 다시 옷을 벗으면 학인들은 실심(失心)하여 정신없이 미쳐 뛰어다니면서 내가 벌거벗었다고 소리 지른다. 내가 그때 그들에게 옷을 입고 있는 나라는 사람(人)을 아느냐 모르느냐 물으면 갑자기 머리를 돌려 나를 알아본다.

임제는 계속해서 다음과 같이 말하면서 수행자들을 경고한다.

대덕(大德)들이여, 그대들은 옷을 보지 말아라. 옷은 [스스로] 움직일 수 없고 사람이 옷을 입을 수 있는 것이다. 청정의 옷이 있는가 하면 무생(無生)의 옷도 있고, 보리의 옷, 열반의 옷, 조사(祖師)의 옷, 부처의 옷도 있다. 대덕들이여, 모든 명성과 문구는 모조리 옷의 변화에 지나지 않는다.[17]

한마디로 옷에 의하여 현혹되지 말라는 것이 임제가 주는 메시지의 핵심이라 할 수 있다. '명구'(名句), 곧 개념이나 관념들, 체계나 이념들은 모두 하나같이 우리가 편의에 따라 자유로이 입을 수도 있고,

---

17 같은 책, 120.

벗을 수도 있는 옷에 지나지 않는 것이며, 우리는 결코 그 어느 것에도 집착해서는 안 된다는 것이다. 무의도인은 곧 무의(無依)도인이다.

이것이야말로 진정 해방적 메시지가 아닐까? 이것은 또한 우리를 해방의 메시지 그 자체로부터 해방시켜 주며, 모든 해방의 이데올로기에 내재하고 있는 억압적 요소로부터 우리를 해방시킬 수도 있는 그러한 메시지가 아닐까? 폴 드미빌은 임제의 이러한 자유 속에서 '중국적 휴머니즘'의 표현을 발견한다. 위에 인용한 임제의 말에 대해서 그는 다음과 같이 언급하고 있다.

이 구절은 우리로 하여금 앤더슨의 동화 백작과 투명한 옷에 대한 이야기를 생각나게 한다: "그러나 제가 보기에는 백작님이 아무 옷도 안 입었는데요"라고 꼬마가 말한다. "저런, 천진난만한 말이로구나!"라고 그의 아버지는 말한다. 그러나 이 구절은 무엇보다도 유명한 공자의 말을 생각게 한다: "도를 크게 하는 것은 인간이지 도가 아니다." 혹은 또 장자의 말, "진인(眞人)이 있은 다음 진지(眞知)가 있다"라는 것을 상기시킨다. 인간이 없이는 하느님은 아무것도 아니고, 모든 것은 인간 안에 있다.

이것은 임제의 휴머니즘이다. 이것은 중국적 휴머니즘이며 중국 불교인의 휴머니즘으로서 아마도 불교적이기보다 중국적인 것이라하겠다. 모든 종류의 부질없는 이론들의 무조건적인 부정, 이와 더불어 구체적이고 직접적이고 생동적인 실천에 대한 이 엄청난 감각보다 더 중국적인 것은 없다. 인도와는 반대로 중국은 현실적인 것에 집착하며 그보다 더 현실적인 사상은 없다. 바로 이러한 사상의 단순성이야말로 우려를 당혹케 하는 이유이다. 그러나 우리가 일단 그 맛을 보고 나면 추상적인 것들은 무미건조하게 보인다라고나 할까? 그리고 마르크스적 교리 체계도 임제에 의하

여 가해진 불교 교리 체계의 운명을 겪고자 하지 않을진대 이 점을 놓치지 말아야 할 것이다.[18]

임제는 자기 스스로는 수행자들에게 아무것도 줄 것이 없다고 말한다. 수행자들이 타인에 의하여 미혹되어서는 안 되듯이 임제에게 의존해서도 안 된다. 임제의 선 교육 방법론은 각각의 수행자로 하여금 홀로 서도록 하는 일이다.

> 제방(諸方)의 수행자들 가운데서 아무 물(物)에도 의존하지 않고 [내 앞에] 나아온 자는 아직 아무도 없었다. 그러나 산승은 여기서 처음부터 그들을 친다[그들이 의존하고 있는 물을 빼앗는다]. 손을 사용하면서 오면 손을 치고, 입을 사용해 오면 입을 치고, 눈을 사용해 오면 눈을 쳐버린다. 아직 아무도 홀로 나온 (독탈[獨脫])자가 없다. 모두가 고인(古人)의 부질없는 기술에 매달리고 있다. 산승은 사람들에게 줄 것은 아무것도 없으며, 그들의 병을 낫게 하고 결박을 풀어줄 뿐이다. 제방의 수행자들이여, 물에 의존하지 말고 나아오려고 해보아라. [그러면] 그대들과 더불어 문답하리라.[19]

임제에 의하면 사람은 누구나 본질적으로 아무것도 결핍된 것이 없으며, 따라서 남으로부터 진리를 얻고자 돌아다닐 필요가 없다는 것이다. 부처와 조사도 별난 존재가 아니다. 자신을 갖고 특별히 구하는 것 없이(無求) 평범하게(平常) 살아라. 이것이 우리가 『임제록』

---

18 Paul Demiéville, "Les entretiens de Lin-chi," *Choix d'etudes bouddhiques* (Leiden: E. J. Brill, 1973), 454-455.
19 『臨濟錄』, 101.

에서 거듭거듭 듣는 임제의 목소리이다.

> 그대들에게 말하노니, 불(佛)도 없고 수(修)도 없으며 증(證)도 없다. 남
> 의 집에 가서 무엇을 찾으려고 하고 있는가? 눈먼 자들이여, 머리 위에 또
> 하나 머리를 얹으려는 것 같구나. 바로 그대들 자신에게 무엇이 부족한가?
> 수행자들이여, 바로 내 눈앞에서 활동하고 있는 것이 조불(祖佛)과 다름
> 이 없다. 다만 [이것을] 믿지 않고 밖을 향해 찾고 있다. 착오를 범하지 말라.
> 밖으로도 법이 없고, 안으로도 역시 얻을 수 없다. 그대들은 산승의 입으로
> 나오는 말을 취하나 [마음을] 쉬고 일없는 것만(無事) 못하다.[20]

자신에 대한 불굴의 믿음, 주체성과 독립성, 자유와 주인의식,
이런 것들이 임제가 주장하는 선적 인간성의 성품들이며 해방된 인간,
곧 무의도인의 모습이다. 그러면 이제 임제의 이러한 선적 휴머니즘이
어떻게 민중 해방에 연결될 수 있는가를 고찰해 보자.


## 4. 선적 휴머니즘과 세속적 휴머니즘

야나기다 세이잔은 임제의 사상을 "절대 무조건적인 인간의 가치"
를 소리 높이 찬양한 가장 뛰어난 예 중의 하나라고 말하면서 "평범한
인간에 관한 동양적 관점의 전형"을 이러한 임제의 인간관에서 발견한
다. 그리고 그는 이것을 "근세에 있어서 휴머니즘의 정신이라든가
민주주의의 입장에 해당하는 것"이라고 평가하고 있다.[21] 그러나

---

20 같은 곳.

우리는 여기서 좀 너 신중할 필요가 있다. 임제의 선적 휴머니즘과 현대의 세속적 휴머니즘을 무조건 동일시하기는 어려운 점이 있기 때문이다. 임제의 휴머니즘은 분명히 한 특수한 종교적 인간관에 근거하고 있다. 그가 말하는 무의도인이나 무위진인(無位眞人)은 결코 우리가 일상적 의식 가운데서 자아로서 생각하고 있는 경험적 자아는 아니다. 그것은 결코 세속적 집착의 대상이 되고 있는 자아가 아니며, 어디까지나 일상적인 경험적 인식을 초월하는 자아인 것이다. 그럼에도 그것은 바로 우리의 일상적 활동들의 주체이며, 무한히 자유로운 존재로서, 그 주체성은 누구에 의해서도 혹은 어떤 대상에 의해서도 부정되거나 박탈되어서는 안 되고 또 그렇게 될 수도 없는 그러한 존재이다. 이러한 초월적 인간관이 현대인이 추구하는 자유와 자율적 삶에 대하여 지니는 의의는 과연 어떤 것일까?

현대의 해방 운동들은 대부분 세속적 이데올로기들에 기초하고 있는 것이 사실이다. 그럼에도 우리는 세속적 휴머니스트들에게 인간의 가치와 존엄성에 대한 그들의 믿음이 과연 어디에 근거하고 있는지를 묻지 않을 수 없다. 어찌하여 인격은 하나의 수단이나 대상물로 취급되어서는 안 되며, 어째서 인간은 노예가 되어서는 안 되는가? 왜 한 개인의 양심은 막강한 전통의 권위에 의해서조차 침해되어서는 안 되는가? 무엇이 인간 안에서 그토록 자유를 향한 억압할 수 없는 충동을 일으키는 것일까? 만약 인간의 존엄성이 모든 사람에게 자명한 하나의 경험적 사실이 아니라 어떤 신앙 혹은 어떤 초월적 인식을 필요로 하는 것이라면, 선의 휴머니즘은 실로 현대의 해방 운동에 믿음과 용기를 불어넣어 주는 중요한 역할을 수행할 수 있을 것이다. 인간이나 제도나 이념이나 심지어 종교의 권위까지도 거부하는 선의

---

21 柳田聖山, 『臨濟錄』, 284-285.

반권위주의와 인간의 주체성과 자유 그리고 평등성에 대한 확고한 믿음은 분명히 오늘날의 해방 운동들이 스스로를 접맥시켜 끊임없이 자신의 원동력으로 삼을 수 있는 선적 휴머니즘의 해방적 요소들인 것이다.

또 다른 문제들이 남아 있다. 이러한 선적 주체성과 자유를 사회적, 역사적 세계에서 구체적으로 실현시키는 방법은 무엇일까? 선불교인들은 선이 지니고 있는 이러한 휴머니즘적 요소를 어떻게 사회적 언어로 바꾸어 정치·경제적 갈등의 현장에 적용시킬 것인가? 임제가 오늘날 살아서 이러한 문제에 대하여 어떤 실천적 충고를 해 준다면(봉(棒) 대신!), 아마도 임제는 다음과 같은 견해를 꾸짖지는 않을 것이다. 즉, 인간의 체제와 행위는 선적 휴머니즘의 정신을 살리는 것인 한, 다시 말해 인간의 존엄성과 자유를 고양하고 증대시키고 인간의 사물화(대상화 혹은 객체화)와 비인간화를 감소시키는 한 바람직하고 선한 체제이며 행위라는 것이다.

마지막으로 한 민중불교 운동가로부터 오는 선에 대한 비판은 경청할 만하다.

선종은 인간의 자유를 사회적 존재의 변화를 통한 사회적 자유로 확립해 내지 못하고 주관적이고 내면적인 자유로 한정하는 병폐를 안겨 준다.[22]

선적 휴머니즘이 강조하는 주체성과 주관적 자유를 추구하는 선의 전통적 성향은 분명히 별개의 것이다. 민중운동에 적극적으로 참여하고자 하는 선의 미래는 아마도 그것이 어떻게 선적 주체성을 하나의

---

22 法成, "민중불교 운동의 이념과 교리적 배경," 『민중불교의 탐구』 (서울: 민족사, 1989), 33.

사회 변혁적 힘으로 전환시켜 모든 인간을 위한 객관적 사유를 확보하는 일에 공헌할 수 있는가에 달려 있을 것이다.

# 힌두교적 관점에서 본
# 그리스도교 신앙

## 1. 문제를 어떻게 다룰 것인가?

힌두교에서 그리스도교 신앙을 어떻게 보고 있는가 하는 문제는 종교 간의 대화와 상호 이해를 위해 당연히 제기되는 질문이지만 실제로 이 문제를 다루는 데는 많은 어려움이 있다. 우선 '그리스도교 신앙'이라는 것 자체가 확실하게 어떤 것이라고 일률적으로 규정되어 있는 것이 아니며, 설사 그러한 규정이 존재한다 하더라도 힌두교인들 가운데 누군가가 그것을 정확히 알고 있었는가는 별개의 문제이다. 그리스도교가 내세우는 그리스도교 신앙의 이상적인 자기 이해가 어떤 것이든 힌두교인들은 주로 자신들이 실제로 역사적 경험을 통해 접한 특정한 형태의 그리스도교 신앙과 사상에 대하여 논할 수밖에 없다. 종교 간의 대화에 있어서 가장 어려운 문제 중의 하나는 우리는 자기 자신의 종교 전통을 이해하는 데 있어서는 가장 이상적인 신앙적 이해를 하고 있으나 타 종교 전통의 이해에는 그렇지 못하고 주로 자신들이 접한 제한된 경험을 바탕으로 하여 그 종교의 외양적 모습과 부분적 측면에 집착하기 쉽다는 점이다. 여하튼 '힌두교적 관점에서 본 그리스도교 신앙'을 다룸에 있어서 우리가 유의할 점은 여기서 이야기되는 그리스도교 신앙이란 힌두교 신자들이 역사의 어느 시점에 있어서 접한 특정한 그리스도교 신앙의 모습들을 가리킬 수밖에 없다는 사실이다. 이것은 자명한 일처럼 보이나 사실은 그렇지 않다. 힌두교 신자라 할지라도 자신이 처한 역사적 제약을 어느 정도 초월하여 그리스도교 교회나 신학자들에 의하여 제시된 이상적인 그리스도교상에 대하여 깊은 공감적 이해를 보이거나 비판적 태도를 취할 수 있기 때문이다. 그러나 그리스도인들이 보기에 힌두교 신자들의 그리스도교 이해가 아무리 역사적으로 제약되고 부족한 것이라 해도 그것을 고찰하고 논하는 것은 결코 무의미한 일은 아니다.

그러나 우리의 문제를 한층 더 어렵게 만드는 것은 '힌두교적 관점'이라는 말이다. 도대체 구체적으로 누가 이러한 관점을 대표할 수 있는 것인가 하는 문제가 제기되며, 이것은 힌두교의 경우 특히 대답하기 어려운 문제이다. 왜냐하면 힌두교는 이슬람처럼 한 특정한 경전을 신앙의 절대적 권위로 내세우는 종교도 아니며, 전통적 그리스도교와 같이 체계적인 교리를 지닌 종교도 아니기 때문이다. 엄밀히 말해 힌두교에는 정통 교리(orthodoxy)란 존재하지 않는다. 다만 전통적으로 인도인들이 준수해 온 삶의 법도이자 의무인 '다르마'(dharma)를 근간으로 한 정통 실천(orthopraxy)만이 있을 뿐이다. 힌두교 내에는 그리스도교와는 비교가 안 될 정도로 풍부한 종교적 다양성이 존재하며, 힌두교의 특징 중의 하나는 바로 이와 같은 다양성을 자체 내에서 항시 용납하고 수용해 왔다는 점이다. 힌두교는 "이것이 힌두교다"라고 말할 위치에 있는 어떤 권위적 지도자나 조직을 가지고 있지 않다. 그리스도교의 교회나 공식적 신학과 같은 것도 힌두교에는 존재하지 않는다. 팔레스타인이라는 당시의 한 변두리 지역에서 유대교의 분파처럼 발생한 그리스도교 신앙은 그리스, 로마 세계로 진출하면서 이질적인 종교적 철학적 사상들과 만나 부단히 자신을 의식하고 자신의 입장을 신학적으로 정립해야만 했다. 이와는 달리 힌두교는 장구한 세월에 걸쳐 비교적 심각한 외부의 도전 없이 독자적인 정신세계를 구축해 왔다. 물론 12, 13세기로부터 인도 북부에 자리 잡기 시작하여 급기야 16세기에 와서는 무갈(Mugha)이라는 강력한 제국까지 형성한 이슬람은 힌두교 사회를 정치적으로 지배했을 뿐만 아니라 종교적으로도 커다란 도전적 세력을 형성했던 것이 사실이다. 그 결과 시크교와 같은 새로운 종교 운동도 발생했으며, 이슬람은 직접, 간접으로 힌두교에 많은 영향을 끼쳐왔다. 그럼에도 이슬람은 힌두교 내에 근본적인 변화를 초래하지는 못했다. 수적으로 열세였던 이슬람은 오히려 카스트 중심의 힌두 사회에 편입되다시피 한 것이다.

이와는 달리 영국의 식민지 통치를 업고 들어온 그리스도교와의 접촉은 그 작은 규모에도 불구하고 전통적 힌두교 내에 심오한 변화를 초래하게 되었다. 적어도 영국이라는 막강한 세력을 가지고 등장한 새로운 통치자들의 종교인 그리스도교는 힌두교인들의 관심을 끌기에 충분했으며, 식민지 통치와 함께 도입된 영어를 통한 서구식 교육은 힌두교 지성인들에게 자신들의 전통에 대하여 전례 없는 자각적 태도와 비판적 성찰을 가지게 했다. 수천 년의 역사를 통해 대하와도 같이 말없이 유유히 흘러오던 힌두교라는 거대한 물결은 이제 무시할 수 없는 도전적 세력에 봉착하여 스스로를 의식하기 시작했으며, 서양 사람들에 의하여 붙여진 '힌두교'(Hinduism)라는 이름으로 스스로에 대하여 말하기 시작한 것이다.

만약 그리스도교가 단순히 신앙적 열정을 지닌 몇몇 선교사들의 손에 의하여 전파되었을 뿐 인도 대륙 전체를 식민지화한 영국의 막강한 정치 군사적 세력을 배경으로 하여 등상하시 않았더라면 인도의 어느 누구도 그리스도교라는 새로운 종교에 눈길을 주지 않았을 것이다. 선교사들의 활동이 얼마간의 개종자들을 낼 수 있었을는지 몰라도 그리스도교 신자들은 기껏해야 또 하나의 카스트 집단을 형성하는 정도로 끝났을 것이다. 인도인들의 눈에 그리스도교는 어쩔 수 없이 자기들을 지배하고 있던 영국의 힘 그리고 영국에 의해 대표되고 있던 놀라운 서양의 문명과 분리해서 생각할 수 없었던 것이다. 여하튼 그리스도교와 서양 문물에 접하게 된 힌두교 지식인들은 극히 소수이기는 하나 자신들의 전통을 분명하게 의식하기 시작했고, 새로운 방향을 모색하게 되었다. 이 소수의 힌두교 지성인들이 일으킨 새로운 운동을 오늘날 학자들은 '힌두교 르네상스', '힌두교 개혁운동' 혹은 '신힌두교'(Neo-Hinduism)라 부른다. '힌두교적 관점에서 본 그리스도교 신앙'을 논하는 우리로서 이 신힌두교의 지도자들이 그리스도교 신앙을 어떻게 보았는지를 고찰해 보는 것은 매우 의미 있는 일이다. 그들이 과연 전통적 힌두교를 얼마만큼 충실히 대변하는가 하는 문제는 일단 접어두더라도 그들에 의해서 힌두교 전통이 타자와의 만남을 통해 과거에 찾아보기 어려운 명확한 자기의식과 자기 이해에 도달했으며, 비로소 자신의 목소리를 내기 시작했다는 것은 부인할 수 없는 사실이기 때문이다. 자기 이해 없이 타자를 논할 수 없으며, 타자의 의식 없이 진정한 자기 이해에 도달할 수 없는 것이 사실이라면, 우리는 신힌두교 운동을 주도한 힌두 지성인들의 눈이 그들이 접했던 그리스도교 신앙을 어떻게 보았는가를 고찰해 봄으로써 힌두교적 관점에서 본 그리스도교 신앙을 논할 수 있을 것이다.

그러나 아직도 우리 논의의 범위가 충분하게 좁혀졌다고는 말할 수 없다. 이른바 신힌두교를 대표하는 사상가들이 한둘이 아니며,

그들의 사상과 주장은 물론이요 그리스도교에 대한 견해 또한 일률적인 것이 아니기 때문이다. 그들이 이해하고 있는 힌두교의 내용이 전통적 힌두교와는 명확히 차이가 난다는 이유로 힌두 '르네상스'나 '개혁'이라는 말보다는 '신힌두교'라는 용어가 더 적합하다는 것을 주장하고 있는 독일의 저명한 인도학자 파울 학커(Paul Hacker)는 그의 논문에서 신힌두교를 대표하는 사상가들로서 차토파댜야(Bankim Candra Cattopadhyaya, 1838~1894), 비베카난다(Vivekananda, 1862~1902), 오르빈도 고세(Aurobindo Ghose, 1872~1950), 간디(Mohandas Karamcand Gandhi , 1869~1947), 라다크리슈난(Sarvepelli Radhakrishnan, 1888~1975)을 들고 있으며, 그 선구자로서 람 모한 로이(Ram Mohan Roy, 1772~1833) 등을 꼽고 있다.[1] 학커에 의하면 이들 신힌두교의 선구자들을 본격적인 신힌두교 사상가들로부터 구별해 주는 주요 차이점은 그들이 활동하던 시기에는 아직 인도의 민족주의가 형성되어 있지 않았다는 점이라고 한다.[2] 신힌두교 사상가들은 어떤 통일된 사상 체계를 지니고 있는 것은 아니지만, 그들을 하나로 묶어서 신힌두교라 부를 수 있는 근거는 그들이 서구적 교육을 받은 지성인들로서 유럽의 문화와 때로는 그리스도교의 영향 아래 새로운 종교적, 윤리적, 사회적 그리고 정치적 가치들을 받아들인 후 이와 같은 가치들을 힌두교 전통에 연결시키거나 혹은 그것들을 힌두교 전통으로 주장하는 데 있다고 학커는 말한다.[3]

폴 그리피스(Paul Griffiths)는 신힌두교의 일반적 경향을 다음과

---

1 Paul Hacker, "Aspects of Neo-Hinduism as Contrasted with Surviving Traditional Hinduism," *Ausgewählte Kleine Schriften* (Wiesbaden: Franz Steiner Verlag GMBH, 1979), 581.
2 같은 책, 581-582.
3 같은 곳.

같이 세 가지로 지적하고 있다.[4] 첫째로 대부분의 신힌두교 사상가들은 서양 문화와 종교와의 관련 속에서 힌두교를 개혁하거나 재건하려는 노력을 했기 때문에 서양과의 관계 속에서 매우 자의식적인 태도를 지니고 있었다. 그들은 대부분 영국식 교육을 받았으며, 영어로 저술하기도 했고, 유럽을 방문하거나 오랫동안 거기서 산 경험이 있는 사람들이었다. 둘째로 신힌두교의 지도자들은 민족주의적 자각을 지닌 사람들로서 인도와 힌두교가 세계를 향하여 무언가 중요한 공헌을 할 수 있다는 확신을 지니고 있었다. 그들은 정치와 경제, 과학과 기술 문명에 있어서는 분명히 인도가 서구에 뒤떨어져 있다는 점을 인정했으나 영적 생활에 있어서는 힌두교가 가장 높고 깊은 통찰을 지닌 종교라고 보았다. 그들은 그리스도교의 개종주의를 서구 식민주의의 일환으로 강하게 비판했으며, 인도인들이 그리스도교로 개종할 하등의 이유가 없다고 생각했다. 셋째로 그들은 힌두교와 타 종교들과의 관계에 관해서 포괄주의적(inclusivistic) 경향을 보이고 있다. 다시 말해서 그들은 그리스도교를 포함하여 어떠한 종교도 그 존재 가치를 부인하지는 않지만 타 종교들을 부분적인 진리로 인정하여 더 포괄적이고 완전한 힌두교의 진리에 포함되어 있거나 그것에 의해 극복되는 것으로 생각했다는 것이다. 모든 종교는 같은 목적을 추구하며, 다 같이 진리이며, 동일한 궁극적 실재를 달리 표현하고 있는 것이라고 그들은 보았다. 그러나 결국 이 궁극적 진리의 내용과 실재의 성격에 관한 한 그들은 끝내 힌두교적 이해에 머물렀다.

신힌두교 사상가들이 지니는 이와 같은 일반적인 성격을 고려해볼 때 그들이 이해하고 있는 힌두교가 과연 얼마만큼 전통적 힌두교를

---

4 Paul J. Griffiths 편, *Christianity through Non-Christian Eyes* (Maryknoll: Orbis Books, 1990), 193-194.

대표하는지 혹은 그들이 과연 힌두교를 대변할 수 있는 자격이 있는지에 대한 의문이 제기될 수 있다. 이미 언급했듯이 이 점에 있어서 학커는 매우 회의적이다. 그렇지만 신힌두교와 전통적 힌두교를 명확하게 구별하는 그의 견해에 문제가 없는 것은 아니다. 신힌두교의 사상가들이 그가 지적하고 있는 대로 다르마(dharma), 신상 숭배 등에 대하여 민족주의적 감정이나 그리스도교적 사상의 영향 아래 전통적 의미와는 다른 방식으로 이해하고 있는 것이 사실이지만, 이것은 어디까지나 힌두교 전통 안에 서 있는 그들 자신의 권리로 보아야 할 것이다. 학커 자신의 지적대로 전통적 힌두교에서도 역사를 통하여 이질적인 사상을 받아들이는 일이 없었던 것이 아니듯 오랜 식민지 통치를 겪는 가운데 19세기 후반부터 강하게 일기 시작한 민족주의적 각성 아래 신힌두교 사상가들이 자신들의 전통을 새롭게 해석하기 시작했다는 것은 오히려 그들의 당연한 권리이자 의무인 것이다. 힌두교란 결코 어떤 고정불변의 체계가 아니라 시대에 따라 변천하는 역동적인 흐름으로서 민족주의적 동기에서든, 호교적 동기에서든 혹은 잊혔던 자신들의 전통의 재발견이나 개혁의 차원에서든 자신들의 전통을 새롭게 해석한다는 것은 어디까지나 현대 힌두교 역사의 담지자들인 그들 자신의 고유한 권한이라 하겠다. 그들은 결코 전통적 힌두교를 제삼자적 입장에서 학문적으로 연구하는 현대적 의미의 종교학자도 아니었으며, 전통적 힌두교를 아무런 비판이나 수정 없이 그대로 전수하는 전통주의자들도 아니었다. 그들은 다만 자신들이 처한 특수한 역사적 상황 속에서 어떻게 사는 것이 가장 힌두적으로 사는 것인가에 대하여 고심했던 사람들이며, 이러한 과정의 일환으로서 그들이 접했던 형태의 그리스도교 신앙에 대해서도 자신들의 입장을 천명할 수밖에 없었던 것이다. 이 글에서는 신힌두교 사상의 선구자들 가운데서 근대 인도의 아버지로서 추앙받는 사상가인 람 모한 로이의 그리스도교 이해와 신힌두교의 가장 대표적인 사상가로서 힌두교적 세계관을 서양으로 전파한 최초의 힌두교 선교사로 불리는 비베카난다의 그리스도교 이해에 국한시켜 힌두교적 관점에서 본 그리스도교 신앙을 논해 보고자 한다.

## 2. 람 모한 로이의 그리스도교 이해

### 1) 람 모한 로이의 종교관

람 모한 로이(Ram Mohan Roy)는 1772년에 벵골 지방의 한 저명한 바라문 가문에서 태어났다. 그는 파트나에 있는 회교 계통의 고등학교에서 교육을 받았으며, 페르시아어와 아랍어도 공부했다. 회교 고등학교에서 받은 그의 교육은 신상 숭배를 강력하게 배척하는 그의 사상에 상당한 영향을 끼친 것으로 추측된다. 그는 16세 되던 때 학교를 마치고 고향으로 돌아와 신상 숭배를 반대하는 글을 몰래 썼다가 아버지와 다투고 집을 떠나게 되었다. 여기저기 방황하는 가운데 그는 티베트까지 가서 불교를 공부하기도 했다고 한다. 그 후 그는 베나레스에서 산스크리트어를 연구했으며 영어도 배웠다. 부친의 사후(1803)—이미 화해한 후였지만— 그는 고향으로 돌아와서 10년간 영국의 동아시아 회사의 세무원으로 근무하면서 그의 상관이었던 존 리그비(John Rigby)라는 영국인으로부터 영국 문학에 대하여 배우기도 했다. 그는 1814년 42세 때에 다니던 직장을 그만두고 그가 모은 재산과 유산으로 당시에 정치, 문화의 중심지였던 콜카타에 가서 살면서 어린 시절부터 그의 관심을 끌어왔던 종교적, 사회적 문제에 전념하게 되었다. 그는 영어, 벵골어, 페르시아어로 신문을 발간한 최초의 인도인 가운데 하나였으며, 학교를 설립하고 과부 생화장 (suttee) 제도의 악습을 철폐하는 운동을 벌이는가 하면, 1828년 8월에는 신상 숭배를 배척하고 유일신 신앙을 실천하는 브라마 협회 (Brahma-Samaj, '하느님 숭배자들의 모임'이라는 뜻)를 설립하여 근세 인도에 많은 영향을 끼치게 되었다. 그는 아마도 성서를 원전으로 진지하게 연구한 최초의 인도 학자였을 것이며, 당시 벵골 지방에서 발견할 수 있었던 여러 종교의 경전을 산스크리트어, 페르시아어, 아랍어, 히브리어, 그리스어, 라틴어 등 원어로 연구했다. 그는 영어, 벵골어 그리고 페르시아어로 종교 문제에 관하여 많은 저술을 남겼으며, 『우파니샤드』(Upanishad)와 『베단타경』(Vedanta-sutra)을 영어와 벵골어로 번역하기도 했다. 그는 이와 같은 경전 연구들을 통해 인도의 원초적 종교는 우파니샤드에 나타난 대로 유일신 신앙이었으며, 신상 숭배나 기타 여러 가지 종교적 관습들은 모두 이 최초의 순수한 가르침으로부터 타락한 것으로 간주했다.[5] 그는 힌두교뿐만 아니라 모든 종교의 핵심적 가르침은 하늘과 땅을 지은 전능하신 유일신 창조주 신앙이라 보았다.[6] 예를 들어 그리스도교에서는 이 신앙이 복음서에 가장 분명하게 나타났다고 보았으며, 기적의 이야기나 삼위일체 등의 교리들은 모두 더할 나위 없이 숭고한 예수의 가르침으로부터 이탈한 것이라고 그는 생각했다.[7] 그가 생각하는 이상적 종교는 이슬람의

---

5 Helmuth von Glasenapp, "Religiose Reformbewegungen im heutigen Indien," *Ausgewahlte Kleine Schriften* (Wiesbaden: Franz Steiner Verlag GMBH, 1980), 124.
6 같은 곳.
7 같은 곳.

철저한 유일신 신앙과 그리스도교와 힌두교 베단타 신학의 윤리직 가르침을 결합시킨 일종의 보편 종교였다.[8]

이와 같은 그의 종교 사상은 한편으로는 전통적 힌두교 측으로부터 비난을 샀으며, 다른 한편으로는 그리스도교 선교사들의 비판을 받았다. 전통적 힌두교 신자들은 그가 힌두교 경전을 제대로 이해하지 못했으며, 신상 숭배 등 전통적 의례들을 배척했다고 비난했다. 반면에 그리스도교 선교사들은 그가 그리스도교 신앙을 단순히 윤리적 가르침으로 이해했으며, 그리스도의 신성과 삼위일체 교리 그리고 그리스도를 통한 대속의 진리를 무시했다는 비판을 가했던 것이다.[9] 이제 이 글의 주제에 따라 나는 바로 이 후자의 문제를 좀 더 자세히 살펴보고자 한다. 람 모한 로이는 어떠한 경로를 통하여 그리스도교에 접하게 되었으며, 그리스도교 신앙을 과연 어떻게 이해했으며, 선교사들의 비판에 대하여 어떻게 대응했는가?

## 2) 람 모한 로이의 그리스도교 이해

로이가 언제 처음으로 그리스도교에 접하게 되었는지는 알 수 없으나 그는 선교사들이나 서적들을 통하여 접한 그리스도교 신앙에 대한 다양한 견해들로 인해 한동안 갈피를 잡지 못했던 것 같다.[10] 그러나 그는 폭넓은 비교종교학적 탐구와 원문으로 읽은 성서 연구를 통하여 "사람은 자기가 대접받고 싶은 대로 남을 대접해야 한다는 법칙"이 그리스도교의 본질적 가르침이라는 결론에 도달하게 되었

---

8 같은 곳.

9 같은 곳.

10 Wm Theodore de Bary 편, *Sources of Indian Tradition*, Vol. II (New York: Columbia Univ. Press, 1958), 24.

다.[11] 로이에 의하면 우리가 종교의 세계에 대하여 알지 못하는 것이 많지만 "조화로운 (우주) 체계를 창조하고 보존하고 감찰하는 하나의 지고의 힘"이 존재한다는 관념과 "사람은 자기가 대접받고 싶은 대로 남을 대접해야 한다는 법칙"은 인간을 행복하게 하는 오직 두 가지 진리로서, 전자는 모든 종교가 일반적으로 증언하는 바이고, 후자는 모든 종교가 부분적으로 말하고 있으나 주로 그리스도교에서 가르치는 진리라고 한다.[12] 이와 같은 견해는 로이로 하여금 신약성서 가운데서 교리적 내용을 담은 부분이나 기적 이야기를 제외하고 순수하게 윤리적 가르침만을 발췌해 놓은 『예수의 계명들: 평화와 행복으로의 안내』(*The Precepts of Jesus, the Guide to Peace and Happiness*)라는 책을 엮도록 만들었다. 그 서론에서 로이는 편집 취지를 다음과 같이 밝히고 있다.

나는 신약성서의 도덕적 계명들을 거기에 담겨 있는 다른 것들로부터 분리시킴으로 이 계명들이 상이한 신념과 이해 수준을 지닌 사람들의 마음과 가슴을 개선하는 바람직한 일에 더 효과적일 것이라고 확신한다. 왜냐하면 역사적 구절들이나 다른 구절들은 자유사상가들이나 반그리스도교인들로부터 의심과 논란을 사기 쉽기 때문이다. 특히 기적에 관한 이야기는 아시아인들 사이에 만들어져 전해 온 이야기들보다 훨씬 덜 놀라운 것들이기에 그들에게는 아무리 해도 별다른 중요성을 지니지 못한다.[13]

그러나 이 책의 출간은 예기치 않게 콜카타에 있는 침례교 선교사들

---

11 같은 곳.
12 같은 책, 23-24.
13 같은 책, 25.

로부터 가혹한 비판을 불러일으켰으며, 로이로 하여금 장기간에 걸쳐 선교사들과 신학 논쟁에 휘말리게 했다. 로이는 『'예수의 계명들'을 옹호하기 위한 그리스도인들을 향한 호소』라는 책자를 통해 3차에 걸쳐서 선교사들의 비판에 대하여 자신의 입장을 옹호했다.

그렇다면 선교사들의 비판은 어떠한 것이었는가? 감정적 대립이나 비난들을 제외하고 그 요점만을 열거하면 다음과 같다.[14] 첫째, 『예수의 계명들』은 성서 전체와의 유기적 관련을 무시하고 일부분을 마치 전체인 것처럼 소개해 성서의 내용을 왜곡하고 있다. 특히 그것은 하느님의 아들이 십자가의 죽음을 통해 이룬 대속에 의해 인간이 구원을 받는다는 복음을 빼놓고 그리스도교를 도덕적 공로주의의 종교로 만든다. 그러나 이 도덕적 공로주의는 모든 인간은 죄인들로서 스스로의 노력으로는 구원받을 수 없다는 진리에 배치되는 것이다. 둘째, 『예수의 계명들』은 예수의 신성을 무시한다. 예수는 인간의 죄를 속하는 자로서 하느님과 동등한 존재이다. 셋째, 『예수의 계명들』은 삼위일체의 교리를 무시하고 성령의 신성을 부정한다.

인간의 구원은 윤리적 계명의 준수만으로는 불가능하고 그리스도의 속죄의 죽음을 받아들임으로써만 가능하다는 주장에 대하여 로이는 여러 가지로 반론을 전개한다. 우선 로이는 하느님을 사랑하고 이웃을 사랑하는 것이 영원한 생명을 얻는 구원의 완벽한 길임을 예수가 분명히 말한 이상 그것에 추호의 의심의 여지가 없으며, 이 계명이 바울의 속죄론보다 더 높은 성서적 권위를 지닌 것임을 말하고 있다.[15] 만약 이 계명을 지키는 일이 불가능하다면 예수는 결코 제자들

---

14 아래에 논의되는 로이의 그리스도교관, 특히 그와 선교사들과의 신학 논쟁에 관해서는 주로 Cromwell Crawford, "Raja Ram Mohan Roy's Attitude toward Christians and Christianity," *Neo-Hindu Views of Christianity*, Arvind Sharma 편 (Leiden: E. J. Brill, 1988)에 많이 의존했음.

에게 그것을 지키도록 명하지 않았을 것이다.[16] 그뿐만 아니라 예수는 이 계명을 지키는 것이 자기를 사랑하는 것이라고 말했기 때문에 계명을 지키지 못한다면 예수를 사랑하는 일도 불가능하다는 불합리한 결론이 나온다.[17] 로이는 지적하기를 예수는 하느님에 대한 사랑이 인간에 대한 사랑으로 표현되어야 함을 거듭 강조했지만, 어느 곳에서도 십자가의 대속을 구원의 필수적인 것으로 말하지 않았다고 한다.[18] 탕자의 비유가 말해 주듯이 진정한 회개만이 죄의 용서를 위한 유일한 전제가 됨을 로이는 반론으로 제시하고 있다.[19]

로이는 대속 사상 자체에 대하여 의문을 제기한다. 하느님의 육화로서의 예수의 죽음은 그의 신성 가운데서 이루어진 것인가 아니면 인성 가운데서 일어난 것인가라고 그는 묻는다. 하느님은 죽음이나 고통을 당할 수 없기 때문에 전자의 경우는 아닐 것이며, 후자의 경우라 한다면 심각한 도덕적 문제가 제기된다는 것이다. 즉, 한 사람이 다른 사람의 죄를 대속한다는 것은 하느님의 정의와 모순되며, 인간에게 요구되는 공정성의 원리에도 배치된다. 왜냐하면 다른 사람이 지은 죄 때문에 하느님의 뜻을 한 번도 어긴 일이 없으며, 그러면서도 인간으로서의 감정을 모두 지니고 있었던 한 무고한 사람에게 십자가의 죽음이라는 고통을 가한다는 것은 엄청나게 부당한 일이기 때문이다. 특히 그가 그 십자가의 죽음을 그렇게도 피하고자 했는데도 말이다.[20]

하느님 아들의 죽음을 통하여 하느님 아버지의 정의에 대한 요구가

---

15 같은 책, 24.
16 같은 곳.
17 같은 곳.
18 같은 곳.
19 같은 책, 22.
20 같은 책, 27.

실현되고 인간의 죄가 사함을 받는나는 속죄론에 대해서도 로이는 자못 날카로운 비판을 가하고 있다. 그는 말한다.

> 성부 하느님이 정의의 준수에 있어서 성자 하느님보다 더 엄격하다는 것, 성부 하느님이 성자 하느님보다 자비심이 덜하다는 것 그리고 성령 하느님은 희생적 속죄에 있어서 자비도 정의도 보이지 않는다는 것은 모두 석연치 못한 점들이 아니겠는가? 이와 같은 점들은 이분들(선교사들)이 전하고 있는 것, 즉 성부, 성자, 성령이 모두 똑같이 정의롭고 자비롭다는 가르침을 뒤엎어 버리는 것이 아닐까?[21]

로이에 의하면 그리스도를 통한 속죄의 교리는 하느님의 정의를 너무나 인간적 정의의 기준에 따라 본다고 한다. 즉, 인간의 판사가 자비심이 있다 해도 사형죄를 감면해 줄 수 없고, 사형을 집행해야만 하듯이 하느님도 사형을 선고할 수밖에 없다는 인간적 정의에 따른 이론이라는 것이다.[22] 설사 이러한 인간적 정의의 개념을 하느님의 경우에도 인정한다 하더라도 로이는 말하기를 죽을죄를 지은 수백만 명을 놓아주고, 그들의 죄와는 아무 상관이 없는 죄 없는 자를 아무리 그가 자발적으로 원했기로 죽인다는 것은 인간적 정의의 척도에도 어긋난다고 한다.[23] 더군다나 한 사람이 다른 사람에게 죄를 지었을 때 그의 죄 때문에 피해를 받은 당사자의 용서의 동의 없이 제삼자의 피에 의해 용서된다는 것은 인간적 정의의 입장에서도 납득하기 어려운 이론이라는 것이다.[24] 더 나아가서 로이는 그리스도인들이 실제

---

21 같은 책, 49.
22 같은 곳.
23 같은 곳.

삶에 있어서는 대속의 사상에 배치되는 행동을 보이고 있다고 지적한다. 만약 그리스도인들이 자신이 지은 죄가 그리스도의 피에 의해 씻겼다고 정말로 믿는다고 할 것 같으면 같은 그리스도인들끼리 왜 죄에 대한 책임을 물으며 왜 벌을 가하는가?[25]

마지막으로 로이는 대속을 통해서만 인간이 구원받을 수 있다는 주장을 비판한다. 그리스도의 희생 공로를 얻기 위해서는 신앙을 필요로 한다. 그렇다면 죄의 용서란 모든 사람을 향한 하느님의 보편적 자비의 결과만이 아니라 인간과의 상호적 관계에서 이루어지는 것이다. 따라서 그리스도교적 구원의 길을 알지 못하는 대부분의 사람들은 자신들의 영적 안녕을 위해 도덕적 삶과 죄를 뉘우치는 진지한 회개에 의존할 수밖에 없다. 그럼에도 그리스도인들은 이러한 노력을 할 수밖에 없는 사람들을 스스로의 공로로 구원을 성취하려는 헛된 노력을 하는 사람들이라고 무자비하게 정죄하고 있는 것이다. 이것은 그리스도인들의 오만이요, 그리스도교 국가에서 태어났다는 이유 하나만으로 구원을 독점하고 당연시하는 자만의 소치라고 로이는 질책한다.[26] 이와 같은 그리스도인들의 태도를 보면서 그는 그리스도의 피에 의한 속죄 사상을 다음과 같이 냉소적으로 비판한다.

하느님이 피가 있으며, 어떤 사람이 제아무리 하느님을 모독하고 동료 인간을 해친 죄를 지었다 할지라도 그가 삶의 어느 순간이든 하느님의 피를 믿기만 하면 하느님과 화해되도록 그 피가 하느님에 의해 제공되었다는 관념보다 더 비합리적이고 부도덕한 행위를 유발하는 것이 있을까?[27]

---

24 같은 곳.
25 같은 책, 49-50.
26 같은 책, 50.

다음으로 예수의 신성에 관해서 로이는 우선 성사가 성부보다 본성상 열등한 존재라는 것이 성서의 증언이라고 말하며("아버지는 나보다 위대하시다"), 예수의 신성을 말해 준다고 인용된 성서의 구절들은 모두 그 전후 맥락 가운데서 보면 그런 뜻이 아니라는 것을 조목조목 논한다. 예를 들어 죄를 사하는 예수의 행위는 하느님만이 지닌 특권을 보여주는 것으로서 예수의 신성을 말해 준다는 논리에 대해 로이는 예수가 사람들의 죄를 용서해 준 것은 사실이지만 그 힘은 하느님으로부터 온 것이며, 예수는 하느님이 용서의 원천임을 분명히 가르치고 있다고 반론을 제기한다.[28] 마찬가지로 예수가 지녔던 특별한 권능도 하느님께로부터 온 것이라고 한다.[29]

삼위일체와 성령의 신성에 대하여 로이는 마태복음 28장에 성부, 성자, 성령의 이름이 함께 언급되었다는 사실로써 이 셋의 동일성을 주장하는 것은 말도 안 된다고 한다. 합리적으로 보나 성서적으로 보나 성령은 하느님의 위격으로부터 독립된 위격으로 볼 수 없으며, 다만 인간을 인도해 주는 힘일 뿐이라고 로이는 말한다.[30] 오직 하느님만이 경배에 합당한 대상이고, 성자는 중개자요, 성령은 영적 축복이 인류에게 전달되도록 영향을 주는 힘이라고 한다.[31] 만약 성서에 은유적으로 인격화되어 있을 따름인 이 힘을 문자 그대로 취하여 별도의 위격으로 이해한다면, 그리스도교의 하느님은 바로 그리스도인들 스스로가 거부하는 다신 숭배와 다름이 없게 된다.[32] 그뿐만

---

27 같은 곳.
28 같은 책, 26.
29 같은 곳.
30 같은 책, 29.
31 같은 곳.
32 같은 곳.

아니라 문자 그대로의 이해는 마리아가 성령으로 잉태하였다는 말을 마리아가 실제로 하느님과 성관계를 가져서 예수를 낳았다는 부도덕한 관념을 산출하게 만든다고 로이는 비난한다.[33]

삼위일체 교리는 우리의 경험적 지식과 이성의 원리에 배치될 뿐만 아니라 교회의 유명한 신학자들 가운데서도 상치되는 의견을 보이기 때문에 어떻게 그처럼 개화되고 발달된 문명국가의 사람들이 그들의 신앙을 그토록 괴상망측하고 불합리한 기초 위에 두고 있는지 놀라움을 금할 수 없다고 로이는 말하고 있다. 아무것도 모르고 그리스도교로 개종한 힌두교인이나 무슬림이 나중에 그토록 엄청난 그리스도교 내부의 차이를 발견한다면 그들은 개종의 경솔함을 후회할 것이라고 로이는 말한다.[34]

수년간에 걸친 선교사들과의 논쟁을 마감하면서 로이는 1823년 1월에 그의 최종 『호소』를 출간했다. 1, 2차의 『호소』와는 달리 이번에는 선교사들이 그의 최종 『호소』를 출간해 주기를 거부함에 따라 그는 혼자의 힘으로 그것을 발간하게 되었다. 거기에서 로이는 다시 한번 그리스도론적 도그마들을 거부하는 자신의 입장을 분명하게 밝힌다. 예수는 어디까지나 한 인간으로서 아무리 훌륭하다 하더라도 결코 경배의 대상이 되어서는 안 되며, 그가 인간을 구원한 것은 대속의 죽음을 통해서가 아니다. 예수의 사명은 사람들을 대신해 죽음으로써 그들을 구원하는 것이 아니라 도덕적 계명들을 제공하는 일이었다.[35] 인간은 이 계명에 순종하고 회개와 하느님의 도움으로 평화와 행복을 얻을 수 있는 것이다.[36] 로이는 선교사들이 주장하는

---

33 같은 곳.
34 같은 책, 48.
35 같은 책, 30.

삼위일체 교리는 그리스인들이나 힌두교인들의 다신 숭배와 다를 바 없으며, 선교사들이 그러한 교리를 믿는 것은 그들의 판단력이 모자라기 때문이기보다는 어려서부터 교리적 세뇌를 받았기 때문이며, 만일 편견 없이 성서를 읽고 진리를 독자적으로 판단한다면 아무리 많은 사람이 그러한 교리를 믿는다 해도 그들은 조금도 개의치 않을 것이라고 말한다.[37]

그렇다고 해서 로이가 예수를 단순히 하나의 도덕적 교사 정도로만 생각한 것은 아니다. 예수는 하느님의 아들로서 하늘의 천사들보다 뛰어나며, 세계의 시초부터 영원까지 존재하는 분이다.[38] 하느님은 그를 통해 그리고 그를 위해 만물을 지으셨다. 그는 메시아요 하느님의 아들로서 하느님으로부터 받은 특별한 힘들의 소유자였으며, 동정녀 탄생도 이러한 그의 특별한 지위의 표시였다.[39] 그에게는 "진리가 거했다". 그는 구세주로서 하느님의 율법을 전파하고 모범을 보임으로써 인류를 인도하기 위해 하느님에 의해 보내진 자이다.[40] 그는 모세에 의해 주어진 도덕률을 폐기한 것이 아니라 완성했다. 그는 지금도 그를 따르는 사람들에게 속량자(redeemer), 중개자(mediator) 그리고 중보자(intercessor)의 역할을 수행하고 있다.[41] 이와 같은 로이의 견해들은 얼핏 보면 그가 전통적 그리스도론을 그대로 수용하는 듯한 인상을 주지만, 한 가지 분명한 점은 로이는 예수를 결코 하느님과 동등한 신으로 여기지는 않았으며, 그가 지닌 모든 초월적 성품과

---

36 같은 곳.
37 같은 곳.
38 같은 책, 32.
39 같은 곳.
40 같은 곳.
41 같은 곳.

능력과 지위는 어디까지나 하느님으로부터 부여받은 것으로 이해한다는 사실이다.

1820~1823년에 걸친 선교사들과의 논쟁은 로이에게 그리스도교 신앙에 대한 자신의 견해를 더욱 확고하게 만들었을 뿐만 아니라 힌두교 전통에 대하여 새로운 자긍심을 가지게 만들었다. 로이는 특히 선교사들의 개종 정책에 대하여 매우 비판적 태도를 취했다. 논쟁이 끝나는 해인 1823년에 로이는 가명으로 *The Brahmunical Magazine; or, The Missionary and the Brahmun*이라는 잡지를 발간했으며 그 부제는 "그리스도 선교사들의 공격에 대한 힌두 종교의 정당성 입증"이라고 붙였다. 그 첫 호의 서두에서 로이는 선교사들이라 불리는 영국인들이 최근 20년간 영국인으로서의 부와 권력을 이용하여 힌두교인과 무슬림들을 그리스도교로 개종시키려 하고 있음을 경고하면서 예수의 제자들과는 달리 자기들이 통치권을 쥔 지역에서 힘없고 가난한 사람들을 상대로 하여 전도하는 것은 하느님 앞에서나 사람들 앞에서 정당화할 수 없는 일이라고 비판하고 있다.[42] 더군다나 그리스도교의 진리를 순수한 종교적 논쟁이나 합리적 설득의 정당한 방법이 아니고 비난이나 모독, 물질적 보상의 약속 등 비열한 방법을 통하여 전파한다면, 영국인답지 못한 야만적 행위라고 로이는 통렬하게 비판한다.[43] 지금까지 영국인들이 지닌 높은 문화 의식과 윤리 의식을 존경해 온 로이에게 있어서 확실히 선교사들의 교리적 완고성과 독선적 선교 활동은 서구 문명과 서구인들의 또 다른 면을 의식하게 만들었으며, 결국 여기에 이미 19세기 후반부터 본격적으로 전개될 인도 민족주의의 싹이 배태되고 있었다 해도 과언이 아닐 것이다.[44]

---

42 *Sources of Indian Tradition*, 26-27.
43 같은 책, 27.

로이가 이해하는 베단타적 힌두교의 핵심 신앙은 하느님을 공경하고 인간을 사랑하라는 그리스도교와 근본적으로 다름없는 것이었다.

> 대다수의 현대인들에 의해 무시되고 있기는 하나 우리는 거룩한 베단타에 들어 있는 우리의 옛 종교의 계명에 따라 한 분(One Being)을 온 우주 만물을 다스리고 생명을 부여하는 원리이자 모든 개인 영혼의 근원으로서 숭앙한다. 이 영혼들은 그분과 거의 유사하게 각각의 신체들에게 생명력을 부여하고, 신체들을 다스린다. 우리는 어떠한 형태로든 그리고 어떠한 궤변의 탈을 쓰고 자행되든—인공물이나 자연물이나 혹은 어떤 상상력의 산물이든— 모든 우상 숭배를 거부한다. 우리가 드리는 거룩한 경배는 오로지 서로를 위한 봉사와 자선에 있으며, 어떤 공상적 신앙이나 혹은 강단 위나 사원 앞에서 행하는 발, 다리, 팔, 머리, 혀 혹은 몸의 다른 어떤 기관들을 움직이는 행위에 있지 않다.[45]

선교사들과의 관계가 악화되었다고 해서 예수에 대한 로이의 깊은 존경심이 약화된 것은 아니며, 그리스도교와의 관계가 끊어진 것도 아니었다. 예수와 성서에 대한 그의 관심은 지속되었고, 선교사들의 교리적 그리스도교 이해에 동조할 수 없었던 로이에게는 유니테리언(Unitarian)이라는 또 다른 부류의 그리스도인들이 있어서 그의 관심을 끌었다. 로이는 복음서를 벵골어로 번역하는 과정에서 두 선교사의 도움을 받은 일이 있었는데 그 가운데서 윌리엄 아담이라는 선교사의 얘기는 매우 흥미롭다. 그는 번역 작업 동안 예수 그리스도의 신성을

---

44 *Neo-Hindu Views of Christianity*, 57-58.
45 같은 책, 51.

민도록 로이를 설득하려다가 도리어 로이의 논리에 설득당하여 삼위일체 교리를 부정하게 되었으며, 이로 인해 동료 선교사들로부터 '두 번 타락한 아담'이라는 비난을 받았다고 한다. 로이는 아담과 함께 1821년에 콜카타 유니테리언 위원회를 만들었으며, 그 목적은 누구를 개종시키려는 것이 아니라 무지와 미신을 타파하고, 교육과 토론과 출판사업 등을 통해 그리스도교의 가르침에 대한 올바른 지식을 제공하려는 것이었다. 로이는 유니테리언이 된 후로 국제적 관심의 대상이 되었으며, 미국과 영국의 저명한 유니테리언들과 친분을 맺게 되었다. 1823년에 로이는 미국 하버드 대학교의 유니테리언 교목이었던 헨리 웨어(Henry Ware)로부터 인도에서의 그리스도교의 전망과 전도 사업에 관한 의견을 묻는 편지를 받는다. 로이는 답신에서 이성의 입장에서 보나 성서의 입장에서 보나 인도인들이 그리스도교로 개종할 필요는 전혀 없음을 말한다. 한 분이신 하느님에 대한 신앙과 그것에 합당한 도덕적 행위만으로 하느님의 은총을 받기에 충분하며, "어느 민족에게서나 하느님을 경외하고 의를 행하는 자는 하느님이 받으신다"는 성서의 구절을 인용해서 답하고 있다.46 그러나 그리스도교가 서구의 진보적 운동과 연결되어 있으므로 '올바로 가르치기만 한다면' 다른 어떤 종교보다 인류의 도덕적, 정치적 수준을 향상시킬 가능성이 있음을 말한다.47 '올바로 가르친다'라는 표현은 두말할 필요 없이 교리적, 역사적 기적에 관한 신앙을 강조하지 말 것을 의미하는 것이다. 이러한 단서 아래 로이는 답신에서 유니테리언들을 적극적으로 환영하고 있다.

---

46 같은 책, 36-37.
47 같은 곳.

당신네 나라 사람들같이 자유롭고, 힘 있고 개명된 사람들의 상당한 수의 단체가 그리스도의 종교를 그리스도교로 개종한 그리스인, 로마인 그리고 이방인들이 때때로 혼입시킨 터무니없는 우상 숭배적 교리와 관습들로부터 정화시키려는 활동을 하고 있다는 생각에 나는 말할 수 없는 행복을 느낍니다.[48]

로이는 또한 스코틀랜드 장로교회가 인도에 와서 선교하는 일에도 동조했다. "웨스트민스터 신앙 고백의 모든 것에 동의하지는 않지만"이라는 단서를 달면서도 로이는 "인도에서 종교적, 도덕적 지식의 전파에 도움이 된다"는 생각에 동의했던 것이다.[49] 이렇게 볼 때 로이의 그리스도교에 대한 관심과 기대는 선교사들과의 논쟁에도 불구하고 여전했으며, 당시의 인도인들의 문화적 수준으로 보아 그리스도교가 결국에는 인도에 도움이 되리라는 생각을 그는 버리지 않았던 것 같다.

로이의 유니테리언 운동은 하나의 운동으로서는 실패로 끝나버렸다. 그것은 토착적 뿌리가 너무나 약한 다분히 서양적 운동으로서 대중적 참여와 지지를 얻기는 어려웠던 것이다. 1823년에 로이의 유니테리언 교회는 문을 닫고, 아담 목사는 본국으로 돌아간다. 그러나 비록 유니테리언 교회는 문을 닫았으나 로이의 근본적인 관심이 끝난 것은 아니었다. 사실 로이는 결코 어떤 교파적 의미에서 유니테리언 그리스도교 신자가 된 것은 아니었다. 그는 다만 예수의 사성에 입각한 올바른 그리스도교 이해를 전파하고자 했으며, 예수의 근본 사상은 결코 힌두교의 근본적 입장과 어긋나는 것이 아니라고 생각했다.

---

48 같은 곳.
49 같은 곳.

그리하여 로이는 1828년에 브라흐마협회라는 새로운 조직을 창설하여 그의 종교적 신념을 계속해서 전파하고자 했던 것이다. 브라흐마협회는 말하자면 힌두교적 뿌리를 지닌 유니테리언 교회 혹은 힌두적 유니테리언 교회 운동이라 해도 과언이 아닐 것이다. 예수의 유일신 신앙과 윤리가 베단타적 유일신 신앙에 의해 대치되었을 뿐이기 때문이다. 브라흐마협회는 또 하나의 새로운 종교라기보다는 힌두교, 그리스도교, 이슬람 등의 종교적 울타리를 넘어서는 하나의 영적 공동체 운동이었다.

1830년에 로이는 저명한 힌두교인으로서 처음으로 대양을 건너 영국에 가는 모험을 감행했다. 무굴 황제의 칙사 자격으로 영국에 간 그는 정치적 활동 외에 아마도 영국의 그리스도교 현황을 직접 눈으로 보고 싶은 의도도 다분히 있었을 것이다. 불행히 그는 1833년 9월 신병을 얻어 브리스틀에서 그의 유니테리언 친구들의 곁에서 세상을 떠났다. 그의 묘지명에는 다음과 같은 글이 새겨져 있다.

> 이 돌 밑에는 라자 람 모한 로이 바하두르(Raja Ram Mohan Roy Bahadoor)의 유구가 안식하고 있다. 하느님의 하나 됨을 순수하고 굳게 믿은 자로서 그는 하느님을 경배하는 일에 그의 삶을 전적으로 바쳤다. 천부의 재능으로 그는 여러 언어를 철저히 습득했으며 당대의 가장 위대한 학자들 가운데 하나로 일찍이 명성을 떨쳤다. 인도 국민의 사회적, 도덕적 그리고 물질적 조건을 향상시키려는 지칠 줄 모르는 그의 노고, 우상 숭배와 싸티(suttee, 과부 생화장)의 의례를 폐지하려는 그의 진지한 노력 그리고 하느님의 영광과 인간의 복지를 증진시키는 것은 무엇이든 변함없는 열성으로 옹호하려는 그의 자세는 그의 동족의 마음 속에 감사히 기억되며 살아 있다.[50]

## 3. 비베카난다의 그리스도교 이해

로이는 기본적으로 계몽주의 사상가들과 유사한 종교관을 지니고 있었다. 그들이 말하는 이른바 '자연종교'와 같이 로이는 모든 종교의 배후에 그 핵심을 이루는 보편적이고 공통적인 요소가 존재한다고 믿었던 것이다. 이 종교의 본질은 하느님을 사랑하고 인간을 사랑하라는 예수의 계명 속에 전형적으로 나타나 있으며, 이것은 또 힌두교의 베단타 사상과도 일치하는 것이라고 로이는 보았다. 그러나 이와 같은 추상적인 종교관은 당시 힌두교의 살아 있는 실제 모습과는 매우 거리가 먼 것이었다. 거기에는 전통적 힌두교의 특징인 풍부한 신화도 없고, 신상도 없으며, 뜨거운 신애(bhakti)의 열정도 찾아보기 어려우며, 생사의 고뇌를 뛰어넘으려는 초인적 고행과 명상의 실천도 찾아보기 어렵다. 그렇다고 카스트 제도, 조혼제, 과부 생화장 등과 같은 악습을 철저히 타파하려는 투쟁적 의지가 있었던 것도 아니다. 그와 같은 합리적이고 세련된 종교가 대중을 끌어들일 힘이 없었다는 것은 별로 놀라운 일이 아니며, 로이의 힌두교 개혁 운동은 그 역사적 의의에도 불구하고 힌두교 내부에는 이렇다 할 대중적 영향을 끼치지는 못했다. 그러나 힌두교를 근본적으로 유일신 신앙으로 보고 윤리적 실천을 강요한 점은 로이 이후 대부분의 신힌두교 사상가들에 의해 계승되게 되었으며, 예수의 종교와 교리적 그리스도교를 대비하여 후자를 전자의 변질 내지 타락으로 보는 견해 또한 로이 이후 많은 신힌두교 사상가들 사이에서 공통으로 발견되는 주제가 되었다.

우리는 이미 로이에 있어서 힌두교적 자각과 민족적 자각이 분명히 표출되고 있는 것을 보았다. 그것은 무엇보다도 선교사들이 보인

---

50 같은 책, 17.

교리의 경직성과 개종주의적 선교 정책 그리고 힌두교 비판에 기인한 것으로 보인다. 예수의 가르침에 대한 깊은 헌신에도 불구하고 로이가 결코 그리스도인이 되지 않은 것은 그의 그리스도교 이해가 선교사들에 의해 비판받았기 때문만은 아니었다. 로이의 눈에는 선교사들이 자신들이 지닌 교리적 신앙의 불합리성에도 불구하고 자신들의 결함은 보지 못하고 오히려 힌두교에 대하여 가혹한 비판을 가하는 것은 오만하기 그지없는 태도로 보였다. 그리고 이것은 그에게 힌두교 전통에 대하여 옹호적 자세를 취하게 만들었으며, 민족주의적 감정을 유발하는 요인이 된 것이다. 여하튼 19세기 후반으로 들어가면서 힌두 지성인들 사이에는 그리스도교에 대한 역사적, 교리적 지식의 증가와 아울러 서구 문명과 영국 식민정책의 본질에 대한 더 정확한 파악 등으로 인해 서구 문명과 그리스도교에 대한 비판적 시각이 고조되었으며, 그리스도교와 서구 문명이 반드시 같이 가는 것이 아니라는 사실 또한 분명하게 의식하기 시작했다. 이와 더불어 힌두교 민족주의적 감정 또한 첨예화되기 시작한 것이다. 우리는 이와 같은 현상의 전형적인 모습을 비베카난다에서 발견한다. 우리는 그에게서 힌두교 전통에 대한 새로운 자부심과 민족적 자긍심이 로이의 경우보다 훨씬 강하고 자신 있게 표현되고 있는 것을 본다. 그는 힌두교의 옹호라는 차원을 넘어서서 힌두교적 종교관을 세계를 향해 적극적으로 선양한 힌두교 최초의 선교사가 된 것이다.

그뿐만 아니라 로이와는 달리 비베카난다는 스스로 전통적인 힌두교 출가 수행자(sannyasin)의 길을 걸었으며, 대중적 힌두교 신앙의 기반인 신상 숭배까지 적극적으로 수용하는 자세를 보였다. 이런 면에서 로이가 힌두교의 대중적 신앙으로부터 유리된 모습을 보였던 반면 비베카난다는 로이보다 훨씬 더 영국식 교육을 받았음에도 불구하고 대중적 신앙에 깊이 뿌리를 내리고 있었던 것이다. 비베카난다에서 발견되는 이러한 힌두교 전통에 대한 새로운 자신감과 확신의 배후에는 그의 일생을 바꾸어 놓은 벵골의 성자 라마크리슈나(Rama-krishna, 1834~1886)라는 존재가 있었다.

## 1) 라마크리슈나

라마크리슈나는 신힌두교의 지성인이라기보다는 오히려 전통적 힌두교의 전형적인 성자였다. 1834년 벵골 지방의 한 가난한 바라문 가문에서 태어난 라마크리슈나는 영어는 물론 산스크리트어조차 배운 일이 없었으며 벵골어만을 쓰고 읽는 정도였다. 그러나 그는 어렸을 때부터 종교적 문제에 남다른 관심이 있었으며, 벵골 지방의 풍부한 힌두교 전통을 접하면서 자라났다. 그는 이미 6, 7세 때에 구름을 등지고 나는 학을 보면서 첫 번째 영적 체험을 한 것으로 전해진다.[51] 어린 시절 형이 사제로 있는 칼리(Kali) 여신의 사원에 거했으며, 16세 때에는 형과 더불어 콜카타에 가서 살다가 한 칼리 사원의 사제로 지내게 되었다. 라마크리슈나에게 있어서 특히 주목할 만한 것은 종교적 체험에 대한 그의 강한 욕구였다. 그는 칼리 여신의 신상 숭배에 만족하지 않고 실제로 칼리 여신을 직접 보고 싶은 강렬한 소원을 가지고 있었다. 그의 소원은 어느 날 드디어 이루어졌다. 그는 이 체험을 다음과 같이 서술하고 있다.

그때 나는 어머니(칼리)를 볼 수 없었기 때문에 뼈아픈 고통을 당하고 있

---

51 Claude Alan Stark, *God of All: Sri Ramakrishna's Approach to Religious Plurality* (Cape Cod: Claude Stark, Inc., 1974), 13-14.

었다. 나의 가슴은 마치 젖은 수건처럼 쥐어짜지는 것을 느꼈다. 나는 전혀 안정을 얻을 수 없었으며 이승에서 그를 만날 수 없으리라는 두려움에 사로잡혀 있었다. 나는 더 이상 신과 떨어져 있는 것을 견딜 수 없었으며 삶은 아무런 가치가 없는 것 같았다. 갑자기 나의 시선은 어머니의 신전에 보관되어 있던 칼을 포착했다. 미친 사람처럼 벌떡 일어나서 그것을 잡으려 할 때 갑자기 거룩하신 어머니께서는 나에게 자신을 계시해 주셨고 나는 마루에 엎드려 의식을 잃었다. 그 후 나의 밖에서 무슨 일이 있었는지 또 그날과 그다음 날이 어떻게 지나갔는지 나는 알지 못하나 내 안에는 전적으로 새로운 진한 희열이 줄기차게 흐르고 있었으며 나는 어머니 여신의 현존을 느꼈다.[52]

이와 같은 체험이 있은 후 그의 삶은 칼리 여신뿐만 아니라 다양한 신 체험을 하게 된다. 그는 당시 힌두교에서 행해지던 거의 모든 수련법(sadhana)을 통하여 삼매의 체험을 했으며, 심지어는 무슬림처럼 복장을 하고 살면서 알라의 체험을 한 일도 있었다. 38세 되는 해 어느 날 그는 마돈나와 아기 예수의 성화를 보면서 그리스도의 삶을 명상하다가 신비의 체험을 하게 된다. 그의 삶은 신비 체험의 연속이었으며, 그에게는 자신이 직접 체험한 것 외에는 종교가 아무런 의미를 지니지 않았다. 그는 우리가 범상히 대하는 주위 사물의 형상을 통해 신을 체험하는 삼매에 들어갔으며, 다양한 형태의 현현 가운데서 신을 만나는 체험을 했다. 동물원의 사자를 보고 삼매에 드는가 하면, 한 영국 소년이 나무에 기대어 있는 것을 보고 크리슈나의 형상이 떠올라 삼매에 들기도 했다. 그러나 이것은 라마크리슈나가 신상을

---

52 같은 책, 25.

숭배했다거나 다신 숭배를 했다는 것을 뜻하지는 않는다. 그는 다양한 형상들과 신상들을 통해 모든 형상과 이름, 모든 속성을 초월하는 브라흐만(Nirguna Brahman)을 체험했기 때문이다. 그의 근본적인 신학적 입장은 상카라(Sankara)의 불이론적(不二論的) 베단타(Advaita Vedanta) 철학이었다. 이 입장에 의하면 궁극적으로는 브라흐만만이 유일한 실재이며, 우리가 경험하는 다양성의 세계는 신을 가리는 베일 혹은 환술(maya)과 같은 것이다. 따라서 라마크리슈나는 자신과 브라흐만이 순전한 합일을 이루는 신비 체험의 극치를 통해 이 불이론적 베단타의 진리를 체험적으로 확인한 것이다. 그러나 그는 동시에 신과 자아의 분리를 전제로 하여 인격적 신을 경배하고 신과의 연합을 추구하는 더 대중적인 신애(bhakti)의 길도 실천했다. 어떤 사람이 이것은 그의 불이론적 입장과 모순되는 것이 아니냐는 질문을 하자 그는 "절대 속에는 나도 없고 너도 없고 신도 없다. 왜냐하면 그것은 말과 생각을 떠난 것이기 때문이다. 그러나 내가 아직 어떤 상대적인 것을 나의 밖에 보고 있는 한 나는 이해의 수단들을 매개로 하여 절대를 나의 밖에서 발견할 수 있는 어떤 존재로 예배할 수밖에 없다. 마치 한 덩어리의 얼음이 물의 일부분이며 결국 물이 되어버리듯 인격적 신도 역시 초인격적 절대의 일부분일 뿐이며, 우리의 인식이 증가함에 따라 절대 속으로 용해되고 사라진다"라고 대답한다.[53]

다시 말해 라마크리슈나는 모든 속성을 초월한 비인격적 절대(Nirguna Brahman)와의 합일(nirvikalpa-samadhi)을 추구하는 지혜의 길(jnana-marga)과 인격적 속성을 지닌 신(Saguna Brahman)을 섬기는 신애의 길(bhakti-marga) 사이에 아무런 모순도 느끼지 않았으며, 양자의 경계를 자유로이 드나들었다. 이것은 우파니샤드 이래 베단타 힌두교

---

53 Glasenapp, "Religiose Reformbewegungen im heutigen Indien," 182-183.

의 가장 정통적인 길로서 후자를 전자를 위한 예비 단계 내지 방편으로 보는 사고방식을 전제로 하며, 모든 형태와 이름과 속성을 초월한 브라흐만이 다양한 형태와 이름과 속성을 지니고 나타나므로 우리는 각자의 성향과 기질에 따라 인격적 신들을 섬길 수 있다는 사상을 전제로 한다(이것을 '선택된 신[ista - devata]이라 부름). 바로 이와 같은 태도 야말로 힌두교로 하여금 다양한 신앙을 수용하는 포용성을 지니게 만드는 것이며, 라마크리슈나의 제자 비베카난다 그리고 라다크리슈 난과 같은 현대의 대표적 힌두교 사상가들이 종교적 배타성을 극복하 는 힌두교적 지혜로서 적극적으로 내세우는 사상이다. 라마크리슈나 에게 있어서 예수는 한마디로 말해 크리슈나(Krisna), 라마(Rama) 등과 마찬가지로 만물의 궁극적 실재인 브라흐만의 한 현현 내지 육화 (avatara)로서, 그는 그리스도교의 육화 사상을 받아들이는 데 아무런 어려움이 없었다. 문제는 그리스도를 유일한 육화로 고집하는 그리스 도교의 독단성과 배타성에 있다. 라마크리슈나에게는 모든 육화는 브라흐만에 근거를 둔 것으로서 동질적 성격을 띤다.

육화는 언제나 하나이고 동일하다. 하느님은 생명의 대양 속으로 잠수한 후 한 곳에서 솟아올라서는 크리슈나라는 이름으로 불리우며 또다시 잠 수한 후 다른 곳에서 솟아올라서는 그리스도라는 이름으로 알려진다. 육 화와 브라흐만과의 관계는 물결과 대양의 관계와 같다. 강을 따라 떠내려 가는 튼튼한 뗏목은 수백 명을 태우고도 가라앉지 않으나 조그마한 나뭇 조각은 한 사람의 무게도 감당하지 못하고 가라앉을 것이다. 이와 같이 한 구세주가 육화될 때면 그의 은총을 통해 수많은 사람이 구원을 받는다. 자기 완성자(siddhi)는 각고의 수고와 노력으로 다만 자기 자신만을 구원 할 따름이다.[54]

라마크리슈나의 추종자들은 그도 역시 브라흐만의 현현으로 간주한다. 한 제자와의 대화에서 라마크리슈나 자신도 이것을 시인한 것으로 전해진다.[55] 인간의 상황은 무한히 넓은 들판을 앞에 두고 있으나 높은 벽에 가려 보지 못하는 것과 같다고 한다. 그러나 그 벽에 조그마한 구멍이 하나 생기면 우리는 그 구멍을 통해 한없이 넓은 들판의 일부를 볼 수 있다.[56] 라마크리슈나는 그의 추종자들에게 있어서 바로 이러한 구멍과 같은 존재였던 것이다. 이제 그를 통해서 무한한 들판을 볼 수 있었던 비베카난다의 그리스도교 이해를 살펴볼 차례이다.

## 2) 비베카난다의 종교관

비베카난다(Vivekananda, 1863~1902년, 본명은 Narendranath Datta)는 콜카타의 한 변호사 가정에서 태어나 서구식 대학 교육을 받았다. 그가 라마크리슈나를 처음 만났을 즈음(1881년) 그는 영국에서 법학을 공부해서 출세 가도에 오르려는 야망에 찬 청년이었다. 그러나 라마크리슈나를 만난 지 일 년이 안 되어 그는 완전히 마음을 바꾸고 출가 수도자(sannyasin)의 생활을 하기로 결심하고 히말라야에서 고행과 고독의 삶을 살다가 1892년에 다시 세속으로 돌아온다. 마드라스에서 이예르(Subramanya Iyer)라는 신지주의자를 알게 되고, 이예르는 그의 재능을 발견하여 그를 힌두교 대표로서 1893년 시카고에서 열린 세계종교의회(World Parliament of Religions)에 보낸다. 거기서 그는 명쾌

---

54 Stark, *God of All*, 81-82.

55 Hal W. French, "Reverence to Christ Through Mystical Experience and Incarnation Identity: Sri Ramakrishna," *Neo-Hindu Views of Christianity*, 74.

56 같은 곳.

한 논리와 깊은 종교적 통찰로써 베단타적 종교관을 제시하여 참석자들의 마음을 사로잡고 4년간 미국과 영국에서 강연 활동을 하다가 1897년에 국민적 영웅으로서 귀국한다. 비베카난다는 라마크리슈나의 사후 그의 스승의 가르침을 전파하기 위해 종교 교육과 사회 사업을 주로 하는 수도회를 만들어 이끌었으며, 1897년에는 베단타 철학을 세계에 전파하기 위해 라마크리슈나 선교회(Ramakrishna Mission)를 조직했다. 이 선교회는 오늘날까지도 세계 도처에서 활동을 계속하고 있다. 1898년에 비베카난다는 다시 구라파와 미국에서 활동하다가 신병을 얻어 귀국한 후 1902년 39세의 나이로 생을 마쳤다. 문자 그대로 비베카난다는 힌두교 최초의 선교사라 불릴 만하다.

서구식 합리주의적 교육을 받은 비베카난다는 그의 구도 시절 많은 종교 지도자를 만나서 단도직입적으로 "선생님은 하느님을 보셨습니까?"라고 물었으며, 아무에게서도 만족스러운 대답을 얻지 못했다고 한다. 그러다가 라마크리슈나를 만나 같은 질문을 했을 때 라마크리슈나는 "그렇다. 나는 하느님을 당신을 보는 것보다 더 생생하게 보고 있으며, 당신도 그를 볼 수 있다"라는 대답을 했다고 한다.[57] 그는 라마크리슈나 밑에서 먼저 주로 불이론적 베단타 철학에 입각한 신비 체험의 훈련을 받았으며, 후에는 칼리 여신을 비롯한 다양한 형태의 인격신의 체험도 하게 되었다. 이 점에서 그는 그의 스승 라마크리슈나와 같이 비인격적 브라흐만과 인격적 브라흐만의 엄격한 구별을 넘어서는 폭넓은 신비 체험을 한 사람이었다. 결국 이와 같은 체험이 바탕이 되어 그는 모든 종교의 진리성을 인정하는 보편주의적 입장에 설 수 있었던 것이다. 종교적 다양성에 대한 그의 견해는 1896년에 런던에서 행한 "실천적 베단타"(Practical Vedanta)라는 강연

---

57 *God of All*, 124.

에 잘 나타나 있다. 그 일부를 인용하면 다음과 같다.

만약 여러분들이 인간의 얼굴에서 하느님을 볼 수 없다면 어떻게 그를 구름 속에서 보며 무기력한 죽은 물질로 된 신상들이나 당신들의 두뇌가 만들어 낸 공상적 이야기들에서 볼 수 있겠는가? 나는 당신들이 남녀 인간들에서 하느님을 보기 시작하는 날 당신들을 종교적이라 부를 것이며, 당신들은 오른뺨을 때리거든 왼뺨을 내어주라는 말이 무슨 뜻인지를 이해할 것이다. 만약 당신들이 인간을 하느님으로 본다면 모든 것을 심지어 호랑이까지도 반길 것이다. 당신들에게 다가오는 것은 우리의 아버지, 어머니, 친구 그리고 자식 등 다양한 형태로 우리 앞에 나타나는 복되신 분, 영원한 분, 주님일 따름이다. 그들은 우리와 함께 놀고 있는 우리 자신의 영혼인 것이다. 우리의 인간적 관계들이 이와 같이 성스러운 것이 될 수 있듯이 하느님과 우리의 관계도 이러한 형태들 가운데 어느 것이라도 취할 수 있으며, 우리는 하느님을 아버지로, 어머니로, 친구로 혹은 애인으로도 볼 수 있다. 하느님을 어머니라 부르는 것은 아버지라 부르는 것보다 더 고차적 관념이며 하느님을 친구라 부르는 것은 이보다 더 높은 관념이다. 그러나 가장 높은 관념은 하느님을 애인으로 간주하는 것이다. 그 어느 것보다도 최고의 경지는 사랑하는 자와 사랑받는 자 사이에 아무런 차이도 보지 않는 것이다. … 하느님은 모든 것 안에 있고, 모든 것이다. 모든 남자와 여자는 만질 수 있듯 살아 있는 희열에 찬 하느님이다. 누가 하느님은 알 수 없다고 말하는가? 누가 그는 찾아야만 한다고 말하는가? 하느님은 영원부터 우리와 함께 있으며 우리는 영원부터 그 안에 살아 왔다. 그는 영원히 알려져 있고 영원토록 경배를 받으시는 분이다.[58]

---

58 *Sources of Indian Tradition*, 96.

얼핏 보면 범신론처럼 보이는 이 말의 배후에는 전형적인 베단타 사상이 깔려 있다. 만물의 알파와 오메가인 브라흐만은 다양한 형태로 현현되며, 어떠한 형태든지 브라흐만을 알게 하는 매개체가 될 수 있다는 것이다. 모든 존재자는 하나의 궁극적인 실재에 의해 통일되어 있으며, 사물들 간의 차이나 인간과 사물들과의 차이 또한 궁극적인 것이 못 된다. 브라흐만은 만물의 자아이자 인간의 가장 깊은 자아이다. 이와 같은 만물의 통일성의 진리는 불이론적 삼매와 지혜를 통해 혹은 신애라는 인격적 사랑의 관계를 통해 실현된다. 비베카난다는 이와 같은 철학적 입장을 바탕으로 하여 모든 인간에게서 신을 보고 인간을 신으로 섬기고 봉사하는 '실천적 베단타' 운동을 전개한 것이다. 또 이와 같은 사상 위에서 그는 로이와는 달리 신상 숭배를 비록 낮은 차원의 종교 현상으로 간주하기는 했으나 우리로 하여금 신을 만날 수 있게 해주는 길로서 긍정할 수 있었던 것이다. 비베카난다는 말한다.

그러나 이 외부적 신상의 숭배는 우리 힌두교의 논서들에는 모든 낮은 형태의 숭배들 가운데서도 가장 낮은 것으로 말해지고 있다. 그러나 이것은 신상 숭배가 그릇된 것이라는 뜻은 아니다. 오늘날 성행하는 신상 숭배의 관습이 비록 많은 해악으로 섞여 있지만 나는 그것을 정죄하지 않는다. 아니, 만약 내가 저 신상 숭배자인 정통 바라문(라마크리슈나)의 성스러운 발의 먼지로 축복받지 않았더라면 지금의 내가 어떻게 있겠는가? 신상 숭배를 반대하는 개혁가들—이들은 그것을 우상 숭배라 부르기도 하지만 —에게 나는 말한다. "형제들이여, 그대들이 어떤 외적 도움을 버리고 형상 없는 하느님을 숭배할 능력이 있다면 그렇게 하면 될 것이지 어찌하여 그럴 수 없는 사람을 정죄하는가?"[59]

비베카난다에게 모든 종교는 근본적으로 동일한 진리를 추구하고 증언하며, 각 개인이나 각 민족은 높든 낮든 자신에게 적합한 단계와 형태의 길을 따르면 되지 타인이나 타민족의 종교를 비방하거나 개종시키려 해서는 안 된다. 사실 힌두교 자체가 이와 같은 종교적 다양성과 융통성을 가장 잘 보여주는 종교로서 비베카난다는 바로 이와 같은 힌두교적 전통을 세계 종교들 간의 평화에 크게 공헌할 수 있는 길로 보고 적극적으로 전파하려 했던 것이다. 캘리포니아에서 행한 한 강연에서 그는 종교적 '관용'이라는 말조차 사용하기를 거부하면서 다음과 같이 말한다.

> 그렇다면 우리의 표어는 수용이지 배척이 아니다. 이것은 단순한 관용이 아니다. 왜냐하면 이른바 관용이란 흔히 모독이며 나는 그런 것을 믿지 않는다. 나는 수용을 믿는다. 내가 관용을 베풀 까닭이 무엇인가? 관용이란 너는 그르다고 생각하면서도 너를 그저 살도록 허용해 준다는 것을 뜻한다. 당신들이나 내가 다른 사람을 살게끔 허용해 준다고 생각하는 것은 모독이 아니겠는가? 나는 과거에 있었던 모든 종교를 수용하며, 모든 종교와 더불어 예배 드린다. 그들이 어떤 형태로 하느님을 예배하든, 어느 종교이든 나는 함께 하느님께 예배한다.[60]

이와 같은 비베카난다의 포용적 입장의 배후에는 모든 인간이 결국 한 하느님을 숭배하고 있다는 생각이 깔려 있다. 그리고 이와 같은 생각의 배후에는 『바가바드기타』에 나오는 다음과 같은 크리슈

---

59 같은 책, 97.
60 *God of All*, 137.

나의 가르침이 있는 것이다.

믿음이 충만하여 다른 신들을 신애하며 제사하는 사람들이라 할지라도, 오 쿤타의 아들이여, 정식은 아니지만 바로 나에게 제사하는 것이다(9:23).[61]

### 3) 비베카난다가 보는 예수 그리스도

비베카난다의 그리스도론은 1890년대 중반에 수차례에 걸쳐 미국과 유럽에서 행한 "하느님의 사자 그리스도"라는 강연에 잘 나타나 있다.[62] 비베카난다에 의하면 자연 현상이나 사회적 변천에서와 마찬가지로 인간의 영적 생활에도 주기적인 상승과 하강, 앙등과 침체가 반복된다. 예수는 유대 민족이 침체의 늪에 빠져 미래를 지향하기보다는 현재를 고수하고 삶의 근본적 문제보다는 지엽말단적인 문제에 더 많은 관심을 가지고 있던 시대에 태어났다. 바로 이러한 정체성과 보수성에 의해 갇혀 축적되어 있던 영적 에너지가 예수라는 한 엄청난 영적 힘을 지닌 위대한 영혼, 하느님의 사자에 의해 촉발되었다. 예수는 다른 모든 하느님의 사자들처럼 과거의 산물이자 미래의 창조자이며 그에게는 그의 민족이 오랫동안 추구해 온 가장 선하고 가장 위대한 삶이 구현되었다. 그의 3년간의 짧은 활동기간은 영적으로 매우 압축된 기간으로서 그것이 펼쳐지는 데 천구백 년이라는 세월이 필요했으며, 앞으로도 얼마나 소요될는지 모른다. 우리와 같이 범상한 존재들은 얼마 안 가서 소진될 조그마한 영적 에너지밖에 받지 못한

---

61 길희성 역, 『바가바드기타』 (서울: 현암사, 1988), 146.
62 Vivekananda, "Christ, the Messenger," *Christianity through Non-Christian Eyes*, 204-214.

사람들이지만, 영적 거인 예수가 남긴 에너지는 장구한 세월을 두고 힘을 발휘하고 있으며, 세월이 갈수록 새로운 힘을 더해 간다. 범인들이 대양의 물거품과 같은 존재들이라면 위대한 영혼들은 거대한 파도와 같으며, 이들에 관해서는 "아들을 통하지 않고서는 아무도 하느님을 볼 자가 없다"라는 말이 타당하다. 아들을 떠나 어디서 하느님을 볼 수 있겠는가? 모든 인간은 하느님의 육화이며 그를 반사한다. 빛의 파동은 어디에나 있기 때문이다. 그러나 우리는 이 빛을 보기 위해서는 등불을 밝혀야만 한다. 무소부재의 하느님은 등불들—의 사자, 인간 하느님들, 그의 육화들—에 의해 반사되기 전까지는 볼 수 없는 것이다. 범인들과는 도저히 비교되지 않는 영적 힘을 지닌 이들 하느님의 사자들과 육화들을 숭배하는 것은 결코 잘못된 일이 아니며, 우리가 하느님에 대하여 가질 수 있는 어떠한 관념들보다도 뛰어난 눈에 보이는 신적 존재들인 그들을 숭배한다는 것은 아무런 해가 없을 뿐만 아니라, 하느님을 숭배하는 유일한 적극적인 방법이다. 우리가 이 땅의 인간으로 머물러 있는 한 무슨 방법을 동원하든지 그리고 제아무리 추상적 사고를 한다 해도 우리의 세계는 인간의 세계이며, 우리의 종교는 인간의 종교이며, 우리의 하느님은 인간적 하느님일 수밖에 없다. 실제로 눈에 보이는 하느님을 놓아두고, 누가 붙잡을 수도 없고 구체적인 매개체 없이는 접근하지도 못할 추상적 하느님을 선택하겠는가?

그러나 비베카난다에 의하면 그리스도인들은 한 가지 커다란 잘못을 저지른다. 그들은 예수를 하느님의 유일한 육화로 간주한다. 만약 예수 당시 어떤 사람이 그에게 나와서 "나는 당신의 가르침을 다 받아들일 수 있지만, 당신을 하느님의 독생자로서 숭배할 수는 없습니다"라고 말했다면 예수는 무엇이라 답했을까? "좋소, 이 상을 추구하되 당신의 갈 길을 가시오. 나는 종교 장사하는 사람이 아니오. 나는 다만 진리를 가르칠 뿐이며, 진리는 누구의 재산도 아니며, 누가 특허 낼 수 있는 것도 아닙니다. 진리는 하느님 자신입니다. 가십시오"라고 예수는 대답했을 것이다.[63] 그러나 오늘날 그리스도인들은 말하기를, "당신이 그의 가르침을 실천하든 안 하든, 당신은 여하튼 그분을 인정하는가? 만약 당신이 주님을 인정하면 당신은 구원받을 것이고, 그렇지 않다면 당신에게는 구원은 없다"라고 말한다. 그리하여 예수의 가르침은 전적으로 타락해 버렸고, 오직 그의 위격(person) 문제에 모든 싸움이 집중되어 있다. 그럼으로써 그리스도인들은 자기들이 높여 받들고자 하는 분을 도리어 욕되게 한다는 것을 모른다.[64] 예수는 그들의 생각을 수치스럽게 여길 것이다. 그것은 미신이요 무지다. 예수의 제자들은 하느님이 단 한 번만 자신을 현현시킬 수 있다고 생각한다. 모든 잘못이 바로 여기 있는 것이다. 세계에는 한 번 일어났던 일은 그전에도 일어났으며, 그 이후에도 일어날 것이기 때문이다.[65] 비베카난다는 다음과 같이 결론짓는다.

그럼으로 나사렛 예수에서뿐 아니라 그 이전에 왔던 그리고 그 이후에 왔던 모든 위대한 자 가운데서 하느님을 발견하도록 하자. 우리의 예배는 제한이 없고 자유롭다. 그들은 모두 동일한 무한한 하느님의 현현들이다. 그들은 모두 순결하며 이기심을 떠난 자들이다. 그들은 우리와 같이 보잘것없는 인간들을 위해 애썼으며, 자신들의 생명을 바쳤다. 그들은 모두 각기 우리 모두를 위해 그리고 우리 후에 올 모두를 대신한 속죄의 고난을

---

63 같은 책, 213.
64 같은 곳.
65 같은 곳.

당한 자들이다. 어떤 의미에서 여러분들은 모두 예언자들이다. 여러분들은 각자 양어깨에 세상의 짐을 지고 가는 예언자들이다. 여러분들은 자기가 맡은 인생의 조그마한 짐을 묵묵히 인내로써 지고 가지 않는 사람을 본 적이 있는가? 위대한 예언자들은 어깨 위에 거대한 세계를 짊어진 거인들이었다. 그들에 비하면 우리는 물론 난쟁이들이다. 그래도 우리는 그들과 같은 일을 하고 있다. 우리가 속한 조그마한 생활공간에서, 우리가 속한 조그마한 가정 속에서 우리는 우리의 조그마한 십자가들을 지고 있는 것이다. 자신의 십자가를 지지 못할 정도로 나약하거나 무가치한 사람은 아무도 없다. 모든 실수에도 불구하고, 모든 악한 생각과 행위에도 불구하고 어디엔가는 우리에게도 밝은 곳이 있으며, 어디엔가는 아직도 우리를 항시 하느님과 연결시켜 주는 황금의 실이 있다. 왜냐하면 우리가 분명히 알아야 될 것은 하느님과의 접촉이 끊어지는 순간 우리는 멸해 버리기 때문이다. 그러나 아무도 멸해질 수는 없기 때문에 우리의 가슴 속 깊이 어디엔가는 우리가 제아무리 비천하고 타락했다 하더라도 하느님과 항시 접촉하고 있는 조그마한 빛의 영역이 언제나 존재하는 것이다.[66]

그렇다면 비베카난다가 보는 나사렛 예수의 구체적인 모습은 과연 어떤 것인가? 비베카난다는 예수에게서 허망한 세상의 욕망과 집착을 완전히 끊어버린 인도의 전통적인 성자의 모습을 본다. 비베카난다는 예수가 세속을 포기한 수도자(sannyasin, '포기자')였다고 한다.[67] 예수는 아무런 가진 것 없이 가난하고 청빈한 생활을 한 성자였으며, 육체적

---

66 같은 책, 214.

67 Hal W. French, "Swami Vivekananda's Experience and Interpretations of Christianity," *Neo-Hindu Views of Christianity*, 92.

정욕으로부터 완전히 자유로웠던 순수한 영혼이었다. 그는 빛의 덩어리였으며, 땅 위에 거하는 하느님이었다.[68] 그는 스스로가 모든 속박으로부터 자유로운 존재였을 뿐만 아니라 놀라운 통찰력으로써 유태인이나 이방인, 부유한 자나 가난한 자, 남자나 여자, 성자나 죄인을 막론하고 모든 인간이 자기와 똑같은 불멸의 영을 지닌 존재들임을 보았다. 따라서 예수가 온 생애를 바쳐 행한 가장 중요한 일은 사람들로 하여금 자신들의 영적 본성을 깨닫도록 하는 일이었다.[69] 그는 사람들로 하여금 스스로를 보잘것없고 비천한 자라는 환상으로부터 깨어나게 했으며, 그들 안에 결코 짓밟거나 폭력을 가하거나 멸할 수 없는 어떤 것을 간직하고 있는 한없이 귀한 존재들임을 일깨워주었다. 인간은 모두 하느님의 아들들이며 불멸의 영으로서 하느님과 하나인 존재라는 진리를 예수는 가르쳐 주었다. 그리고 이와 같은 진리를 깨닫고 영생을 얻는 길은 자기 포기에 있음을 예수는 가르쳐 주었다.[70] 이것이 비베카난다가 보는 나사렛 예수이다. 세상의 욕망과 집착을 끊고 출가 고행의 길을 걸으면서 불멸의 자아를 찾은 우파니샤드적 철인과 수도자의 전형적인 모습을 비베카난다는 예수에게서 발견하고 있는 것이다. 비베카난다는 예수가 모든 위대한 종교의 발상지인 동양에서 태어나 철두철미 동양적 사고방식과 환경 속에 젖어 살았던 동양인이었음을 강조한다.[71] 서양 문명을 정치와 군사에 능하며, 세속적이고 물질주의적이라고 본 그는 예수의 음성에서 위대한 아시아적 영혼의 소리를 듣는 것이다.

---

68 "Christ, the Messenger," *Christianity through Non-Christian Eyes*, 210.
69 같은 곳.
70 같은 곳.
71 같은 책, 208.

그러나 비베카난다에 의하면 제도화된 _그리스도교 교회는 예수의 순수한 복음의 메시지를 저버렸다고 한다. 교회는 인간의 영을 해방시키는 대신 외적 형식과 의례들 그리고 경직된 교리로써 가두어 버리고 영적 성장을 저해한다고 비베카난다는 말한다.

교회 안에서 태어나는 것은 좋으나 교회 안에서 죽는 것은 나쁘다. 어린아이로 태어나는 것은 좋으나 어린아이로 머무는 것은 나쁘다. 교회와 전례와 상징은 아이들에게는 좋으나 아이들이 성장하면 교회를 혹은 자기 자신을 뛰쳐나와야 한다. 영원히 아이로 있어서는 안 되는 것이다.[72]

비베카난다에 의하면 그리스도교의 핵심과 원천은 하느님을 만나는 예수와 제자들의 영적 체험이다. 그러나 이러한 체험이 교리에 의해 질식되고 퇴화되어 버린다는 데 그리스도교의 문제점이 있다.

그리스도인들은 예수 그리스도가 인간을 구원하기 위해 죽었다고 믿는다. 당신들에게는 이것은 하나의 교리를 믿는 것이며, 이 믿음이 당신들의 구원이 된다. 우리(힌두교인들)에게는 교리란 구원과 아무런 상관이 없다. 각자가 믿고 싶은 대로 무슨 교리를 믿어도 좋으며, 아무런 교리도 믿지 않아도 좋다. 예수가 어느 때에 살았는지의 여부가 무슨 상관이 있으며, 모세가 불타는 가시덤불에서 하느님을 보았다는 것이 당신과 무슨 상관이 있는가? 과거의 위대한 영적 인간들의 기록은 우리로 하여금 그들과 같이 종교를 체험하도록 자극시켜 주지 않는 한 우리에게 아무런 값어치

---

72 "Swami Vivekananda's Experience and Interpretations of Christianity," *Neo-Hindu Views of Christianity*, 93.

도 없는 것이다. 그리스도나 모세 혹은 다른 어떤 사람들이 무엇을 했든 우리로 하여금 그것을 하도록 자극하지 않는 한 우리에게 아무런 도움도 되지 못하는 것이다.[73]

여기서 비베카난다는 힌두교적 관점에서 그리스도교 신앙의 핵심적 특징을 건드리고 있다. 그의 입장에서 볼 때 그리스도교에서 주장하는 역사적 계시 혹은 계시의 역사성 그리고 이에 근거한 교리적 주장들은 오히려 그리스도교의 진리를 의심스럽게 만든다. 어떤 역사적 사실을 믿는다는 것은 그것이 제아무리 놀랍고 특출한 것이라 해도 나를 구원하는 영원한 진리는 될 수 없다는 것이다. 역사적 사실이든, 교리적 진술이든 그것을 믿는 일은 나의 직접적인 영적 체험과—현대적으로 말하자면 나의 실존적 문제와— 아무런 상관이 없다는 것이다. 종교적 체험을 강조하는 힌두교적 전통의 당연한 비판이라 볼 수 있다. 예를 들어 비베카난다는 『바가바드기타』에 나오는 행위의 요가(karma-yoga) 사상의 진리는 그것을 선포하는 크리슈나가 역사적 인물인가 아닌가와 무관하다고 한다. 성서가 역사적 성격을 지녔기 때문에 진리라고 하여 그리스도교 신앙의 역사적 성격을 자랑스럽게 내세우는 그리스도교인들에 대하여 비베카난다는 그것이 오히려 그리스도교의 문제가 될 수 있음을 지적한다. 진리는 어디까지나 무한하고 영원한 것으로서, 성서나 그리스도교가 역사적 성격을 지닌다는 것은 그것이 언젠가 누군가에 의해 만들어졌음을 뜻하는 것이기 때문에 오히려 그 진리성을 의심스럽게 만든다는 것이다.[74] 그뿐만 아니라 역사적 진리는 논란과 의견 대립을 야기시키며 그것에 신앙을 과다하게 의존시키면 오히려

---

73 같은 책, 94.
74 같은 책, 99.

신앙을 상실하는 결과를 초래할 수 있다고 그는 지적한다.[75] 현대 신학적 관점을 예견한 통찰들이라 하지 않을 수 없다. 여하튼 계시적 진리의 역사성(사건성이라는 의미에서)을 믿는 것이 그리스도교 신앙으로 하여금 하느님에 대한 막연한 추상적 사변을 피하고 인간의 구체적인 삶 속에 개입하여 스스로를 계시하는 하느님을 믿게 하며, 역사의 세계를 의미 있는 관심의 영역으로 만들었음에 반하여, 힌두교적 입장에서는 그것이 그리스도교 신앙을 역사의 우연적 진리에 의존케 하는 맹목적이고 배타적 성격을 띠게 한다고 보는 것은 매우 중요한 의미를 지닌 현상이다. 역사의 문제를 둘러싼 힌두교와 그리스도교의 근본적인 시각의 차이가 작용하고 있는 것이다.

획일적 교리의 강요는 개개인의 능력과 조건을 무시하는 일로서 힌두교의 종교적 자유와 융통성과는 매우 대조적이라고 비베카난다는 지적한다. 더군다나 그리스도교가 구원에 관해서 배타적 주장을 할 때 그는 단호한 태도를 취한다. 육화, 삼위일체, 예수 그리스도를 통한 구원 등 모든 것을 그는 받아들일 수 있으나 그리스도교 외에 참다운 종교가 없으며, 그리스도교 외에 하느님의 계시가 없다고 하는 배타적 주장만은 수용할 수 없는 것이다. 개신교와 가톨릭을 비교하면서 그는 말하기를 개신교는 신자들에게 더 많은 자유를 허락했지만, 가톨릭이 지니고 있는 전례의 풍부함과 미적, 예술적 감각을 상실했으며, 가톨릭만큼 성인들과 순교자들을 배출하지 못했다고 지적한다. 개신교는 매우 근엄한 종교로서 시적이지 못하다고 한다. 성상의 사용은 영적으로 낮은 차원의 사람들에게 적합한 것이라고 하지만, 그래도 그러한 것을 용납하는 가톨릭 교회에 대하여 비베카난다는 더 많은 공감을 느끼고 있다. 문제는 가톨릭의 배타성에 있다고

75 같은 곳.

그는 지적한다.

로마 가톨릭 교인은 심오하고 영적이나 넓이를 상실했다. 유니테리언은 넓이는 있으나 영성을 상실했다. 우리가 원하는 것은 로마 가톨릭 교인의 깊이와 유니테리언의 넓이다. 우리는 하늘과 같이 넓고 바다와 같이 깊어야 한다. 우리는 광신자의 열정과 신비주의자의 깊이 그리고 불가지론자의 넓이를 지녀야 한다. '관용'이라는 말은 스스로를 높은 위치에 있다고 생각하는 사람이 저 아래 있는 동료 인간들을 불쌍히 여기며 내려다보는 듯한 오만한 사람을 생각나게 하는 말이다. 그것은 형편없는 마음의 태도다. 우리는 모두 같은 목표를 향해 같은 길을 걷고 있다. 다만 마음들이 다양하기 때문에 각자에게 맞도록 불가피하게 다른 경로를 따라 걷고 있을 따름이다. 우리는 다면성을 지녀야 하며 실로 신축성 있는 성격을 지녀야 한다. 그리하여 관용을 넘어서서 그보다 더 어려운 것, 즉 다른 사람의 길로 들어가 그와 더불어 하느님을 갈망하고 찾는 일에 함께 느끼는 공감의 태도를 지녀야 하는 것이다.[76]

이와 같은 폭넓은 공감을 주장하는 비베카난다도 그리스도교의 배타성과 개종주의에 이르러서는 명확하게 그 한계를 드러낼 수밖에 없었다. 모든 것을 포용하되 배타주의와 개종주의만은 포용하기 어려울 뿐만 아니라 이해하기조차 어려웠던 것이다. 우리는 과연 비베카난다가 겪은 이해의 어려움을 어떻게 이해해야 할 것인가?

---

76 같은 책, 95.

## 4. 일원론, 다신 신앙, 유일신 신앙

라마크리슈나와 비베카난다에 의해 대표되는 그리스도교관은 현대 힌두교 지성인들 사이에 일반화된 견해가 되었으며, 직접, 간접으로 많은 현대 종교 사상가 및 그리스도교 신학자에게도 큰 영향을 미치고 있다. 전통적으로 보아 그리스도교의 배타성의 배후에는 그리스도의 신성에 관한 교리가 있으며, 그의 신성의 주장 배후에는 그의 육화 사상이 깔려 있다. 이상하게도 신힌두교 지성인들은 그리스도교의 배타성은 용납 못하는 반면 그리스도의 신성과 육화를 받아들이는 데는 아무런 장애를 느끼지 않는다. 일견 모순되는 듯한 이러한 태도를 우리는 어떻게 이해해야 할 것인가? 이 문제를 다루기 위해서는 우리는 근본적으로 힌두교의 신관, 특히 신힌두교 사상가들의 사상적 배경을 이루고 있는 베단타 신학의 신관을 더 깊이 이해할 필요가 있으며, 나아가서 그것과 전통적인 유대교-그리스도교적 신관과의 차이를 고찰해 볼 필요가 있다.

유대교와 그리스도교의 전통적 신관에 의하면 창조주 하느님과 그의 피조물인 세계와 인간 사이에는 존재론적으로 건너뛸 수 없는 질적 차이가 존재한다. 하느님이 문자 그대로 인간이 되었다는 육화 사상이 지니는 기적적 충격성은 이러한 신관을 전제로 해서만 비로소 이해될 수 있는 것이다. 그러나 베단타적 신관에 따르면 우주의 궁극적 실재인 브라흐만과 현상세계 및 인간 사이에는 절대와 상대, 무한과 유한, 영원과 시간의 차이는 존재하지만, 존재론적 단절이나 불연속성은 없다. 유한자는 언제 어디서나 그 존재 근거인 무한자에 뿌리박고 있으며, 그것을 떠나서 독자적으로 존재하는 법은 없다. 반면에 무한자는 언제 어디서나 유한자의 세계에 현현할 수 있다. 이것은 비단 유한자들이 무한자에 의존한다는 뜻에서—이것은 그리스도교의 신관에서도 마찬가지이다— 그러한 것이 아니다. 유한자는 무한자로부터 전개돼 나오며, 무한자는 유한자를 움직이는 능동인이나 목적인일 뿐만 아니라 질료인으로 간주된다는 점에서 그러한 것이다. 이것은 물론 창조주와 피조물의 존재론적 단절을 주장하는 그리스도교에서는 생각할 수 없는 이론이다. 그러나 베단타 신학의 관점에서 보면 신을 세계의 질료인으로 보지 않는 한 세계의 기원은 설명될 수 없는 문제로 남아 있다. 세계가 신으로부터 나온 것이 아니라면, 신 외에 세계의 다른 존재론적 근원이 있다는 말인가? 아니면 세계는 문자 그대로 신의 절대적인 창조적 의지와 힘에 의해 무(無)로부터 창조된 것인가? 그렇다면 어떻게 유(有)가 무로부터 생길 수 있단 말인가?

베단타 신학은 근본적으로 신과 세계의 존재론적 차이는 인정하지만, 존재론적 단절이나 이원적 대립은 인정하지 않는다. 물론 마드바(Madhva)와 같은 13세기의 이원적 베단타 사상가도 없었던 것은 아니나 신힌두교 사상가들의 신학적 배경은 마드바보다는 상카라의 불이론적 베단타 사상이나 라마누자(Ramanuja)의 한정 불이론의 베단타 사상에 근거하고 있다. 이러한 일원론적 베단타 사상에 의하면 절대가 상대의 세계에 현현한다는 것은 결코 유일회적인 기적적 사건이 아니며, 언제 어디서나 있을 수 있는 일로서 실제로 모든 유한자는 무한자에 근거하여 존재하며, 무한자의 모습을 담고 있다. 유한자의 세계는 무한자를 형상화하고 있는 다양한 현상 세계를 이루고 있는 것이다. 문자 그대로 '현상'(phenomenon)이란 '나타나 보이는 것'이라는 뜻이며, 이 나타나 보임의 주체는 베단타 신학에 의하면 모든 제약과 한계, 이름과 형상을 초월한 무한자 브라흐만인 것이다. 따라서 신힌두교 사상가들로서 육화의 개념은 받아들이기 어려운 개념이 아니며, 오히려 그 유일회성을 고집하는 그리스도교의 배타적 도그마야발로 이해하기 어려운 고집이요 어리석음으로 보이는 것이다. 일(一)과 다(多), 실재와 현상 사이에는 끊임없는 존재적 교류와 소통이 이루어지고 있기 때문이다. 그리고 이와 같은 존재적 소통이야말로 바로 다신 신앙의 배후에 있는 진리라고 베단타 신학은 본다.

천차만별의 다양성을 띤 현상 세계는 그 존재론적 근원에 있어 하나로 통일되며, 이 일자(一者, tad ekam)는 무수히 많은 모습을 띠고 나타난다. 수많은 신들 역시 이 일자의 현현들로서 유한성을 면치 못한다. 그러나 그들은 물론 여타의 유한한 사물들보다는 더 항구적이고 힘이 있는 존재들이다. 다신 신앙은 우주 만물의 다양한 현상들 배후에 있는 통일적 실재를 하나로 보지 못하고 여럿으로 보는 무지에서 오는 것이기는 하나 그래도 현상 세계가 다양성을 띠고 있는 한 그리고 일자가 그 안에 온갖 유한한 존재들의 가능성을 배태하고 있는 한 전적으로 그릇된 오류는 아니다. 동일한 논리로 신상 숭배도 정당화된다. 우리가 모든 형상과 이름을 떠난 일자를 신비적 합일의 체험을 통하여 직접적으로 순수하게 파악할 수 없는 한 우리는 그것에 도달할 수 있게 하는 어떤 형태를 지닌 매개체를 필요로 하며, 신상들은 유한의 세계와 무한의 세계를 연결시켜 주는 바로 이러한 매개체의 역할을 하는 상징들인 것이다. 무한한 것을 유한한 것의 범주로 파악하고 이야기하는 것이 다신 신앙의 신화적 세계라 할 것 같으면 신화 또한 이러한 매개체이다. 베단타 신학은 따라서 신화의 타당성을 부정하지 않는다. 다신 신앙, 신상, 신화, 이 모든 것은 절대적인 것을 상대적인 것으로써 파악할 수밖에 없는 어쩔 수 없는 인간의 유한성 그 자체에 기인한 것으로 베단타 신학은 보는 것이다.

베단타 신학은 일원론과 다신론의 두 범주로만 신과 세계를 파악하지 않고 이 양자 사이의 중간 개념이라 할 수 있는 유일신론(monotheism)도 인정하고 있다. 사실 힌두교의 대중적 신앙은 다신 숭배보다는 시바 신이나 비슈누 신을 중심으로 한 유일신 신앙이라 해도 좋을 것이다. 다만 힌두교의 유일신 신앙과 유대교, 그리스도교, 이슬람의 유일신 신앙 사이에는 상당한 차이가 존재하는 것을 간과해서는 안 된다. 유일신 신앙은 베단타 사상에 의하면 다양한 현상 세계가 궁극적으로 하나의 존재 원리에 의해 통일되어 있다고 보는 점에 있어서는 일원론과 궤를 같이 한다. 그러나 다른 한편으로는 유일신 신앙은 일원론과는 달리 신의 이름을 부르고, 다양한 속성을 말하며, 신화나 신상 제작을 통해 신을 형상화한다는 점에 있어서 오히려 다신 숭배와 맥을 같이 한다. 인간의 언어와 상상력을 초월한 무한한 존재, 무엇이라고 규정하기 어렵고, 오직 무엇이 아니다(neti-neti)라고 부정적으로밖에 말할 수 없는 무한한 실재를 제한된 인간의 경험과 사고에 따라 규정하려는 모순적 태도에서 유일신 신앙은 성립하는 것이라고 베단타 신학은 본다. 물론 시바와 비슈누 혹은 칼리와 같은 이름에 의해 불리고 있는 우주의 대주재 신(Mahesvara)은 온 우주의 산출자요 수거자이며 우주 만물의 영원한 내적 생명이요 지배자로서 제한된 기능과 힘밖에 소유하고 있지 않은 여러 신들(deva)과는 비교가 안 된다. 힌두교의 유일신 신앙, 특히 비슈누 신앙에 의하면 모든 제한된 형태로 형상화되고 숭배되는 신들은 결국 이 대주재 신의 현현에 지나지 않으며, 그들을 숭배하는 것도 결국은 이 대주재 신을 숭배하는 것과 마찬가지라고 한다. 이 점에 있어서 힌두교의 유일신 신앙은 다신 숭배와 우상 숭배와의 끊임없는 투쟁을 통하여 확립되어 온 유대교, 그리스도교, 이슬람의 배타적 유일신 신앙과는 근본적인 차이를 보이고 있다. 이러한 힌두교의 포용적 유일신 신앙의 배후에는 역시 비슈누

와 시바를 만물의 존재론적 근원 내지 모태로 보는 베단타적 사상이 깔려 있는 것이다. 다만 이 만물의 근원인 브라흐만을 일체의 상(相)과 명(名)과 속성(guna)을 떠난 실재라기보다는 풍부한 인격적 속성을 지닌 존재로 보고 있을 따름이다.

　문제는 일단 비인격적 브라흐만을 인격적 브라흐만으로 파악하기 시작한 이상 신 개념은 인간의 기질과 능력이 다양한 것만큼 다양성을 띨 수밖에 없다는 사실이다. 오토의 표현을 빌려 말하자면, 어떤 사람은 신의 두렵고 떨리는(tremendum) 면을 강조하는가 하면, 어떤 사람은 신의 은총과 자비를 강조한다. 어떤 사람에게는 끊임없이 만물을 산출하는 신의 무한한 창조력(shakti, maya)이 더 인상적인가 하면, 또 어떤 사람에게는 만물을 삼켜버릴 듯한 무서운 파괴력이 더 신의 이미지에 부합된다. 다양한 신의 이름과 관념들은 초교파적 베단타 신학에 의하면 무한한 존재를 유한의 범주로 파악하고 형상화할 수밖에 없는 인간의 제한된 능력의 산물이며, 어느 하나의 신 관념만을 배타적으로 고집한다는 것은 어리석은 일이다. 우리는 각자 자신의 지적, 도덕적, 영적 역량과 타고난 기질 및 주어진 환경에 따라 자신에게 알맞은 신을 선택해서(ista-devata) 섬기는 것이 제일 좋으며 또 그럴 수밖에 없다는 것이다. 순수 일원론적 관점에서 보면 유일신 신앙과 다신 신앙 사이에는 근본적인 질적 차이는 존재하지 않는다. 모든 유일신 신앙은 결과적으로 다신 숭배요 우상 숭배일 수밖에 없다는 것이다.[77] 상(相)과 상(像) 없이도 신에게 접근할 수 있는 사람은 그렇게 하면 될 뿐 그렇게 못하는 사람을 비방해서는

---

77 이 점은 다니엘로우(Alan Danielou)에 의해 예리하게 지적되고 있다. 그의 "The Theory of Polytheism," *Hindu Polytheism* (New York: Pantheon Books, 1964), 특히 8-11(monotheism and polytheism) 참조.

안 되며, 일단 상(相)과 상(像)을 통해 신을 만나는 사람이 한 특정한 상(相)과 상(像)만을 고집해서 다른 상(相)과 상(像)을 보는 사람들을 비난해서도 안 되는 것이다. 베단타 힌두교적 관점에서 보면 모든 신은 '선택된 신'이며, 모든 신앙은 다신 신앙이기 때문이다. 만약 유일신 신앙이 이와 같은 철학적 한계를 무시하고 한 특정한 신 관념을 절대화한다면 이것이야말로 정말 우상 숭배이며, 종교적 제국주의이다. 그뿐만 아니라 그러한 신앙은 신자들에게 아무런 선택의 여지를 허락하지 않기 때문에 '전부 아니면 전무'(all or nothing)의 태도를 강요하게 된다. 즉, 한 특정한 신을 참 신으로 믿든지 아니면 무신론자가 되든지 그 이외의 선택은 존재하지 않는 것이다. 무신론이란 유대교, 그리스도교, 이슬람식의 유일신 사상이 낳은 역설적 결과인 것이다.

이상과 같은 베단타 신학을 배경으로 해서만 우리는 모든 종교의 길, 모든 유일신 신앙, 모든 다신 숭배, 모든 육화 그리고 모든 신상 숭배를 자유로이 수용할 수 있는 비베카난다의 신힌두교적 포괄주의 (inclusivism)를 이해할 수 있다. 동시에 우리는 이 힌두교적 포괄주의가 포괄할 수 없는 유일한 신앙은 진리에 대한 한 특정한 이해를 무슨 이유에서든 절대화하는 배타주의적 신앙 그 자체뿐이라는 것도 잘 이해할 수 있다.

# 『바가바드기타』에 나타난
# 힌두교의 사회윤리
## ― 사회적 불평등의 문제를 중심으로

## 1. 불평등의 문제

인도를 여행하는 외국인들의 눈을 가장 놀라게 하는 것은 아마도 인도 도처에서 발견되는 극심한 가난의 모습일 것이다. 낯선 방문객을 보자마자 어디선가 나타나서 집요하게 따라붙으며 성가시게 구는 거지 아이들로부터 시작하여 길 한가운데서 헌 담요 조각 같은 것 하나로 몸을 말고 밤을 지새우는 수많은 집 없는 사람들, 거적때기로 둘러친 비좁은 움막집에서 살을 맞대고 사는 빈민들의 모습은 방문객으로 하여금 사람이 저렇게 사는 수도 있구나 하는 탄식을 자아내게 한다. 그러나 이러한 참혹한 가난의 생활상 그 자체보다도 어떤 의미에서 더욱 우리를 놀라게 하는 것은 인도인들 대부분이 바로 자기들 코앞에서 전개되고 있는 이러한 비참한 모습에 전혀 무관심하거나 대수롭게 여기지 않으며 살고 있다는 사실이다. 인도에는 엄청난 부자도 많다고 한다. 인도의 부자들은 그 수나―워낙 인구가 많은 나라니까―부의 정도에서 다른 어느 나라의 부자들 못지않다고 한다.

한마디로 말해 인도를 조금이라도 경험한 사람은 누구나 곧 인도는 극심한 불평등의 나라라는 인상을 지니게 된다. 그리고 이러한 사회적 부조리를 대수롭지 않게 여기는 듯한 인도인들의 일반적 태도와 그러한 부조리한 상황을 감내하며 살아가는 인도 민중의 인고의 끈질김은 우리로 하여금 한 번쯤은 그 이유를 심각하게 생각하도록 한다.

물론 현재와 같은 인도의 가난이나 빈부의 차이가 과거의 인도 사회에서도 마찬가지였는지 그리고 다른 나라들과 대비해 볼 때 인도의 빈부 차가 유달리 더 컸는지 등의 문제는 별도의 충분한 검토를 요하는 문제들이다. 현재 인도의 가난을 영국의 식민지 지배의 결과로 돌리는 견해도 있거니와[1] 이와 같은 견해가 어느 정도 타당하다고 하더라도 현재의 엄청난 사회적 모순을 방치하거나 감내하는 인도인들의 생활 태도 내지 윤리 의식은 아무래도 문제시되지 않을 수 없다.

동서고금을 막론하고 불평등의 문제는 인류 사회가 직면해 온 가장 큰 문제 중 하나였다. 그러나 불평등 자체를 하나의 부조리한 현상으로 의식하면서 이에 대한 근본적인 해결을 모색한 것은 인류 역사에서 그리 오래된 현상은 아니다. 근세 이전의 대부분의 전통 사회에서는 인간의 사회적 불평등은 오히려 당연시되거나 정당한 것으로 여겨져 왔다. 전통적 사회에서의 정의의 개념은 현대에서처럼 개인의 평등성에 근거하기보다는 사회 전체의 조화와 복지를 위하여 부분들의 차이와 이에 상응하는 상이한 역할들을 인정하는 바탕 위에 성립된 개념이었다.[2] 인간은 출생 신분이나 직업에 따라 귀천이 인정

---

1 한 예로 J. Nehru, *The Discovery of India* (New York: Doubleday & Company Inc., 1960), 192-197, 207-215.
2 예를 들어 플라톤의 국가론에 나오는 정의의 개념이 그러하다. 그의 사회철학과 정의의 개념에 관한 간단한 논의를 위해서는 "Plato: Moral and Political Theory," *The Encyclopedia of Philosophy* (New York: Macmillan Publishing Co., 1967)을 참조할

되었으며, 남녀노소의 역할이 엄격히 구별되었다. 사회적 불평등을 타파해야 할 악으로 간주하고 평등의 이념을 제창하게 된 것은 주로 18세기 이후, 특히 프랑스혁명 이후에 보편화되기 시작한 현상이다. 인간의 불평등 문제를 가장 먼저 심각한 문제로 제기하기 시작한 사상가 중의 하나인 루소는 불평등을 두 가지로 구분했다. 하나는 인간이 태어날 때부터 주어지는 자연적 불평등으로서 예를 들면 신체나 성격 혹은 지능상의 차이와 같은 것이다. 이와는 달리 도덕적 불평등은 자연적 불평등을 사회적 목적들을 위하여 착취하는 데서 오는 불평등이라고 한다. 루소에 의하면 인간의 자연적 불평등은 어찌할 수 없는 것이지만, 도덕적 불평등은 타파해야 할 악이다.[3] 불가피한 자연적 불평등을 보충하기 위해서도 우리는 인간의 도덕적 평등성을 확보해야 한다는 것이다. "인간은 자유롭게 태어났으나 어디서나 쇠사슬에 묶여 있다"라는 그의 『사회계약론』의 첫 구절은 인간이 지닌 천부의 도덕적 평등성을 선포하는 유명한 말이다. 프랑스혁명은 이 같은 인간의 도덕적 평등성을 정치적으로, 법적으로 실현하려는 인류 최초의 거대한 노력이었으며, 그 이후의 인류 역사는 끊임없이 평등성을 추구하는 역사라 해도 과언이 아닐 것이다. 귀족 계급에 대한 도시 상공업자들과 자본가들을 중심으로 한 시민 계급의 평등성, 자본가들에 대한 노동자와 농민들의 평등성을 쟁취하기 위한 투쟁의 역사가 곧 근대사인 것이다.

중국이나 한국과 같이 유교적 전통이 지배하는 동양 사회에는 인간의 가치와 존엄성에 대한 사상이 깊이 뿌리박혀 있는 것이 사실

---

것.

3 불평등에 관한 이상의 루소의 견해에 대해서는 Louis Dumont, *Homo Hierarchicus: The Caste System and its Implications* (Chicago: The University of Chicago Press, 1970), 11-13.

이다. 그러나 이와 같은 사상이 서유럽에서처럼 인간의 천부적 권리나 도덕적 평등성의 관념으로까지 전개되지는 않았다. 따라서 과거 동양에서는 인간의 정치적 자유를 고취하거나 쟁취하려는 사상적 혹은 실천적 노력이 빈약했다. 민본사상이나 민권사상이 가장 두드러지게 나타나고 있다는 『맹자』에서조차도 백성들은 어디까지나 왕이나 귀족들의 배려와 은총의 대상이지, 백성들의 자유로운 합의에 의해 정치권력이 창출된다는 사상이나 남녀노소, 빈부귀천의 차이를 초월한 인간의 정치적, 사회적 평등성에 대한 개념은 찾아보기 어렵다.

그렇다면 과연 인도의 전통 사상에는 평등성의 문제가 어떻게 부각되고 있는가? 사회적 불평등에 대한 현대 인도인들의 태도와 힌두교의 전통적 세계관 및 사회윤리 사이에는 어떤 상관관계가 있는 것일까? 이와 같은 문제와 관련해서 우리는 막스 베버의 다음과 같은 관찰에 주목하지 않으면 안 된다.

> 이 세상의 카스트 질서뿐만 아니라 모든 신과 인간과 동물들의 위계질서도 전생의 행위(업)에 대한 응보로 해석되었다. [인도 사회에서는] 따라서 윤리적 성향이 다를 뿐만 아니라 상호 극심한 대립을 보이는 신분 집단들이 병존하고 있다는 것이 아무런 문제도 되지 않았다. 창녀들, 강도들에게도 적어도 원칙상으로는 바라문들이나 왕들 못지않게 그들의 직업들에 관계된 의무(dharma)가 있을 수 있었다.
>
> 인간과 인간의 갈등, 인간과 동물들, 인간과 신들의 경쟁, 형편 없는 추함과 미련함과 순전한 혐오의 대상들이 존재해도 이 모든 것이 의문 없이 받아들여졌다. 고대 유교 사상에서와 마찬가지로 인간의 원칙적 평등이란 없었다. 오히려 인간들은 언제나 불평등하게 태어났다. 인간과 짐승들이 평등하지 않은 것같이.[4]

라인하드 벤딕스의 표현대로, "현존하는 불평등을 전생에서 축적된 공덕과 과실에 돌리는 이론에 있어서 인간의 '자연적 평등성'이란 생각할 수 없었으며 또한 인간들 사이에 현존하는 차이들이 그들의 상이한 권리와 의무까지 포함하여 마땅한 것으로 해석될 때 사람들 사이의 공통의 '권리'나 '의무' 같은 것은 있을 수 없다."[5]

이 글은 이와 같은 베버의 관점을 염두에 두면서 힌두교의 중요한 경전인 『바가바드기타』의 사회윤리 사상을 중심으로 하여 힌두교 윤리의 특징을 검토해 보고자 한다.

## 2. 힌두교의 윤리적 전통

모든 사회는 그 사회 구성원들의 행동규범을 제시해 주는 윤리체계를 갖추고 있다. 하나의 사회가 존속하기 위해서는 질서를 필요로 하며, 질서의 유지를 위해서는 반드시 법과 도덕을 필요로 하는 것이다. 어느 사회를 막론하고 법질서를 갖추지 않는 사회는 없으며 또한 오로지 강압적 공권력과 법의 힘만으로 질서를 유지하는 사회도 존재하지 않는다. 반드시 법 이상의 힘, 즉 사회 구성원들의 마음속에 심겨 있는 도덕률의 뒷받침을 필요로 하는 것이다. 법질서가 권력의 소유자에 의하여 강제력을 가지고 유지되는 것이라면, 도덕 질서는

4 Reinhard Bendix, *Max Weber* (New York: Doubleday & Company, Inc., 1960), 157으로부터 인용. Max Weber, *The Religion of India* (New York: The Free Press, 1958), 144에 있음.

5 Reinhard Bendix, *Max Weber*, 158.

대체로 한 사회의 종교적 지도자나 지적 엘리트 집단에 의하여 규정되고 해석되고 옹호되어 왔다. 물론 전통 사회로 거슬러 올라갈수록 법과 윤리 사이에는 흔히 명확한 구별이 어려워지는 경향이 있다.

근세의 자율적 윤리 사상이 출현하기 이전의 전통 사회의 윤리는 정치적, 법적 힘의 뒷받침뿐만 아니라 그 이상의 신성한 권위의 뒷받침을 필요로 했다. 종교는 이 점에 있어서 매우 중요한 사회적 역할을 담당해 왔다. 즉, 종교는 한 사회가 필요로 하는 가치나 규범에 초인간적인 권위 내지 신성성을 부여해 줌으로써 그 도덕규범이 단지 인간들의 자의적인 의지나 단순한 합의나 관행에 의거한 것이 아니라, 그 이상의 초월적이고 절대적인 근거와 권위를 지닌 것임을 말해 온 것이다. 예컨대 도덕규범이 절대적 신의 뜻이나 계시에 의한 명령 혹은 영원불변하고 확고한 자연의 질서나 이법에 근거한 것이라는 이론들이다. 전자의 예로는 유대교의 율법(torah)이나 이슬람의 율법(shariah)이 대표적이며, 유교의 예(禮)는 후자에 속하는 경우라 할 것이다. 종교는 전통적으로 이렇게 하여 윤리의 절대성을 확립하는 데 결정적인 역할을 담당해 온 것이다.

전통적인 인도 사회의 윤리에 있어서 힌두교의 역할 또한 마찬가지다. 힌두교에서는 인간이 지켜야 할 행동규범을 다르마(dharma)라 부른다. 이 다르마 역시 인간 이상의 초월적인 근거를 지니고 있다고 믿어진다. 다르마라는 말은 'dhr'라는 범어의 동사로부터 파생된 명사로서, 'dhr'는 '유지한다, 붙잡는다, 지탱한다'는 뜻을 지니고 있다. 다르마는 따라서 어떤 것을 유지하고 지탱해 주는 것을 뜻하는 말로서, 우주와 사회를 유지해 주는 질서, 이법 내지 규범을 의미하게 되었다. 우리말로는 의무, 규범, 법도, 의(義), 진리 등 경우에 따라 여러 가지로 번역될 수 있는 개념이다. 『베다』의 'rta'라는 개념과 지극히 유사하게 다르마는 우주 만물과 인간사회 그리고 제사 행위를 지배하고 있는 어떤 법칙적 질서 혹은 이법의 뜻을 지닌 말이다. 『베다』 시대를 통하여 다르마라는 말의 의미 변화를 검토한 후 케인은 그의 유명한 『법도론의 역사』에서 다르마의 의미에 관해서 "한 사람의 특권, 의무 그리고 아리아인의 공동체의 성원으로서, 어떤 카스트의 일원으로서 그리고 삶의 어떤 특정한 단계에 처한 사람으로서의 그의 행동의 표준"이라고 결론짓고 있다.[6]

인도에서 이와 같은 다르마의 내용을 규정하고 해석하고 전수해 온 사람들은 두말할 필요도 없이 브라만(Brahmana) 계급이었다. 그러나 그렇다고 해서 다르마가 단순히 브라만들의 관습이나 합의에 따라 만들어진 것이라고 보아서는 안 된다. 다르마에 관한 권위 있는 문헌들은 다르마의 궁극적 근원을 『베다』에 두고 있다. 그리고 『베다』는 인간의 저작(apauruseya)이 아니라 신들의 계시(sruti)인 것이다. 『가우타마 법도경』(Gautama-dharmasutra)은 다르마의 근원(mula)을 "『베다』 및 『베다』를 아는 사람들의 전통(smrti)과 관행(sila)"이라고 규정하고 있으며,[7] 유명한 『마누 법도론』(Manavad-harmasatra)은 다섯 가지, 즉 『베다』 전체, 『베다』를 아는 사람들의 전통(smrti)과 관행(sila) 그리고 덕 있는 사람들(sadhu)의 행실(acara)과 만족(atmatusti)을 다르마의 근거로 들고 있다.[8] 그뿐만 아니라 『마누 법도론』 자체가 『베다』와 4계급과 온 세계를 창조한 브라흐마(Brahma)신이 만들어 마누에게 직접 가르쳐준 것이라고도 한다.[9]

---

6 P. V. Kane, *History of Dharmasastra* (Poona: Bhandarkar Oriental Research Institute, 1968, 2nd ed.), Vol. I, 3.

7 Kane, 같은 책, Vol. I, 6.

8 *The Laws of Manu*, trans. by George Bühler (The Sacred Books of the East. Vol. xxv, 1886) II, 6.

물론『베다』가 다른 법도 문헌들처럼 다르마에 대하여 구체적이고 상세한 의무 규범들(vidhi)을 담고 있는 것은 아니지만, 법도경들이나 법도론들에 규정된『베다』이후의 모든 구체적 규범들은 모두『베다』의 전통에 근거를 두고 있다고 믿었으며, 만약『베다』의 계시(sruti)와 법도론(smrti) 사이에 다르마에 관하여 상충되는 견해가 발견된다면, 후자를 전자에 맞도록 해석하거나 아니면 파기해야 한다.10

고대 힌두교의 문헌은 전통적으로 세 부류로 분류된다. 첫째는『베다』의 본집(本集, samhita)들로서 여기에는 리그(rg), 싸마(sama), 야주르(yajur) 그리고 아타르바(atharva)의 4종이 있다. 다음으로는 브라흐마나로서 초기 우파니샤드(upanisad) 부분을 제외하고는 주로 제사에 관한 문헌이다. 세 번째 부류의 문헌은 경(經, sutra)이라 불리는 것으로서 짤막한 격언이나 경구들을 모아놓은 문헌이다. 본집과 브라흐마나는『베다』의 양 부분이므로 계시(sruti)로 간주되나 경(sutra)들은 전통(smrti)에 속하는 문헌이다.11 경이란『베다』의 연구에 도움을 주는 6가지 보조학문들(vedanga), 즉 문법, 천문, 음성, 운률, 어원, 의례(kalpa)를 연구하는 학문들의 내용을 간략하게 요약한 구절을 모아놓은 것으로서 학문마다 경이 쓰였다. 이 경들 가운데서 현재 우리의 관심의 대상이 되는 것은 의례들을 다루고 있는 의례경(儀禮經, kalpatsutra)들이다. 왜냐하면 다르마는 바로『베다』와 의례경의 전통(smrti)에 근거를 두고 있기 때문이다. 의례경에는 슈라우타 수트라(srauta-sutra)와 스마르타 수트라(smarta-sutra)의 두 종류가 있다. 전자는『베다』의 본집이나

---

9 같은 책, I, 58-59.

10 Surama Dasgupta, *Development of Moral Philosophy in India* (New York: Frederick Ungar Publishing Co., 1961), 87.

11 전통(smrti)이란 넓게는『베다』를 제외한 모든 힌두교의 정통 문헌들을 통칭하며, 좁게는 단지 법도론(dharmasastra)과 동의어로 쓰인다. Kane, 299.

브라흐마나에 담겨 있는 만트라(mantra)를 사용하여 행하는 성대하고 엄숙한 제사 의식을 다루는 경전이고, 후자는 다시 가정경(家庭經, grhyasutra)과 법도경(dharmasutra)의 두 종류로 구분된다. 가정경은 입문식(upana-yana), 혼례, 그 밖의 정기적 가정의례들을 다루는 경전이며, 법도경은 가정경과 중복되는 내용도 있으나 그 외에 정치, 경제, 정부, 민법, 형법 등에 관한 규정들을 다루고 있다. 이상과 같은 종류의 의례경들은 『베다』를 연구하는 각 학파(sakha)들에 의하여 만들어져 전수된 것이다. 그 가운데서 다르마 개념을 중심으로 한 힌두교의 사회윤리 연구에 가장 중요한 것은 두말할 필요도 없이 법도경들로서, 가우타마(Gautama), 바우다야나(Baudhayana), 아파스탐바(Apastamb-ha)와 같은 법도경들이 서력 기원전 600~300년 사이에 쓰였다.

그러나 이 시기에는 동시에 바라문교와 바라문적 사회질서가 하나의 심각한 도전을 받게 되었다. 곧 불교나 자이나교와 같이 바라문 계급을 중심으로 한 4계급 제도 및 『베다』의 종교적 권위를 인정하지 않는 비정통적(nastika) 종교 운동의 대두였다. 이 가운데서도 불교는 더욱 세력이 번창하여 마우리야 왕조의 아소카(Asoka)왕 때에는 통일 왕조의 통치 이념이 되었으며 인도뿐만 아니라 세계적인 종교로 확장되기에 이르렀다. 이러한 위기에 직면한 바라문교는 수수방관만 할 수는 없었으며, 새로운 모습으로 재정비하지 않으면 안 되었다. 특히 마우리아 왕조의 몰락과 더불어 바라문교는 남쪽의 사타바하나(Satavahana) 왕조를 중심으로 하여 부흥을 보게 되었는데, 바라문교의 재정비 내지 부흥은 대체로 두 가지 방향으로 이루어졌다. 첫째는 무엇보다도 재가자들의 삶을 중심으로 한 윤리 체계의 재정비였으니, 그 결과로 산출된 것이 사회계급과 개인의 삶의 단계들을 중심으로 하여 삶의 법도(varnasrama-dharma)를 보다 상세하고 체계적으로 규정해 놓은 법도론(dharmasastra)이었다. 그 가장 대표적인 것이 유명한 『마누 법도론』(Manavadharma-sastra 혹은 Manusmrti)과 『야즈나발키야 법도론』(Yajnavalkya-dharma-sastra)이다. 이러한 법도경들은 출가 승들을 중심으로 하여 해탈과 열반의 추구에 역점을 두면서 비교적 재가자들의 구체적 삶의 윤리를 소홀히 한 불교의 약점을 보완하여 바라문교의 사회적 기반을 재가자들의 일상적인 삶 속에 두고자 하는 바라문적 지혜의 소산이었다. 물론 바라문교도 해탈(moksa)의 이상을 소홀히 할 수는 없었다. 이미『베다』의 후기 부분인 우파니샤드에서부터 해탈은 본격적인 관심의 대상으로 등장했으며, 불교나 자이나교의 도전 이후에는 더욱 무시할 수 없는 가치였기 때문이다. 그러나 바라문들은 초세간적 해탈의 추구와 세간적, 사회적 삶의 의무를 균형 있게 추구하고자 했다. 이 점에 관해서는 나중에 더 언급이 있을 것이므로 여기서는 일단 보류하기로 한다.

　　다음으로 바라문교는 제사와 각종 의례를 중심으로 한『베다』 종교의 좁은 울타리를 벗어나 비베다적, 비아리아적, 비바라문 적인 인도의 토착적 종교의 흐름들을 흡수하여 더 대중적인 면모를 갖추게 되었다. 이러한 경향을 가장 잘 대표하고 있는 문헌이 대서 사시 『마하바라타』(Mahabharata)로서, 그 안에서 우리는 바라문적 윤리와 사회사상이 보다 대중적으로 융통성 있게 제시되고 있을 뿐 아니라, 시바(Siva), 비슈누(Visnu), 크리슈나(Krsna) 숭배 등 다양한 신앙 운동들이 바라문교 내에 흡수되어 오늘날 우리가 힌두교라고 부르는 복잡다단한 종교의 모습이 드러나고 있음을 보게 된다.

　　우리가 이제부터 고찰하고자 하는 것은 이『마하바라타』의 일부분이자 그 핵심이기도 하며, 동시에 하나의 독립된 경전으로서 힌두교 내에서 널리 애송되고 있는『바가바드기타』의 사회윤리 사상이다.

『기다』는『마누 법도경』과 거의 내를 같이 하여 형성된 문헌으로서,12 그 영향력을 감안해 볼 때 비록『마누 법도경』같이 상세하게 다르마의 내용을 다루고 있지는 않으나 힌두교의 윤리 사상 형성에 있어서 매우 중요한 위치를 차지하고 있는 문헌이다.


## 3. 보편 윤리와 특수 윤리

힌두교에서는 인간이 지켜야 할 도덕적 의무인 다르마를 두 종류로 구별한다. 하나는 남녀노소나 사회적 계급과 신분의 구별 없이 누구나가 다 지켜야 할 도덕적 의무로서의 다르마요, 다른 하나는 이와는 대조적으로 사람의 연령이나 계급적 신분에 따라 차별적으로 요구되는 의무로서의 다르마다. 전자는 공통적 혹은 보편 의무(sadharana-dharma)라 불리며, 후자는 자기 자신만의 특수 의무(svadharma)라 불린다. 이 가운데서 보편적 의무로서의 도덕규범은 힌두교에만 고유한 것이라기보다는 모든 종교에 있어서 중시되는 덕목들이다. 예를 들어 『마누 법도론』은 다음과 같은 10가지 덕목들을 들고 있다: 견인(dhrti), 인욕(ksama), 자제(dama), 불도(不盜, asteya), 청정(sauca), 감각기관의 억제(indriya-nigraha), 지혜(dhi), 학식(vidya), 진실(satya), 불노(不怒, akrodha).13 이 밖에도 힌두교 문헌에 자주 언급되고 중시되는 덕목들로서 친절(daya),

---

12 케인은『마하바라타』를 서력 기원전에 완성된 것으로 본다: 같은 책, 374; 그리고 완성된 마누 법도론이 완성된『마하바라타』보다 앞선 것으로 본다: 345.
마누 법도론의 연대를 대략 B. C. 3~2세기로 보고 있으며,『기타』와 대략 비슷한 때 아니면『기타』보다 약간 먼저 된 것으로 본다.『기타』16, 17장에 '논서'(sastra)라는 말이 세 번 나오는데 아마도『마누 법도론』같은 것을 지칭한 것 같다.

13 *The Laws of Manu*, VI, 92.

불굴(anayasa), 선행(mangala), 불인(不吝, akarpanya), 불상해(不傷害, ahimsa), 스승의 공경(guru-susrusa), 정직(arjava), 조심성(apramada), 손님의 환대 (atitheyata), 순례(tirthayatra), 명상(dhyana), 겸손(vinaya), 인내(titiksa) 등이 있다.14

이상과 같이 누구에게나 언제든지 요구되는 도덕적 의무들과는 달리 힌두교에는 4계급 제도(varna)와 인생의 4단계(asrama)에 따라 각자의 연령과 신분에 알맞은 의무를 요구하는 특수 의무가 있다. 이 의무는 계급과 삶의 단계가 근간이 되므로 'varnasrama-dharma' 라 부른다. 간혹 보편 의무와 특수 의무가 갈등을 일으키는 경우도 있으며 그럴 때에는 특수 의무가 우선권을 지닌다.15 예를 들어 무사 (ksatriya)의 의무는 백성을 보호하기 위하여 전쟁에서 용감히 싸우는 일이기에 살생을 해야 한다. 그러나 만약 그가 용서나 불상해와 같은 덕목들을 실천하고자 한다면 그는 딜레마에 빠지고 말 것이며, 이런 경우 그는 자신의 특수 의무를 우선적으로 따라야 한다는 것이다. 힌두교 윤리의 가장 중요한 특성이 여기에 있다. 사실 바로 위와 같은 딜레마가 판두 5형제의 셋째인 아르쥬나(Arjuna)가 직면해야 했던 문제이며『바가바드기타』는 바로 이러한 문제 제기로 시작하고 있다. 아르쥬나는 그의 사촌 형 두료다나(Duryodana)와 그의 친족 장수들이 이끄는 군대와 대진해서 자신의 친척들과 살육전을 벌여야 한다는 비극적 생각에 그만 용기를 잃고 싸움을 포기하려 한다. 그러나 이것은 무사로서의 그의 특수 의무(svadharma)를 배반하는 행위이다. 그리하여 크리슈나(Krsna)는 아르쥬나에게 무사로서의 도리를 다할 것을 여러 가지로 설득한다. 이것이『기타』의 줄거리이다.

---

14 Dasgupta, 90.
15 Dasgupta, 91.

## 4. 『바가바드기타』의 특수 윤리 사상

법도론들과 『마하바라타』에서는 인간이 추구해야 할 네 가지 인생의 목표(purusartha) 혹은 가치를 제시하고 있다. 즉, 감각적 욕망(kama), 물질적 부(artha), 도덕적 의무(dharma) 그리고 해탈(moksa)이다. 이 가운데서 『바가바드기타』의 주제가 되는 것은 도덕적 의무와 해탈이다. 그러나 이 두 가치는 상충되는 성격을 지니고 있다. 특히 보편적 의무보다 특수 의무의 경우 더욱더 그러하다. 인내, 친절, 자제와 같은 보편적 덕목들은 결코 해탈의 추구에 장애가 되지는 않는다. 오히려 적극적으로 권장해야 할 덕목일 것이다.16 그러나 이와는 달리 특수 의무인 'varnasrama-dharma'는 불교적 용어를 사용하자면 어디까지나 세간적 질서에 속한 의무들이기 때문에 출세간적 이상인 해탈과 상충하지 않을 수 없다. 다시 말해서 재가자로서 자신의 연령과 신분에 따라 여러 가지 의무를 수행하며 사는 삶은 그러한 의무규정들에 얽매이지 않고 오로지 고행과 영적 훈련에만 집중하는 출가자의 삶과 갈등을 일으킬 수밖에 없는 것이다. 다르마를 지킨다는 것은 자신의 업(karma)의 결과로 얻은 사회적 신분에 걸맞은 행위를 충실히 따르는 것이요, 이러한 행위는 또다시 업보를 초래하여 해탈을 불가능하게 한다. 해탈이란 어디까지나 지혜와 명상, 금욕과 무욕(無慈)에 의하여 욕망에 의거한 일체의 행위를 극복함으로써 얻어지는 절대 평안(santi)의 경지이기 때문이다.

본래 『베다』의 본집이나 브라흐마나의 세계관은 지극히 낙천적이

---

16 해탈과 보편 윤리의 관계는 철학적으로 까다로운 문제들을 제기하고 있다. 이것에 관해서는 E. W. Hopkins, *Ethics of India* (New haven: Yale University Press, 1924), 제IV장 "Ethics in the Upanishads"를 참조할 것.

고 현세적이었으며, 현상적 세계의 고통과 불완전성 그 자체를 초월하려는 해탈의 이상은 존재하지 않았다. 그러나 우파니샤드에 이르러서 이러한 해탈의 추구가 일차적인 철학적, 종교적 관심으로 등장하게 되었으며, 이와 같은 해탈 사상은 불교와 자이나교를 통하여 더욱 대중화되기 시작했다. 제사 의식과 바라문적 사회질서를 강조해 오던 정통 바라문교도 이러한 해탈에 대한 열망을 외면할 수 없었으며, 적극적으로 수용할 수밖에 없었던 것이다. 그러나 다르마와 해탈은 바라문교 내에서 하나의 조화를 이루지 못하고 단지 이원적으로 병존하고 있었을 뿐이었다. 인생을 4단계로 구분하여 시기마다 해야 할 의무와 활동을 규정해 주는 'asrarna-dharma' 제도는 바로 이러한 긴장 관계를 해소하기 위하여 고안된 제도로서, 한 개인으로 하여금 다르마와 해탈을 모두 마찰 없이 추구할 수 있도록 하려는 바라문적 지혜의 소산인 것이다.

'Asrama-dharma'에 의할 것 같으면, 가장 이상적인 인생은 먼저 법행자(梵行者, brahmacarin)로서 스승(guru) 밑에서 『베다』 및 여러 보조학문과 아리아인의 법도들을 배운 다음 귀가하여 혼례식을 올린 후 다섯 가지 제사(五大祭祠, panca-mahayajna)를 비롯한 재가자(在家者, grhastha)로서의 의무들을 충실히 지키며 살아야 한다. 그러다가 머리에 백발이 생기고 손자를 보게 되면 숲속 한적한 곳으로 은퇴하여 거기서 정자나 암자를 짓고서 명상과 금욕의 생활을 하는 임서자(林棲者, vanaprastha)의 생활을 한다. 마지막 단계는 세속에 대한 욕망과 집착을 완전히 끊어버리고 본격적으로 해탈을 추구하는 고행과 명상의 생활을 하는 포기자(抛棄者, sannyasin)로서 생을 마치도록 되어 있다. 만약 연령에 관계없이 불교에서처럼 누구에게나 언제든지 포기자의 생활이 허용된다면 사회가 필요로 하는 물질적 생산의 기반이 무너질 것이며, 사회질서는 혼란에 빠질 것이다. 따라서 바라문 지도자들은 인생의 4기를 구분하여 순차적으로 인생의 여러 가치들을 추구하도록 하며, 어느 것 하나 소홀히 하거나 누락시킴이 없이 조화로운 삶을 영위하도록 한 것이다. 그뿐만 아니라 불교와 같은 출가 위주의 폐단을 방지하기 위하여 『마누 법도론』과 같은 논서들은 4기 가운데서도 재가자의 단계가 가장 중요한 단계임을 강조하고 있다.

> 베다와 전통의 규정에 따라 재가자는 다른 모든 사람들보다 우월하다. 왜냐하면 그는 나머지 셋을 지탱해 주기 때문이다. 작든 크든 모든 강들이 바다에서 안식처를 만나듯 모든 단계의 사람들은 재가자들에서 보호처를 만난다.[17]

『베다』등이 명하는 각종 의무를 충실히 수행하는 기간이 재가자의 삶이며, 이 기간이야말로 다른 모든 단계의 삶에 물질적 기초가 되기 때문이다.

그러나 이상과 같은 'asrama-dharma'에 의한 다르마와 해탈의 갈등 해결은 전적으로 만족할 만한 것은 못 된다. 왜냐하면 인생이 추구해야 할 여러 가치들을 시간적으로 배열해서 순차적으로 추구하도록 하는 것은 인간이 지닌 여러 욕구들을 동시에 충족시켜 주지 못하기 때문이며, 한 사람이 4기를 모두 거치는 순조로운 삶을 산다는 보장도 없기 때문이다. 따라서 『바가바드기타』에서는 이보다도 한층 더 심오하고 근본적인 해결책을 모색하게 된다. 이것이 곧 『기타』의 중심 사상을 이루고 있는 행위의 요가(karma-yoga) 사상이다. '행위의

---

17 *The Laws of Manu*, VI, 89-90.

요가'란 행위(karma)를 정신적 훈련(yoga)으로서 행함을 의미한다. 보통의 행위는 어떤 욕망에 따라 목적의식을 갖고 행하지만 행위를 수련으로 혹은 수련 가운데서 행한다는 것은 행위를 함에 있어서 아무런 욕망이나 결과에 대한 집착 없이 순수한 마음으로 행함을 의미한다. 여기서 행위란 두말할 필요 없이 제사의 행위를 비롯한 'varnasrama-dharma'에 준하는 행위를 의미한다. 좀 더 구체적으로 말하자면 『기타』에서는 아르쥬나가 무사로서 해야 할 계급 의무(varna-dharma)와 같은 것이다. 이와 같이 아무런 욕망과 집착 없이 행한 행위는 업보를 초래하지 않기 때문에 업의 속박으로부터 벗어나 해탈을 얻는 데 아무런 지장도 주지 않을 뿐만 아니라, 바로 그러한 적극적인 활동 속에서 해탈을 추구할 수 있는 것이다. 다시 말해서 행위 자체를 단념할 것이 아니라 행위 속의 욕망과 결과에 대한 집착을 끊고 행동을 한다면, 자신의 의무를 준수하는 행위는 결코 해탈과 양립할 수 없는 것이 아니라는 사상이다. 이것이 크리슈나가 아르쥬나에게 지속적으로 강조하고 있는 교훈으로서 『기타』의 중심적 사상이다. 크리슈나는 말한다.

행위를 하지 않음으로써 무위(無爲)를 얻는 것이 아니며
[행위의] 포기로써만 완성(해탈)에 이르는 것이 아니다.
왜냐하면 인간은 결코 한순간도
행위하지 않고 존재할 수 없으며
누구나 물질적 본성에서 생긴 요소들에 의해
어쩔 수 없이 행위하도록 되어 있기 때문이다(3:4-5).

행위의 기관들을 억제하면서 마음으로는 감각 대상들을

생각하는 사람은 미혹된 자로서 위선자라 불리운다.

그러나 마음으로 감각기관들을 제어하면서,

행위의 기관들을 가지고, 오 아르쥬나여,

집착 없이 행위의 요가를 행하는 사람

그는 뛰어난 자이다(3:6-7).

그대에게 부과된 행위를 행하라.

행위는 무행위보다 낫기 때문이다.

행위 없이는 그대는 몸의 부양조차 할 수 없을 것이다(3:8).


따라서 행위(karma)와 무행위(akarma)의 본질을 인식하는 것이 중요하다고 크리슈나는 말한다. 단순히 아무것도 하지 않고 있다고 해서 무행위가 되는 것이 아니고, 행위를 한다고 해서 무조건 행위가 되는 것도 아니다.


무엇이 행위이며 무엇이 무행위인지

현자들조차 이 점에 미혹되어 있느라.

행위 가운데서 무행위를 보는 사람,

무행위 가운데서 행위를 보는 사람,

그는 사람들 가운데 지혜로운 자로서

제어된 가운데 모든 행위를 하는 자이다(4:16-18).

그러므로 항시 집착 없이 해야 될 행위를 행하라.

집착 없이 행위를 행하는 사람은

지고의 것(해탈)을 얻기 때문이다.

힌두교 철학자들은 행위 그 자체가 자동적으로 업보를 초래하느냐 아니면 행위를 하게끔 하는 욕망, 동기, 의도와 같은 것이 있어야 업보를 초래하는가에 대하여 상이한 견해들을 보이고 있다. 대체로 다르마를 다루고 있는 문헌들, 의무적 행위를 강조하는 미맘사 (Mimamsa) 학파 그리고『마하바라타』등에서는 행위는 의도적이든 아니든 그 자체로서 직접적인 결과를 초래한다는 견해를 보이고 있는 반면에『바가바드기타』그리고 미맘사 학파를 제외한 여러 철학 체계들(darsana)은 행위의 기계적 응보보다는 마음의 동기와 의도를 중시한다.[18] 행위 그 자체보다는 욕망, 질투, 증오와 같은 번뇌(klesa)를 수반한 행위만이 업보를 가져온다는 것이다. 아마도 이러한 견해에는 불교의 영향이 컸을 것으로 추측된다. 왜냐하면 제사 행위를 중심으로 하여 업보 사상이 처음 등장하게 되는 브라흐마나에서는 후자보다는 전자의 사상이 지배적이기 때문이다. 아무튼『기타』는 행위에 대한 이러한 깊은 통찰을 바탕으로 하여 집착 없는 행위를 행하는 카르마 요가의 사상을 제시함으로써 사회적 의무의 준수와 초세간적 해탈의 융화를 성취할 수 있었던 것이다. 세속적 삶 바로 그 가운데서 해탈이 가능하게 된 것이다. 이와 같이 볼 때『기타』는 사회윤리, 특히 계급적 의무의 옹호에 지대한 관심을 두고 있다는 것을 우리는 알 수 있다.

다르마는 해탈 못지않게『기타』의 중요한 관심사다. 흔히『기타』를 해탈을 위한 세 가지 요가, 즉 지혜의 요가(jnana-yoga), 행위의 요가(karma-yoga) 그리고 신애의 요가(bhakti-yoga)를 설명하는 해탈의 법문이라 하지만, 그 이면에는 바라문적 사회질서의 옹호라는 중요한 동기가 놓여 있는 것이다. 이것은 행위의 요가 사상에서뿐만 아니라 신애의 요가에서도 마찬가지다. 오로지 신에 대한 헌신과 사랑(bhakti)

18 Dasgupta, 94.

으로써 모든 행위를 해야 한다는 가르침 또한 순수한 행위를 명하는 행위의 요가를 실천하는 한 방편이 되기 때문이다. 신애의 요가도 행위의 요가 못지않게 자신에게 주어진 의무의 수행을 강조하고 있는 것이다. 지혜의 요가 또한 마찬가지이다. 욕망과 집착이 없는 순수한 행위가 가능하려면 모든 감각적 욕망과 활동을 초월해 있는 인간의 깊은 자아(atman)와 육신의 소유주(dehin)에 대한 통찰과 아울러 모든 상대성과 차별성을 초월하여 존재하는 만물의 근원이요 우주의 궁극적 실재인 브라흐마(Brahman) 혹은 신을 인식하는 지혜가 필요하다. 『기타』에서는 지혜의 요가는 주로 행위의 요가를 위한 준비 정도의 의미를 지니고 있을 뿐이다.

『기타』는 여러 곳에서 다르마의 중요성을 설하고 있다. 『기타』의 맨 첫 구절에 나오는 첫 단어가 "의(義)의 들판(dharmaksetra)"이라는 말이며, 바로 이 들판에서 판두 형제들과 두료다나의 전쟁이 벌어지려 하고 있으며, 다르마에 대한 아르쥬나의 고민이 시작되는 것이다. 『기타』의 주제가 곧 다르마임을 암시하고 있는 것이 아닐까? 아르쥬나에 대한 설법을 통하여 크리슈나는 자신이 최고신의 화신(avatara)임을 말하면서 다음과 같이 선포한다.

나는 불생(不生)이며 나의 자아는 불변하고

나는 모든 존재의 주(主)이지만

내 자신의 창조력에 의해

자신의 물질을 사용하여 존재하게 된다.

의(dharma)가 쇠하고 불의(adharma)가 흥할 때마다,

오 바라타의 자손이여, 나는 자신을 [세상에] 내보낸다.

선한 자들을 보호하고 악한 자들을 멸하기 위하여,

의의 확립을 위하여, 나는 유가(yuga)마다 세상에 온다(4:6-8).

여기서 크리슈나는 자신이 의와 법도의 확립을 위하여 세상에 인간으로 육화되었음과 자신이 법도의 보호자임을 선포하고 있는 것이다. 그리고 그의 설법의 주목적 또한 각자가 자신의 의무를 준수할 것을 강조하는 행위의 철학을 제시하는 데 있는 것이다.

크리슈나는 다만 법도의 설법자요 보호자일 뿐만 아니라 자기 스스로가 끊임없이 행위 가운데서 무위(無爲, akama)를 행하는 행위의 요가(karma-yoga) 실천자요 표본임을 말하고 있다. 크리슈나는 말한다.

이 삼계(三界)에서, 오 프르타의 아들이여,
내가 행해야 할 것은 아무것도 없으며
얻어야 하나 얻지 못한 것도 아무것도 없노라.
그러나 나는 여전히 행위에 종사한다.
만약 내가 지칠 줄 모르고
행위에 종사하지 않는다면
사람들은 어디서나, 오 프르타의 아들이여,
나의 길을 따라 행할 것이기 때문이다.
만약, 내가 행위를 하지 않는다면
이 세계들은 파멸될 것이다.
그리고 나는 혼란을 야기하는 자가 되고
이 피조물들을 파괴하게 될 것이다.
무지한 사람이 집착을 가지고 행위하듯이,
오 바라타의 자손이여, 현명한 사람은

집착 없이 세계의 복리를 바라며 행위할지어다(3:22-25).

행위는 나를 더럽힐 수 없고
나는 행위의 결과에 아무런 갈망이 없나니
이렇게 나를 인식하는 자는
행위에 의하여 속박되지 않는다.
이와 같이 알고 해탈을 바라던
옛 사람들도 행위를 하였노라.
그러므로 그대도 행위를 행하라.
오래전 옛 사람들이 행했던 것처럼(4:14-15).

자신의 의무를 따르는 행위를 하라는 말이다. 해탈의 추구라 하여
사회적 의무를 저버리고 은둔자의 생활을 할 필요가 없다는 것이다.
사실 『기타』에는 인생의 4단계에 따른 의무(asrama-dharma)에 대한
언급이 전혀 없다. 진정한 포기자의 삶이란 언제 어디서나 자신에게
주어진 계급적 의무(varna-dharma)를 사심 없이 수행하는 삶이어야
하기 때문일 것이다. 사람은 누구든 자기가 타고 난 물질적 본성(prakrti)
에 의하여 행위를 할 수밖에 없으며, 어느 누구도 행위 없이는 한순간도
존재할 수 없다고 『기타』는 강조하고 있다(3:5). "지혜 있는 자라 할지라
도 자신의 물질적 본성에 따라 행동한다. 모든 존재는 물질적 본성을
좇은즉, 억압해서 무엇하겠는가?"(3:33)

크리슈나는 세계 만물을 창조하고 또 자신 안으로 수거하지만,
이 모든 행위를 통하여 아무런 속박도 받지 않는다(9:7-9). 크리슈나는
4계급 제도를 만든 자이다.

4계급 제도는 요소와 행위의 배분에 따라

나에 의하여 산출되었도다.

나는 그것의 행위자이지만

영원히 행위 없는 자임을 알라(4:13).


여기서 4계급이 요소(guna)와 행위(karma)의 배분(vibhaga)에 따라 창조되었다는 말은 각자가 전생에서 지은 업에 따라 그것에 상응하는 물질적 요소(sattva, rajas, tamas)를 받아서 4계급의 신분적 차별을 가지고 태어나도록 했다는 말이다. 4계급을 만든 것은 크리슈나이며, 그들은 각기 지은 업에 상응하는 물질적 본성을 지니고 태어난 존재들이기에 각기 품수받은 본성에 따라 합당한 행동을 해야만 한다.『기타』18:41-45는 이 점을 상세히 설하고 있다


바라문과 크샤트리아와 바이샤와 수드라들의

행위들은, 오 적을 괴롭히는 자여,

본성으로부터 생긴 요소들에 의해 구분되어 있다.

평정, 자제, 고행, 순결, 인내,

그리고 정직, 지혜, 통찰, 믿음은

본성에서 생긴 바라문의 행위이다.

용맹, 활력, 굳셈, 숙련,

그리고 전쟁에서라도 도망가지 않음과 보시,

그리고 지배자적 성품은 본성에서 생긴 크샤트리아의 행위이다.

농사, 목축, 상업은 본성에서 생긴 바이샤의 행위이며

봉사의 성격을 지닌 행위 또한

수드라의 본성에서 생긴 것이다.

여기서 크리슈나는 분명하게 계급들이 각기 지켜야 할 의무와 행위는 타고난 본성(svabhava)에 의해 결정지어져 있음을 밝히고 있다. 사람이 자기의 본성을 어기지 못하듯 자신의 의무를 어겨서는 안 된다. 크리슈나는 말한다.

> 공덕이 없다 하더라도 자신의 의무가
> 남의 의무를 잘하는 것보다 낫고
> 본성으로 정해진 행위를 행하면
> 죄괴를 얻지 않는다.
> 결함이 있다 해도, 오 쿤티의 아들이여,
> 타고난 행위를 버리지 말지어다.
> 왜냐하면 모든 일들은 불이 연기로 덮히듯
> 결함으로 덮혀 있기 때문이다(18:47-48, 3:35).

본성으로 정해진(svabhavaniyata) 타고난(sahaja) 행위를 고수할 것을 이보다 더 강조할 수는 없을 것이다. 『기타』의 윤리가 얼마나 철저하게 계급 윤리적이며 보수적인가 하는 것이 분명하다 하겠다. 계급은 신이 창조한 질서이며, 각자의 업보에 의해서 타고난 신분인즉 아무도 신분의 윤리를 어겨서는 안 된다는 것이다.

『기타』 17, 18장은 사람들이 좋아하는 음식, 고행, 제사, 믿음, 보시, 지식, 행위, 정진력, 즐거움 등이 모두 우리가 타고난 물질적 본성의 요소들에 의하여 결정된다고 말할 뿐만 아니라 보편적 덕목이라고 부를 수 있는 자제, 고행, 순결, 평정함 같은 것까지도 바라문 계급의 타고난 본성에 의한 것이라고 주장하고 있다(18:42). 이와 같은 세계관에서 인간의 도덕적, 사회적 평등성에 대한 관념을 기대하기란 어렵다. 『기타』에 의하면 인간은 평등하게 태어나지 않는다. 인간은 자기 업에 따라 날 때부터 서로 다른 기질과 다른 신분으로 불평등하게 태어난다. 『기타』는 인간의 기질과 같은 자연적 불평등(루소의 표현)과 계급과 같은 사회적 불평등을 구별하지 않는다. 오히려 사회적 불평등을 자연적 불평등, 즉 기질과 본성(svabhava)의 불평등에 돌리며, 자연적 불평등은 지난날의 업(karma)에 의한 것으로 정당화된다. 한마디로 사회적 불평등은 자연의 질서처럼 절대적이고 움직일 수 없는 질서인 것이다.

역설적이기는 하나 『기타』에는 평등성(samya, samatva, samata)이란 개념이 자주 등장한다. 그러나 『기타』에서 언급되는 평등성이란 요가를 통하여 얻은 정신적 훈련의 상태에서 감각적 욕망이 외적 경험들에 의하여 흔들리지 않는 확고부동한 정신 통일의 상태(6:33), 고(苦)와 낙(樂), 득(得)과 실(失), 승(勝)과 패(敗), 냉(冷)과 온(溫) 등의 이원적 대립(dvandva)에 의하여 좌우되지 않는 절대적 평안(santi)의 상태를 의미하는 것이지, 도덕적, 사회적 평등성의 개념과는 거리가 멀다. 굳이 말하자면 『기타』의 평등성이란 인간이 추구해야 할 내면적 덕성으로서 하나의 보편적 덕목은 될지언정 인간과 인간 사이의 평등성이라는 사회성을 띤 개념은 결코 아니다. 물론 내면의 절대적 경지인 평등성을 이룩한 인간은 계급이나 신분에 의하여 인간을 구별하거나 차별하지는 않을 것이다. 그러나 이 같은 개인의 숭고한 윤리적 태도가 엄연히 객관적으로 존재하는 사람과 사람 사이의 차별과 불평등을 변혁시키지 못한다는 것 또한 자명하다. 두 개는 내적, 외적 그리고 개인적, 사회적이라는 별개의 차원에 속하는 현상들이기 때문이다.

역설적으로 들릴지 모르나 『기타』적 의미의 평등성보다는 오히려 인간과 인간 사이에 존재하는 가시적 불평등을 솔직히 인정하는 데서 오히려 진정한 의미의 도덕적, 사회적 평등성의 실현은 기대될 수 있을 것이다. 『기타』는 자연적 불평등, 즉 타고난 기질과 본성의 차이에다 곧바로 사회적, 계급적 불평등을 연결시킴으로써 후자를 자연스럽고 당연한 것으로 정당화하고 있다. 그리고 여기에다 사회적 평등성과는 전혀 차원이 다른 내면적, 정신적 그리고 관념적 평등성의 이상을 제시하고 있음 또한 주목할 만한 일이다.

인간에 관한 도덕적 평등성의 사상이 결여된 『기타』에서 현대적 의미의 정의(justice) 개념을 찾아보기 어려운 것은 당연한 일이다. 『기타』에서 '다르마'(dharma)라는 말이 경우에 따라 '의'(義)라는 뜻으로 번역될 수도 있으나 여기서 의란 불의(adharma) 내지 불법의 반대 개념으로서, 어디까지나 자신에게 주어진 의무와 법도를 충실히 지키는 것을 의미한다. 의무로서의 정의라고 할 수 있겠다.

『기타』에 나오는 수많은 보편윤리적 덕목 가운데서 정의라고 번역할 만한 개념은 하나도 언급되는 것이 없으며, 이 점은 『기타』뿐만 아니라 힌두교의 정통 윤리 전체를 통하여 보아도 마찬가지이다. 옳고 그름으로서의 정의의 개념은 흔히 발견되지만, 인간의 도덕적 평등성에 입각한 사회적 개념으로서의 정의의 개념은 찾아보기 어렵다. 그리고 옳고 그름의 기준은 결국 자신의 주어진 의무(dharma)를 준수하느냐 아니냐에 있는 것이다. 여기서 우리는 사회적 평등성과 정의의 개념이 결여된 힌두교의 윤리 전통 내에서 어떻게 인간에 대한 신분적 차별과 불평등에 대한 비판 의식이 가능하며, 나아가서 어떻게 사회 개혁적 의지가 일어날 수 있을까 하는 물음을 묻지 않을 수 없다.

『기타』나 힌두교의 윤리 사상에도 업(karma)의 법칙이라는 측면에서 볼 것 같으면 평등성과 정의에 대한 믿음이 존재한다. 우선 업의 법칙은 남녀노소 누구에게나 신분의 차별 없이 공평하게 적용된다. 인생은 장기적 안목에서 볼 때 공평하고 평등하다. 현세에는 비록 인간이 과거에 지은 업에 따라 각기 다른 신분으로 태어나지만, 내세에는 현세에서의 자신의 행위와 노력 여하에 따라 현재와는 다른 신분으로 태어날 수도 있다. 현재의 불평등은 과거의 업으로 정당화되며, 미래의 업보를 감안할 때 상대화되기도 한다. 결국 인생은 언제나 누구에게도 공평하고 정의로운 셈이다. 그러나 내세에서야 비로소 이루어진다고 믿어지는 이러한 평등과 정의에 대한 기대야말로 바로 눈앞에서 벌어지고 있는 현재의 불평등을 감수하도록 만드는 요인이 아닐까? 마르크스의 표현대로 업보에 대한 믿음은 '민중의 아편'일지도 모른다.

인간의 도덕적 평등성이란 그것을 주창하고 믿는 사람들에 있어서 하나의 '사실'(인간은 평등한 권리를 갖고서 태어났다)이자 동시에 부조리한 현재의 사회구조 속에서 아직은 실현되지 않은, 그러나 앞으로, 아니 지금 곧 실현되어야 할 당위적 '사상'이기도 하다. 이에 비하여 업의 법칙을 믿을 때 제기되는 큰 문제는 정의와 평등이 이미 이루어져 있다는 생각이다. 개혁되어야 할 불평등이 처음부터 존재하지 않는 것이다.

힌두교에서 업보와 계급적 의무에 바탕을 둔 사회적 불평등이 상대화되고 초극될 수 있는 또 하나의 가능성은 다르마와 더불어 『기타』의 다른 하나의 주요 관심사인 해탈의 추구에 있어서이다.

해탈의 경지에서는 인간의 영적 통일성만이 존재할 뿐 현세적 질서에서 발견되는 모든 사회적 차별성과 불평등은 전적으로 무의미하고 무가치하게 되어버리기 때문이다. 『브르하드 아라니야카 우파니샤드』에서는 이러한 해탈의 경지를 다음과 같이 묘사하고 있다.

거기[아트만의 세계]서는 아버지가 아버지가 아니며, 어머니도 어머니가 아니다. 세계들이 세계들이 아니며 신들이 신들이 아니며 베다도 베다가 아니다. 거기서는 도둑이 도둑이 아니며 천민도 천민이 아니며 사문(沙門)이 사문이 아니며 고행자가 고행자가 아니다. 그는 [아트만과 하나된 재] 공덕을 수반하지도 않으며 죄악을 수반하지도 않는다. 왜냐하면 그는 그때 마음의 모든 슬픔을 초월했기 때문이다.[19]

분명코 해탈 그 자체가 성취된다면—그것이 범아일여(梵我一如)의 경지든 혹은 신애(bhakti)를 통한 신과의 영적 합일이든— 거기에는 모든 사회적 불평등은 사라져 버릴 것이다. 그러나 해탈을 아직 이루지 못한 범부들의 세계는 차치하고라도 문제는 이러한 해탈을 추구하는 과정 그 자체가 현실적인 사회적 불평등을 거부하는 행위와 어떻게 또 얼마나 긴밀하게 연견되는가 하는 것이다. 다시 말해 모든 차별성을 초월하는 해탈의 추구가 반드시 현재의 차별적 질서의 변혁으로 이어지는가라는 질문이다. 양자는 전혀 다른 두 가지 행위로서 양자 사이에는 어떤 유기적 관련도 없는 것이 아닐까? 가령 해탈의 자유를 위하여 세속의 속박을 끊고 포기자(sannyasin)로서 고행과 명상의 생활을 하는 사람은 분명히 현세의 부조리한 사회질서에 속한 사람이 아니기에 차별적 계급 의무들을 준수할 필요가 없다. 그러나 그렇다고 해서 그가 사회적 불평등을 도전하고 개혁해야만 해탈을 성취하는 것도

---

19 S. Radhakrishnan, trans., *The Principal Upanisads* (London: George Allen & Unwin LTD, 1953), IV, 3, 23.

아니다. 그는 단지 더 높은 이상과 더 높은 가치를 위해 사회적 질서를 떠난 것이지, 부조리한 사회질서를 거부하거나 항의하기 위하여 떠난 것은 아니기 때문이다. 해탈의 추구와 계급 제도의 타파와는 아무런 유기적 관계가 없는 것이다. 그렇다고 해서 자신의 의무를 아무런 집착 없이 순수하게 행하라는 행위의 요가가 문제의 해결을 줄 수 있는 것도 아니다. 이미 고찰한 바대로 행위의 요가는 자신의 의무를 충실히 수행하면서도 해탈을 이룰 수 있는 적극적인 해탈의 방법은 될 수 있으나 결과적으로는 계급 제도와 의무를 강화시킬 뿐이기 때문이다. 이제 마지막으로 『기타』에서 강조하고 있는 또 하나의 길, 곧 신애의 길이 계급 윤리의 변혁적 요소로 작용할 요소가 있는지 검토해 보아야 한다. 신에 대한 사랑과 헌신을 통하여 구원에 이른다는 신애의 길은 지혜의 요가와는 달리 남녀노소, 계급의 구별 없이 누구에게나 개방되어 있는 대중적 구원의 길이다. 크리슈나는 말한다.

나는 모든 존재에 대하여 평등하다.
나에게는 미운 자도 사랑하는 자도 없다.
그러나 신애로써 나를 공경하는 사람들은
내 안에 있으며 나 또한 그들 안에 있다.
심한 악행을 하는 자라 하더라도
다른 것을 공경하지 않고 나를 신애한다면
그는 실로 선하다고 간주되어야 할지니
그는 옳게 결심했기 때문이다.
나에게 귀의하면, 프르타의 아들이여,
천한 태생의 사람, 여자, 바이샤
그리고 수드라라 할지라도

지고의 목표(해탈)로 가기 때문이다(9:29-32).

"나는 모든 존재에 대하여 평등하다." 이 말이야말로 신 앞에서 인간의 평등성을 선언하는 말이 아닌가? 심한 악행을 하는 사람, 천한 태생의 사람, 수드라라 할지라도 신애를 통하여 해탈을 얻을 수 있다는 말, 이것이야말로 평등사상의 극치가 아닌가? 그토록 엄격한 바라문적 신분사회에서 이토록 시원한 구원의 소식을 발견한다는 것은 정녕 놀라운 일이 아닌가! 그러나 우리는 여기서도 다시 한번 심사숙고할 필요가 있다. 위의 구절이 선포하고 있는 것은 확실히 종교적 평등성이요 보편주의이기는 하나 윤리적 평등성, 사회적 평등성은 아니다. 신에게는 만인이 평등하며, 그에게 믿음과 사랑을 바치는 자는 사회적 신분 여하를 막론하고 누구든 신에게로 나아갈 수 있고, 신은 그를 받아들인다. 그러나 이것이 신이 인간의 도덕적 평등성, 사회적 평등성을 인정한다거나 요구한다는 뜻은 아니다. 『기타』에서의 신은 오히려 계급 제도의 창시자요, 계급 의무의 준수를 촉구하는 존재다. 다시 말해서 신애의 길은 결코 계급 의무를 무의미하게 만들지도 않으며, 불평등의 개혁을 요구하지도 않는다. 다만 구원의 폭이 만인에게로 확대될 뿐이다.

사실 힌두교사를 살펴볼 때, 중세 인도의 시인 성자들에 의하여 전개되었던 열렬한 신애의 운동이 전국을 휩쓸었지만, 이 운동이 결코 엄격하고 경직된 계급과 카스트 제도를 흔들어 놓지는 못했다. 신애의 지도자들 가운데는 크리슈나가 약속한 대로 여자들, 천한 신분의 사람들, 수드라 출신의 성자들도 있었으나 그들이 전개한 운동이 계급 타파 운동으로 이어진 것은 아니었다. 오히려 신의 사랑에 흥분하고 도취된 인도의 민중으로 하여금 현세적 속박과 불평등에 대한 현실적 감각과 비판 의식을 무디게 함으로써 바라문적 사회질서의 유지에 공헌하는 결과를 가져온 것으로 보인다. 결론적으로 말해서 『바가바드기타』는 그 다양하고 풍부한 종교적 메시지들에도 불구하고 어느 면으로 보나 바라문적 계급 질서와 계급 윤리의 철저한 옹호서임을 부정하기 어렵다.


## 5. 맺음말

인간의 도덕적 평등성에 대한 사상은 다분히 근세 서구적 이념이다. 이와 같은 이념에 비추어 힌두교의 전통적인 윤리와 사회사상을 조명해 보는 일이 과연 정당한 것일까 하는 의문이 제기될 수도 있다. 그러기에 프랑스의 사회인류학자 루이 뒤몽(Louis Dumont)은 인도의 계급 제도와 카스트 제도를 이해함에 있어 근세 서구의 개인주의에 입각한 자유와 평등의 시각으로 접근해서는 안 된다는 점을 강조하고 있다. 자유와 평등의 이념은 근대 사회의 산물이며, 인간을 기본적으로 개인으로 보는 개인주의적 사고방식의 소산으로서, 이러한 사상은 인간을 사회적, 집단적 존재로 보는 사회학적 통찰(sociological apperception)에 어긋나는 일이라고 주장하고 있다.[20]

사실 자유와 평등을 부르짖는 현대 사회라 해서 실제로 평등이 이루어지고 있는 것은 아니다. 힌두교의 계급 제도의 지혜를 강조하면서 라다크리슈난은 지적하기를 현대 자본주의사회는 신분적, 세습적 계급 대신에 돈에 의한 계급을 만들어 냈으며, 이것은 차라리 전통

---

20 Louis Dumont, *Homo Hierarchicus: The Caste System and its Implications* (Chicago: The University of Chicago Press, 1970), 1-7.

사회만도 못한 것이라고 비판하고 있다.[21] 그럼에도 우리는 라다크리슈난의 견해에 대하여 강한 의문을 제기하지 않을 수 없다. 첫째는 현대 자유민주주의 사회가 가져다준 기회의 개방성과 균등이라는 점이다. 현대 사회에서 경제력에 의하여 계급이 형성되는 것은 부정하기 어려운 사실일 것이다. 그러나 거기서는 누구나 자신의 노력 여하에 따라 계급 상승이 가능하며, 그러한 가능성이 적어도 법적으로, 제도적으로 보장되어 있다. 신분 상승의 기회가 누구에게나 원칙적으로 주어져 있는 것이다. 물론 실제로는 이러한 기회균등과 신분 이동의 가능성이 많은 현실적 여건들, 예컨대 현존하는 빈부의 차이나 사회적 편견과 차별 같은 것에 의하여 큰 제약을 받고 있는 것도 사실이다. 그럼에도 현대 사회는 인간의 도덕적, 사회적 불평등을 당연시하지 않으며, 계급 이동의 가능성을 법적으로 보장해 주고 있다는 점에서 인도 전통 사회와는 근본적으로 다르다. 어느 누구도 이미 타고난 신분적 제약으로 인하여 행동의 제약을 받거나 사회적 차별을 받거나 혹은 도덕적, 인격적 모멸을 감내할 필요가 없는 것이다. 실제상으로는 차별이 존재한다 하더라도 그것을 항의하고 거부할 제도적 장치가 자유민주주의 사회라면 마련되어 있다. 그리고 이와 더불어 인간 사회라면 어느 곳에나 존재하기 마련인 불평등의 현실을 자유와 평등과 정의의 이름으로 끊임없이 도전할 권리와 자유가 인정되고 보장되어 있는 것이다. 현대의 개인주의가 지닌 많은 문제에도 불구하고 인간 개개인의 자유와 평등, 존엄성과 권리는 어떤 이름으로도 양도하기 어려운 가치가 아닐까?

---

21 S. Radhakrishnan, *The Hindu View of Life* (New York: The Macmillan Co., 1969), 81-84.

제 3 부

# 아시아 신학을 위한 시도

한국 개신교 토착 신학의 전개와 문제점
예수, 보살, 자비의 하느님
그리스도교와 정토 신앙

# 한국 개신교 토착 신학의 전개와 문제점

## 1. 한국 신학의 의미

우리는 지금 신학의 다원화(theological pluralism)의 시대에 살고 있다. 신학의 다양성은 그리스도교 내에 언제나 존재해 온 사실이다. 그러나 오늘날의 신학의 다원화와 과거의 교회에 존재해 온 신학의 다양성 사이에는 하나의 질적 차이가 존재한다. 가톨릭이나 개신교를 막론하고 과거의 교회가 다양한 신학적 목소리를 바람직하지 못한 형상으로 억누르거나 마지못해 용납해 왔다고 한다면, 오늘날의 신학은 이러한 다양성을 하나의 확고한 방법론적 기반 위에서 대단한 정열을 가지고 추구하고 있다. 현대의 발달된 역사의식은 우리가 신학을 보는 눈을 완전히 바꾸어 놓았다. 신학은 더 이상 어떤 보편적이고 초역사적인 진리를 인식하고 논증하는 학문으로서 이해되기보다는 유한한 인간의 불가피한 역사성에 종속된 사고 행위로 간주하게 된 것이다. 신학을 하는 주체인 신학자의 역사성 못지않게 신학 자체의 역사성 또한 분명히 의식하게 된 것이다. 현대 신학은 이러한 유한성과 역사성을 더 이상 어떤 극복되어야 할 취약점으로 간주하지는 않는다. 오히려 현대 신학은 그것을 솔직하고 겸허하게 인정함으로써 신학의 새로운 출발점으로 삼는다. 이로써 종래의 경직되고 폐쇄적이었던 신학의 문은 활짝 열리게 되었으며, 인간의 다양한 역사적 경험에 더 충실한 창의적인 신학적 사고의 출현을 보게 된 것이다. 우리는 해방신학뿐만 아니라 신학 자체의 해방을 맞이하고 있다고 해도 과언이 아니다.

우리의 신학적 사고의 역사성은 크게 나누어 두 가지 면에서 드러나고 있다. 하나는 문화적 전통성이요, 또 하나는 이념성이다. 신학은 문화적으로 제약을 받을 뿐만 아니라 이념적인(ideological) 제약도 받는다. 그리고 이미 언급한 바와 같이 이러한 제약들은 아니라고 부정하거나 거부해야 할 제약이라기보다는 오히려 신학이 진정으로 그 역사적 사명을 책임 있게 수행하기 위하여 불가피하게 대면해야 하는 한계들로 고백되고 받아들여져야 하는 것이다. 하느님은 영원하고 그리스도교에서 전하는 진리도 영원할지 모르나 그 진리를 이해하고 표현하는 신학은 어디까지나 인간의 행위로서 문화적 전통에 따라 그리고 사회적 이념에 따라 달라질 수밖에 없는 것이다.

서구 신학사를 통하여 신학이 철학에 부단히 의존하여 왔다는 것은 주지의 사실이다. 플라톤, 아리스토텔레스, 칸트, 하이데거, 화이트헤드 등 다양한 철학적 사상이 시대의 변화와 더불어 그리스도교의 진리를 이해하고 표현하는 데 사용되어 왔으며, 최근에는 서양 철학뿐만 아니라 동양 사상 그리고 사회학적 통찰까지도 복음의 이해를 위하여 사용되기도 한다. 신학의 다원성은 하느님의 말씀이라고 믿어지는 성서 안에서도 이미 발견되고 있는 현상이다. 성서 기지들은 예수 사건과 복음의 의미를 그들이 처한 역사적 상황과 문제의식에 따라 상이한 개념들과 관념들을 통하여 해석하고 있는 것이다. 여기서 우리가 주목해야 할 바는 다양한 신학들은 단지 복음의 표현들만을 달리하고 있는 것이 아니라 복음의 이해부터가 다른 시각에서 이루어지고 있다는 사실이다. 신학자들은 동일하게 이해된 복음을 단지 선교의 방편이나 호교론적인 동기에서 상황에 따라 다른 언어로 증언하는 것이 아니라, 복음의 의미부터 그들이 처한 역사적, 문화적 상황에 따라 상이하게 이해하고 있는 것이다. 아시아와 아프리카 그리고 라틴 아메리카의 신학자들은 이와 같은 신학의 역사성에 대한 확고한 의식에 입각하여 종래의 서구 신학에 대한 종속적 태도를 과감히 떨쳐버리고 대담한 신학적 모험을 감행하기에 이른 것이다.

아시아의 신학자들은 하느님의 말씀을 그들 자신의 언어로 듣고 이해해야 한다. 그들 자신의 언어와 그들 자신이 처한 문화적 상황을 떠나서 진정한 '들음'과 '이해'란 있을 수 없기 때문이다. 아시아 신학은 단지 이미 서구의 개념들로서 이해되고, 규정된 복음의 의미를 아시아의 문화적 언어로 번역하려는 것이 아니라, 복음의 이해부터 아시아인으로서 해야 한다는 것이다. 복음이 아시아인에 의해서 이해될 때 그들의 문화 전통을 완전히 떠나서 어떤 정신적 진공 상태에서 이해될 수는 없다. 성서에서조차도 복음은 결코 문화적 이해와 해석을 떠나 주어지지 않는다. 문화적 이해와 해석을 떠난 이른바 '순수 복음'이란 것은 어디에도 존재하지 않는 것이며, 있다 해도 누구의 것도 아닐 것이다. 순수 복음이란 것이 어디엔가 있어서 먼저 그것을 순수하게 이해한 다음 그것을 다시 아시아의 언어로서 표현해야 한다는 생각은 극히 피상적인 관점일 수밖에 없다. 이러한 의미에서 한국 토착 신학의 정립을 강조하면서 사용되는 일련의 유비들은 재고되어야 한다. 예컨대 복음을 씨앗에 비유하고, 문화를 그 씨앗이 떨어져서 발아하고 성장해야 하는 토양에 비유한다든지, 문화를 단지 복음을 입히는 옷(포장지) 정도로 간주하는 것은 문화에 대한 신학적 이해의 부족은 물론이요, 문제의 핵심을 간과하는 잘못된 유추들이라 하겠다. 아시아 신학 내지 한국의 토착 신학의 과제를 철저히 파악 못한 관점이라 하지 않을 수 없다. 그러한 관점들은 서양 선교사들에 의하여 사용된 선교의 방편은 되었을는지 몰라도 아시아인에 의한 복음의 주체적 이해라는 아시아 신학이 직면하고 있는 과제에는 합당하지 못한 관점들이다. 우리가 추구하고 있는 것은 토착화 신학이 아니라 토착적 신학이며, 토착 신학 아닌 신학은 어디에도 존재하지 않으며, 존재할 수도 없기 때문이다.

복음 이해의 문화적 제약 못지않게 중요한 것이 또한 사회 이념적 제약이다. 전통적으로 신학은 이념적 편견을 지니지 않는 순수 객관적인 사고 체계로서 이해되어 왔다. 그러나 오늘날 우리는 어떠한 관념 체계도 이념성을 벗어나기 어렵다는 것을 알게 됐고, 신학 또한 일정한 사회적 제약 속에 살고 있는 인간의 사유 활동이기에 의식적이든 무의식적이든 한 사회가 표방하고 있는 이념적 성향을 지닐 수밖에 없다는 사실을 의식하게 되었다. 어떠한 신학도 이념을 초월한 순수성을 주장할 수 없으며, 하나의 이데올로기나 혹은 또 다른 이데올로기와 영합할 수밖에 없는 것이다. 이와 같은 점을 우리에게 상기시켜 준 것은 무엇보다 라틴 아메리카의 해방신학으로서, 오늘날 아시아의 신학자들은 어떠한 초월적이고 보편적인 진리의 이름으로도 인간이 당면한 구체적 사회 문제를 회피하거나 눈 감아 버리는 신학은 더 이상 존중하기 어렵게 되었다. 문화적 전통과 현실 못지않게 가난과 억압과 착취는 아시아인들이 그 가운데서 하느님의 말씀을 듣고 이해하고 전해야 하는 맥락(context)을 형성하고 있는 것이다.

한국 신학의 이야기는 기본적으로 한국 신학자들이 이상과 같은 두 가지의 신학의 역사성을 얼마만큼 분명히 의식했으며, 얼마만큼 심각하게 받아들여 그들의 신학적 사고의 발판으로 삼았는가의 이야기일 것이다. 나는 '한국 신학'이라는 말로 '한국의 토착적 신학', 즉 한국의 신학 일반이 아니라 한국인 특유의 신학을 지칭하고자 한다. 다시 말하면 한국의 신학자들이 어떻게 자신들이 처한 문화적, 사회적 상황 속에서 그리스도교의 진리를 이해하고 서술했는가가 한국 신학의 이야기일 것이며, 이와 같은 관점에서 나는 개신교 신학 백 년의 역사를 간략하게 살펴보면서 한국 신학의 문제점들과 앞으로의 방향을 모색해 보고자 한다.

## 2. 한국 개신교 신학

한국에 개신교 신앙이 전파된 것은 19세기 말경 주로 미국 선교사들의 손에 의해서였다. 이들 미국 선교사들은 대체로 강한 청교도적인 윤리 전통을 배경으로 하고 보수적, 복음주의적(evangelical) 신앙의 인물들이었으며, 그들이 전한 신앙 또한 그러하였다. 서세동점(西勢東漸)의 역사적 물결과 더불어 들어온 선교사들 가운데는 한국의 고유한 문화와 역사 전통에 대하여 많은 관심을 지닌 사람도 없지 않았으나 대부분의 초기 선교사들은 한국 문화에 대한 깊은 이해와 긍정적 평가보다는 무관심하거나 혹은 그리스도교 복음과의 적대성 내지 상충성을 강조했다. 대화보다는 개종, 이해보다는 대립, 연속성보다는 불연속성이 그들이 보는 대로의 복음과 한국 문화와의 관계였다. 이와 같은 비타협적, 비관용적 태도는 초기 선교의 어려운 시기가 지나고 한국 교회가 보다 확실하게 정착됨에 따라 더욱더 완고해졌으며, 개종과 더불어 자신의 문화적 뿌리를 차단하도록 가르침을 받은 많은 한국 그리스도교인에게 갈등과 불화를 가져왔다.

그리스도교 신앙과 한국의 종교 전통과의 만남 속에서 제기되는 문제를 제일 먼저 본격적으로 다룬 이는 한국 최초의 개신교 신학자라 불릴 수 있는 최병헌(1858~1927년)이었다.[1] 그는 그리스도교 신앙으로 개종하기 전에 이미 유학 사상에 깊이 젖어 있던 사람이었다. 그는 이미 성서에 증언된 복음과 종교로서의 그리스도교를 구분하는 혜안을 지니고 있었으며, 이와 같은 관점으로부터 그는 그리스도교까지를 포함하여 세계의 모든 종교를 평가하려고 했다. 그리스도를 통한 대속의 복음과 타 종교들 사이에는 비록 단절이 있다고 여겼지만, 그는 전통 종교들을 맹목적으로 배척하지는 않고, 그들의 장단점을 평가하려는 성숙한 자세를 보인 것이다. 특히 그는 유교와 그리스도교 사이의 유사점 내지 연속성을 인정했으며, 유교의 성선설에 영향을 받아 본래적 인간성의 회복을 그리스도교 복음의 목적으로 파악하고 있다. 그는 또한 유교의 상제 신앙을 높이 평가하고 있으면서도 다른 한편으로는 유교와 그리스도교에서 파악하고 있는 절대자와 인간과의 관계에 차이가 있음도 지적하고 있다. 유교에서의 천인(天人) 관계는 그리스도교와는 달리 사랑과 은총과 하느님 나라에서의 영생의 약속보다는 단지 경외심에 지나지 않는다고 한다. 최병헌은 그리스도를 알기 전까지는 타 종교들의 가치를 인정하지만, 그리스도를 알고 난 다음에는 옥식(玉食)을 본 사람이 초식(草食)을 버리듯이 개종할 것이라고 주장하면서 그리스도에서 모든 종교가 성취됨을 강조한다. 당시 한국 교회의 상황으로 보나 세계 신학의 동향으로 보나 최병헌에

---

1 그의 주저는 『만종일련』(박혜선 역, 성광문화사, 1985)으로서, 아래의 논의는 이 책을 주로 하되 유동식, 『한국신학의 광맥』(1982)과 송길섭, 『한국신학사상사』(1987)에 있는 최병헌에 관한 논의를 많이 참고했다.

게서 오늘날과 같은 깊은 신학적 숙고에 근거한 체계적인 종교신학을 기대하기는 어렵다. 그는 다만 자기가 할 수 있는 한 종교의 구체적 내용들을 탐구하면서 복음의 진리와의 대비를 통하여 새로운 신앙의 정당성과 우위성을 확보하려는 진지한 노력을 했을 뿐이다. 이것은 선교 초기라는 당시의 상황에 비추어볼 때 매우 긴요한 일이었으며, 그 노력을 높이 평가하지 않을 수 없다. 불행하게도 그의 이러한 시도는 그 이후의 한국 신학자들에 의하여 지속적으로 계승·발전되지 못했고 도리어 한국 교회는 자신의 문화적 전통과 타 종교에 대하여 전혀 무관심하거나 맹목적 배타성만을 보여왔을 뿐이다.

한국의 개신교 신학 교육은 1901년의 장로회 신학교의 설립, 1907년의 감리회 신학교의 설립과 더불어 정식 출발을 보게 되었다. 대부분의 신학 교수들은 외국인 선교사들이었으나 남궁혁, 양주삼 등을 필두로 하여 한국 신학자들도 해외 유학을 마치고 귀국해서 신학 교육에 참여했다. 이와 더불어 「신학세계」(1916), 「신학지남」 (1918), 「신생명」(1923)과 같은 신학 잡지들도 출간되어 한국 교회의 계몽과 함께 신학적 훈련을 주도해 나갔다.

1930년대에 들어서서는 우리는 향후 한국 개신교 신학을 주도해 나갈 몇 개의 신학적 흐름들이 이미 형성돼 있는 것을 본다.[2] 첫째는 장로회 신학교의 박형룡(1897~1978)에 의하여 대표되는 정통 근본주의 신학이고, 둘째는 조선신학교(한국신학교)의 김재준(1901~1987)으로 대표되는 성서의 비평적 연구와 강한 사회, 역사의식이다. 셋째는 온건한 중도적인 신학 노선으로서 남궁혁(1863~1930), 양주삼(1879~1950), 채필근(1885~1973), 전영택(1894~1968), 송창근(1898~1950), 정경옥(1903~1945) 등과 같은 신학적 인물들이 그들이 지닌 개인적인 신학적 성향의

---

2 유동식, 133-142; 송길섭, 319-349.

차이에도 불구하고 이런 부류에 속한다고 볼 수 있다.

그러나 이상의 어느 신학자도 기독 신앙과 전통 종교와의 대면이 제기하는 문제성을 최병헌과 같이 깊이 인식하지는 않았으며, 자신의 종교신학이나 혹은 이를 기반으로 한 토착 신학을 전개하지는 않았다. 그들은 각기 해외에서 접한 새로운 신학 사조들에 심취하여 귀국 후에는 한국 교회의 사상적 개혁을 외치면서 새로운 신학을 소개하고 전파하는 일에 주력하였다. 그들의 헌신과 노력을 통하여 한국 개신교의 신학적 수준이 진일보하고 향상된 것은 부인할 수 없는 사실이지만, 다른 한편으로는 이와 더불어 서구 신학에의 종속이 시작되었다는 느낌도 떨칠 수 없다. 사실 일제 식민지 지배하에서 미국 선교사들의 손에 의하여 신학 교육을 받은 이들에게서 한국 내지 아시아의 심오한 종교와 철학, 문화 전통에 대한 깊은 관심과 이해를 기대하기란 어려웠을 것이다. 그렇다고 해서 그들이 접했던 서구 신학계나 사상계 일반이 동양 사상과 문화에 대하여 오늘날과 같은 정도의 관심이라도 가지고 있었던 것도 아니었다.

위에 열거한 신학자들 가운데서 감리회 신학교의 정경옥이 비교적 타 종교에 대한 깊은 신학적 관심을 보이고 있을 뿐이다. 그는 하느님은 성서가 증언하는 것보다도 더 크고 넓은 분이며, 성서뿐만 아니라 문화와 역사 일반을 통해서도 하느님은 말씀하신다고 주장함으로써 이른바 '일반 계시'를 인정하고 있다.[3] 그러나 이러한 신학적 관용성에도 불구하고 그는 실제로 아시아의 종교 전통을 깊이 연구한다거나 그것을 자신의 신학적 작업의 중요한 일환으로 삼지는 않았다. 한국 토착 신학의 전개는 해방과 6.25를 지나 1960년대를 기다려야만 했다.

---

3 유동식, 140-141; 송길섭, 332-342.

1960년대의 한국 신학계는 서구 신학의 새로운 사상들이 소개되면서 크게 활성화된다. 불트만의 비신화론, 폴 틸리히의 문화 신학, 몰트만의 희망의 신학 그리고 서구 신학계 자체에서도 큰 충격을 안겨 주었던 세속화 신학, 사신 신학, WCC의 선교 신학 등이 하나하나 소개되면서 종래의 경직된 신학적 사고에 자극을 가함으로써 한국 개신교 교회 내에 활발한 신학적 논쟁들을 야기시켰고, 대담한 신학적 사고들도 전개되게 된 것이다. 이 가운데서 한국 신학을 다루고 있는 지금 우리의 관심을 끄는 것은 두 감리교 신학자, 유동식과 윤성범에 의하여 주창된 신학의 토착화 운동이었다.

신학의 토착화라는 주제를 둘러싸고 한국 신학계의 열띤 논쟁을 불러일으킨 것은 무엇보다도 유동식의 "복음의 토착화와 선교적 사명"이라는 논문이었다.4 토착화 사상에 대체로 우호적인 태도를 보인 신학자로서는 유동식, 윤성범, 이장식, 현영학, 정하은 등이 있었는가 하면 전경연, 한철하, 박봉랑 등은 복음의 순수성에 입각해서 토착화 개념을 비판했다. 불트만, 크래머(H. Kramer), 나일스(D. T. Niles) 등의 영향 아래 유동식은 토착화를 복음의 씨가 어떻게 한국의 문화적 토양에 떨어져 풍부한 열매를 맺을 수 있을까에 대한 선교학적 반성이라고 설명한다.5 그는 『한국 종교와 기독교』(1965)에서 종교로서의 그리스도교와 복음을 구별하면서 복음의 빛에 비추어 한국의 전통 종교의 의미를 이해하고 평가하려고 시도한다. 이러한 관점으로부터 그는 불교와 천도교와 같은 전통 종교에도 복음이 내재하고 있음을 대담하게 인정했으며, 그들을 '복음의 빛을 반사하는 위성들'이라고 부른다. 그러나 구원은 오직 그리스도의 복음으로만 오며 그리스도의

---

4 「감신대 학보」 (1962).
5 『한국신학의 광맥』, 238.

태양이 세상을 비추게 되면 위성들이 빛을 발하던 밤은 지나가는 것이라고 말한다.6 한국의 종교 전통에 대한 이러한 적극적인 관심과 긍정적인 평가에도 불구하고 1960년대의 유동식은 결코 토착적 한국신학을 발전시키지는 못했다. 그 이유는 그의 주요 관심이 신학적이었다기보다는 선교학적이었다는 데서 찾아져야 할 것이다. 그는 한국의 종교 전통으로부터 복음의 새로운 이해를 추구하는 대신 오히려 이미 주어진 복음의 이해로부터 한국 종교를 이해하고 평가하려 했던 것이다.7 그가 이러한 선교학적 관심에 머물러 있는 한 본격적인 한국신학의 출현은 기대하기 어려웠던 것이다(최근에 와서 그는 풍류 신학을 주창하고 있으나 여기서는 다루지 않기로 한다). 우리는 이와 비슷한 종류의 근본적인 신학적 제약을 윤성범의 토착화 신학 쪽에서도 발견한다.

윤성범도 역시 씨앗과 토양의 유비를 사용하여 토착화의 개념을 설명하고 있다. 불트만에 있어서 복음과 선이해(Vorverstandnis)의 관념에 근거하여 윤성범은 한국의 신학자들에게 신학을 함에 있어서 한국의 '문화적 아프리오리'(apriori)를 중시할 것을 촉구한다.8 그는 단군신화를 삼위일체의 교리로부터 해석함으로써 교계를 놀라게 하고, 많은 논의를 불러일으켰다. 그에 의하면 단군신화는 '삼위일체의 흔적'(vestigium trinitatis)이며, 오직 삼위일체에 비추어서만 올바로 이해될 수 있다고 한다.9 그는 또한 『한국신학』(1972)에서 율곡의 성(誠) 개념에 근거하여 자신의 한국적 신학을 전개하고 있다. 그는 성을 하느님의

---

6 『한국종교와 기독교』, 176-184; 『한국신학의 광맥』, 238-241.
7 『한국종교와 기독교』, 제10장은 "복음의 한국적 이해"라고 되어 있으나 실제로 "한국적 이해"는 찾아보기 어렵다.
8 『한국적 신학』 (선명문화사, 1972), 12-15.
9 "단군신화는 삼위일체 흔적(vestigiurn trinitatis)이다," 「기독교 사상」 (1963. 9.);
  『기독교와 한국사상』 (1964), 60-70.

말씀 혹은 계시와 동일시했으며, 인간은 그 말씀을 보존하는 자라고 한다.

우리는 여기서 윤성범의 토착화 신학의 구체적인 면들을 검토함이 없이 다만 몇 가지 문제점들만을 언급하고자 한다. 한국 신학의 수립이라는 관점에서 볼 때 그의 신학은 유동식과 마찬가지의 문제점을 지니고 있다. 그리스도교 복음을 유교적으로 혹은 단군 신화적으로 이해하기보다는 그는 유교 사상을 그리스도교적으로 이해하고자 한다.[10] 그리스도교 신앙에 대한 이해는 이미 주어졌고―주로 칼 바르트의 삼위일체론적 이해― 이러한 이해를 한국의 전통 종교의 일부분 속으로 읽어 들어가려고 하는 것이다. 그럼으로써 전통 종교에 대한 그의 해석을 매우 의심스럽게 만들 뿐만 아니라 그의 신학으로부터 진정한 창의성, 곧 그리스도교 신앙의 새로운 이해를 앗아가 버리고 마는 것이다.

사실 윤성범과 유동식이, 그들이 토착화 신학을 위해서 강조하고 있는 '선이해'와 '문화적 아프리오리'라는 개념들의 신학적 의의를 바로 이해하고 있었는지는 의문스럽다. 한국 신학의 형성을 위하여 그 개념들이 지닌 해석학적 의의를 올바로 파악한 신학자는 한국신학대학의 안병무였다. 그는 '기독교화와 서구화'라는 글에서 한국 신학이란 단지 서구 신학을 아시아적 개념이나 사유의 틀로 번역하는 일일수 없음을 지적하면서 신학의 비서구화를 위해서 성서로 돌아가 서구의 교리적 해석의 전통으로부터 성서를 해방시키는 일이 선행되어야함을 강조했다.[11] 안병무에 의하면 한국 신학은 한국의 크리스천들이

---

10 유동식도 윤성범의 '성(誠)의 신학'에 대해서 이와 같은 판단을 내리고 있다. 『한국신학의 광맥』, 270.
11 「기독교 사상」 (1971. 12.).

그들의 역사적 상황으로부터 일어나는 진정한 삶의 문제들을 성서를 향해 제기할 때 자연적으로 형성될 것이라 한다.

1970년대에 신학의 비서구화를 주창한 또 하나의 학자는 연세대학교의 김광식이었다. 안병무와 마찬가지로 김광식도 그의 『선교와 토착화』(1975)라는 저서에서 다만 서구 신학을 아시아적 개념들로 옮겨놓는 일은 토착화에 대한 그릇되고 너무 단순한 접근 방식이라고 비판한다. 신학의 토착화는 그에 의하면 한국의 역사적, 문화적 상황 속에서 복음의 의미를 묻는 일로부터 시작해야 된다고 지적하고 있다. 한국 신학이란 이러한 물음에 대한 대답일 뿐이라는 것이다. 윤성범과 마찬가지로 김광식도 유교의 '성'(誠) 개념을 복음의 의미로 이해하고, 그의 신학을 전개하기 위한 근본적인 해석학적 개념으로 삼는다. 그러나 그는 윤성범의 형이상학적 이해를 배격하면서 성을 언성(言成), 곧 말이 이루어짐으로 해석하면서 인간이 자기의 말에 충실하는 실존적 태도로서 이해한다. 성(誠)이란 곧 언행일치로서 그의 말씀을 지키고 약속을 이루시는 하느님의 인격이라고 한다. 그리스도는 믿음과 말과 행동의 완전한 일치를 보여준 성의 가장 으뜸가는 본보기였다. 그의 십자가는 이러한 일치의 궁극적인 결과였다. 김광식은 서구 신학이 하느님으로부터의 인간의 소외 그리고 하느님과 죄인의 중보자로서의 그리스도의 역할을 지나치게 강조한다고 비판하면서 완전한 본을 보인 완전한 스승으로서의 그리스도를 강조한다. 신앙이란 단지 입으로만 그리스도를 주로 고백하는 것이 아니라, 말과 행위의 일치로서의 성이며, 그리스도를 본받아 불완전에서 완전으로 나아가려는 끊임없는 노력이라고 한다.

1970년대에 들어와서 전개된 가장 주목할 만한 신학 사상은 민중신학이다. 가난과 불의와 억압으로 고통당하는 한국 민중의 사회적 경험을 신학의 맥락으로 삼아 전개된 민중신학은 종래의 이론 중심적이고 몰역사적인 성향을 극복하고 민중의 구체적 삶의 체험과 이야기 속에서 하느님의 말씀과 복음의 의미를 새롭게 듣고 이해하려고 한다. 민중의 해방에 관심의 초점을 맞추면서 민중 속의 예수, 민중으로서의 예수를 부각시키는 민중신학은 한국의 전통적 고등 종교 사상보다는 미륵 신앙과 같은 미래 지향적인 대중 불교적 신앙이나 탈춤과 같은 민속이 지니고 있는 초월적 경험에 유의해 왔다. 그 이유는 아무래도 민중신학이 유교나 불교 사상을 일반적으로 민중을 억압해 온 지배 계층의 이데올로기로 보려는 경향에서 찾아질 수 있을 것이다. 물론 우리는 전통적 종교 사상들이 지니고 있는 보수성과 몰역사성을 전적으로 부인하기 어려울 것이나 아쉬운 점은 민중신학이 아직은 민중의 해방적 관심에 기초한 해석학적 시야를 아시아의 심오한 종교 사상이나 철학에까지 본격적으로 확대하지 못하고 있다는 사실이다. 그리스도교 신학에서 과연 해방적 관심과 주제가 재발견되는 것이 얼마나 어려웠으며, 얼마나 많은 세월을 요했는가를 기억할 것 같으면 불교나 유교, 도가 사상 등에서 이와 유사한 재발견과 재해석이 일어날 가능성을 부인할 수는 없을 것이다. 전통과 해방을 반드시 대립적으로만 보는 시각은 또 하나의 편견이요 비역사적 태도가 아닐까? 여하튼 오늘날의 한국 개신교 신학 내에서 전통적 종교를 중시하는 토착 신학과 민중 해방을 주 관심으로 삼아 전개되는 토착 신학 사이에 어느 정도의 갈등과 긴장이 존재하고 있는 것이 사실이며, 이와 같은 긴장이 진정한 의미에서 양자를 지양하기 위한 창조적 긴장이 되기를 기대해 본다.

## 3. 맺음말

한국 신학의 성격과 의미는 종전보다 더 정확히 규정될 필요가 있다. 한국 신학이 본격적으로 전개되려면 무엇보다도 종래의 토착화 신학을 지배했던 선교학적인 관점이 극복되어야 할 것이다. 세계 어느 민족 못지않게 풍부한 문화적 전통을 지니고 살아온 한국 사람들은 단순히 그리스도교로 개종될 대상들이 아니며 한국 문화 또한 복음을 더 효과적으로 전하기 위하여 이용될 옷 정도만은 아니다. 이제 한국인은 다만 복음화의 대상으로서만이 아니라 복음을 이해하고 신학을 하는 주체로서 파악되어야 하는 것이다. 물론 한국인의 문화적 정체성은 복음에 접할 때 도전을 받게 될 것이고, 그로 인하여 변혁되거나 심화되거나 더욱 풍요로워질 수 있을 것이다. 그러나 이에 못지않게 복음의 내용과 의미 또한 마땅히 한국의 문화적 전통에 의하여 도전받고 새로이 이해될 것이다. 우리는 이러한 문제를 고찰함에 있어서 서구 신학자들의 손에 의하여 형성된 어떤 문화 신학이나 종교신학을 무비판적으로 수용해서도 안 될 것이다. 문화와 복음, 종교와 그리스도교 신앙의 관계를 논함에 있어서 바로 그 복음과 신앙의 의미 자체가 문제되고 있기 때문이다.

흔히 복음과 문화와의 관계는 본문(text)과 맥락(context)의 관계로 파악된다. 이것이 뜻하는 바는 본문의 의미는 맥락을 떠나서 따로이 존재하는 것이 아니며 맥락 또한 본문과의 만남을 통해서 변화되거나 새로이 인식되기도 한다는 말일 것이다. 본문과 맥락은 상호 주체가 되기도 하고, 객체가 되기도 한다. 문제는 이러한 만남이 구체적으로 어떻게 이루어지고 있으며 또 이루어져야 할 것인가이다. 우선 우리는 어디서 복음을 만날 것인가 하는 문제가 제기된다. 우리가 지금까지

접해 온 복음이란 성서의 증언까지 포함하여 이미 신학적으로 해석된 복음이다. 과연 우리는 성서적 복음 이해의 배후까지도 물어 들어갈 수 있을까? 성서적 증언과 서구 신학의 역사는 우리에게 있어서 얼마만큼의 권위를 지니고 있는가 하는 근본적인 물음들이 고찰되어야 할 것이다. 둘째로는 우리가 처한 맥락에 대한 인식의 문제이다. 문화는 변천한다. 현대 한국인이 처한 문화적 상황이 과거 조선조 시대의 유교 문화나 고려시대의 불교문화가 아님은 물론이다. 과연 불교나 유교가 현대 한국 그리스도인과 한국인 일반의 문화적 정체성 속에서 차지하고 있는 비중은 얼마만큼이며, 과연 한국의 전통적 종교와 철학이 아직도 한국 신학의 형성을 위하여 지배적 맥락이 될 수 있을까? 아니면 해방적 관심 혹은 다른 어떤 관심이 보다 더 지배적이고 시급한 맥락을 이루는 것일까? 이와 같은 문제들을 어떻게 답하는가에 따라 한국 신학에 대한 우리의 태도 그리고 그 방향은 달리 정립될 것이다.

# 예수, 보살, 자비의 하느님
## : 불교적 관점에서 본 그리스도론 1

## 1. 들어가는 말

하느님은 사랑이라는 것, 그리하여 인간은 광대한 우주 안에서 미아와 같이 헤매다가 무의미하게 사라져 버릴 존재가 아니며 우주와 인생에는 도덕적 의미가 있다는 것, 따라서 인생은 살 만하다는 것, 이러한 것들을 믿고 긍정하는 것은 그리스도교 신앙의 핵심이다. 그러나 이것을 참으로 믿고 산다는 것은 결코 쉽지 않다. 세상에는 사랑과 용서보다는 미움과 다툼이 더 극성을 부리며, 정의와 평화보다는 불의와 폭력이 지배하는 것처럼 보이기 때문이며, 우주는 현대 과학이 밝혀주듯 잠시도 쉬지 않는 미립자들의 이합집산에 의해 연출되고 있는 맹목적 세계처럼 보이기 때문이다. 그럼에도 그리스도인들이 인생의 유의미성을 긍정하고 삶의 용기를 가지고 사는 것은 무엇보다도 예수 그리스도—그의 메시지와 삶, 그의 죽음과 부활—를 통해 계시된 우주와 인생에 대한 진리를 믿기 때문이다. 그리스도인들은 예수 그리스도를 통해 우주의 궁극적 실재인 하느님의 신비가 드러났으며, 인생의 궁극적 의미가 계시되었다고 믿는다. 그리스도인들은

어떤 추상적인 철학적 사변에 앞서 예수 그리스도라는 한 구체적인
역사적 존재를 통해 우주의 궁극적 실재의 성격을 파악하고 인생의
의미를 이해하고자 한다. 그렇다면 그리스도교에서는 하느님에 대한
교리인 신론에 못지않게 중요한 것이 예수 그리스도론, 즉 그의 인격의
비밀과 그가 인류 구원을 위해 지니고 있는 의의에 대한 사유이다.

나는 이 글에서 자비의 하느님을 신론으로서보다는 그리스도론적
사유를 통해 논하는 간접적인 길을 택하고자 한다. 이 글이 시도하는
그리스도론은 서구 신학의 최근 동향을 참조하면서 서방 신학의 전통
적인 교리적 관점보다는 아시아인들의 정신적 삶에 깊은 영향을 주어
온 불교적 관점으로부터 전개될 것이다. 특히 불교에서 자비의 화신과
도 같이 여겨지는 보살의 다양한 모습을 예수 그리스도와 대비시키는
가운데 나는 아시아인들에 의한 그리고 아시아인들을 위한 하나의
토착적 그리스도론을 시도해 보고자 한다. 이와 같은 작업을 통해
나는 예수를 예수이게끔 하며, 보살을 보살이게끔 하는 힘은 궁극적으
로 하나이며, 불교든 그리스도교든 하나의 참된 인간이 되는 길은
우주적 사랑의 힘을 통해서라는 점을 밝혀보고자 한다.


## 2. 너희는 나를 누구라 하느냐?

신약성서 내에는 예수의 인격의 신비와 그가 인류의 구원을 위해
지닌 의미에 대하여 다양한 그리스도론적 사고가 발견되고 있다.
'그리스도', '하느님의 아들', '로고스'라는 표현들은 이러한 그리스도론
적 사고를 반영하는 대표적 개념들이다. 서방 교회는 이러한 신약성서
의 그리스도론을 토대로 하여 그리스 철학의 영향 아래 본격적인

형이상학적 그리스도론을 발전시켰으며, 오늘날까지 그리스도교 교회의 사고를 지배해 오고 있다. 그러나 현대의 역사적 사고는 우리로 하여금 이러한 전통적인 형이상학적 그리스도론은 물론이요 신약성서의 그리스도론까지도 새로운 시각에서 바라보게 만들고 있다. 현대의 새로운 그리스도론적 사고를 특징지어 주고 있는 것 가운데 하나는 지상의 예수 혹은 이른바 '역사적 예수'에서 그리스도론적 사유의 출발점을 찾고 있다는 데에 있다. 이른바 '아래로부터의 그리스도론'(Christologie von unten)을 모색하게 된 것이다.

'그리스도', '하느님의 아들', '로고스'와 같은 표현들은 예수 자신에 의해 스스로를 지칭하는 말로서 사용된 것이 아니라 그의 부활을 믿는 초대 그리스도인들이 그들의 신앙적 예수 이해를 표현하는 말이었다. 부활의 빛 아래 새롭게 이해된 예수의 메시지와 행위 그리고 그의 죽음의 의미는 초대 그리스도인들로 하여금 예수를 '그리스도', '하느님의 아들'이라고 고백하게 만든 것이다. 여기서 우리가 주목해야 할 바는 이러한 개념들은 예수나 혹은 초대 그리스도인들에 의해 비로소 만들어진 새로운 개념들이 아니라 예수 이전부터 이스라엘의 종교 전통 속에 자리 잡고 있던 개념들이었다는 사실이다. 초대 그리스도인들은 이러한 전통적 개념들을 사용하여 예수를 통해 일어난 하느님의 종말적 구원의 의미를 단적으로 표현하고 선포했던 것이다. 우리는 그 전형적인 예를 "너희는 나를 누구라 하느냐?"라는 예수의 물음에 대한 베드로의 유명한 신앙 고백에서 찾아볼 수 있다: "주는 그리스도시요 살아계신 하느님의 아들입니다." 이러한 고백 속에는 '주', '그리스도', '하느님의 아들'이라는 중요한 그리스도론적 개념들이 복합적으로 사용되고 있으며, 이러한 고백은 베드로 자신의 말이라기보다는 초대 그리스도인들의 신앙을 단적으로 드러내 주는 말인 것이다.

하느님 나라의 복음을 전파하던 예수가 신앙 고백의 대상이 된 것은 지상의 예수 자신이 보여준 독특한 말과 행동 양식 그리고 그의 삶과 비극적 죽음에 초월적 의미를 부여한 부활 신앙에 의해서였다. 부활로 인해 예수는 죽음의 힘을 벗어나 하느님의 영원한 생명으로 옮겨져 그의 나라가 이루어질 때까지 보이지 않는 힘으로 그리스도인들의 삶을 다스리며, 종말에 다시 와서 하느님 나라를 완성할 주님으로 고백된 것이다. 그뿐만 아니라 그는 지상의 삶을 시작하기 이전부터 그리고 만물의 창조 이전부터 선재하는 하느님의 아들, 영원한 로고스로서 인류 구원을 위해 우리와 같은 인간으로 육화된 존재로 이해되게 되었다. 그러나 이 모든 신앙적 언어가 나타내고자 하는 바는 결국 예수라는 한 역사적 존재에 온 인류를 구원할 수 있는 어떤 초월적 힘이 결정적으로 나타났다는 것이다. 초대 그리스도인들은 예수에게서 인간을 위한 하느님의 결정적인 구원의 행위를 보았다. 그들은 예수에게서 모든 인간을 살리며 영원한 생명을 가져다주는 하느님의 사랑과 은총이 비할 데 없이 강력하게 나타났다고 믿었으며, 이제부터는 그를 통해서만, 즉 그와의 신앙적 관계를 통해서만 이 구원의 힘을 올바르게 인식하고, 그것에 참여할 수 있다고 믿은 것이다. 이렇게 초월적 구원의 힘을 소유하고 계시해 준 존재, 아니 그 존재 자체가 그러한 힘의 육화와 같은 존재 그리고 지금도 계속해서 그 힘을 그를 믿는 자들에게 매개해 주고 있는 존재를 초대 그리스도인들은 '그리스도', '하느님의 아들'이라 불렀던 것이다. 초대 그리스도인들은 이와 같은 신앙적 이해를 그들이 처해 있던 종교적, 문화적 상황에서 발견할 수 있던 가장 힘 있고 의미 있는 개념들을 통해 표현하고자 했다. 따라서 오늘날 우리에게 있어서 중요한 것은 이러한 개념들이 가리키고 있는 사실(Sache) 그 자체, 진리 그 자체이지 결코 근 2천 년 전에 사용되던 언어 자체는 아니며, 더군다나 그리스 철학적 사고가 지배적이었던 시대의 산물인 고대와 중세 교회의 형이상학적 그리스도론은 더욱 아니다.

전통적인 형이상학적 그리스도론이 지닌 가장 심각한 문제점 가운데 하나는 그것이 하느님의 보편적이고 초월적인 구원의 힘을 우리에게 매개해 주는 인간 예수의 구체적인 모습과 그의 진정한 인간성을 진지하게 대하거나 받아들이지 못했다는 데에 있다. 그 초월적 힘은 예수를 결코 어떤 초인적 존재, 어떤 신화적 존재, 하느님도 아니고, 인간도 아닌 어떤 중간적 존재로 만드는 것이 아니라 그를 가장 인간다운 인간이요 가장 자연스러운 인간으로, 따라서 가장 완전한 인간으로 만들어준 힘이었다. 예수는 이 힘으로 인해 가장 인간다운 인간이었기 때문에 다른 인간들의 구원을 매개해 줄 수 있는 존재인 것이다. 그는 하느님과 인간을 위해 전적으로 자기 자신을 포기한 존재였기에 새로운 인간으로서 참된 삶을 살 수 있었으며, 마침내 영원한 생명을 얻은 존재가 된 것이다.

전통적인 서방 교회의 그리스도론이 지닌 또 하나의 심각한 문제점은 예수를 예수이게끔 만든 그 보편적이고 초월적인 힘과 한 역사적 존재인 예수를 무조건적으로 동일시하는 경향이 강하다는 점이다. 로고스의 육화라는 개념을 확대 해석한 나머지, 마치 로고스 자체가 예수라는 한 특정한 역사적 존재에 의해 완전히 독점되어 버린 것같이 생각하는 오류를 범한 것이다. 그 결과 하느님의 영원하고 보편적 사랑인 로고스가 마치 예수에게서만 작용했고, 그에게만 현존했던 것처럼 생각하게 된 것이다. 분명코 예수의 삶을 이해하기 위하여 우리는 그의 말과 행위에 강력하게 작용한 로고스의 힘을 간과할 수 없으며, 예수는 이러한 의미에서 로고스가 육화된 존재였고, 그의 존재 자체가 로고스라고까지 말할 수 있을 것이다. 그러나 육화된 로고스 예수가 영원한 로고스의 전부는 아니며, 로고스가 예수인 것도 아니다. 달리 말해 영원한 삼위일체 내적(intratrinitarian) 성자와 지상의 삶을 살다 간 하느님의 아들 예수는 구별되어야 한다. 만약 영원한 로고스가 역사의 한 특수한 존재 예수에 전적으로 국한되어 버린다면, 하느님의 영원하고 보편적인 사랑은 그리스도교의 울타리에 갇히고 그리스도인들만의 전유물이 되어버릴 것이다. 이것이 과연 옳은 견해이며, 예수 자신이 전한 복음의 정신에 부합하는 것일까? 로고스의 육화 사건 이후 근 2천 년 동안이나 그 사건을 알지도 못하고 살아온 무수한 아시아의 생명들은 진정 하느님의 사랑으로부터 배제되어 살아왔다는 말인가?

아시아의 그리스도인들은 정녕 그들이 그리스도인인 한 예수 사건을 떠나서 하느님의 사랑을 논할 수 없으며 또 논해서도 안 될 것이다. 예수의 인격의 숨겨진 힘이자 모든 인간을 구원하는 힘인 로고스는 바로 다름 아닌 예수 자신에게 있어서 가장 확실하고 강력하게 나타났다고 그리스도교 신앙은 믿기 때문이다. 그러나 이 구원의 힘 자체는 어디까지나 영원하고 보편적인 실재이다. 만물이 그것을 통해 이루어졌고, 어느 누구도 그것을 떠나서는 한시도 존재할 수 없다(요 1:1; 골 1:15). 사물과 사물 사이에 질서가 있는 곳, 사람과 사람 사이에 평화가 있는 곳, 사람이 사람다워지는 곳 어디에서나 이 힘은 작용하고 있다. 아프리카의 밀림 속, 눈 덮인 히말라야 산속, 뉴욕의 빈민가, 인도네시아의 모스크들, 한국의 절들, 콜카타의 거리들 그 어디에서든 사람들은 그것을 그리워하고 찾아왔으며 또 그것에 의해 살아왔다. 어떤 사람들은 더 분명하게, 어떤 사람들은 아주 희미하게 그것을 인식하는가 하면 또 어떤 사람은 전혀 의식조차 하지 못하며 살고 있다. 그러나 우리가 그것을 알든 모르든 그것은 항시 우리 곁에 있으며, 우리의 생명의 근원이자 온 우주의 창조적 힘으로 작용하고 있는 것이다. 그것을 꼭 로고스라고 부를 필요도 없다. 이름이야 어떻든 그것 없는 인간의 삶이란 생각조차 할 수 없기 때문이며, 그것을 모르는 인간의 문화란 존재할 수도 없기 때문이다.

그렇다면 유구한 역사와 찬란한 문화를 산출한 동양의 시인과 철인들, 신비주의자들과 사상가들은 그것을 무슨 이름으로 불러왔으며, 그것에 대하여 어떻게 말했으며, 어떻게 느꼈을까? 그것을 향한 아시아 민중들의 갈망과 염원은 어떻게 표출되었으며, 아시아 철인들의 예지와 통찰은 어떻게 표현되었는가? 그리고 만약 예수가 그들의 역사 속에 태어났었다면 그는 과연 어떤 모습으로 그들 가운데 나타났었을 것이고, 그들은 과연 그를 누구라 불렀을 것이며, 어떠한 그리스도론적 사유를 전개했을 것인가?

동양적 종교 전통에 비추어 나타나는 예수의 모습은 대승적(大乘的) 보살(菩薩)의 모습에 가장 가깝다. 우리는 예수에게서 자신의 안락을 구하지 않고 고통받는 중생을 위해 그들의 세계에 뛰어드는 무아적(無我的) 존재요, 자비의 화신인 보살의 모습을 발견한다. 만약 예수가 아시아에 태어났더라면 그는 아마도 보살의 모습으로 나타났을 것이고. 사람들은 그를 보살이라 불렀을 것이다. 그리고 만약 보살이 2천 년 전 갈릴리 지방에 모습을 드러냈다면 그는 틀림없이 예수의 모습으로 나타났을 것이다. 그렇다면 우리 아시아인들이 예수의 의미를 우리의 문화와 종교적 감성 속에 오랫동안 자리 잡아 온 보살이라는 말로 이해하고 표현한다는 것은 지극히 자연스럽고 당연한 일일 것이다. "너희는 나를 누구라 하느냐?"라는 물음에 대하여 우리 아시아의 그리스도인들은 "당신은 우리 아시아인들의 마음을 그토록 오래 사로

잡아온 보살의 모습을 가장 확실하게 보여주는 분이십니다"라고 아무런 주저 없이 고백할 수 있을 것이다. 그리고 아시아적 그리스도론의 한 형태는 적어도 보살 예수론 혹은 예수 보살론의 형태로 전개되어야 할 것 또한 자명한 사실이다. 이것이 우리가 이제부터 진지하게 생각해 보고자 하는 우리의 주제이다. 그러기 위해서 우리는 앞으로 아시아인들의 마음속에 그려진 그리고 그들의 삶과 역사에 나타난 다양한 보살의 모습들에서 실제로 얼마만큼 예수의 모습을 찾아볼 수 있는지, 보살에 있어서 작용해 온 영적 힘이 오래전 나사렛 예수에게 육화되었으며, 지금도 계속해서 온 우주와 인생을 떠받치는 힘으로 작용하고 있는 그 힘과 궁극적으로 동일한 것인지를 검토해 보아야 할 것이다. 우리에게 주어진 과제가 수월하지 않음을 알 수 있다.

역사에는 만약이라는 가정이란 있을 수 없다. 로고스의 육화는 한 특정한 역사적 사건으로 일어났으며, 예수는 분명히 한 유태인이었다. 이것은 움직일 수 없는 사실이다. 그리스도교 신앙에 의하면 이것은 결코 단순히 역사의 한 우연은 아니며, 비록 우리가 헤아리기 어렵다 할지라도 하느님의 숨은 뜻과 섭리에 따른 일이다. 그리스도교 신앙은 이 특정한 역사적 사건을 하느님의 종말적 계시의 사건으로 주어진 그대로 받아들이고, 그것을 근거로 하여 하느님과 인간, 세계와 역사의 신비를 이해하고자 할 따름이다. 그러나 예수 사건이 움직일 수 없는 역사의 소여라면 그 사건을 대하고 그 의미를 이해하는 우리의 노력은 사건 자체와는 달리 매우 유동적이고 상대적일 수밖에 없다. 영원한 하느님의 말씀이 1차적으로 이스라엘의 역사 속에서 한 유태인의 몸으로 육화되었고, 이 한 특정한 사건이 전 인류 구원에 관계된 결정적 사건이었다면, 그 사건의 의미는 이스라엘의 종교사적 울타리를 넘어서서 다양한 민족들의 상이한 종교 문화적 언어들을 통해 이해되어야 한다. 그럼으로써 로고스는 그들의 삶 속에 또다시 육화되는 것이다. 첫 번째 육화가 역사의 유일회적 사건으로서 모든 그리스도인에게 있어서 규범적 가치를 지닌다면, 두 번째 육화는 제2차적 육화로서 불가피하게 역사적 다양성과 상대성을 띨 수밖에 없다. 영원한 하느님의 말씀이 인간을 위한 말씀이 되려면 그것은 반드시 인간의 언어로 이해되어야 하며, 인간의 언어는 다양하고 상대적이기 때문이다. 영원한 하느님의 말씀은 인간이 접하고 이해할 수 있도록 1차적으로 예수라는 가시적 사건으로 육화되었다. 그리고 이 1차적 육화는 신약성서에서 다양한 개념과 상징을 통해 이해되고 해석되는 과정을 통해 당시 사람들의 삶 속에 다시 한번 육화되었다. 그뿐만 아니라 이 같은 신약성서의 예수 이해는 후세 그리스도인들에 의해 해석되면서 끊임없이 그들의 삶 속에 육화되어 왔다. 말하자면 제3의 육화가 이루어진 셈이다. 그리스도교 신학의 역사는 곧 이러한 말씀의 지속적인 육화 과정이라 해도 좋을 것이다.[1]

그렇다면 이제 예수 사건으로 육화된 하느님의 말씀은 현대 한국인들과 아시아의 그리스도인들에 의해 그들의 언어로 이해되는 가운데 현재에도 계속해서 육화되어야 한다. 아시아적 그리스도론이란 이러한 해석학적 육화 과정의 자연스러운 산물일 뿐이다. 아시아적 그리스도론은 제1차적 육화인 예수 사건의 의미를 성서적 증언이라는 제2차적 육화와 서방 신학적 전통이라는 제3차적 육화 과정을 참조로 하면서 자신의 언어로 이해하고 해석하는 제4차적 육화 과정이라 해도 좋을 것이다. 앞으로 우리가 전개하고자 하는 보살 예수론은

---

1 나는 여기서 프랑스 신학자 클로드 제프레의 신학적 해석학의 관점을 따르고 있다. Claude Geffre, *Le Christianisme au risque de l'interpretation* (Paris: Les Editions du Cerf, 1983).

이와 같은 해석학적 육화 신학의 한 구체적 형태일 뿐이다.

분명히 예수는 역사적으로 이스라엘의 종교 전통을 배경으로 하여 활동한 존재이기에 예수에 대한 이해는 일차적으로 그러한 역사적 배경을 염두에 둔 역사적 이해여야만 한다. 역사적 상황에 충실하지 않은 예수 이해는 엉뚱한 자기 자신의 이념이나 환상을 투영한 예수상을 만들어 내기 쉽다. 물론 역사적 이해라는 것도 어디까지나 연구자의 역사성과 선이해를 떠나 이루어지는 것이 아닌 한 어느 정도의 주관성과 상대성을 면키 어려운 것이 사실이다. 그런데도 우리는 가능한 모든 방법을 동원하여 예수 사건의 역사적 실상과 그 사건이 당시 사람들에 의해 어떻게 이해되고 받아들여졌는지를 일단 밝혀야만 한다. 그리고 이 사건의 의미가 그 후 서방 교회사를 통해 어떻게 해석되고 규정되어 왔는지도 우리는 밝힐 필요가 있다. 나는 여기서 다만 이 글이 이러한 연구들을 전제로 하고 있다는 사실만을 언급하는 데 그칠 수밖에 없다.

그렇지만 역사적 이해가 신학적 이해는 아니다. 역사적 이해가 예수는 누구였나를 묻는다면, 신학적 이해는 예수가 지금 우리에게 있어서 누구인가를 묻는다. 신학적 이해란 결국 현대 한국과 아시아의 그리스도인들이 예수 사건의 의미를 성찰하고 이해하는 가운데 그 사건이 그들의 역사적, 문화적 상황 속에 육화되는 것을 뜻한다. 이미 언급한 대로 역사적 이해조차도 실은 현대적 이해의 지평을 떠난 순수 객관적인 이해가 되기는 어렵다. 모든 이해는 불가피하게 이해자의 구체적인 역사적 상황과 관심 속에서 이루어지기 때문이다. 하물며 신학적 이해에서야 더 말할 필요가 있으랴?

불교적 관점과 맥락에서 본 그리스도론을 전개함에 있어 예상되는 우려와 의심이 없지 않다. 그리스도교와 불교라는 두 전통 간에 존재하는 엄청난 역사적 간격과 문화적 단절 그리고 세계관과 인생관, 종교적 언어와 사고방식의 현격한 차이를 감안할 때 보살 사상에 입각해서 예수를 이해하고 해석하려는 시도는 처음부터 왜곡의 가능성을 담고 있는 무리한 시도처럼 보일지 모른다. 그뿐만 아니라 두 종교 전통에 몸담고 있는 신앙인들의 눈에 그것은 단지 무리한 시도일 뿐 아니라 무책임한 종교 혼합주의적 발상으로까지 보일 수도 있다. 그러나 과연 정말 그럴까?

종교란 언제나 역사적 흐름과 변화 속에 존재한다. 종교적 교리나 관념들은 신자들이 주장하는 그 어떤 초월적 권위에도 불구하고 분명히 인간 역사 속에서 발생하여 전개되는 상대적 현상들이다. 인간의 삶이 전개되는 곳 어디서나 종교는 존재해 왔으며, 한 새로운 종교의 발생이 기존의 종교적 기반 없이 이루어지는 법은 없다. 이스라엘의 종교 전통 없이 예수의 출현과 그리스도교의 발생은 생각할 수 없으며, 브라만교의 배경을 떠나 불타와 불교의 출현은 생각할 수 없다. 그뿐만 아니라 모든 종교적 운동은 일단 발생하고 나면 점차로 그 지반을 확대해 가며, 그러한 가운데서 타 사상이나 타 종교와의 접촉과 교류를 통해 자체의 사상과 교리를 발전시키고 정립해 간다. 그렇기 때문에 발생 당시의 모습을 그대로 지니고 있는 종교란 존재하지 않을 뿐만 아니라 결코 바람직스럽지도 않다. 종교는 그것이 전파되는 사회와 문화의 제반 여건에 적응할 수밖에 없으며, 그럼으로써 오히려 그 생명력을 유지하고 발휘하는 것이다. 이러한 의미에서 순수한 종교, 순수한 '복음'이란 어디에도 존재하지 않는다. 하느님의 마음속이나 신학자들의 관념 속에 존재하는 종교라면 모르되 일반 대중의 삶 속에 뿌리박은 종교란 그들의 체취를 풍기며 그들의 언어로 이해되고 표현되는 종교인 것이다. 아니, 신학자들의 관념

속에 존재하는 종교라 할지라도 역사적 변천과 상대성을 면하기는 어렵다. 예수의 메시지 어디에서 사도 바울의 그리스도론을 찾아볼 수 있으며, 고타마 붓다의 교설 어디에서 대승불교의 삼신설(三身說)과 같은 불타론을 찾아볼 수 있단 말인가? 자업자득(自業自得)의 업보설(業報說)을 주장하는 상좌불교(上座佛敎)와 아미타불에 대한 믿음으로 정토왕생(淨土往生)한다는 정토진종(淨土眞宗)의 교리가 무슨 상관이 있으며, 가톨릭 수도승들의 조용한 명상적 신앙과 미국 남부 침례교회 교인들과 흑인들의 열광적 신앙이 어떻게 조화될 수 있단 말인가? 사실 이름만 같은 종교일 뿐 그 내부적 차이가 때로는 너무 심하여 한 종교 내의 상호 이해보다는 차라리 타 종교의 이해가 더 쉽다는 말까지 나오기도 한다. 종교적 진리가 정녕 진리일진대 그것은 궁극적으로 인간이 만들어 낸 역사의 산물일 수는 없다. 그러나 그 진리를 말하고 이해하고 실천하는 과정은 어디까지나 특정한 역사적 상황에 처한 인간들에 의해 진행되는 과정이기에 다양성과 상대성 그리고 혼합성을 면하기 어려운 것이다.

종교 간의 접촉은 문화 간의 접촉과 마찬가지로 피할 수 없는 현상이다. 그리스도교와 같이 '정통' 교리를 중심으로 하여 비교적 자기 정체성을 명확하게 지키는 종교라 할지라도 그것이 전파되는 지역의 토착 문화와 종교의 영향을 벗어나지는 못한다. 신약성서의 형성이 이미 그러했고, 그리스 철학의 지배적 영향 아래 형성되어 온 동방 교회와 서방 교회의 신학이 그러하다는 것도 주지의 사실이다. 문제는 다만 이와 같은 사실을 신학자들이 의식하느냐 못하느냐 그리고 그것을 충분히 의식하는 가운데 그것으로부터 하나의 창조적 결과를 산출하느냐 못하느냐에 있는 것이다. 예를 들어 나는 감히 다음과 같이 말하고자 한다. 한국의 그리스도인치고 동시에 어느 정도 유교 신자 아닌 사람은 없을 것이며, 한국의 개신교 교회나 교역자치고 어느 정도 한국 샤머니즘의 영향을 받지 않은 사람은 드물 것이다. 불교와 그리스도교의 관계 또한 얼핏 보기에는 별로 교류도 없고 오히려 상호 비난과 비방만 일삼는 것처럼 보일는지 모르나 이것은 피상적 인상에 지나지 않는다. 천당, 지옥, 죄, 자비 등 명백한 불교적 개념들의 사용은 차치하고 세계와 인생에 대한 불교적 감성ー흔히 도피주의, 은둔주의, 체념적 운명론 등 그리스도교 신학자들에 의해 부정적으로 평가되고 있는ー으로부터 시작하여 외국에서는 찾아보기 어려운 새벽기도에 대한 열성에 이르기까지 불교적 영향은 한국의 그리스도교 도처에 존재한다. 한국의 그리스도인치고 절 땅을 밟아보지 않은 사람이 어디 있겠으며, 한국의 가람들이 풍기고 있는 독특한 매혹적 분위기에 사로잡혀 한 번쯤 출가를 생각해보지 않은 사람이 있을까? 그런가 하면 최근의 현상이기는 하나 불교의 대중집회에서 들리는 그리스도교 찬송가조의 찬불가 혹은 민중불교의 예리한 사회의식에서 그리스도교 해방 신학 및 민중신학의 영향을 어느 정도 인지하기는 그리 어렵지 않을 것이다. 그뿐만 아니라 아직은 매우 드물고 극히 초보적 단계에 있기는 하나 두 종교의 뜻있는 신자들 사이에 진행되고 있는 상호 이해와 우호를 위한 대화도 무시되어서는 안 될 것이다.

우리가 추구하는 주제도 이러한 대화를 보다 깊은 신학적, 불교학적 차원에서 해보고자 하는 바람 가운데 나온 것으로서, 사실 그것은 대화 이상의 무엇을 지향하고 있다. 아니, 대화라 해도 좋다. 그러나 진정한 대화란 인간과 인간이 깊은 곳에서 만날 때 이루어지는 것이 아닌가? 대화란 결코 둘이 하는 독백이어서는 안 된다. 진정한 대화는 공동의 관심사와 주제에 이끌림을 당하는 가운데 서로가 서로를 이해할 수 있을 때 비로소 이루어지는 것이다. 그리스도교적 언어를 사용하자면 대화란 은총이며, 대화의 단절은 죄와 소외의 결과인 것이다. 그렇다면 우리가 이제부터 나누고자 하는 대화도 불교와 그리스도교, 특히 대승의 보살과 예수가 깊은 곳에서 이미 말 없는 대화를 나누고 있다는 생각을 전제로 한 것이다. 그리고 이러한 대화를 통해 서로가 서로를 비추어 보는 가운데 불교와 그리스도교 모두가 더 깊은 자기 이해와 자기 변혁으로 나아갈 수 있다는 생각을 전제로 한 것이다.[2] 그리스도인으로서 불교적 관점과 맥락에서 그리스도론을 전개한다는 것, 그리하여 "너희는 나를 누구라 하느냐"라는 물음에 대하여 아시아의 그리스도인으로서 하나의 주체적 대답을 시도하는 저자의 노력은 현대 한국의 종교적, 문화적 상황 속에서 하느님의 말씀을 듣고 이해하려는 당연한 신학적 작업의 일환이다. 이것은 동시에 저자 자신의 개인적 업보이자 한국 땅에서 어깨를 맞대고 살아가는 불자들과 그리스도인들의 집단적 업보이며, 결코 피할 수 없는 시대적 사명이기도 하다.

그렇다면 이제 우리는 물어야 한다. 도대체 보살이란 어떠한 존재이며 척박한 땅 갈릴리 지방을 돌아다니면서 하느님 나라 운동을 벌이다 죽은 예수와 보살이 무슨 상관이 있다는 말인가?

---

2 불교와 그리스도교가 이제는 상호 대화의 차원을 넘어서 상호 변혁으로 나아가야 한다는 입장을 보이는 신학자로서 미국의 존 캅이 대표적이다. John B. Cobb, Jr., *Beyond Dialogue: Toward a Mutual Transformation of Christianity and Buddhism* (Philadelphia: Fortress Press, 1982).

## 3. 보살의 이념

### 1) 보살 사상의 형성

불교는 고타마 싯다르타(Gautama Siddhartha)라는 한 구도자의 깨달음의 체험으로부터 시작한 역사적 종교다. 그는 석가(釋迦, Sakya) 족의 왕국에 태자로 태어나 부귀와 영광을 누릴 존재였으나 인생고초의 현실을 깊이 자각하고 29세의 청년으로 출가사문(出家沙門)의 길을 택했다. 그는 당시에 유행하던 온갖 종류의 종교적 수행법을 시도해보고 또 극심한 고행의 길도 걸어보았지만, 모두 그가 바라던 목적에 이르게 하지는 못하고 실패로 끝났다. 어느 날 그는 지금의 보드가야(Bodh Gaya)에 있는 어느 보리수 밑에서 명상하던 중 마침내 진리를 깨닫는 체험을 함으로써 붓다(Buddha, 佛陀), 즉 각자(覺者)가 되었다. 고타마 붓다의 생에 있어서 이와 같은 깨달음의 체험 못지않게 중요한 사실은 그가 정각(正覺)의 체험 후에 자신이 깨달은 진리를 자기만의 것으로 삼지 않고 무지(無知)로 인해 고통당하는 중생에 대한 깊은 자비심으로 그들을 위해 설법(說法)하기 시작했다는 점이다. 불교는 바로 이와 같은 붓다의 전법륜(轉法輪)의 활동과 더불어 비로소 역사적 운동으로 전개되기 시작한 것이다. 불교는 한마디로 말해 붓다의 지혜와 자비를 근본으로 하고 있는 종교인 것이다.

붓다는 본격적인 수도 생활을 위해서는 할 수만 있으면 누구에게나 출가 생활을 권장했다. 그러나 그는 항시 재가 신자들을 접하고 살았으며, 기회가 있는 대로 그들에게도 설법을 베풀어 주었으며, 그들 가운데서도 궁극적인 깨달음이 열릴 가능성을 부정하지 않았다. 붓다는 또한 재가자들의 삶의 자세와 윤리에 대해서도 종종 설법을 했으며,

그들의 삶이 현명하고 행복한 삶이 되도록 정신적인 조언과 충고를 아끼지 않았다. 붓다 시대에는 따라서 재가와 출가의 구별이 보다 유동적이고 신축성이 있었으며, 재가자들은 자신들에 주어진 사회적 여건 속에서 자기들에게 적합한 종교적 삶의 의미를 찾을 수 있었던 것이다. 그러나 부파불교 시대에 이르러서는 그들의 종교적 행위는 주로 물질적 보시를 통해 내세를 위한 공덕을 쌓는 일이나 혹은 붓다의 유골을 모신 탑(stupa)을 참배하면서 공양하는 일에 국한되다시피 한 반면 출가 승려들은 튼튼한 물적 기반을 지닌 사원에 안주하면서 안일한 생활을 하거나 자신들만의 종교적 추구에 몰두하게 되었다. 출가승이 추구하는 종교적 이상은 모든 속세의 번뇌를 끊어버린 아라한(阿羅漢, arhant)이 되어 생사의 고해를 벗어나 열반을 증득하는 일이었으며, 이러한 목적에 전념하고 있는 그들의 삶에 있어 재가들이 차지할 수 있는 자리란 거의 존재하지 않았다. 대승불교는 바로 이와 같은 상황에 대한 불교 내부로부터의 반성과 각성에 의해 시작된 운동이었다.

　대승불교 운동의 주도자들은 무엇보다도 전통적 불교가 추구하는 아라한의 이상을 비판하였다. 그들의 눈에는 아라한은 무수한 중생의 고통은 아랑곳없이 오로지 자신들만의 해탈에 힘쓰는 영적 이기주의자들이요 도피주의자들이었다. 그들의 목적은 그들을 생사의 세계에 묶어놓는 번뇌의 속박으로부터 가능한 한 속히 벗어나 열반의 절대적 안식을 얻으려는 데에 있었으며, 이와 같은 목적을 위해서는 그들은 모든 사회적 관계를 차단해야만 했다. 그리고 마침내 열반에 들어가서는 현실 세계에서 괴로움을 당하고 있는 중생들과는 전혀 무관한 존재가 되어버리는 것이었다. 대승 운동을 주창하고 나선 사람들의 눈에는 아라한은 실로 붓다가 보인 중생에 대한 자비와 헌신의 모습과는 너무나 대조적인 삶을 사는 존재들로 보였던 것이다. 그들의 수행 동기는 현실 세계를 극복하는 붓다의 정각(正覺)보다는 생사의 세계에 대한 두려움과 도피인 것이었다. 따라서 대승 운동의 주도자들은 아라한의 이상을 정면으로 거부하고 보살이라는 새로운 이상적 인간 상을 들고나왔다.

보살이란 말은 보리살타(菩提薩陀, bodhisattva)의 약어로서 깨달음 (菩提, bodhi)을 추구하는 존재(薩陀, 有情, sattva) 혹은 높은 경지의 보살의 경우에는 깨달음을 이미 이룬 존재라는 뜻이다. 보살은 본래 깨달음을 얻기 전의 붓다를 가리키는 말로서 소승 경전에서는 고타마 붓다 스스로가 성불 이전의 자기 자신을 보살이라 부르기도 한다. 재가 신도들 간에는 대승불교의 출현 이전부터 이미 붓다의 전생에 대한 많은 이야기, 즉 보살로서의 그의 삶의 행적을 말해 주는 이야기들(本生 譚, Jataka라고 불림)이 널리 유행되고 있었다. 이러한 이야기들은 주로 고타마 붓다가 전생의 수많은 삶을 거치면서 보살로서 행한 자기희생 적 자비의 행을 부각시키고 있다. 대승불교 운동의 주창자들은 바로 이와 같은 자비로운 보살의 모습을 자신들이 추구해야 할 가장 이상적 인 인간의 모습으로 내세우게 된 것이다. 그럼으로써 그들은 아라한들 의 이상인 생사의 세계와 단절된 열반의 적멸(寂滅)보다는 계속되는 생사의 세계 한가운데서 이타적 삶의 실천을 통해 성불한 불타 자신의 깨달음을 자신들이 추구해야 할 목표로 삼은 것이다.

보살은 아라한처럼 자신들만의 해탈을 구하지 않고 자리(自利)와 이타(利他)를 동시에 추구한다. 이것이 곧 상구보리(上求菩提) 하화중생 (下化衆生)이라는 보살의 이념이다. 그들이 깨달음을 추구하는 것은 자신들만의 해탈을 위해서가 아니라 생사의 세계에서 고통받는 중생 을 건져 함께 깨달음을 얻으려는 것이다. 그렇기 때문에 보살은 제도(濟

度)할 중생이 단 하나라도 남아 있는 한 스스로 열반에 들기를 포기하고 생사의 탁류 속에 남아 중생과 고통을 같이하고 그들을 피안의 세계로 인도하고자 한다. 보살은 따라서 아라한과 같이 열반을 궁극 목표로 삼지 않고 불타가 성취한 완벽한 깨달음인 무상정등정각(無上正等正覺, anuttara- samyaksambodhi)을 목표로 삼는다. 물론 아라한도 열반에 들기 위해서는 깨달음과 지혜를 필요로 한다. 그러나 대승불교에 의하면 그들의 지혜는 모든 사물의 세 가지 참모습, 즉 고(苦)와 무상(無常)과 무아(無我)의 진리만을 알 뿐 모든 중생의 고뇌와 갈망, 그들의 사정과 형편을 꿰뚫어 보는 불타의 일체종지(一切種智, sarvakara-jnana)가 아니다. 보살은 바로 이와 같은 불지(佛智)를 구하는 존재이며, 이를 위해서는 불타 자신이 성불하기 이전에 걸었던 보살도를 걸어야 하며, 보살행을 실천해야만 한다고 생각한 것이다. 따라서 보살의 길은 대승불교에서는 고타마 붓다 한 분만이 걸었던 길이 아니라 재가와 출가, 남녀노소의 구별 없이 누구에게나 열려 있는 길이다.

보살도에 기초한 대승불교에서는 광대한 우주 시방세계(十方世界)에 수많은 보살이 존재한다고 생각한다. 이제 막 보살의 길을 걷기 시작한 범부 보살로부터 시작하여 깨달음을 이미 얻고 중생 구제 활동을 계속하는 보살들에 이르기까지 수많은 보살이 우리가 살고 있는 이 사바세계뿐만 아니라 우주 각방에 존재하는 세계들에서 그 세계의 붓다와 함께 중생 구제 활동을 전개하고 있다고 한다. 오직 고타마 붓다만을 성불 이전의 보살로서 얘기하는 소승과는 달리 보살도를 보편적 이상으로 삼는 대승불교에서 수많은 보살의 존재가 인정되는 것은 당연한 일이다. 실로 대승불교 신앙의 눈에 비치는 세계는 더 이상 소승의 구도자들이 보는 것처럼 외롭고 쓸쓸한 세계가 아니라 보살의 자비가 끊임없이 활동하고 있는 사랑의 세계인 것이다.

## 2) 보살의 힘

티벳의 중관논사(中觀論師) 월칭(月稱, Candrakirti)은『입중론』(入中論) 초두에서 보리심(菩提心)과 불이지(不二智)와 대비(大悲)를 보살이 되는 원인으로 말하고 있다.[3] 차방(此方)의 보살이든 타방(他方)의 보살이든, 지상(地上)의 보살이든 천상(天上)의 보살이든 모든 보살은 보리(菩提, bodhi), 즉 깨달음을 구하는 보리심 그리고 그것을 가능케 하는 불이지(不二智)와 자비를 본질로 하고 있는 존재라는 것이다. 보살은 곧 불타와 같은 깨달음을 성취하고자 하는 강한 원(願, pranidhana), 즉 의욕과 결단의 마음이 있어야 하고, 나아가서 지혜와 자비를 갖추어야 한다는 것이다. 원을 발(發)하지 않고는 보살이 될 수 없으며, 아무리 원을 세웠다 하더라도 수행을 통해 지혜와 자비를 갖추지 못하면 보살이 될 수 없다. 보살을 보살이게 하는 것, 즉 보살의 힘과 능력은 바로 이 셋으로부터 오는 것이다.

보살의 첫째 조건은 깨달음을 구하는 강한 구도심(求道心)이다. 자신의 전 존재와 삶의 목표를 깨달음에 두고 그리로 향해 나아가려는 강한 원과 의지가 있어야 비로소 보살이 된다. 보살이 이러한 깨달음을 향한 열망을 품는 것은 다만 자기 자신만의 해탈을 위해서가 아니라 무지와 탐욕의 혼탁한 세계에서 끝없이 방황하며 고통당하는 일체중생을 건져 내어 함께 궁극적 행복을 얻기 위함이다. 보살의 원은 자리(自利)와 타리(他利), 향상적(向上的) 원과 향하적(向下的) 원을 동시에 내포하고 있다. 유명한 사홍서원(四弘誓願)은 보살의 이러한 뜻을 잘 표현해 주고 있다.

---

3 일본 불교학회편,『菩薩觀』(경도: 평락사 서점, 1986), 131 인용.

중생은 끝이 없으나 제도하기 원하고(衆生無邊 誓願度)

번뇌는 한량 없으나 끊기 원하며(煩惱無量 誓願斷)

법문은 다함 없으나 배우기 원하고(法門無盡 誓願學)

불도는 더없이 높으나 이루기 원합니다(佛道無上 誓願成).

이러한 뜻에서 대승불교에서는 보리를 구하는 보살을 마하살(摩訶薩, mahasattva), 곧 대사(大士)라 부른다. 『소품 반야경』의 주석가 하리바드라(Haribhadra)는 '보살 마하살'의 의미를 해석하면서 '보살'은 보리(bodhi)를 구하는 마음(sattva)을 가진 존재로서 보살의 자리(自利)의 면을 가리키는 말이고, '마하살'은 타인의 이익을 지향하는 큰(maha) 마음(sattva)을 지닌 존재를 뜻한다고 풀이하고 있다.4 이러한 의미에서 보리심은 역설적으로 보리에 대한 강한 의지와 동시에 자신의 깨달음에 대해서조차 집착하지 않는 마음이다. 소승불교의 경전어인 팔리어로는 보살을 'bodhisatta'라 하는데 'satta'라는 말에는 집착한다는 뜻이 있다. 따라서 소승에서는 보살은 보리에 집착하거나 전념하는 자라는 뜻일 수도 있다. 그러나 세존은 『소품반야경』(小品般若經)이나 『대품반야경』(大品般若經)에서 보살의 의미에 대해서 다음과 같이 말하고 있다.

'보살'이라고 하는 말의 의미는 그 말의 의미가 아닌 것이다. 왜 그런가? 보살 마하살은 일체의 것에 집착하지 않는 것을 배우기 때문이다. 보살 마하살은 모든 것을 이해하기 때문에 집착하지 않는 것에 있어서 무상(無上)의 완전한 깨달음을 깨닫는 것이다.5

---

4 가지야마 유이치, 『보살이라는 것』 (경도: 인문서원, 1984), 103-104.

보살은 보리에 대한 집착마저도 포기한다. 보살은 모든 사물(事物)이 본래 공(空)이고, 사물 간의 구별이 궁극적으로 환상에 지나지 않는다는 것을 아는 불이지(不二智)와 자비 때문에 보리에마저 집착하지 않는다. 보리심과 지혜와 자비, 이 셋은 보살에 있어서 상호 밀접히 연결되어 있다. 지혜는 보살로 하여금 자기 집착으로부터 벗어나 깨달음을 구하는 보리심에 자비의 마음을 더해 준다. 지혜와 자비 없이는 올바른 보리심을 낼 수 없고, 보리심 없이는 지혜나 자비를 구할 수 없다. 지혜는 자비를 낳고 자비는 지혜를 더해 준다. 지혜 없는 자비는 번뇌와 집착을 낳고 자비 없는 지혜는 자리(自利)만을 추구하는 소승적 지혜에 빠지고 만다. 위로 보리를 구하는 향상적 추구(上求菩提)와 아래로 중생을 건지려는 향하적 헌신(下化衆生)이 함께 가는 것이 보살의 삶이다.

보살은 자비로써 중생의 삶에 동참한다. 그들의 고통과 아픔을 보살은 자신의 것으로 삼고, 그들이 진 번뇌의 짐을 함께 지고 간다. 자비 때문에 보살은 생사의 세계로부터 단절을 가져오는 열반에 드는 것을 원하지 않고 스스로 중생의 길을 선택한다. 보살은 중생을 이익되게 하기 위하여 스스로 번뇌를 선택한다.

모든 보살은 일체중생에 이익을 베풀 수 있기 위해 스스로 번뇌를 지닌다. 이 번뇌는 큰 성 중에서 나오는 오물 덩어리[비료로 사용되기 때문에 유익한]와 같다.[6]

또『대집경』(大集經)에서는 말하기를,

---

5 가지야마 유이치, 102 인용.
6 『瑜伽論』79, 대정 신수 대장경 10권, 742c; 일본 불교학회 편, 『菩薩觀』, 41 인용.

보살 마하살은 두 가지 힘을 지니고 있다. 하나는 번뇌의 힘이요 다른 하나는 지혜의 힘이다. 보살이 만약 번뇌의 힘이 없다면 뭇 중생과 같이 갈 수 없으며, 중생이 가는 곳을 알 수 없다.[7]

그렇다면 보살은 번뇌의 중생을 구하려다 스스로 생사의 세계에 빠져버리는 것이 아닌가? 보살의 번뇌와 중생의 번뇌는 과연 어떻게 다른 것인가? 중생에 대한 자비와 헌신은 보살들에게 온갖 현실적 번뇌와 괴로움을 안겨주며 중생을 구하기는커녕 스스로 구제를 필요로 하는 존재로 전락할 위험을 지니고 있다. 그렇기 때문에 보살은 위에 말한 대로 번뇌력과 더불어 반드시 지혜력, 자비와 더불어 지혜를 필요로 하는 것이다. 그렇다면 보살의 지혜란 어떤 것인가?

보살의 지혜는 무엇보다도 불이지이다. 자와 타, 보살과 중생, 번뇌와 깨달음, 생사와 열반, 차안과 피안, 진(眞)과 속(俗), 성(聖)과 속(俗)이 둘이 아님을 아는 지혜다. 따라서 그것은 모든 분별과 집착을 떠난 무분별의 지혜다. 이러한 지혜로 무장을 하고서야 보살은 참으로 보살 노릇을 할 수 있으며, 진정한 자비를 실천할 수 있다. 생사와 열반을 분별하는 한 보살은 생사를 피하고 열반에 집착하는 마음을 일으킨다. 보살은 생사가 생사가 아님을 알고 생사의 세계에 뛰어들며, 번뇌가 번뇌가 아님을 알고 번뇌를 안고 산다. 자와 타를 구별하여 자기라는 생각에 사로잡혀 있는 한 보살은 순수한 자비를 실천할 수 없다. 보살이라는 상(相)과 중생이라는 상을 구별하여 거기에 머무는 한 보살은 진정으로 중생의 벗이 될 수 없다. 자비를 베푸는 자와 자비를 받는 자가 존재한다는 관념에 사로잡힌 한 보살은 또 다른

7 신수 대장경 13권, 54c; 『菩薩觀』, 41 인용.

번뇌에 사로잡혀 생사의 악순환을 영속화시킬 뿐이다. 보살은 일체의 명(名)과 상을 떠나는 지혜를 필요로 한다. 일체의 상을 떠나는 지혜, 곧 공(空, sunyata)의 진리를 깨닫는 반야지(般若智, prajna)를 필요로 하는 것이다.

공이란 제법(諸法)의 실상(實相)으로서 일체 사물의 있는 그대로의 모습이다. 사물들은 스스로 존재하는 힘이 없고 반드시 타에 의존하는 의타적(依他的) 존재요, 타를 조건(緣)으로 하여 생기는 연기적(緣起的) 존재들이다. 따라서 사물들은 자체 내에 자기 존재 근거를 가지고 있지 않으며, 자성(svabhava), 즉 자체의 고유한 본성을 결여한 존재들이다. 그것들은 궁극적으로 공인 것이다. 공의 진리에 의하면 상이 상이 아니며, 'A'는 'A'가 아니다. 어떤 사물이나 관념이 각각 독자적 본성을 소유하고 있다는 그릇된 생각을 지니고 있는 한 보살은 분별과 집착으로부터 벗어날 길이 없다. 보살은 그러한 망상에서 벗어나 사물이 있는 그대로의 실상인 진여(眞如, tathata), 곧 공을 깨달아야 한다. 『금강경』의 말대로 "상이 상이 아님을 보면 곧 여래(如來)를 본다"(若見諸相非相 卽見如來).

보살은 이와 같이 일체 상이 공임을 깨닫는 지혜 그리고 이로부터 오는 자유를 바탕으로 해서 중생의 현실 세계에 두려움 없이 자신을 던질 수 있는 것이다. 아라한들과 같이 생자와 열반, 번뇌와 보리, 중생과 불, 진과 속을 구별하여 집착하는 한 보살은 중생을 멀리하고 현실 세계로부터 도피할 수밖에 없다. 그러나 보살은 공을 투시하는 불이지에 근거하여 두려움 없이 중생계에 투신할 수 있다. 불이지야말로 보살로 하여금 현실 세계에 투신하되 현실 세계에 빠지지 않게 하며, 자비를 베풀되 또 하나의 이기심을 일으키지 않게 하는 힘이다.

그러나 일체의 상이 상이 아니라면, 그리하여 중생이 중생이 아니고 보살이 보살이 아니라면, 또 생사의 고와 번뇌의 괴로움이 공이라면 도대체 누가 누구를 제도할 것이며, 어디로부터 누구를 건져 준단 말인가? 자와 타의 구별을 초월하는 불이지는 보살의 자비행 그 자체를 불가능하게 만드는 것이 아닌가? 여기서 보살의 지혜는 또 다른 면을 지니게 된다. 곧 공과 더불어 색과 상의 세계를 보는 지혜이다. 『반야심경』의 유명한 표현을 빌려 말한다면 색즉시공(色卽是空)과 동시에 공즉시색(空卽是色)의 진리를 보는 지혜다. 일체의 상이 자성이 없이 공이긴 하나 그것들은 그런대로 다양한 차별적 모습과 이름들을 지닌 가유적(假有的) 존재로서 존재한다. 공이란 색을 떠나 따로이 존재하는 어떤 초월적, 형이상학적 실재가 아니며, 색의 근저에 놓여 있는 어떤 보이지 않는 실체도 아니다. 공은 색이 색으로 존재하는 그대로의 모습일 뿐이다. 이것이 공즉시색(空卽是色)의 의미이다. 여기서는 일체의 상은 가유로서 방편적으로 긍정된다. 중생들이 보는 그대로의 세계, 즉 차별의 상과 분별 작용이 속제(俗諦)의 차원에서 방편(upaya)적으로 긍정된다. 보살은 공과 색, 무와 유, 진과 속, 무분별지와 분별지 어느 것에도 걸리지 않는 중도의 지혜를 지닌 존재인 것이다. 이러한 중도의 지혜로서 보살은 생사의 세계에 참여하되 거기에 빠지지 않으며, 생사의 세계를 초월하되 중생과 같이 번뇌심을 내고 그들과 같이 행동한다. 불퇴전의 지위에 오른 보살은 방편의 힘으로 중생을 이롭게 하기 때문에 오욕(五欲)을 받으나 부집게로 불을 잡는 것과 같아 잡기는 하되 데지는 않는다고 한다.[8]

보살은 지혜로써 진과 속, 생사와 열반, 초월과 역사, 자유와 헌신, 초탈과 참여의 두 세계를 자유로이 드나든다. 만약 보살이 진제(眞諦)를 모르고 공을 깨닫지 못한다면 상의 분별에 사로잡혀 여타의

---

8 『大智度論』 73, 신수 대장경 25권, 576b.

중생과 다름없는 존재가 되어버릴 뿐만 아니라 현실을 두려워하고 기피하며, 자비를 베푼다 해도 순수한 자비가 되기 어렵다. 반면에 보살이 속제(俗諦)를 무시하고 색(色)과 가유(假有)의 세계를 인정하지 않는다면 중생의 세계에 동참할 수 없으며, 그들의 언어를 사용하지도 못한다. 보살의 진정한 자비는 진제의 향상문과 속제의 향하문 사이를 자유자재로 출입하는 지혜를 통해 실현되는 것이다. 보살은 자비를 베풂이 없이 자비를 베풀며, 중생을 제도함이 없이 중생을 제도한다. 보살은 보살이 아님으로 진정한 보살이 되는 것이다.

보살은 생사의 세계와 열반에 동시에 몸담고 있는 존재이다. 보살은 마치 꼬리는 대양에 담고 있으나 머리는 하늘에 치솟는 큰 용에 비유된다.9 혹은 보살은 차안에도 머물지 않고 피안에도 머물지 않으며, 그렇다고 그 중간에도 머물지 않고, 끊임없이 차안과 피안 사이를 왕래하는 선장과 같다고 한다. 그는 생사에도 주(住)하지 않고, 열반에도 주하지 않으나 그렇다고 해서 그 중간에 주하는 일도 없이 부지런히 차안의 중생을 피안으로 날라다 준다.10 이것이 보살의 자유이고, 보살의 헌신이다. 자유와 헌신, 지혜와 자비는 보살의 생명이요 힘이다.

차안에도 머물지 않고, 피안에도 머물지 않으며, 생사의 세계와 열반을 자유로이 드나드는 보살의 존재 양식을 잘 표현하는 개념 가운데 하나가 이른바 무주열반(無住涅槃, apratisthita-nirvana)이다. 소승 불교에서는 수행의 최고 경지에 이른 성자 아라한은 사후에 더 이상 생사의 세계에 태어나지 않는 존재이며, 아라한은 이에 대한 확신을 지닌 존재이다. 그러나 보살은 이러한 아라한의 이상을 거부한다. 보살은 생사의 세계에서 헤매는 중생이 단 하나라도 존재하는 한

---

9 같은 책 27, 신수 대장경 25권, 263c.
10 『八十華嚴』 20, 신수 대장경 10권, 106c; 『보살관』, 39 인용.

그 곁에 있기를 원하며, 결코 자신만을 위해 열반의 평안을 구하지 않는다. 그렇다고 해서 이것은 보살이 열반을 원하지 않는다는 것을 뜻하지는 않는다. 보살도 물론 열반을 추구한다. 그러나 보살은 열반에 집착하거나 거기에 머물러 있기를 거부한다. 보살의 자비가 그로 하여금 그렇게 만드는 것이다. 따라서 보살은 생사에도 열반에도 머물지 않고, 생사 속의 열반, 열반 속의 생사를 원한다. 이러한 보살이 원하는 열반을 무주열반이라 부른다. 무착(無着)의 『대승장엄경론』(大乘莊嚴經論)에 대한 주석서에서 세친(世親)은 다음과 같이 무주열반에 대해서 말하고 있다.

> 보살은 자비를 지니고 있으므로 생사에 의해 동요되지 않으며 생사에 대해 염증을 느끼지도 않는다. 그러므로 보살은 열반에 머물지 않는다. 보살은 또한 지혜를 지니고 있으므로 생사의 허물에 의해 속박되지도 않는다. 그러므로 보살은 생사에 머물지도 않는다.[11]

보살은 자비로 인해 열반에 집착하지 않고, 지혜로 인해 생사에 빠지지도 않는다는 말이다. 보살은 자비로 인해 집착심을 내지 않는다는 것을 무착(無着)은 다음과 같이 말하고 있다.

> 자비로운 존재들 [보살들]의 마음은 연민으로 가득 차 있기 때문에 [열반의] 적정(寂靜)에 주착(住着)하지 않는다. 하물며 그의 자비로운 마음이 세상의 행복과 자신의 생명에 주착하랴.

---

11 Nagao Gadjin, "The Bodhisattva Returns to this World," *The Bodhisattva Doctrine in Buddhism*, Leslie S. Kawamura 편 (Waterloo, Ontario: Wilfrid Laurier University Press, 1981), 65 인용.

위의 구절에 대해 세친은 다음과 같이 풀이하고 있다.

모든 세상 사람은 세속적 행복과 자신의 생명에 주착하고 있다. [소승의] 성문(聲聞)과 독각(獨覺)들은 그러한 것에 주착하지 않지만 그들의 마음 은 모든 고의 종식인 열반에 주착하고 있다. 그러나 보살의 마음은 자비로 인해 열반에조차 주착하지 않는다. 어떻게 이 둘[생사와 열반]에 주착이 있을 수 있겠는가?[12]

열반에조차 집착하지 않는 보살은 따라서 의도적으로 혹은 자발적 으로 생사의 세계에 태어나기를 원한다(samcintya-bhavopapatti). 보살 은 지혜와 자비에 근거하여 이러한 중생의 삶을 자취하는 것이다. 생사의 세계에 다시 태어나는 것은 번뇌를 수반하는 업 때문이다. 그러나 보살이 환생하는 것은 그러한 업보 때문이 아니다. 높은 경지의 보살은 순전히 자발적 선택에 의해 육도(六道) 중생 가운데 자기가 원하는 대로 태어날 수 있다.

천제(闡提, candala, 인도의 불가촉천민)로부터 시작하여 개에 이르기까 지 비천한 중생들을 이익되게 하기 위해, 그들의 재난을 없애 주고 그들을 인도하기 위해 보살은 천제로부터 개에 이르기까지 어떤 형태든 자유로 이 취한다.[13]

업에 의한 것이 아니라 원에 의해 태어났기 때문에 보살은 생사의

---

12 *Nagao Gadjin*, 64-65 인용.
13 *Nagao Gadjin*, 69.

세계를 마치 유원(遊園, udyana-yatra)을 거닐듯 자유로이 드나든다. 그는 결코 생사의 세계에 집착하거나 그것에 의해 더럽혀지지 않는다. 보살은 지혜로서 모든 것이 환술에 의해 존재하는 것(nirmana)임을 알기 때문이다.[14]

무주열반과 자발적 환생은 생사에도 걸리지 않고 열반에도 걸리지 않는 보살의 자유, 향상문과 향하문을 거침없이 출입하는 보살의 자유를 나타내고 있다. 이 자유는 결국 보살의 지혜와 자비로부터 오는 것이다.

우리는 이와 같은 보살이 지닌 자유의 전형적인 모습을 『유마경』(維摩經)의 주인공 유마(維摩, Vimalakirti) 거사(居士)에게서 발견한다. 유마는 인도의 비사리(Vaisali) 지방의 장자로서 출가사문이 아닌 재가거사였다. 그러나 그는 불타의 십대(十大) 제자의 하나요, 지혜 제일로 꼽히는 사리불(Sariputra)을 훨씬 능가하는 지혜를 지닌 보살로 등장하여 사리불을 곤혹스럽게 만든다. 다음과 같은 천녀(天女)의 이야기는 대표적이다. 유마거사가 문수보살과 문답을 하고 있는 중 홀연히 천녀가 나타나면서 좌중의 모든 사람에게 하늘로부터 꽃이 뿌려진다. 보살의 위에 내린 꽃은 훌훌 떨어져 버리건만 사리불의 몸에 내린 꽃은 꼭 달라붙어 떼려 해도 떨어지지 않는다. 본래 출가 비구승은 꽃으로 몸을 단장해서는 안 되기 때문에 사리불은 매우 당황해한다. 자신의 몸에 붙은 꽃을 떼어 내려고 애쓰고 있는 사리불을 보면서 천녀는 다음과 같이 말한다.

"어째서 꽃을 떼려고 하십니까?"
사리불은 답했다. "이 꽃은 법에 어긋나기 때문에(不如法) 떼려고 하오."

---

14 같은 곳.

천녀는 말했다. "이 꽃을 들어 법에 어긋난다 하지 마소서. 왜냐하면 이 꽃은 분별하는 일이 없건만 인자 스스로 분별의 생각을 일으킬 뿐입니다. 만약 불법에 있어 출가해서 분별하는 일이 있으면 이것이야말로 법에 어긋나는 것이라고 합니다. 만약 분별하는 일이 없으면 이것이 곧 법에 일치하는 것입니다."[15]

꽃에 여법(如法)과 불여법의 구별이 있을 리 만무하건만 사리불이 스스로 여법과 불여법, 세간과 출세간, 승(僧)과 속(俗), 번뇌와 보리의 분별심을 일으켜 공연히 소란을 떤다는 질책이다. 이분적 분별과 집착이야말로 참으로 불법에 반하는 일이라는 것이다.

한번은 유마거사가 좌선 중인 사리불을 보고 다음과 같이 질책한다.

사리불이여, 반드시 그렇게 앉아 있는 것을 연좌(宴坐)라 생각해서는 안 되오. 연좌라는 것은 삼계에 있어 몸과 마음을 드러내지 않는 것을 말합니다. 멸정을 떠나지 않으면서도 온갖 행위를 하는 것, 이것을 연좌라 합니다. 도법을 버리지 않으면서도 범부의 일을 하는 것, 이것을 연좌라 합니다. 번뇌를 끊지 않고도 열반에 들어가는 것, 이것을 연좌라 합니다.[16]

한적한 곳에 앉아서 열반의 적정을 구하여 좌선에 몰두하는 것이 연좌가 아니라 삶의 한복판에서 열반을 구하는 것이야말로 참 연좌라는 것이다. 번뇌를 끊지 않고 열반에 들어간다는 것은 열반을 세간의 한복판에서 체험한다는 말이다. 번뇌와 열반의 대립을 초월하여

---

15 가지야마, 『보살이라는 것』, 42 인용.
16 같은 책, 36-37.

열반에도 집착하지 않고 번뇌에도 빠짐이 없는 자유로운 삶이야말로 보살의 참다운 연좌라는 것이다. "연꽃은 고온의 마른 땅에 피지 않고 저지대의 습한 진흙밭에 피는 것과 같다"고 『유마경』은 이 같은 진리를 비유로 말하고 있다. 깨달음의 꽃은 번뇌의 진흙탕이 있어야 피는 것이지 고온의 깨끗한 곳에서는 피지 않는다는 것이다.[17] 보살은 세간을 피하여 열반을 구하지 않고, 종교적 삶을 위해 세속을 버리지 않는다. 진흙 속에 피는 연꽃과 같이 보살은 삶의 한복판에서 깨달음의 꽃을 피운다는 것이다. 보살의 자비와 헌신은 생사와 열반, 진과 속이 둘이 아님을 아는 불이지 그리고 여기서 오는 자유에 근거한 것이다.

한번은 불타가 와병 중에 있는 유마거사를 찾아보라고 제자들에게 말하나 모두 그와 대면하기를 두려워하여 문병을 꺼린다. 마침내 지혜의 보살 문수가 가기로 결심하고 유마를 찾는다. 어째서 병이 들었느냐는 문수의 물음에 유마는 "일체중생이 아프니 저도 아픕니다"라고 답했다.[18] 여기서 우리는 중생의 아픔을 자신의 아픔으로 삼는 보살의 자비를 본다. 그러나 이 같은 보살의 자비는 단순한 연민의 정에서 우러나는 상식적 차원의 자비, 세상적 자비가 아니다. 그것은 공의 진리를 꿰뚫어 보는 보살의 자비로서 자와 타가 둘이 아니며, 보살이 보살이 아니고, 중생이 중생이 아님을 아는 불이지에 의해 순화된 자비인 것이다.

대승에서는 자비에 3종이 있음을 말한다. 즉, 중생연(衆生緣) 자비, 법연(法緣) 자비, 무연(無緣) 자비이다.[19] 본래 자(慈, maitri)와 비(悲,

---

17 같은 책, 43-44.
18 『維摩詰所說經』, 신수 대장경 14권, 544b.
19 『大智度論』, 신수 대장경 25권, 350b, 417b.

karuna)는 희(喜, mudita), 사(捨, upeksa)와 더불어 소승이나 대승을 막론하고 수행자가 닦아야 하는 이른바 사무량심(四無量心)을 구성하는 것이다. 자는 타인의 행복과 기쁨을 자신의 것과 같이 바라고 이루어주려는 마음이고, 비는 타인의 고통을 자신의 것과 같이 여기고 덜어주려는 마음이다. 대승의 『열반경』(涅槃經)은 이와 같은 자비에 3종이 있음을 다음과 같이 말하고 있다.

> 세존이시여, 자(慈)가 일체중생을 대상으로 한다는 것은 부모와 처자와 친족을 대상으로 삼는 것과 같습니다. 그러므로 중생을 대상으로 하는 자(慈), 중생연자(衆生緣慈)라 부릅니다. 법을 대상으로 한다는 것은 부모, 처자, 친족을 보지 않고 일체 법이 모두 조건에 따라 생긴 것임을 보는 것입니다. 이것이 법을 대상으로 하는 자(慈), 법연자(法緣慈)입니다. 법의 상이나 중생의 상에 머무르지 않는 것을 대상을 떠난 자(慈), 무연자(無緣慈)라 부릅니다. 비(悲)와 희(喜)와 사(捨)의 마음도 역시 그러합니다.[20]

중생의 차별적 상이 존재한다는 생각으로 타인을 부모, 처자, 친족처럼 여겨 자비를 베푸는 것은 중생연자비이고, 중생이란 단지 제법의 연기적 존재에 지나지 않음을 알고 베푸는 자비는 법연자비 그리고 중생도 법도 보지 않고 다만 제법과 중생의 실상, 즉 공을 깨닫고 베푸는 자비는 무연자비이다. 이 마지막 것, 즉 아무런 대상이 없이 베푸는 초월적 자비, 공의 지혜에 근거한 자비야말로 가장 순수한 최고의 자비로서 오직 높은 수행의 단계에 있는 보살이나 부처만이 베풀 수 있는 자비라 한다. 인정의 친소 관계에 좌우되지 않는 자비,

---

20 신수 대장경 12권, 452c; 『보살관』, 149에서 인용.

상대방이 지닌 가치 여하를 묻지 않는 자비, 베푼 자에게 되돌아올 이익을 생각조차 하지 않는 순수한 자비, 베푸는 자와 베풂을 받는 자의 상마저 떠난 자비, 중생과 보살의 차별마저 보지 않는 절대적인 자비, 이것이야말로 진정한 보살의 자비인 것이다.

　그러나 보살의 자비는 차별만 보는 데서 성립되지 않듯이 무차별적 평등성만을 보아도 성립되지 않는다. 사물의 차별상만 보면 자와 타, 보살과 중생, 진과 속, 생사와 열반의 분별과 집착을 벗어나지 못하기 때문에 자비의 실천이 어렵다. 그렇다고 평등성만 보면 차별의 상에 집착해서 고뇌하는 중생의 현실 세계에 동참하기 어렵다. 따라서 보살은 무분별지와 함께 분별지를 방편으로 지닌다. 분별지와 방편은 보살에 있어서 지혜와 자비를 이어주는 원리이며, 지혜와 자비 중 어느 것에도 치우치거나 집착하지 않게 해주는 힘이다. 방편 때문에 보살의 지혜는 자비를 방해하지 않고, 방편 때문에 보살의 자비는 지혜에 장애가 되지 않는 것이다.[21]

　중생을 고통으로부터 건져 내려는 자비의 일념으로 보살은 깨달음을 얻고자 하는 원을 발한다. 각고의 수행을 통해 지혜와 자비를 얻은 보살은 일체의 분별과 집착으로부터 자유를 얻는다. 보살은 이러한 자유를 가지고 중생의 현실에 동참한다. 보살의 자유는 헌신을 위한 자유이다. 보살의 지혜는 자비를 위한 지혜요, 보살의 자비는 지혜에 근거한 자비이다. 보리심과 지혜와 자비, 이것은 보살을 보살이 도록 하는 힘인 것이다.

---

21 K. Venkata Ramanan, *Nagarjuna's Philosophy As Presented in the Maha-Prajna-paramita-Sastra* (Delhi: Motilal Banarsidass, 1975, reprint), 302; 『대지도론』, 신수 대장경 25권, 264a.

## 3) 보살이 되는 길(菩薩道)

### 발보리심(發菩提心, bodhicittotpada)

보살도는 보리심을 발하는 것으로부터 시작한다. 보리심(bodhicit-ta)이란 중생의 구제를 위해 깨달음을 얻으려는 원(願, pranidhi)이다. 이러한 원을 발한 자는 누구든지 보살의 길에 들어선다. 보살도에 관한 고전인 『입보리행론』(入菩提行論, bodhicaryavatara)의 저자 산티데바(Santideva, 寂天)는 "보리심에 두 가지가 있다. 보리를 얻으려는 서원(bodhipranidhi)과 보리를 얻기 위한 출행(出行, bodhiprasthana)이다. 지혜로운 자들에 의하면 양자의 관계는 여행 떠나기를 원하는 사람과 이미 길에 나선 사람과의 차이와 같다"고 말하고 있다.22

그러나 번뇌에 휩싸여 있는 중생으로서 보리심을 발한다는 것은 현실적으로 매우 어렵다. 따라서 그 준비 단계로서 산티데바는 다음과 같은 것들을 말하고 있다. 첫째로 불보살과 법에 대한 예배(vandana)와 공양(puja)이다. 수행자는 꽃, 과일, 보석 등 아름답고 귀한 것들로 불보살을 공양하며, 마침내 자기 자신을 종으로 바쳐서 그들을 섬기고, 중생의 행복을 위해 일하며, 과거의 죄로부터 떠나고, 새로운 죄는 짓지 않기로 다짐한다(2:8-9). 다음으로 수행자는 불, 법, 보살(승 대신)의 삼보에 귀의하는 서약을 한다. 그리고는 비통한 죄의 고백(papa-desana)이 따른다.

미련한 짐승과 같은 제가 현세나 전생의 무수한 삶 가운데서 지은 모든

---

22 Louis Finot 역, *La Marche à la Lumière(Bodhicaryavatara)* (Paris: Les Deux Oceans, 1987), 21.

악, 저에게 파멸을 안겨주나 무지로 인해 허락한 모든 죄를 불타는 참회의 마음으로 고백하나이다. 오, 도사(導師)들이시여, 삼보(三寶)와 부모님과 다른 존경받을 어르신네들에 대해 몸과 말과 생각으로 지은 모든 잘못, 많은 죄악으로 더럽혀진 이 죄인이 지은 모든 악한 죄들을 고백하나이다. 어찌해야 이 죄에서 벗어날 수 있겠나이까? 속히 저를 구해 주소서! 죄가 없어지기 전에 죽음이 이르지 말기를! 제가 이 세상에 거하는 동안 많은 친구와 원수들이 떠나갔건만 그들로 인해 지은 죄는 언제나 제 앞에서 저를 위협하나이다. 저는 땅 위의 나그네, 그러나 제가 이해 못할 무지와 탐욕과 증오가 많은 죄를 짓게 했나이다. 밤낮으로 쉼 없이 인생은 애쓰건만 얻는 것은 하나도 없으며, 저의 죽음은 피할 수 없나이다.[23]

비통한 죄의 고백은 수희공덕(隨喜功德, punya-anumodana)으로 이어진다. 수행자는 여기서 일체중생이 지은 선업을 함께 기뻐하고 그들이 생사의 고에서 벗어나고 다른 수행자들이 불보살의 지위에 도달하는 것을 함께 기뻐하며, 바다와 같이 넓고 깊으며 중생에게 행복을 가져다주는 법사들의 가르침을 함께 기뻐한다(3:1-3). 수희공덕에 이어 제불이 법의 횃불을 계속해서 밝히며, 열반에 입적하지 말고 세상과 더불어 계시기를 비는 기도(adhyesana)와 간청(yacana)이 따른다(3:4-5). 마지막으로 수행자는 자신이 쌓은 공덕의 회향(廻向, parinamana)과 자기희생(atma-bhavadiparityaga)을 다짐하는 간절한 원을 발한다.

이상의 모든 행위로 얻어진 공덕으로 모든 중생의 고를 덜어주는 자가 될 수 있기를!

---

23 Louis Finot, 29-30.

병든 자들이 모두 나을 때까지 약이 되며 의사가 되며 간호사가 되기를!
음식과 음료수의 단비를 내려 배고픔과 목마름을 덜어 주며, 기근의 기간
이 지날 동안 나 자신이 음식과 음료수가 되기를!
가난한 자들에게 무진장의 보물이 되며 그들이 원하는 모든 봉사를 할 수
있게 되기를!
앞으로 태어날 나의 몸과 나의 모든 선, 과거 현재 미래에 쌓은 나의 공덕을
모든 중생의 뜻하는 바가 성취되도록 아낌없이 포기하노라.[24]

이 같은 마음가짐 속에서 이제 보살도를 실천하고자 하는 자는
마침내 보리심을 발한다.

과거의 부처들이 보리심을 붙잡고 점차 성취시키려 힘썼듯
나도 그와 같은 마음으로 세상의 복리를 위해 내 안에 보리심을 일으키며
그것을 성취하기 위해 순차로 모든 수행을 다 할 것이다.

그리고 그는 이 보리심을 키우기 위해 다음과 같이 다짐한다.

오늘에야 나의 이 출생[인간으로 태어남]은 열매를 맺었고 나는 사람이 된
덕을 입었다. 오늘에야 나는 제불(諸佛)의 가족에 태어났으며 이제 나는
불자가 되었다. 나는 이제 자기 가문의 법도를 존중하여 가문의 순결을
더럽히지 않는 사람처럼 행동해야 한다.[25]

---

24 Louis Finot, 35.
25 같은 책, 37.

보리심을 발해 보살이 된 수행자는 이 보리심을 더 굳건히 하기 위해 커다란 서원을 세우기도 한다. 이미 보리심 자체가 보리를 얻어 중생을 제도하겠다는 원을 포함하고 있으나 대승 경전들에는 보살이 그 결의를 굳게 하기 위해 추가로 발하는 서원을 언급하고 있다. 이 같은 보살의 서원에는 모든 보살에 공통된 총원(總願)과 한 특정한 보살만이 세운 별원(別願)이 있다. 전자의 예로서 가장 널리 알려진 것은 전에 언급한 천태(天台) 지의(智顗) 대사의 『마하지관』(摩訶止觀)에 나오는 사홍서원(四弘誓願)이다. 한편 특수한 서원으로서 가장 유명한 것은 법장(法藏, Dharmakara)보살이 세자재왕불(世自在王佛) 앞에서 세운 48서원으로서 자신의 수행 공덕에 의해 서방 극락정토의 건립과 왕생(往生)을 약속하는 서원이다. 지장(地藏)보살이나 약사(藥師)여래도 각기 중생 구제를 위해 고유한 서원을 세운 보살들이다.

## 6바라밀다

보리심을 발하고 서원을 세운 보살에게 남은 것은 보리를 성취하기 위한 부단의 수행뿐이다. 보살이 닦아야 하는 덕목으로 대승불교에서 전통적으로 언급되는 것은 보시(布施, dana), 지계(持戒, sila), 인욕(忍辱, ksanti), 정진(精進, virya), 선정(禪定, dhyana), 지혜(智慧, prajna)의 바라밀다(波羅密多, paramita, 완성)이다. 이 가운데 계(戒), 정(定), 혜(慧)는 이미 초기 불교부터 불도를 이루는 삼학(三學)으로 인정되어 왔으며, 팔정도(八正道)에도 포함되어 있다. 보시와 인욕과 정진이 보살이 닦아야 할 덕목으로 추가된 셈이다.[26] 어떤 경전에서는 6바라밀다(六波羅密多,

---

[26] 6바라밀다설의 성립에 관해서는 Har Dayal, *The Bodhisattva Doctrine in Buddhist Sanskrit Literature* (Delhi: Motilal Banarsidass, 1970, reprint), 168-170.

sat-paramita) 외에 제7, 제8, 제9 혹은 제10의 바라밀다를 추가해서 언급하기도 한다. 10바라밀다는 위의 6바라밀다에 방편(方便, upaya), 서원(誓願, pranidhana), 력(九, bala), 지식(知識, jnana)의 4바라밀다가 추가된 것으로서 6바라밀다설만큼 보편적이지는 못하며, 내용상으로도 4바라밀다는 모두 6바라밀다에 포함되어 있다고 볼 수 있다.27

　　같은 6바라밀다를 닦는 데도 세 가지 등급이 있다고 한다. 첫째는 범부들로서 그들은 6바라밀다를 닦아 내세의 행복을 위한 공덕을 쌓으려 한다. 반면에 소승 아라한들은 그것을 닦아 열반을 얻으려 한다. 그러나 대승 보살은 일체중생의 해탈을 위해 그것을 닦으며, 이것이야말로 최상의 수행이라 한다.28 보살은 6바라밀다를 하나씩 순차적으로 닦아야 한다는 이론도 있으나 반야바라밀다(般若波羅蜜多) 경전들은 6바라밀다 가운데서 반야바라밀다가 어디까지나 제일 중요하며, 그것이 전제되어야 나머지 5바라밀다도 제대로 닦을 수 있다는 점을 누누이 강조하고 있다. 지혜야말로 바라밀다, 즉 완성을 가능케 하는 것이라는 말이다. 반야는 눈과 같아 그것 없이는 나머지 바라밀다가 모두 맹목적이 된다. 반야바라밀다 없는 5바라밀다는 날개 없는 새 혹은 굽지 않은 질그릇과 같아 아무 소용도 없다는 것이다.29 이제 『대품반야경』(大品般若經)의 주석서인 『대지도론』(大智度論)과 산티데바의 『입보리행론』(入菩提行論)을 중심으로 하여 6바라밀을 하나씩 살펴보기로 한다.

---

27 10바라밀다에 관해서는 같은 책, 167-168 참조.
28 같은 책, 171.
29 『대지도론』 35, 신수 대장경 25권, 314b.

## 보시바라밀다

이타(利他)와 자비를 강조하는 보살도에 있어서 보시(布施)가 제일 먼저 언급되는 것은 매우 의미 있는 일이다. 『대품반야경』에 의하면 보시 바라밀다의 실천은 다섯 가지 모습(五種相)을 갖추어야 한다. 첫째는 부처의 일체종지(一切種智, sarvakara-jnana)를 생각하는 마음으로 할 것, 둘째 자신이 가진 것은 내적인 것이든 외적인 것이든 모두 내버릴 것, 셋째 보시의 공덕을 모든 중생과 나눌 것, 넷째 보시의 공덕을 무상정등정각(無上正等正覺)을 위해 회향할 것, 다섯째 무소득(無所得)의 마음으로 할 것 등이다.

이에 대하여 『대지도론』은 다음과 같이 설명한다. 첫째는 보시를 행할 때 언제나 불도(佛道)를 생각하고 의지하는 마음으로 하는 것을 뜻하고, 둘째는 일체의 번뇌를 버리는 것을 뜻하고, 셋째는 자비심을 뜻하는 것으로서 부자가 자기 곳간을 열어 모든 사람이 쓸 수 있도록 하는 것과 같다고 한다. 넷째는 오로지 불도 외에는 다른 것을 구하지 않는다는 것이며, 다섯째는 반야바라밀다의 정신으로 집착 없이 보시를 베푸는 것을 뜻한다.[30] 이 오종상(五種相) 중에서 가장 중요한 것은 첫 번째 것으로서 나머지 넷은 그것을 설명해 주는 보조적 역할을 한다고 한다. 즉, 보살은 보시를 행함에 있어 일체중생의 괴로움을 없애기 위해 오직 불도(佛道)의 성취에 마음을 두어야 하며, 세상의 명리는 물론 열반을 구해서도 안 된다는 것이다.[31]

보살은 보시를 함에 있어 제법의 실상을 아는 지혜로 말미암아 아무런 집착을 가지지 않는다. 여자(與者), 재물(財物), 수자(受者)의 상(相)을 떠나 베풀기 때문에 그 공덕은 깨끗하고 무한하다. 이와

---

30 신수 대장경 25권, 395ab.
31 같은 곳.

같이 모든 것의 실상, 즉 공(空)을 알지만 보살은 오래 익힌 대자비심(久習大悲心)으로 중생을 위해 마음을 내어 복덕을 짓는 일을 계속해야 한다는 것이다.[32]

이상과 같이 볼 때 보살의 보시는 일반적으로 범부들이 행하는 자선 행위나 이타 행위와는 질적으로 다른 것임을 알 수 있다. 보살의 보시와 자비는 이미 우리가 언급했듯이 철저히 제법의 실상을 아는 지혜에 근거한 자유와 무집착의 행위이기 때문이다. 보살의 보시는 분별과 집착을 떠난 것으로서 이기심의 또 다른 표현이 아니라 순수한 무연자비(無緣慈悲)의 표현인 것이다. 이것이 곧 보시의 완전성(바라밀다)인 것이다. 보살의 보시는 무분별, 무집착, 무조건, 무제한적 베풂이다.

### 지계바라밀다

지계(持戒)란 도덕적 삶으로서 타인의 생명과 재산과 인격을 존중하고 아끼는 행위를 말한다. 보시가 더 적극적인 자비라 할 것 같으면, 지계는 소극적인 자비의 표현이다. 보살이 계율을 지키고 도덕적 삶을 사는 것도 오로지 불도를 성취하려는 데에 있다. 그리하여 생사의 세계에 빠져 있는 중생들을 제도하여 함께 열반의 행복을 누리게 하려는 것이다. 이와 같은 정신에 의해 계를 지킬 때 계의 완성이 이루어진다. 보살은 계를 지킴에 있어 지혜로부터 오는 무집착과 자유로써 해야 한다. 보살은 계를 지킴으로부터 오는 공덕에 대한 집착은 물론이요, 죄라는 관념으로부터도 해방되어야 한다. 정(淨)과 부정(不淨), 죄(罪)와 공덕(功德), 선인과 악인, 죄인과 의인의 분별을 떠나야 비로소 보살은 완전한 도덕적 삶을 살 수 있는 것이다. 보살은

---

32 같은 책, 272c-272a.

자신의 선행에 교만하지 않고 계를 지키지 못하는 죄인을 깔보지 않는다. 집착과 분별로부터 해방된 보살만이 지계의 완전성에 이를 수 있는 것이다.[33]

보살은 자비심 때문에 때로는 계율을 어기기도 한다. 보살의 눈에는 계율이란 경직된 율법이 될 수 없으며, 절대적 원리가 될 수 없다. 세친은 그의 『섭대승론석』(攝大乘論釋)에서 말하기를,

보살은 비하건대 좋은 의사와 같아 [중생을] 이익되게 하려는 마음에서 살인을 할 수도 있으나 조그마한 죄도 없다. 그는 여러 생을 통해 얻은 많은 복으로 말미암아 속히 무상정등(無上正等) 보리를 증득한다.[34]

혹은 『대지도론』에는 말하기를,

모든 보살은 불법의 실상에 통달해 있음으로 장애를 받음이 없고 죄과도 없다. 죄과를 지어도 역시 무방하다. 마치 나이가 장년이 되면 힘이 왕성해서 위 속에 큰 열이 있음으로 적합지 않은 음식을 먹어도 병이 나지 않는 것과 같다.[35]

무착(無着)은 『보살지론』에서 구체적으로 보살이 7가지 중한 계를 어겨도 되는 경우들을 언급하고 있다. 예컨대 보살은 자기 부모나 승려를 죽이려는 사람을 죽여도 되며, 불의한 왕이나 사악한 강도로부터 그들을 파멸로 이끌어갈 불의한 재물을 취해도 된다. 보살은 타인을

---

33 같은 책, 163bc. K. Venkata Ramanan, *Nagarjuna's Philosophy*, 283.
34 신수 대장경 31권, 361b; 『보살관』, 41에서 인용.
35 신수 대장경 25권, 733c; 『보살관』, 41에서 인용.

돕기 위해서는 거짓말을 해도 되며, 잘못을 범한 사람을 경고하기 위해서는 가혹하게 얘기해도 된다. 음악이나 춤이나 잡담을 좋아하는 사람을 구하기 위해서는 경박한 얘기를 해도 된다. 죄악의 생활을 사는 사람을 돌이키기 위해서는 좋지 않은 생업을 가질 수 있다. 마음에 슬픔과 근심과 불안이 일어나는 사람을 위로하기 위해서는 너무 요란하지만 않으면 향응 행위에 참여해도 된다. 보살은 타인을 위해서 가끔 죄를 짓는 것을 두려워해서는 안 된다. 정각을 얻기까지 많은 시간적 여유가 있기 때문이다.36 이와 같은 보살의 자유로운 태도는 계율을 경시하는 태도로 쉽게 이어진다고 생각할지 모르나 보살에 있어서는 계를 지키는 것 자체가 자신의 공덕이나 행복을 위해서가 아니라 중생의 구제와 행복을 위한 것이기 때문에 자비의 동기에 근거하는 한 보살은 도덕적 규범을 넘어서는 행위를 얼마든지 할 수 있는 자유로움을 지니고 있다. 보살의 자비는 도덕적 규범에 의해 묶일 수 없기 때문이다.

### 인욕바라밀다

보살은 지혜와 자비로 그리고 집착 없는 마음으로 인욕(忍辱)을 닦는다. 인욕은 노함과 증오의 반대이다. 산티데바는 인욕에 대해서 다음과 같이 말한다.

모든 선업, 자비, 예불을 수천 겁 동안 할지라도
이 모든 것은 증오에 의해 파괴된다.
증오에 맞먹는 악은 없으며 인욕에 맞먹는 고행은 없나니

---

36 Har Dayal, 208.

모든 방법을 통해 적극적으로 인욕을 닦아야 한다.

마음에 증오의 가시가 있는 한 마음은 평화를 모르고

기쁨과 행복을 맛보지 못하며 잠도 이루지 못하고 안정을 모른다.[37]

증오를 극복하기 위해서 보살은 적을 적으로 보지 않는다. 적은 보살에게 오히려 인욕을 닦을 기회를 제공해 줄 뿐이다.

나의 인욕을 일으키는 것은 그의 적대감이며

나에게 이러한 인욕의 기회를 주는 것을 나는 정법처럼 경외해야만 한다.

"중생은 제불과 마찬가지로 복전(福田)이다"라고 스승은 말씀하셨나니

중생을 제불처럼 섬김으로 많은 사람이 행복한 피안에 도달했기 때문이다.

제불과 마찬가지로 중생을 통해 사람들은 부처의 덕을 얻는다. 그런데도

제불에 대한 경배를 중생에게는 보이지 않으니 이러한 차별은 무슨 까닭

인가?[38]

중생에 대한 인내(sattva-ksanti)로써 보살은 무한한 공덕을 쌓고 법에 대한 인내(dharma-ksanti)로써 무한한 지혜를 쌓는다.[39] 보살은 욕을 당해도 성내거나 복수심을 내지 않는다. 그는 사물의 본성을 꿰뚫어 보고 있으므로 분별심을 내지 않고 집착하지 않기 때문이다. 보살은 모든 고난과 역경을 참고 견디며 깨달음을 향한 노력에서 물러서지 않는다. 그는 굳건한 믿음으로 의심이나 후회 없이 진리를 붙잡는다(法忍). 이러한 법인으로써 보살은 지혜의 문에 들어가고,

---

37 Louis Finot, 61.

38 같은 책, 75.

39 K. Venkata Ramanan, 283.

진리를 관(觀)하며, 후퇴하거나 후회하지 않는다.40

## 정진바라밀다

인욕을 성취한 다음 보살은 정진(精進)을 닦아야 한다. 산티데바는
정진에 대해서 다음과 같이 말한다.

인욕을 달성하고는 깨달음이 정진을 통해 자리 잡을 때까지 정진을 닦아
야 한다. 정진 없이는 바람 없이 '배가' 움직일 수 없듯 영적 공덕은 불가능
하다.
정진이란 무엇인가? 선을 위한 용기이다. 정진의 적은 무엇인가? 게으름
과 악에 대한 집착과 자신에 대한 실망과 멸시이다.41

정진, 곧 굳은 결심과 방일(放逸) 없는 노력은 선정과 지혜의 뿌리다.
보살은 불도에 뜻을 두고 끊임없이 노력한다. 부단한 번뇌와의 싸움,
모든 법을 배우려는 끊임없는 노력, 자기희생의 끈질긴 노력, 꾸준한
선정 등이 보살이 닦아야 하는 정진바라밀다이다. 이러한 정진 속에서
도 보살은 지혜의 힘으로 분별과 집착을 떠나는 자유를 잃지 않는다.

## 선정바라밀다

산티데바는 말한다.

이와 같이 정진을 증진시킨 후 보살은 마음을 선정(禪定) 속에 고정시켜야

---

40 Har Dayal, 209-216.
41 Louis Finot, 7.

한다.

마음이 산란한 자는 번뇌의 손아귀에 들어 있는 자다.

몸과 마음의 고립은 모든 산란의 가능성을 제거한다.

그런즉 세속을 단념하고 세간의 일을 피해야 한다.

세속을 포기하지 않는 것은 애정 때문이며 이익이나 그 밖의 것들을 탐하기 때문이다.

이 같은 장애로부터 벗어나기 위해서 현자는 다음과 같은 생각을 해야 한다: 번뇌의 종식을 이루는 것은 선정을 통해서이다. 그런즉 무엇보다도 선정을 구해야 하나니 선정은 곧 속세의 즐거움에 무관할 때 생기는 것이다.[42]

열반의 영원한 즐거움(常樂涅槃)은 실지혜(實智慧)에서 오고 실지혜는 선정에서 온다고 한다. 타고 있는 등불이 빛을 발하지만, 바람이 심하면 제 기능을 다하기 어렵다. 이와 같이 산란한 마음에는 지혜가 생기기 어렵다고 한다.[43] 그러나 다른 한편으로는 지혜 없이는 선정의 완성을 이루기 어렵다.[44] 선정은 또한 모든 중생으로 하여금 선정의 기쁨을 누리도록 하는 자비를 수반할 때 비로소 완성된다. 보살은 자비 때문에 자신의 선정의 맛을 탐하거나 집착하지 않으며(不受味) 선정의 결과를 구하지도 않는다(不求報). 보살은 지혜의 방편으로서 선정에 들었다가 다시 욕계에 되돌아와 중생을 돕는다. 보살은 지혜로써 정(定)과 산(散)의 상(相)에 집착하지 않는다. 그래야 비로소 완전한 선정이 되기 때문이다.[45]

---

42 Louis Finot, 90-91.

43 K. Venkata Ramanan. 285.

44 같은 곳.

45 같은 책, 285-286.

### 지혜바라밀다

지혜(智慧)는 제법의 실상을 아는 여실지(如實智, yathartha-jnana)로서 공을 아는 지혜이다. 지혜바라밀다 없이는 다른 모든 바라밀다는 맹목적이 되며 완전성을 지니기 어렵다. 보살의 지혜는 불타의 무상정등정각(無上正等正覺), 일체종지(一切種智)를 얻고자 한다. 보살의 지혜는 소승 아라한의 지혜와 달라 번뇌를 끊어 삼계를 초월하는 열반을 구하지 않는다. 보살의 지혜는 방편력을 지니고 있으며, 모든 중생을 향한 자비로 인해 그 자체에도 집착하지 않는다. 이것이 보살의 완전한 지혜이다.

### 보살의 십지(十地)

보리심을 발하고 6바라밀다를 닦는 보살은 십지(十地), 곧 열 단계(bhumi, vihara)를 거치면서 보살도를 완성해 간다. 지금까지 우리는 보살이란 어떤 존재이며, 어떤 수행을 하는 존재인가를 고찰한 셈이며, 이제는 보살이 어떤 과정을 통해 완성된 보살이 되는가를 살펴볼 차례이다. 대승 경전들은 보살의 수행 단계를 체계화하여 여러 가지로 말하고 있으나 가령 7, 10, 13단계 등 『십지경』(十地經, Dasabhumika-sutra)의 성립 이래 십지설이 가장 보편적이고 권위 있는 이론으로 받아들여지고 있다.[46] 『십지경』의 저자는 보살의 수행으로서 6 내지 10바라밀다를 언급하고 있으며, 이것을 10지에 각각 배당시켜 논하고 있다. 즉, 보살은 각 지마다 10바라밀다를 모두 힘 자라는 대로 닦기는 하나 한 개의 바라밀다를 중점적으로 닦아간다는 것이다.

십지는 제1지: 환희지(歡喜地, pramudita-bhumi), 제2지: 이구지(離垢地, vimala-bhumi), 제3지: 발광지(發光地, prabhakarim-bhumi), 제4지: 염

---

46 보살 수행의 계위에 관한 다양한 이론들에 관해서는 Har Dayal, 270-291 참조.

혜지(焰慧地, arcismati-bhumi), 제5지: 난승지(難勝地, sudurjaya-bhumi), 제6지: 현전지(現前地, abhimukhin-bhumi), 제7지: 원행지(遠行地, durangma-bhumi), 제8지: 부동지(不動地, acala-bhumi), 제9지: 선혜지(善慧地, sadhu-mati-bhumi), 제10지: 법운지(法雲地, dharmamegha-bhumi)로서 이 가운데서 제7지는 결정적이다. 7지의 보살은 특히 중생을 돕기 위해 필요한 방편의 선택에 있어서 큰 지혜를 얻는다. 그는 불타의 무한한 덕들에 참여하며, 타인의 마음과 감정을 알 수 있게 된다. 그는 매 순간 10바라밀다를 모두 닦으며, 그의 수행은 이 단계에서 일단 완성되는 것이나 다름없다. 보살은 이 단계에서 이른바 무생법인(無生法忍, anut-pattikadharma-ksanti)을 획득한다. 즉, 제법이 본래 불생불멸(不生不滅)의 공이라는 진리에 굳게 서며 어떤 행위에 의해서도 오염되지 않는다. 그는 이제 더 이상 퇴보를 모르는 불퇴전(不退轉)의 보살이 된다. 그는 모든 번뇌와 죄악으로부터 자유로워지며, 그의 생각과 말과 행위는 청정하다. 그러나 그는 자신의 청정함에 집착하지 않는다. 그는 자유로움을 얻었으나 중생의 구제를 위해 열반을 취하지 않는다. 보살은 또한 이 7지에서 색신(色身)을 벗어나 법신(法身, dharma-kaya 불타의 법신과는 다름, 法界로부터 태어난 몸)을 얻게 되며, 중생을 돕기 위해 여러 가지 몸을 자유자재로 취해 변화신(變化身)을 나타낼 수 있다. 한마디로 말해 7지의 수행을 완성한 보살은 초월적 존재의 보살이 되는 것이다.[47]

47 K. Venkata Ramanan, 306-309. 하르 다얄(Har Dayal)은 제7지 보살의 속성과 능력을 제8지 보살의 것으로 논하고 있으나(289-290쪽) 양자의 차이는 단지 관점의 차이뿐이다. 즉, 제7지의 완성은 곧 제8지와 마찬가지이기 때문이다.

### 4) 보살의 다양한 모습들

우리는 지금까지 보살이 어떤 존재이며 어떻게 수행을 하며, 어떤 과정을 통해 보살도를 완성해 가는가를 고찰해 보았다. 대승불교의 문헌들에는 수많은 보살의 이름이 나온다. 불타와 문답하는 보살, 불타의 설법을 듣는 보살, 불타로부터 미래의 성불을 예언 받는 보살 혹은 석가모니불의 활동처인 차토(此土) 외에 우주 시방(十方)의 무수한 불토에서 활동하고 있는 보살 등이다. 이와 같은 존재들은 지상에 거하는 역사적 인물들은 아니며, 초월적 능력을 갖춘 신적 존재들이다. 『대지도론』은 보살에 2종이 있다고 한다.

하나는 큰 힘을 성취한 보살들이며 다른 하나는 새로이 발심한 보살들이다. 대보살은 중생을 위해 제도해야 할 바에 따라 몸을 받고 태어나되 변두리 지역이나 그릇된 견해를 지닌 가문도 피하지 않는다. 만약 새로이 발심한 보살이 그와 같은 곳에 태어난다면 사람들을 구제하지 못할 뿐만 아니라 스스로도 멸망한다. 그런고로 그는 거기에 태어나지 않는다. 비하건대 순금은 진흙에 있어도 종래 파괴되지 않으나 동과 철은 파괴되는 것과 같다.[48]

여러 작은 보살들은 제법의 실상을 깨닫지 못하는 고로 마귀나 악인들에 의해 해를 받을 수 있다. 그러나 무생법인의 위(位)에 거하는 제 보살은 신통력이 있기 때문에 해칠 수 없다. 마치 조그만 나뭇가지는 어린아이들이 꺾을 수 있지만 큰 가지는 꺾지 못하는 것과 같다.[49]

---

48 신수 대장경 25권, 714c; 『보살관』, 42에서 인용.

큰 능력을 갖춘 내력 보살들, 밀하자면 보살의 계위 십지(十地) 가운데 적어도 불퇴전의 위에 오른 7지 수행 이상의 보살들은 때에 따라서는 불보다도 더 뛰어난 능력을 소유한 존재로 간주되기도 하며, 그들은 벌써 열반에 들 수 있는 존재임에도 불구하고 우주 도처에서 중생 교회를 위해 끊임없이 활동하고 있는 존재들이다. 그들은 차토에 거하지는 않지만, 차토 중생들의 신앙 대상이 되는 존재들로서 그들의 처지와 형편, 필요와 능력에 따라 자유자재로 다양한 모습을 취하여 중생계에 변화신을 나타내는 존재들이다. 불교의 민간 신앙적 설화들에는 이러한 보살 현현의 이야기들이 무수히 많이 전해 오고 있다. 이러한 이야기들이 말해 주고 있는 것은 보살과 중생들과의 거리는 결코 멀지 않으며, 오랜 수행으로 얻은 보살의 초월적 능력은 중생의 고통을 덜어 주며 생사의 미로로부터 그들을 건져 주기 위한 것임을 말해 주고 있다. 보살은 왕이나 명문가 계의 귀공자로 태어나기도 하며, 죄인이나 천인, 불구자나 노약자, 거지나 가난뱅이 혹은 가엾은 여인들과 같이 보잘것없는 존재로 나타나 그들을 교화하거나 건져 준다.

『문수반야경』(文殊般若經)에는 "문수사리의 이름을 듣는 사람은 12억 겁의 생사의 죄를 제거하며, 만약 그를 예배 공양하는 사람이 있다면 그는 문수사리의 힘의 보호를 받게 된다. 만약 문수사리를 공양하고 복업을 닦으려고 할 것 같으면 문수는 자신을 빈궁하고 고독하고 고뇌하는 중생으로 행자의 앞에 나타날 것이다"고 한다.[50] 이것은 곧 가난하고 고독한 사람들에게 공양하는 것이 문수보살에게 베풀어 주는 것과 같다는 것을 뜻하는 말로, 실제로 이와 같은 믿음에 근거하여 일본에는 문수회(文殊會)라는 모임이 생겨 빈궁한 사람들에

---

49 신수 대장경 25권, 742a;『보살관』, 42에서 인용.
50 하야미 다스쿠,『보살_불교학 입문』(동경: 동경 미술, 1982), 118에서 인용.

게 음식을 보시하는 일이 행하여지기도 했다.[51] 그런가 하면 지장보살
은 지옥에 떨어져 고통받는 중생을 제도해 주는 보살로서 널리 숭배되
고 있다. 『지장십륜경』(地藏十輪經)에 의하면 지장은 부처(佛), 마왕,
지옥의 옥졸 혹은 지옥 중생들의 몸으로 변신해서 지옥에 떨어져
고통당하는 중생들에게 설법한다고 한다.[52] 『지장본원경』(地藏本願經)
에 의하면 지장보살은 본래 전세(前世)에 있어서 지옥에 떨어진 자기
어머니를 효행으로써 구출한 인도의 바라문 가문의 딸이었으며, 지옥
의 중생을 해탈시키는 것이 그의 본원이다.[53] 이러한 지장보살은
민간 설화 속에서 생전에 그를 믿고 공양한 자가 지옥에 떨어져 그에게
탄원하면 그는 지옥의 옥졸에게 교섭하여 그를 구해 주든지 아니면
대신 지옥의 고통을 받는다고 한다.[54] 일본 카마쿠라 시대에 편찬된
설화집 『사석집』(沙石集)에서 지장보살은 "죄인을 벗으로 한다"고 말
하면서 다음과 같이 지장 신앙의 특색을 말하고 있다.

지장보살은 중생을 모두 제도하기 전까지는 성불하지 않는다는 비원을
발하여 불타로부터 불법을 전수받아 석가 이후 미륵의 출세까지 부처가
없는 세상의 도사로서 지옥 등 악도에 떨어진 사람들을 구하는 것을 제1의
이익으로 하고 있다. 지장보살은 특히 우리에게 연이 있는 보살이다. 그
이유는 석가는 일대의 교화주로서 인연이 다해 입멸한 후 영산(靈山) 정토
에서 설법을 계속하고 있다고는 하지만 이 세상의 중생들에게는 저 멀리
떨어져 계시는 분이 되었다. 아미타불은 48대원(大願)의 원주(願主)라고

---

51 같은 책, 120-122.
52 같은 책, 149.
53 같은 곳.
54 같은 책, 157.

하지만 이 세상으로부터 10만 억 토나 떨어져 있다고 하는 극락세계에 계시기 때문에 정토왕생을 원하는 올바른 마음을 가지지 않으면 미타의 구원의 광명으로부터 제외된다. 그러나 지장은 자비가 깊기 때문에 정토에도 주하지 않고 이 세상과 연이 다하지도 않기 때문에 입멸하지도 않고 다만 악도를 집으로 삼고 있는 죄인들을 벗으로 한다. 석가는 신자의 능력이 갖추어진 때에 비로소 나타나며 미타는 신자의 임종 때에 비로소 내영(來迎)한다고 말하지만 지장은 능력이 갖추어진 자도 마다하고 임종의 때에 한하지도 않고 언제이건 육도(六道)의 갈림길에서 주야로 살아 있는 모든 생명과 사귀며 연 없는 중생도 구해 주는 것이다.[55]

고통당하는 중생의 호소를 들어주고 그들을 건져 주는 자비의 보살로서 가장 널리 신앙의 대상이 되어 온 보살은 누구보다도 관세음보살(觀自在菩薩, Avalokitesvara)이다. 관세음보살은 대세지(大勢至)보살과 더불어 서방 정토에서 아미타불을 좌우에서 모시는 협시보살로서 아미타불의 자비를 나타내는 보살이며, 신자들의 임종 시에 아미타불과 함께 그들을 찾아와 극락으로 인도해 주는 보살이다. 관음 신앙의 기초가 되고 있는 『법화경』(法華經)의 관세음보살 보문품(普門品)에는 관음의 이름을 부르는 사람은 지옥, 아귀, 축생 등 악도의 고통으로부터 벗어날 수 있다고 말한다. 보문품은 관음을 믿는 사람들에게 주어지는 현세적 이익을 구체적으로 언급하고 있다. 가령 불이나 물의 재난을 당할 때, 강도를 만나거나 감옥에 갇힐 때 혹은 음욕에 사로잡히거나 성난 마음이 일어날 때 관세음보살의 이름을 부르면 건짐을 받을 것이라고 한다. 관음은 중생을 건지기 위해 어떤 형태든 마다하지

---

55 같은 책, 159-160.

않고 그들에게 나타난다. 부처, 법왕, 제석천, 신장, 왕, 장자, 관리, 거사, 바라문, 비구, 비구니, 부녀, 청년이나 소녀 등 다양한 형태로 나타나 어려움에 처한 중생을 구해 준다고 한다. 관세음보살은 실로 중생의 온갖 간절한 소원을 다 들어주는 무조건적이고 무제한적인 보살의 자비의 화신과도 같은 존재이다.

한편 미래불인 미륵(彌勒, Maitreya)도 보살로서 수많은 사람의 신앙의 대상이 되어왔다. 미륵이라는 말 자체도 자비로부터 태어난 자라는 뜻으로서 '자씨(慈氏)' 혹은 '자존(慈尊)'이라고도 불린다. 그는 석가모니불을 이어 다음으로 불타가 될 존재로서 현재는 도솔천(Tusita)에 거하면서 그곳 중생들을 위해 설법하고 있지만, 앞으로 56억 7,000만 년이 지나 도솔천에서의 그의 수명이 다하면 이 세상에 태어나 깨달음을 얻고 불타가 되어 용화수(龍華樹) 밑에서 3회에 걸쳐 사람들에게 설법할 것이라고 한다. 미륵보살은 말하자면 불자들에게 미래의 구원에 대한 희망을 일깨워 주는 보살이라 하겠다. 그런가 하면 서방 극락정토의 부처인 아미타불(阿彌陀佛, Amitabha, Amitayus)도 보살 신앙의 대표적인 예이다. 아미타불은 원래 법장(Dharmakara)이라는 이름의 보살로서 스스로의 수행을 통해 구원받기 어려운 중생들을 구하기 위해 48원을 발한 후 오랜 수행을 통해 그 원을 성취한 불타이다. 이 48원 가운데서 가장 중심이 되는 것은 제18원으로서 중생이 지극한 마음으로 아미타불의 이름을 열 번만이라도 부르면 그는 반드시 아미타불의 정토에 태어날 것이라는 서원이다. 본래 정토왕생은 그 자체가 궁극 목표는 아니었지만, 동아시아 불교 신앙에서는 그 자체가 궁극적 구원이나 다름없는 것으로 간주되어 왔다. 아미타불 신앙은 보살의 자비에 근거한 불교적 타력 신앙의 극치로서 동아시아 민중의 삶에 커다란 정신적 의지처를 제공해 왔다.

보살에는 이렇게 엄청난 능력을 지닌 대보살만 있는 것은 아니다. 아직도 번뇌의 사슬에서 벗어나지 못했으나 무상의 정각을 성취해서 모든 중생과 함께 생사의 고해를 벗어나고자 하는 염원을 품고 수행하는 신발심(新發心)의 범부 보살들도 무수히 존재한다. 대승불교 전통은 출가자나 재가자를 가리지 않고 역사상 실재했던 인물들이나 혹은 현존하는 인물들 가운데서 뛰어난 사람들을 보살로 추앙하거나 혹은 초월적 보살의 현현으로 간주해 왔다. 용수(龍樹)나 세친(世親) 등과 같이 심오한 대승의 진리를 밝힌 논사들, 선도(善導), 원효(元曉), 행기(行基), 법연(法然)과 같이 중생의 교화를 위해 헌신한 스님들, 자신의 재물을 아끼지 않고 불법을 위해 보시한 수많은 시주들도 보살로서 추앙받는다. 수행의 지위 고하를 막론하고, 사회적 출신과 배경이 어떻든 그들은 각기 자기가 처한 상황 속에서 지혜와 자비에 입각한 보살도를 실천하고, 보살의 이상을 구현한 존재들인 것이다. 엄청나게 다양한 보살의 모습들은 결국 하나로 귀착된다. 그것은 곧 모든 보살로 하여금 보살이 되도록 하는 힘이다. 다양한 이름과 형상을 지닌 제불(諸佛)을 불(佛)이도록 하는 것은 법신(法身)이듯이 결국 보살을 보살이도록 하는 것은 지혜와 자비이며, 궁극적으로는 이 지혜와 자비를 가능케 하는 진리 그 자체인 법신이다. 이 진리가 정녕 우주의 궁극적 실재인 한 그것을 갈구하는 존재, 그것에 의해 해방되고 그것을 위해 헌신하는 존재들은 끊임없이 이어질 것이다. 무지의 어둠 속에 헤매는 중생이 단 하나라도 존재하는 한 보살들은 끊임없이 세상에 출현하리라는 것이 보살의 한없는 자비를 믿는 불자들의 신앙인 것이다.

## 4. 예수와 보살

### 1) 예수의 자유와 보살의 자유

보살은 무엇보다도 자유의 존재이다. 보살은 첫째 생사의 세계로부터 자유로운 존재이다. 덧없고 괴로운 현실 세계, 탐욕과 성냄과 무지의 독이 가득 차 있는 세계, 탐욕에 의해 산출된 행위로 인해 고통을 당하고 그러면서도 또다시 탐욕의 역사를 되풀이해야 하는 생사의 악순환으로부터 해방된 존재이다. 보살은 망상 없이 현실을 있는 그대로 보고 깨닫는다. 지나가 버릴 덧없는 것들을 영원한 것처럼 여기지 않으며, 괴로움만을 가져다줄 것을 즐거움의 원천이라 생각하지 않는다. 항구 불변의 자아라고 붙잡을 만한 것이 존재하지 않는데도 마치 그러한 것이 존재하는 양 생각하는 환상에서부터 보살은 철저히 깨어난 존재이다. 보살은 인간 실존의 참모습을 자각한 자이다. 보살은 따라서 현실에 집착하거나 안주하지 않는다. 보살은 현실이란 것이 덧없는 것이며, 상대적인 것이며, 끝내 인간의 행복을 보장해 주는 것이 못됨을 알기 때문이다. 우리가 이른바 '현실'이라고 확신하고 집착하는 일체의 것들을 보살은 인정하지 않는다. 우리에게 현실인 것은 보살에게는 허망한 생각이 산출해 낸 허구와 환상에 지나지 않는다. 보살은 그러한 환상으로부터 깨어나서 현실로부터 자유를 얻은 자이다. 보살에게는 현실이라는 것이 그렇게 확실하고 견고한 것이 못 된다. 그것은 변하고 사라져 버릴 것이며, 맹목적 탐욕이 난무하는 장으로서 하등의 집착할 만한 것이 못 된다. 보살은 현실로부터 자유로운 존재다. 우리가 아는 현실은 그에게는 현실이 아니기 때문이다.

예수도 현실주의자는 아니었다. 현실에 취해 사는 사람들에게 그는 현실이 현실이 아님을 일깨워 주었다. 예수는 현실과 상식적 세계에 안주하지 않았다. 그에게는 더 큰 현실이자 참 현실, 곧 임박해 오는 하느님의 나라가 있었기 때문이다. 이 임박한 하느님의 나라 앞에서 현세의 모든 질서와 권위는 허물어지고 사라져 버릴 것에 지나지 않는다. 예수에게 있어서도 우리가 살고 있는 현실이란 결코 안주할 만한 것이 못 되며, 집착할 만한 것이 못 된다. 죄악과 탐욕, 불의와 폭력이 지배하는 현실은 오래갈 수 없으며, 우리의 마음을 둘 만한 것이 못 된다. 그러한 세계를 의지하고 사는 삶은 모래 위에 집을 짓는 것과 같고, 어리석은 부자의 삶과 같다. 하느님 나라의 복음은 예수를 현실로부터 자유롭게 만들었다. 다가오는 하느님 나라를 앞둔 현실, 예수가 본 현실은 더 이상 우리가 보는 현실이 아니었다. 현실은 그 현실성을 상실하고 구속력을 상실해 버리고 말기 때문이다. 절대 무상의 은총의 하느님 앞에서 자신의 안전을 도모하려는 모든 현실적 계획은 부질없는 짓으로 드러나고, 자신을 정당화하려는 모든 정신적 노력도 헛된 일로 드러난다. 하느님의 절대적 긍정 앞에서 인간은 비로소 참다운 인간이 되며 자유인이 된다. 아빠(abba) 하느님에 대한 신앙은 인간은 자신의 삶의 주인이 아님을 알려주며, 자신에 대한 모든 염려와 근심으로부터 인간을 해방시켜 준다. 예수는 이와 같은 자유를 누렸고 그것을 가르쳤다. 보살과 같이 예수는 현실로부터 자유를 누린 존재였다.

　　보살은 생사의 세계로부터 자유로울 뿐만 아니라 열반에 대한 집착으로부터도 자유로운 존재다. 생사와 열반, 번뇌와 보리, 중생과 불, 세간과 출세간, 속과 진, 염과 정이 둘이 아님(不二)을 아는 지혜로써 보살은 일체의 분별과 집착을 떠난 자유의 극치를 누린다. 보살은 이름과 모습에 집착하지 않고 언어와 개념의 주술에 현혹되지 않는다. 보살은 관념의 유희에 희롱당하지 않으며, 이념이나 제도의 노예가 되지도 않고, 전통의 권위에 얽매이지도 않는다. 중생의 상(相), 부처의 상, 열반의 상, 아라한의 상, 불법의 상 등 일체의 상을 떠난 보살은 모든 종교적 편견이나 독선으로부터 자유롭다. 선인과 악인, 죄인과 의인, 중생과 불의 차별이 보살에게는 존재하지 않는다. 보살은 현실의 노예가 되지 않으며, 종교의 노예도 되지 않는다. 보살은 속을 위해 진을 희생하지 않으며, 진을 위해 속을 희생하지도 않는다. 보살은 생사 속에서 열반을 보며, 열반 속에서 생사를 본다. 어느 것에도 걸리지 않고, 어느 것에도 집착하지 않으나 모든 것을 자비로서 받아들이고, 모든 것이 방편으로서 가하다. 긍정에도 머물지 않고 부정에도 머물지 않으며, 세간과 출세간을 마음대로 드나드는 것, 이것이야말로 보살의 자유인 것이다.

우리는 이와 같은 보살의 절대적 자유를 예수에게서도 발견한다. 보살이 진속을 가리는 소승의 분별적 지혜로부터 자유롭듯이 예수는 유대교의 율법주의로부터 자유로운 존재였다. 성과 속, 경건과 불경건, 의인과 죄인, 정과 부정의 대립적 구조에 사로잡혀 인간을 보고 판단하는 바리새인적 율법주의의 편견과 속박을 예수는 과감히 거부했다. 인간을 구속하고 억압하는 율법주의와 종교적 권위주의로부터 예수는 인간의 해방을 선포했으며, 사회적 편견과 종교적 차별로 인해 버림받고 낙인찍힌 보잘것없는 자들의 복권을 예수는 선포했다. 의인이 죄인이 되며 죄인이 의인이 되는, 깨끗한 것이 더러운 것이 되며 더러운 것이 깨끗한 것이 되는, 거룩한 것이 속된 것이 되며 속된 것이 거룩한 것이 되는 진리를 말함으로써 예수는 당시 유대교의 경직된 사고와 고정관념들로부터 인간을 해방시켰다. 단적으로 말해 예수는 무조건적으로 주어지는 하느님의 은총에 자신을 맡기는 하느님의 자녀들의 자유를 선포하고 실천했던 것이다. 예수의 자유는 보살의 자유와 마찬가지로 종교로부터의 해방을 선언하는 자유였다. 보살의 자유가 일체의 상(相)과 분별(分別)을 용납하지 않는 공(空)의 지혜에 근거한다면, 예수의 자유는 인간의 모든 부질없는 노력과 집착, 편견과 독선이 발붙일 곳 없는 하느님 아버지의 절대 무상의 은총에 근거하고 있다. 공과 은총은 예수와 보살에 있어서 인간을 억압하는 일체의 관념과 관습, 전통과 권위, 제도와 이념을 무력하게 만드는 무한한 자유의 원천인 것이다.

보살과 예수는 무엇보다도 자기 자신으로부터 자유로운 무아적(無我的)존재이다. 자(自)와 타(他), 아상(我相)과 인상(人相)으로부터 해방된 무아적 존재이다. 보살이 아공(我空, atmasunyata)과 법공(法空, dharmasunyata)을 깨닫는 지혜에 의해 자아에 대한 집착으로부터 해방된다면 예수는 절대 무상의 하느님의 은총을 믿는 신앙에 의해 철저히 자신을 비우는 무아적 존재가 된다. 은총의 아버지 하느님 앞에서 인간은 부질없는 자기주장과 자기 정당화의 아집으로부터 해방되며 자기 안전을 도모하려는 이기적 노력으로부터 벗어나 무아적 존재가 되어 버린다. 아버지가 아버지인 곳에 아들은 믿음의 순종 속에서 자신을 비워 참된 아들이 된다. 무아적 존재란 자신에 대한 모든 그릇된 관념들로부터 해방된 존재이며, 자신의 참모습을 깨달아 아는 존재이다. 무아적 존재는 참다운 자신, 곧 진아(眞我)를 되찾은 존재이다. 진아는 자신의 본래 모습 그대로를 말한다. 보살에 있어서 진아는 실체화된 자아, 영구불변의 독립적 자아에 대한 망상과 아집으로부터 해방되어 연기적 존재, 의타적 존재인 자신의 본래적 모습 그대로를 깨닫고 자연스럽게 살아가는 존재이다. 예수에게 있어서도 진아란 아버지와의 관계 속에서 살아가는 아들, 이웃과의 관계 속에서 사랑을 주고받으며 사는 관계적 존재이며, 의타적 존재이다. 예수의 진아는 자신의 존재 근거를 스스로에서 찾는 어리석음을 범하지 않고 아버지에 의해 주어진 아들 본연의 모습을 그대로 지니고 사는 자연스럽고 떳떳한 존재이며, 자아의 울타리에 갇혀 있지 않고 이웃을 향해 열린 개방된 존재이다. 보살의 참자아와 예수의 참자아는 모두 타자와의 관계 속에서 형성되는 존재이다. 보살의 경우는 공의 진리를 깨달아 타 존재들과의 관계 속에서 살아가는 존재, 예수의 경우는 하느님의 절대 무상의 은총을 깨달아 이웃과의 관계 속에서 살아가는 존재야말로 무아적 존재이며 진아인 것이다. 보살과 예수는 자아로부터 해방된 무아적 존재이며, 자신의 참자아를 실현한 존재이다. 그들에게 있어서 자아는 자아가 아니기에 참으로 자아이다. 자기 상실을 통한 자기 회복, 자기 부정을 통한 자기 긍정, 사랑과 자비를 통한 자기완성, 죽음을 통해 얻어지는 참다운 생명, 이것이 보살과 예수의 존재의 비밀인 것이다.

보살과 예수는 현실의 논리, 전통의 권위, 제도와 이념, 종교적 편견과 도덕주의적 독선으로부터 철저히 해방된 존재이며, 무엇보다도 자기 자신으로부터 해방된 자유로운 존재이다. 자유, 이것은 보살과 예수의 존재 양식이다.

## 2) 예수의 사랑과 보살의 자비

예수의 자유와 보살의 자유는 맹목적 자유가 아니다. 그것은 자유를 위한 자유, 자신만이 향유하며 자신에 머물러 있는 자기 충족적 자유가 아니다. 보살과 예수의 자유는 중생과 이웃을 향해 열린 자유이다. 그것은 사랑과 자비를 위한 자유이며, 희생과 헌신을 위한 사유이다. 보살과 예수의 삶은 자유가 없는 곳에 진정한 사랑과 희생이 있을 수 없고, 사랑과 희생이 없는 곳에 진정한 자유도 없음을 증언하고 있다. 각박한 현실에 대한 집착이 있는 곳에 어떻게 나눔과 동참이 있을 수 있으며, 자신에 대한 염려와 근심이 있는 곳에 어떻게 남을 위한 배려가 생길 수 있겠는가? 아집이 있는 곳에 이웃과 중생에 대한 순수한 사랑이란 있을 수 없다. 자와 타를 가르고, 아상과 인상을 분별하는 곳에 순수한 보시는 있을 수 없으며, 오른손이 하는 일을 왼손이 모르게 남을 돕는 일도 불가능하다. 원수를 원수로 보는 한 원수를 사랑하는 일은 불가능하며, 죄인을 단지 죄인으로 보는 한 죄인을 사랑하는 일은 불가능하다. 중생을 중생으로 보는 한 보살의 무연자비는 있을 수 없으며, 의인과 죄인을 가르고 중생과 보살을 분별하는 한 죄인을 사랑하고 중생을 포용하기란 어렵다. 중생을 부처로 보고, 죄인을 하느님의 자녀로 보는 인식의 일대 전환이 없는 한 참다운 자비와 사랑은 성립될 수 없는 것이다. 그뿐만 아니라 진과 속, 세간과 출세간을 분별하고, 깨끗한 것과 더러운 것, 죄인과 의인을 가르는 한 아무도 중생과 죄인들의 더러운 세계에 뛰어들고자 하지 않을 것이다. 세계와 인생을 달리 보는 초월적 지혜가 없는 한, 기존의 고정관념과 세상적 편견을 뛰어넘는 자유가 없는 한 진정한 자비와 사랑은 불가능한 것이다.

보살의 자비와 예수의 사랑은 세상 사람들이 생각하는 상식적 윤리가 아니다. 그것은 세속적 이해타산이나 지혜에 근거한 사랑도 아니고, 공리주의적 계산에 의한 자기희생도 아니다. 그렇다고 해서 보살의 자비와 예수의 윤리는 냉철한 의무감에 근거한 윤리도 아니다. 보살의 자비와 예수의 사랑은 절대 윤리요 순수 윤리이긴 하나 칸트적 윤리에서처럼 도덕적 이성의 명령에 근거한 것이 아니라 공과 은총의 깨달음 그리고 무아적 진리의 자각에 근거한 윤리인 것이다. 이웃을 자기 몸과 같이 사랑하는 사랑, 원수까지도 사랑하는 사랑, 죄인과 의인을 가리지 않고 모든 사람에게 햇빛과 비를 주시는 하느님 아버지의 완벽한 사랑을 본받는 사랑은 무조건적 사랑이요, 무차별적 사랑이며, 무아적인 사랑이다. 그것은 무엇을 얻기 위한 사랑, 대가를 바라는 사랑, 자신의 이익을 구하는 사랑, 자신의 부족을 보충하기 위한 세상적 사랑이 아니라 아가페적 사랑인 것이다. 보살의 무연자비 또한 무분별적 자비이다. 여자(與者)와 수자(受者)와 재물(財物)의 상을 떠난 순수한 자비요, 베풂이 없는 베풂인 것이다. 보살의 자비는 자비 아닌 자비이다.

보살과 예수의 순수하고 무조건적이며 무차별적인 사랑과 자비는 초월적 진리에 대한 깨달음 없이는 불가능하다. 예수의 사랑은 아버지 하느님의 절대 무상의 은총으로부터 흘러나오는 사랑이며, 보살의 자비는 일체의 상을 떠나고 일체의 분별을 상대화시키는 공의 세계에서 비로소 성립되는 자비인 것이다. 보살의 눈에는 중생이 중생이 아니며, 불도 불이 아니다. 보살의 눈에는 선인이 선인이 아니며, 악인도 악인이 아니다. 예수의 눈에 비친 죄인은 죄인이 아니고, 세리도 세리가 아니며, 의인도 의인이 아니다. 이와 같은 평등의 지혜, 하느님의 눈이 없이는 결코 보살의 자비나 예수의 사랑은 불가능하다. 예수의 눈에는 가난하고 헐벗은 민중은 민중이 아니라 하느님의 백성이며, 하느님 나라의 주역이기에 예수는 그들을 아꼈으며, 보살의 눈에는 어리석은 중생이 중생이 아니라 부처의 성품을 지닌 위대한 존재들이기에 보살은 그들에게서 부처의 모습을 보는 것이다. 의인과 죄인이 하나가 되는 곳, 번뇌와 보리, 중생과 불이 하나가 되는 곳에 비로소 화해와 용서가 있고 동체대비(同體大悲)가 가능한 것이다.

예수와 보살은 물론 이와 같은 초월적 평등지(平等智)만으로 세상을 보는 것은 아니다. 그들에게도 죄인은 분명코 죄인이요, 중생은 분명코 중생임에 틀림이 없다. 그러나 보살과 예수는 이와 같은 차별을 결코 절대화하지 않는다. 선과 악을 구별하고 생사와 열반을 구별하되 이와 같은 구별이 모든 차별을 떠난 평등의 세계로부터, 하늘과 같이 넓은 하느님의 마음과 허공과 같이 텅 빈 부처의 마음으로부터 나온 구별일 때에야 비로소 그것은 죄인을 살리고, 의인을 인간화하는 구별이 되는 것이다. 평등지와 방편적 차별지로서 예수는 죄인들과 병든 자들, 가난한 자들과 소외된 자들을 찾았고, 보살은 고통당하는 중생의 탄식과 신음을 듣는다. 가난하나 신심 깊은 자, 거지, 병자, 노름꾼, 어린아이와 노파, 지옥 중생과 같이 하잘것없는 존재와 밑바닥 인생의 모습으로 보살은 중생을 찾아오기도 하며 선정을 베푸는 왕이나 대신, 자신의 재물을 아낌없이 나누어주는 장자나 부호, 길을 닦고 교량을 놓아주고 약초를 심어주며 행려자들의 휴식처를 만들어주는 자비행에 몰두한 스님의 모습으로 보살은 중생을 찾아오기도 한다. 주리고 목마른 자, 옥에 갇히고 병든 자, 억눌리고 핍박당하는 자, 소외되고 외로운 자, 죄인들과 세리들의 친구 예수의 사랑 속에서 우리는 보살의 자비를 보며, 생사의 미로에 방황하는 중생이 단 하나라도 남아 있는 한 지옥의 고통도 마다하고 찾아가는 보살의 자비 속에서 우리는 잃은 양 한 마리를 찾기 위해 아흔아홉의 양을 남겨두고 떠나는 예수의 사랑을 본다. 예수의 아가페 사랑과 보살의 무연자비는 확실히 상이한 사회문화적 배경과 종교적 전통에서 형성된 것이며, 그 구체적 표현과 실천 또한 상이한 양상을 띠고 나타나는 것임이 틀림없다. 그러나 양자 모두 초월적 지혜와 무아적 진리의 표현이라는 점에서는 일치한다. 그것은 일찍이 인류가 실현하고자 했던 가장 순수하고 숭고한 도덕적 힘이며, 무지와 탐욕으로 병들어 있는 세계를 살리는 유일한 구원의 힘일 것이다.

### 3) 공(空)과 사랑

예수와 보살에 있어서 자유를 가능하게 하고 사랑과 자비의 헌신을 가능하게 하는 힘은 어디서 오는 것일까? 그것은 동일한 힘의 원천으로부터 오는 것이되 다만 문화적 배경의 차이로 인해 달리 이해되는 것인가 아니면 전혀 다른 두 개의 근원을 가진 힘들인가? 도대체 그와 같은 엄청난 자유와 사랑에 두 가지 다른 근원이 있을 수 있단 말인가?

예수의 자유와 사랑은 우리가 아는 대로는 그가 전적으로 신뢰하고 자신을 맡긴 하느님 아버지의 절대 무상의 은총으로부터 온다. 이같은 은총의 자각이야말로 예수에 있어서 무위진인(無位眞人)의 거침없는 자유와 원수까지 사랑하는 절대적 사랑을 가능하게 했던 힘이다. 은총에 자신을 맡겨버리고 모든 염려와 근심으로부터 해방된 자, 그리하여 자기 정당화와 자기 안전을 꾀하려는 모든 부질없는 노력으로부터 해방된 자, 은총의 하느님 앞에서 자신의 참모습을 깨달아 참으로 인간다운 인간이 된 자, 그러한 자는 세상이 줄 수 없는 하느님 아들의 자유와 평화를 누리며, 인간의 능력을 초월하는 사랑의 힘을 발휘한다. 은총의 하느님께 자신을 맡긴 자유인 예수에게서 우리는 무념(無念)과 무심(無心)의 보살의 모습을 본다.

그러면 보살의 자유와 자비는 어디서 오는가? 두말할 필요 없이 그것은 일체의 상을 여읜 공(色卽是空), 그러면서도 동시에 일체의 상을 수용하는 공(空即是色)의 지혜, 즉 반야지(般若智, prajna)에서 온다. 일체의 상을 떠났기에 보살에게는 무한한 자유가 있고, 일체의 상을 받아들이기에 한없는 자비가 있다. 일체의 분별과 집착을 떠난 보살의 자유를 가능하게 하는 것도 공이요, 무분별의 분별, 무집착의 집착인 자비를 가능하게 하는 것도 공이다. 그렇다면 공과 은총은 두 개의 다른 실재일까 아니면 동일한 실재가 달리 이해되는 것에 지나지 않는 것일까? 여기서 우리는 우리 논의의 가장 핵심적인 문제에 접하게 된다. 우리가 참으로 예수에게서 보살의 모습을 보며 보살에게서 예수의 모습을 볼 수 있다면 공과 하느님의 사랑은 궁극적으로 동일한 실재를 가리키는 말일 것이다.

공과 은총은 예수와 보살에 있어서 객관적 사실이다. 우리가 그것을 알든 모르든, 깨닫든 깨닫지 못하든, 받아들이든 받아들이지 않든 엄연히 존재하는 객관적 실재인 것이다. 비록 무지의 구름에 가려 보이지 않을는지 모르며, 불신앙의 어두운 눈에는 보이지 않을는지 모르나 예수와 보살에 관한 한 그것은 항상 존재하며, 그 안에서 우리가 숨 쉬고 사는 실재이며, 세상의 다른 어느 사물보다도 가깝고 확실한 실재이다. 그것은 나 자신보다도 나에게 더 가까운 실재로서 바로 우리 자신의 존재 근거이다. 예수와 보살은 이와 같은 근본적 사실을 깊이 자각하며, 이 자각을 한시도 잊지 않는 존재인 것이다. 공과 은총이 객관적 실재라 함은 그것이 우리에 의해 혹은 예수나 보살에 의해 만들어진 것이 아니며, 그들의 인식과 자각에 의해 비로소 성립되는 실재가 아니라는 말이다. 공과 은총은 세계와 인생, 사물과 인간 존재의 있는 그대로의 모습이다. 예수와 보살은 이러한 있는 그대로의 모습, 즉 진여(眞如, tathata)를 그대로 받아들임으로써 자유와 사랑의 존재가 되었으며, 이 근본적 사실을 다른 사람들에게 일깨워

줌으로써 그들의 삶을 변화시킨다. 공과 은총은 인간의 주관적 노력이나 인식 이전에 이미 주어져 있는 실재이다. 인간은 오직 이 주어진 실재와의 관계 속에서만 참다운 인간이 될 수 있으며, 인간의 모든 문제는 이 명백한 실재를 깨닫지 못하거나 무시하는 데서 온다. 인간을 해방하고 구원하는 힘은 예수와 보살의 증언에 의하면 궁극적으로 우리 자신으로부터 오는 것이 아니라 우리의 노력에 앞서 이미 주어져 있는 실재 그 자체로부터 오는 것이다. 이러한 뜻에서 보면 공도 은총의 측면을 지니고 있다. 적어도 그것이 우리의 노력 여부에 관계없이 있는 실재라는 뜻에서 그러하다는 것이다.

우리는 흔히 그리스도교는 신앙을 강조하는 종교인 반면에 불교는 지혜와 깨달음을 강조하는 종교라는 생각을 한다. 하나는 타력적 종교요, 다른 하나는 자력적 종교라고 말한다. 그러나 과연 이와 같은 구별이 궁극적 타당성을 지닌 것일까? 이러한 견해가 두 종교의 참된 본질을 그 가장 깊은 곳에서 인식하는 것일까? 불교에 있어서 공(空)과 지(智)가 아무리 불가분리적이라 하더라도(理智不二) 공이 이미 주어져 있는 사물의 참된 모습임을 부정할 자는 없을 것이다. 인간을 해방하는 것은 궁극적으로 인간 스스로가 아니라 어디까지나 진리 그 자체이며, 인간은 다만 자신을 초월하는 이 영원한 진리를 조금이나마 인식할 뿐이다. 공이 은총의 면을 지니고 있다는 말은 공을 우리에게 선물로 주는 어떤 초월적인 인격적 존재, 즉 하느님이 있다는 얘기라기보다는 세계와 인생은 본래부터 거짓보다는 진리 위에, 환상보다는 실재 위에 서 있다는 말이다. 그렇지 않다면 우리 인간들이 제아무리 몸부림쳐도 우리에게 구원은 불가능할 것이다. 이미 주어져 있는 해방적 진리가 은총이 아니고 무엇이겠는가?

그러면 그리스도교의 은총은 어떠한 것인가? 그리스도인들은 하느님의 은총을 그가 내려주는 어떤 구체적이고 특수한 선물처럼 물상화해서 생각하는 경향이 있다. 사실 그리스도교 신앙은 영적이든 물질적이든 그러한 구체적인 하느님의 은사(恩賜, charisma)를 말한다. 그러나 예수가 보기에 인생에 있어서 이보다 더 중요한 근본적인 사실은 하느님 자신이 은총의 하느님이라는 사실이다. 우주의 궁극적 실재이자 힘인 하느님 자신이 사랑과 은총이라는 사실이다. 우리와 같은 인생을 내고, 그 안에서 숨 쉬고 살며, 그 안에서 죽는 우리 생명의 근원인 그분 자체가 우리가 '아빠'(abba)라 부를 수 있는 은총의 존재라는 사실이다. 그가 구체적으로 우리에게 이런저런 은총의 선물을 베풀기 전에 그는 이미 우리의 아버지 되시는 분이며, 우리는 그의 사랑하는 자녀라는 움직일 수 없는 사실이다. 예수는 이 근본적인 사실을 깊이 깨달은 존재이며, 그것을 사람들에게 깨우쳐 주었다. 아니, 그는 이 진리의 육화와 같아서 그를 보는 사람은 은총의 하느님의 현존을 보았던 것이다. 그리하여 사람들은 예수를 하느님의 아들이라 불렀으며, 예수를 떠나 아버지 하느님의 사랑을 논할 수 없게 된 것이다. 예수에게는 하느님의 은총은 너무나도 자명한 사실이었다. 그에게 있어서 결정적으로 중요한 것은 이 사실을 자각하고 깨닫는 일이었다. 예수에 의하면 어리석은 인생, 교만한 인생은 이러한 엄연한 사실을 모르고 자신이 자기 인생의 주인인 양 착각하고 살며, 자신을 하느님과 이웃 앞에서 정당화할 수 있으며, 자신의 안전을 꾀할 수 있는 양 크게 착각하고 사는 삶이다. 그러한 사람은 하느님과 이웃 인간에 담을 쌓고 쓸데없는 욕심과 허황된 꿈으로 자신의 인생을 그르친다.

복음서를 보면 예수는 놀랍게도 그리스도인들이 그렇게 자주 사용하는 믿음(faith, pistis)이라는 말을 그다지 자주 사용하지 않음을 발견한다. 무슨 이유에서일까? 자신감을 상실하고 인생을 포기한 자들에게 예수는 믿음의 위대한 힘을 말해 주었고, 때로는 믿음이 약한 제자들을 꾸짖기도 했지만, 예수는 그의 가르침 속에서 믿음이란 단어를 자주 사용하지 않았으며, 그것 자체를 주제로 삼아 가르치는 일도 드물었다. 왜 그랬을까? 예수에게는 세계와 인생의 주인인 하느님의 존재와 은총은 부인할 수 없는 너무나도 자명한 사실이었기 때문에 새삼스럽게 믿음을 논할 필요조차 없었다. 믿음이 없는 자만이 믿음을 논하고, 믿음을 부르짖는다. 그리스도인들은 믿음을 논하나 예수는 진리를 일깨워 주었다. 믿느냐 안 믿느냐보다는 세계와 인생의 근본적 사실을 아느냐 모르느냐 혹은 깨닫느냐 깨닫지 못하느냐가 예수에게는 더 중요한 일이었다. 이 근본적 사실을 모르는 자는 어리석은 자요 어리석게 살 수밖에 없으며, 그것을 아는 자는 지혜로운 자로서 지혜로운 삶을 산다. 이렇게 볼 때 예수의 종교는 신(信)의 종교라기보다는 오히려 각(覺)의 종교가 아닐까? 절대 무상의 은총의 하느님은 예수에게는 믿음의 대상이기 전에 앎의 대상이며, 깨달음의 대상이며, 발견의 대상이다. 하느님이 아버지이시며 은총의 존재라는 단순하고도 심오한 진리를 깊이 깨닫는 자는 하느님의 아들의 자유를 누리며, 자신에 대한 집착으로부터 벗어나 이웃을 향해 열린 존재가 된다. 실존주의자들이 입버릇처럼 말하는 믿음의 결단이나 믿음의 비약은 이미 하느님의 은총으로부터 멀리 소외된 현대인을 두고서 하는 말은 될지언정 예수의 근본적 가르침은 아니다. 예수는 그 이전의 세계에서 살았다. 그는 믿기보다는 깨달았으며, 깨닫기보다는 보았다. 언제 어디서나 이미 우리 곁에 와 있는 은총을 그는 말했기 때문이다. 어리석고 눈이 어두워 보지 못하고 듣지 못할 뿐 하느님의 은총을 떠나서 우리는 한시도 살 수 없는 존재임을 예수는 말했다. 믿거나 말거나 하느님의 은총은 예수의 눈에는 다른 어떤 사실보다도 확실한 현실이었기 때문이다. 공이 은총의 측면을 지닌 것처럼 은총도 공과 같이 깨달음의 세계인 것이다.

이제 우리는 한 걸음 더 나아가서 공과 은총의 세계 그 자체에 대하여 논할 때가 왔다. 도대체 보살을 보살이도록 하는 실재인 공과 예수를 예수이도록 하는 하느님의 은총 사이에 무엇인가 통하는 것이 있는가 아니면 양자는 참으로 다른 세계인가? 신학자 발터 카스퍼는 예수에 있어서 실현된 사랑에 대하여 다음과 같이 말하고 있다.

> 따라서 그리스도의 죽음과 부활 속에는 인간의 가장 깊은 본질을 이루는 것이 유일회적(唯一回的)으로 최고의 실현을 보게 된다. 즉, 자기 자신을 넘어서며 자기 자신을 비우는 사랑이다. 예수 자신이 이와 같은 근본 법칙을 다음과 같이 보편화해서 말하고 있다.
>
> "누구든지 자기 목숨을 구하려고 하는 사람은 잃을 것이요 나와 복음을 위하여 자기 목숨을 잃는 사람은 구할 것이다"(마르코 8:35).
> "밀알 하나가 땅에 떨어져 죽지 않으면 한 알 그대로 있고 죽으면 많은 열매를 맺는다. 자기 목숨을 사랑하는 사람은 잃을 것이요 이 세상에서 자기 목숨을 미워하는 사람은 영원한 생명에 이르기까지 그 목숨을 보존할 것이다"(요 12:24).

이와 같은 말들은 이제 곧바로 존재론적 의의를 지니게 된다. 즉, 존재하는 모든 것은 타자로의 이행 속에서만 존재한다. 각각의 특수한 사물들은 전체 속에 수용됨을 통해서만 그 진리성을 확보한다. 생명체란 자신을 유지하기 위해 스스로로부터 벗어나야만 한다. '나'는 자기 자신과 남을 얻기 위해서 '너' 속으로 자신을 비워야 한다. 그러나 공동체, 사회 그리고 인류란 그 구성원들을 포괄하며 넘어서는 어떤 공통적인 것 속에서만 통일을 기할 수 있고 유지될 수 있다. 이 같은 매개 자체도 역시 인격적인 것일 수 있다. 그러므로 인간들 사이의 통일이란 인간이 스스로를 초월하여 하느님을 공통적으로 인정할 때에만 비로소 가능한 것이다. 더 보편적으로 말하자면 모든 존재자는 '타자와의' 관계를 떠난 내향적 자기 머묾(Insich Sein)을 통해 자기 정체성을 발견하는 것이 아니다. 구체적 정체성은 오직 타자를 향한 관계와 자기 탈피를 통해서만 가능한 것이다. 그렇다면 예수의 가장 내적 존재의 중심을 이루는 사랑은 모든 것을 통합하되 각각에 의미를 부여해 주는 유대인 것이다.[56]

카스퍼는 여기서 예수에 나타난 사랑의 존재론적 의의를 말하고 있다. 아니, 사랑의 존재론적 의의라기보다는 존재의 사랑적 구조와 원리를 말하고 있다. 사랑은 단순히 인간의 감정적 속성이나 도덕적 성품이 아니라 모든 존재들의 근본적 존재 원리라는 것이다. 어떤 개체이든 폐쇄적으로 존재할 수 있는 것은 하나도 없으며, 타자와의 관계성과 개방성 속에서만 존재할 수 있기 때문이라는 것이다. 'A'라는 하나의 개체가 존재하기 위해서는 B, C, D 등 여타의 타자들을 필요로 하며, B, C, D 등도 A 없이는 존재하지 못한다. 이것이 존재의 근본 원리인 것이다. 여기서 카스퍼는 자기도 모르게 불교적 공(空)의 진리를 말하고 있다. 공이란 다름 아닌 모든 존재자의 의타성(依他性),

---

56 Walter Kasper, *Jesus der Christus* (Mainz: Matthias-Grunewald Verlag, 1974), 227-228.

연기성(緣起性), 무자성성(無自性性) 그리고 상대성 및 상관성을 뜻힌다. 공의 세계에서는 A라는 개체는 A가 아님으로써 비로소 A이다. 제법(諸法)이 제법이 아니기에 제법인 것이다(色即是空 空即是色). 다시 말해 모든 존재자는 자기 부정과 자기 소외를 통해 긍정된다는 것이다. 부정을 통한 긍정, 죽음을 통한 생명, 이것이 공 개념이 뜻하는 모든 존재의 실상이다. 그리고 이것은 곧 사랑이다. 화엄(華嚴) 철학에서는 바로 이러한 공의 세계를 제법이 상즉상입(相卽相入)하는 사사무애(事事無碍)의 법계(法界)로 표현하고 있다. 카스퍼가 말하는 사랑의 존재론적 구조 혹은 존재의 사랑적 원리란 곧 사물과 사물 사이에 막힘이 없는 사사무애의 진리를 말하는 것이다. 공은 사랑이요 사랑은 공이다. 공과 사랑은 사물의 실상이며 존재의 원리인 것이다.

카스퍼는 위에 인용된 글에서 존재의 또 다른 측면을 함께 이야기하고 있다. 즉, 그는 모든 개별적 존재자들을 포괄하며 통일시켜 주되 개별자들을 초월하는 어떤 공통적인 힘, 곧 하느님이라는 인격적 존재에 대하여 이야기하고 있다. 이 공통적인 힘을 매개로 해서 비로소 사물들 간에는 통일과 화합이 가능하다는 것이다. 이것은 화엄 사상의 언어로 바꾸어 말하면 곧 이사무애(理事無碍)의 법계를 말하는 것이다. 모든 개별적 사(事)는 예외 없이 공통적 존재 원리인 이(理), 즉 공에 참여하고 있으며, 그럼으로써 비로소 사가 될 수 있는 것이다. 사(事)는 언제나 다른 사와의 관계 속에서 존재하며, 모든 사(事)는 동시에 그 각각의 특수성과 제한성을 초월하는 이(理)와의 관계 속에서 자기 모습을 지니고 존재하는 것이다. 이것이 이사무애의 진리이며, 여기서 이(理)란 근본적으로 카스퍼가 말하는 신 개념에 해당한다.

혹자는 여기서 이의를 제기할지 모른다. 카스퍼는 모든 개별자를 초월하는 공통적 실재를 하느님이라는 인격적 존재로 보는 데 반하여 불교의 이와 공은 비인격적 실재가 아니냐 하는 반론이 가능하다. 그러나 우리는 여기서 사랑의 존재론적 구조를 말하고 있다. 사랑이란 인격적 현상이지만 동시에 보편적인 존재론적 의의를 지니고 있다. 공은 사랑의 존재론적 개념이며, 사랑은 공의 인격적 언어이다. 모든 개별자를 포괄하고 통일시켜 주는 것을 그리스도교의 하느님과 같이 인격적 실재로 보느냐 아니면 불교의 공 개념과 같이 비인격적 실재로 보느냐 하는 것은 본질적 문제가 되지 못한다. 언어와 개념 그리고 사고방식의 차이는 그것들을 산출한 문화적, 역사적 배경의 차이에 기인하는 것에 지나지 않는다. 물자체(物自體, Ding an sich)에 대한 인간의 인식적 한계를 지적한 칸트 철학을 배경으로 하여 궁극적 실재의 인격성과 비인격성의 문제를 해결하고자 했던 존 힉의 이론은 여기서 어느 정도 설득력을 지닐 수밖에 없다.[57] 궁극적 실재를 파악하는 인간의 개념적 틀은 불가피하게 우리의 제약된 문화적, 언어적 틀을 벗어나기 어렵기 때문이다. 그러나 우리가 파악할 수 있는 한 우주와 인생의 실상은 사사무애와 이사무애적 구조를 지니고 있으며, 이것은 곧 공의 세계요 사랑의 세계이다. 공은 사랑의 존재론적 개념인 것이다.

카스퍼는 예수에게서 이러한 우주적 사랑이 인격의 핵심을 형성하면서 유일회적인 최고의 실현을 보았다고 한다. 이것은 물론 예수 그리스도에 있어서 하느님의 사랑의 결정적 계시를 보는 신학자 카스퍼의 입장이요 모든 그리스도인의 입장이다. 그러나 우리가 지금까지 고찰한 보살론에 입각해 볼 때 우리는 보살에게 있어서도 그러한 사랑이 작용하고 있음을 부인할 수 없다. 보살을 보살로 만드는 것은 다름 아닌 공 그 자체이기 때문이다. 그리스도교 신학은 로고스,

---

57 John Hick, *God has Many Names* (Philadelphia: The Westminster Press, 1980), 특히 103-106.

곧 하느님의 사랑의 보편성을 믿는다. 그것은 만물의 창조와 생성 이전부터 선재해 있는 만물의 창조 원리요 존재 원리이다(요 1:1-3; 골 1:15-17). 그리스도교 신앙은 이 로고스가 바로 예수라는 한 역사적 존재에 있어서 집중적이고 결정적으로 나타났다고 믿으며, 나아가서 예수를 로고스의 육화라고까지 말한다. 예수는 하느님의 사랑과 은총을 깨닫고 증언하고 실천했을 뿐만 아니라 그 존재 자체가 하느님의 사랑의 가시적 현존이라는 것이다. 그리하여 그는 하느님의 아들이라고까지 불린다. 그러나 로고스는 오직 예수에게만 유일회적으로 나타나거나 작용한 것은 결코 아니다. 그것은 정도의 차이는 있을지언정 예수와 보살들과 같이 참다운 자유와 사랑이 실현되는 곳 어디에나 작용하고 있는 힘이며, 그것 없이는 그 어느 것도 존재할 수 없는 우주의 궁극적 실재인 것이다.

공은 곧 사랑이요 로고스이다. 만약 우리가 사랑이라는 인격적 개념보다 로고스라는 존재론적 개념을 선호한다면 이제 우리는 공을 아무 주저 없이 로고스라 불러도 좋을 것이다. 공과 하느님의 사랑은 동일한 실재 로고스를 달리 표현하는 것에 지나지 않기 때문이다. 하느님의 사랑, 아니 하느님 자신이 사랑이라는 것은 그리스도교의 본질적 신앙이요 증언이다. 우주의 궁극적 실재인 하느님이 사랑이라는 것은 다른 말로 하면 사랑이 곧 우주의 존재론적 힘이요 원리라는 것을 뜻한다. 그것을 통해 만물이 창조되었고, 그것 없이는 만물이 한시도 존재할 수 없으며, 우주가 혼돈으로 빠질 수밖에 없는 힘, 그것이 곧 로고스요 하느님의 사랑이요 불교적 공인 것이다.

그러나 문제는 아직도 남아 있는 듯 보인다. 만약 사랑이 불교적 공에 해당하는 궁극적 실재라 할 것 같으면 '하느님의 사랑'이라는 표현을 우리는 어떻게 이해해야 할 것인가? 사랑이 우주의 궁극적 힘이요 실재라 할 것 같으면 사랑이 곧 하느님이라는 말인가? 그렇다. '하느님의 사랑'이라는 표현 내지 상징어가 뜻하는 바는 사랑이 단지 인간적 속성만이 아니라 존재 자체의 원리요 힘이라는 것이며, 사랑을 소유하고 있는 별도의 존재, 즉 사랑을 속성으로 지니고 있는 어떤 실체가 따로 존재한다는 것을 뜻하지는 않는다. 하느님을 하나의 실체(substance)로 생각하는 일은 실체 개념을 포기한 현대의 철학적 사고로서는 불가능하다. 하느님은 여타의 존재자들과 마찬가지로 이런저런 속성들을—그 가운데 하나로서 사랑을— 지닌 실체로 생각되어서는 안 된다. 만약 우리가 하느님을 한 실체로 생각한다면 그가 아무리 예외적 실체라 할지라도 공과 사랑이라는 보편적 실재의 하위 개념이 되고 말 것이다. 하이데거의 표현을 빌리자면 하느님은 결코 존재자(das Seiende)로 생각될 수 없으며 생각해서도 안 될 것이다. 하느님은 또한 근세적 인간관에 따라 한 인격적 주체(subject)로 보아서도 안 된다. 모든 주변의 사물들을 자신의 대상물로 삼으며, 자연을 인간의 객체이자 정복의 대상으로 보는 근대인의 주체성과 자유의 모델에 따라 하느님을 표상할 때 생기는 문제들을 우리는 간과할 수 없기 때문이다. 공은 일체의 실체 개념을 거부한다. 공과 사랑의 관점에서 볼 때 하느님은 어떤 특별한 예외적 실체라기보다는 모든 개별적 존재자(das Seiende, 事)를 포괄하되 어느 한 개별자와도 동일시되거나 그것에 의해 제약되지 않는 존재의 원리 내지 힘이다. 적어도 이러한 신관을 공과 우주적 사랑의 진리는 요구하고 있다. 하느님은 모든 개별자를 성립시키되 그것들로 하여금 고립적이고 폐쇄된 것이 아니라 서로가 서로에 열린 사랑의 존재이도록 하며, 동시에 각자의 제약성과 유한성을 알게 하는 존재의 원리요 힘인 것이다.

　　예수와 보살들은 바로 이 힘의 자각에 의해 한없는 자유인이 되었고, 무아적 사랑과 자비를 실천한다. 아니 이보다 한 걸음 더 나아가서 사랑과 자비의 존재 예수와 보살은 바로 그러한 우주적 힘인 공, 사랑, 로고스의 육화인 것이다. 그들의 인격의 핵심, 예수를 예수이도록 하며, 보살을 보살이도록 하는 힘은 궁극적으로 하나이며, 이 힘을 바탕으로 하여 예수와 보살은 자유를 누리고 사랑을 실천한다. 그리고 이 하나의 힘은 오늘도 수많은 작은 예수들과 작은 보살들의 삶 속에 살아 움직이면서 그들의 삶을 변화시키고, 그들을 접하는 사람들의 삶을 변화시키고 있는 것이다.

　이제 아시아의 그리스도인들은 "너희는 나를 누구라 하느냐?"라는 예수의 질문에 "당신은 우리 아시아인들의 마음을 그토록 오래 사로잡아온 보살의 모습을 가장 확실하게 보여주시는 분이시며, 지금도 고통받는 중생의 아픔을 함께 지고 계시는 자비로우신 보살이십니다"라고 고백해도 좋을 것이다. 지금까지의 우리의 논의가 어느 정도 설득력을 지닌다면 불자들은 이제 예수를 많은 보살 가운데 한 분 혹은 관세음보살과 같은 위대한 보살의 현현 내지 변화신으로 간주하는 데 큰 어려움은 없지 않을까 감히 생각해 본다. 그러나 육화 사상에 입각하여 가현설(假現說, docetism)을 거부해 온 그리스도교 전통의 입장에서 볼 것 같으면 예수야말로 일찍이 인류 역사에 출현한 가장 위대한 보살로서 보살의 이상이 가장 구체적이고 확실하게 육화된 존재였다. 그리스도교 신앙의 눈에는 그는 바로 보살을 보살이도록 하는 그 힘, 그 실재 자체의 가장 결정적인 육화였기 때문이다.

# 그리스도교와 정토 신앙
## : 불교적 관점에서 본 그리스도론 2

## 1. 그리스도교의 걸림돌

그리스도교의 특성은 하느님 신앙에 있지도 않으며, 심오한 철학적 사변이나 신비적 체험에 있지도 않다. 타 종교와의 비교적 관점에서 본 그리스도교의 특성은 무엇보다도 예수라는 한 특정한 역사적 인물을 통하여 하느님과 인간에 관한 전무후무의 결정적 계시가 이루어졌다고 믿는 데에 있으며, 하느님을 논하든 역사의 의미를 논하든 이 한 특정한 사건을 떠나서는 논할 수 없다고 생각하는 데에 있다. 그리고 이렇게 믿는 데에는 예수 사건이 여타의 사건들과 마찬가지로 단순히 역사 내에서 일어난 또 하나의 사건이 아니라 초역사적 근거와 의미를 지닌 특수한 사건이었다는 믿음이 전제되어 있다. 다시 말해 그리스도론적 도그마가 깔려 있는 것이다.

그러나 예수 사건의 이야기가 제아무리 특출하고 놀랍다 해도 어떤 한 특정한 사건이나 이야기에 엄청난 의미를 부여하며 거기에 집착하는 그리스도교의 전통은 역사상 수많은 지성인에게 커다란 걸림돌이 되어 왔다. 이것은 단지 복음서에 나오는 많은 이야기가 문자 그대로 믿기 어려운 기적들을 얘기하고 있다는 이유에서만은 아니고, 역사적 사건이나 사실이란 제아무리 엄청난 것이라 하더라도 그 자체로서는 모든 인간에게 보편적인 의의를 지닌 진리가 되기 어렵다는 데에 있다. "역사의 우연적 진리들은 이성의 필연적 진리들을 증명할 수 없다"라는 계몽주의 사상가 레싱의 말은 성서의 이야기, 특히 복음서의 이야기에 집착하는 그리스도교적 진리관에 대한 보편적 합리주의자들의 곤혹스러움을 나타내는 가장 대표적인 말이다.[1]

이와 같은 의문은 비단 우연적인 역사적 진리와 필연적인 이성의 진리를 날카롭게 대치시키는 서구의 합리주의자들에 의해서만 제기된 것은 아니다. 그리스도교와 뿌리를 같이하는 유대교나 이슬람의 눈에도 예수의 이야기에 엄청난 의미를 부여하는 그리스도교 신앙은 도저히 이해하기 어렵고 용납할 수 없는 우상 숭배와도 같은 것이며, 문화적 배경이 전혀 다른 데서 형성된 불교적 관점에서 보면 그것은 덧없고 우연적인 한 인간의 사건을 절대화하여 집착하는 어리석은 일로 보인다. 불교에서도 물론 불타는 역사상 다른 어떤 존재와도 비할 데 없는 권위를 지닌 특별한 존재로서 한없는 숭앙의 대상이 되어 온 것이 사실이며, 그의 전기는 모든 불자에게 보편적인 의미를 지닌 하나의 원형적(archetypal) 이야기이다. 그러나 이러한 불타의 이야기는 어디까지나 불자들의 삶 속에서 수없이 재현되어야 할 하나의 이상은 될지언정 그 자체가 불자들에게 어떤 구원적 의미를 지닌 이야기는 아니다. 상좌불교 전통은 석가모니불을 어디까지나 한 위대

---

1 Gotthold Lessing, *Lessing's Theological Writings* (Stanford: Stanford Univ. Pr., 1956), selected and translated by Henry Chadwick, 53. 레싱의 이 말에는 모호성이 있기는 하나 기본적으로 기적적 사실에 의거하여 그리스도교의 진리성을 입증하려는 노력을 비판하는 말이며, 역사적 진리와 이성적 진리 사이에는 건너뛰기 어려운 질적 차이가 존재한다는 것을 주장하는 말이다. 위의 책, 51-56.

한 스승 이상으로 여기지 않았으며, 결코 그를 신격화하여 숭배하지는 않았다. 설사 재가 신도들 가운데 그렇게 하는 사람이 있다 하더라도 인도 종교적 맥락에서 행해지는 신격화의 의미는 철저한 유일신 신앙에서 신격화가 지니는 의미와는 근본적으로 성격이 다르다. 그뿐만 아니라 불교에서는 석가모니불이 신격화되면 될수록 그의 인간성과 역사적 모습은 사라지고 무의미하게 되었다는 사실 또한 주의할 필요가 있다. 이러한 경향은 대승불교에 와서 더욱 두드러지게 되어 지상에 출현하여 교화 활동을 하다가 열반에 든 불타는 응신(應身) 혹은 화신(化身, nirmanakaya)으로서 단지 중생을 위한 방편으로 지상에 모습을 나타낸 것뿐이라는 일종의 가현설(docetism)이 지배적으로 된다. 참된 불타는 그러한 제한된 모습으로 일시적으로 나타난 불이 아니라 일체의 모습과 상(相)을 초월한 영원한 진리의 몸인 법신(法身, dharmakaya) 불이다. 대승에서는 따라서 역사적 존재로서의 석가모니에 대한 기억은 훨씬 더 약화되었으며, 관심의 초점은 어디까지나 영원한 진리 그 자체에 있다. 하물며 일체의 상에 대한 집착을 거부하는 선불교에서야 더 말할 필요가 있겠는가? 부처를 만나면 부처를 죽이고, 조사를 만나면 조사를 죽이라는 임제 선사의 유명한 말은 비록 문자 그대로 취할 얘기는 아니라 하더라도 선불교의 우상 타파적 정신을 잘 나타내 주고 있다. 모든 유한한 형상은 그것이 석가모니불이나 예수 그리스도와 같은 역사적 존재이든 혹은 다른 어떤 신화적 존재나 신들의 현현이든 대승불교적 입장에서 보면 모두 무상하고 상대적인 존재들로서 궁극적으로는 넘어서고 부정되어야 할 존재들이지, 결코 종교적 집착이나 신앙적 고찰의 대상이 되어서는 안 된다. 불교적 관점에서 보아도 예수 이야기에 대한 그리스도인들의 집착은 근본적으로 이해하기 어려운 걸림돌임이 틀림없다.

나는 이미 "예수, 보살, 자비의 하느님: 불교적 관점에서 본 그리스도론"이라는 글에서 예수 사건이 그리스도교 신앙에서 차지하는 결정적 중요성을 진지하게 대하면서도 동시에 그 의미를 역사적 특수성을 초월하는 보편적 진리의 맥락에서 파악하려고 시도한 바 있다.[2] 세상과 자아로부터의 철저한 자유와 해방을 가르치고 이웃을 향한 사랑과 헌신을 실천한 지상의 예수에게서 무아적 자유와 중생을 향한 한없는 자비를 실천하는 보살의 모습을 우리는 발견할 수 있으며, 예수를 예수이도록 만드는 보편적 진리인 하느님의 무조건적 사랑과 은총은 곧 보살을 보살이도록 만드는 보편적 진리인 공(空, sunyata)과 다른 것이 아님을 논했다. 예수와 보살은 모두 보편적 진리 내지 실재의 표현임을 말했으며, 그리스도교 신앙에 있어서 예수라는 한 역사적 존재가 지니는 독특성(uniqueness)과 규범성을 그리스도교 신학의 전통적인 육화(incarnation) 개념을 빌려서 로고스－곧 하느님의 사랑 혹은 공－의 육화라는 관점에서 이해하고자 했다. 그러나 예수는 결코 로고스의 유일한 육화는 아니며, 보살도 로고스의 육화로 간주될 수 있다는 것 그리고 불교적 관점에서 보면 예수는 수많은 보살 가운데 하나로 이해될 수 있을는지 모르나 그리스도인들에 있어서는 예수가 비록 유일한 육화는 아니라 할지라도 비할 데 없는(無比) 육화이며, 하느님의 사랑의 결정적인 '종말적' 표현이자 보살 이념의 가장 구체적이고 확실한 구현자로 이해될 수 있다는 것을 말했다.

　이상과 같은 나의 그리스도론적 이해는 예수의 특수성을 로고스라는 보편적 진리의 한 표현에 지나지 않는 것으로 이해함으로써 한편으로는 예수 사건을 상대화시킨다는 비판을 받을 수 있으며, 다른 한편으

---

2 길희성, "예수, 보살, 자비의 하느님: 불교적 관점에서 본 그리스도론,"「사목」168 (1993.
　1.): 62-111.

로는 아직도 예수 사건이라는 역사적 특수성에 집착한다는 비판을 받을 수도 있다. 전자는 물론 보수적인 신학자들로부터 올 것이며, 후자는 어떠한 역사적 특수성도 진리의 규범으로 받아들이기를 거부하는 보편주의자들로부터 올 것이다. 여기서 우리가 다루고자 하는 것은 후자의 문제로서, 나는 이 글에서 공, 법신, 진여, 불성 등의 개념으로 대표되는 불교적 보편주의의 관점에서 볼 때 예수라는 한 특수한 사건에 집착할 수밖에 없는 그리스도론적 사고방식이 어떻게 정당화될 수 있는가라는 근본적인 문제를 검토해 보고자 한다. 그러기 위하여 나는 같은 불교이면서도 그리스도교와 마찬가지로 특수에 대한 집착을 기반으로 하고 있는 정토(淨土) 불교에 초점을 맞추어 어떻게 정토 신앙이 공으로 표현되는 불교 일반의 존재론적 진리 앞에서 스스로의 설 자리를 확보하는지를 고찰하고자 한다. 그리하여 그리스도교와 정토 불교와의 대화는 물론 특수성의 집착을 피할 수 없는 성격으로 지닌 그리스도론적 사고를 본질적으로 다시 한번 생각해 보는 계기로 삼고자 한다.

정토 불교는 불교적 실재관에 근거하면서도 동시에 법장(法藏, Dharmakara)이라는 한 보살의 이야기를 기반으로 하고 있는 신앙적 불교이다. 자신의 수행에 의해 성불한다는 자력적 불교와는 달리 정토 불교는 자력 수행에 의하여 현세에서 성불할 수 있다는 생각을 처음부터 단념하고, 법장보살이 중생 구제를 위해 세우고 성취한 서원에 의지하여 염불(念佛)이라는 이행(易行)을 통해 아미타불의 극락 세계에 사후왕생하여 그곳에서 성불하고자 하는 타력 신앙적 불교이다. 이러한 정토 불교에도 다양한 흐름이 있고, 그 교의적 해석도 여러 갈래이다. 그중에서 나는 일본 불교의 최대 종파를 이루고 있는 죠도 신슈(淨土 眞宗)의 창시자인 신란(親鸞, 1173~1262)의 사상을 중심으

로 하여 정토 신앙이 지니고 있는 그리스도론적 의의를 생각해 보고자
한다.

정토 신앙은 본래 인도에서 발생하였으나 널리 대중의 신앙으로
자리 잡고, 교의적으로 정비된 것은 중국에 와서이다. 수(隋), 당(唐)
대의 중국 불교 전성기에 활약했던 거의 모든 불교 교학자들이 각기
정토 신앙에 대하여 관심을 가지고 이론들을 전개했지만, 그중에서도
정토 신앙에 전적인 관심을 가지면서 그 전파와 이론적 정립에 결정적
공헌을 한 사람은 누구보다도 담란(曇鸞, 476~542), 도작(道綽, 562~645)
그리고 선도(善導, 613~681)였다. 그들에 의해 전개된 정토 사상은 일본
가마쿠라(鎌倉) 시대에 이른바 신불교 운동을 주도한 호넨(法然, 1133~
1212)과 그의 제자 신란에 의해 계승되어 새로이 해석되면서 정토
불교의 타력 신앙은 극치를 이룬다. 이 글이 특별히 신란의 정토
사상에 초점을 맞추는 이유는 그가 차지하는 이러한 정토 사상적
위치나 그의 사상이 지니고 있는 깊이 때문만은 아니다. 그의 정토
신앙에 관한 해석은 우리가 다루고자 하는 주제, 즉 보편적 진리와
역사적 특수성의 문제를 중심으로 한 그리스도론적 사유에 많은 시사
점을 던져주고 있기 때문이다.

분명히 대승불교의 일반적 관점에서 볼 것 같으면 예수의 이야기에
엄청난 가치를 부여하는 그리스도교의 특성은 하나의 상에 집착하는
맹목적이고 답답한 태도로서 무지의 소치로밖에는 이해되기 어렵다.
공의 진리에서 볼 것 같으면 한 보살의 이야기에 매달리는 정토 신앙도
이 점에서는 근본적으로 다를 것이 없다. 그렇다면 정토 신앙은 이러한
대승 일반의 실재관 앞에서 어떻게 스스로를 이해하고 있으며, 어떻게
스스로를 정당화하고 있는 것일까?

## 2. 상(相)과 무상(無相)

정토 불교의 궁극적 목표는 깨달음과 열반에 있으며, 이 점에 있어서 정토 불교는 다른 형태의 불교와 조금도 차이가 없다. 다만 정토 불교는 이 깨달음을 사후 정토에 왕생(往生)하여 성취되는 것으로 믿는다는 데에 있어서 다른 불교와 차이가 있는 것이다. 미래이든 현재이든, 정토에 있어서든 혹은 현세에 있어서 성취되든 깨달음은 깨달음이다. 그것은 모든 망상과 거짓의 어두움을 제거하는 지혜의 빛에 의해 진리의 세계가 실현되는 것을 의미한다. 전통적인 대승불교의 개념에 따라 신란은 그것을 진여(眞如), 불성(佛性), 법성(法性), 법신(法身), 열반 등으로 부른다.

정토 불교와 타 불교와의 결정적인 차이는 우리가 스스로의 노력, 즉 자력에 의해 깨달음을 성취할 수 있느냐 없느냐 하는 문제에 있다. 여기서 타력 신앙을 강조하는 정토 불교의 가장 두드러진 특색이 나타난다. 신란은 그의 주저 『교행신증』의 증권(證卷)에서 다음과 같이 선언하고 있다.

삼가 진실한 깨달음을 드러내건대, 그것은 곧 [아미타불이] 타인을 완전히 이롭게 함으로써 얻어지는 놀라운 경지 '묘위'(妙位)이며 무상열반(無上涅槃)이라는 궁극적인 열매이다. 그것은 곧 반드시 열반에 이른다는 원 '필지멸도지원'(必至滅度之願), 또 다른 이름으로는 대열반을 증득한다는 원 '증대열반지원'(證大涅槃之願)이다.

그런즉 번뇌로 가득 찬 범부들, 생사의 죄에 더럽혀진 무리들이 [아미타불이 그들로 하여금 정토에] 태어나도록 회향해 주는 '왕상회향'(往相回向), 마음과 수행을 얻으면 그들은 반드시 곧바로 대승의 '정정취'(正定聚: 수행에 있어 퇴보함이 없이 반드시 성불할 수 있는 사)에 들어간다. 징징취에 거하는 고로 그들은 반드시 열반에 이른다. 반드시 열반에 이름은 곧 영원한 즐거움 '상락'(常樂)이다. 영원한 즐거움은 곧 궁극적인 적멸이다. 적멸은 곧 무상열반이며, 무상열반은 곧 무위법신(無爲法身)이며, 무위법신은 곧 실상(實相)이며, 실상은 곧 법성(法性)이며, 법성은 곧 진여(眞如)이며, 진여는 곧 일여(一如)이다.[3]

자력에 의한 것이든 타력에 의한 것이든 깨달음은 마찬가지이다. 일단 깨달음이 실현되면 우리의 일상 세계를 특징짓고 있는 모든 차별상은 해체되고, 의미를 상실하며, 갈등과 대립을 산출하는 이원적 사고는 사라지고 만다. 더욱 중요한 것은 정토 경전에 설해지고 있는 정토에 관한 이야기 속에 나타나는 모든 형상과 이름들은 말할 것도 없고, 정토와 예토(穢土), 아미타불과 중생, 타력과 자력, 열반과 생사, 보리와 번뇌의 구별마저도 무의미하게 된다는 사실이다. 타력에 의해 주어지는 것으로 이해되는 신심(信心)이라는 것도 불필요할 뿐만 아니라 무의미하게 된다. 왜냐하면 우리 자신이 곧 불(佛)이 될 것이기 때문이다. 그러나 이러한 깨달음이 이루어지기 전까지는 위에 언급한 모든 차별상은 그대로 존속하며, 정토 신앙의 기반이 되는 정토의 이야기도 유효하다. 그리고 바로 이러한 상에 기초한 정토 경전의 이야기가 우리로 하여금 일체의 상을 초월한 진리의 세계로 인도해 주는 길이 된다고 정토 불교는 믿고 있다.

정토 신앙은 한 이야기에 기초하고 있다. 그리스도교에서 예수의 행적과 십자가와 부활의 이야기가 신앙의 기초를 형성하고 있는 것과

---

3 『敎行信證』, 眞宗聖敎全書 II (이하 全書로 인용됨), 103.

마찬가지로 정토 신앙 역시 법장(法藏, Dharmakara)이라는 한 보살의 이야기에 근거하고 있다. 그는 생사의 세계에서 고통당하고 있는 중생들을 건지기 위해 48가지 자비의 본원(本願, purva-pranidhana)을 발한 후 오랜 수행을 거쳐 아미타불로 성불함과 동시에 서방에 안락(安樂) 정토를 이룩했다고 한다. 『대무량수경』(大無量壽經)에 나타난 그의 이야기는 대략 다음과 같다.

세자재왕불(世自在王佛)이 세상에 계시던 오랜 옛날 한 왕이 있었는데 그는 불타의 가르침을 듣고서 깨달음을 얻고자 하는 간절한 원을 품게 되었다. 그리하여 그는 왕위를 버리고 법장이라는 이름을 지닌 비구승이 되었다. 그는 세자재왕불 앞에 나아가 어떻게 하면 깨달음을 얻어 가장 뛰어난 불국토를 이룩할 수 있는지에 대하여 가르침을 달라고 청한다. 세자재왕불은 법장으로 하여금 우주에 있는 온갖 불국토들을 보게 해주면서 그에게 이 불국토들이 지니고 있는 성질과 거기에 거하는 존재들의 성격에 대하여 설명해 준다. 법장보살은 이것들에 관하여 5겁(kalpa) 동안 사유한 후 자신의 소원들을 담은 보살의 원을 발한다. 이 소원들이 성취되는 경우 그는 여러 불국토의 뛰어난 점을 모두 갖춘 한 불국토를 이룩하게 된다. 법장은 그의 깨달음이 성취하고자 하는 사항들을 밝히는 48원을 발한다. 이 가운데서 세 개의 원만이 그가 되고자 하는 불타, 즉 아미타불의 성격을 구체적으로 논하며 두 개의 원은 정토의 모습을 논하고 있다. 나머지 모든 원은 그 불국토에 태어날 중생들과 우주 안의 모든 중생이 얻게 될 이익에 대하여 말하고 있다. 사실 이 불타와 그의 정토는 모든 중생을 일깨워주는 각(覺)의 기능을 그 본질로 하고 있으며 불타는 곧 중생을 이롭게 하는 자로서의 불타이다. 매 원마다 법장은 어떠어떠한 중생의 이익이 실현되지 않는 한 무상정등정각(無上正等正覺)을 성취하지 않겠노라 선언한다. 따라서 그 원들의 형식 자체가 자리(自利, 즉 깨달음의 성취)와 이타(利他)가 하나로 연결되는 기본적인 보살의 이상을 나타내고 있다.

법장이 세자재왕불과 수많은 중생 앞에서 이와 같은 원들을 발하자 온 천지가 진동하면서 꽃비가 내리고 그가 최고의 깨달음을 성취하리라는 예언이 하늘로부터 들려온다. 그리하여 그는 한없는 세월에 거친 수행의 길에 오른다. 그는 수많은 생을 거치면서 항시 평정과 평안을 잃지 않았으며, 원한이나 탐욕이나 자만이나 그 밖의 어떤 거짓으로부터도 완전히 자유로웠다. 스스로 바라밀다(波羅密多, paramitas)를 닦으며 친절하고 온화한 말로 다른 사람을 수행으로 이끌면서 그는 한없는 공덕을 쌓았다. 그의 수행은 다른 어떤 신들이나 인간들에 비할 바 없었으며, 모든 불타가 그의 성취를 기뻐하면서 그를 숭앙했다. 마침내 그는 지금으로부터 10겁 전에 성불하여 지금은 이 세계로부터 서쪽으로 10만 억 찰이나 떨어져 있는 안락(安樂)이라는 이름의 불토에 거하고 있다.[4]

우리가 이 이야기를 '실제' 역사로 취하든 혹은 하나의 신화로 취하든 한 가지 분명한 사실은 정토 불교는 이야기의 종교이며, 이야기 없이는 존립하기 어려운 종교라는 사실이다. 바로 이 점이 정토 불교를 그러한 이야기에 의존할 필요가 없는 여타의 불교로부터 구별해 주는 가장 본질적인 차이점이다. 다른 불교는 일차적으로 불타가 설한 보편적 진리인 법(法, dharma)에 기초하고 있다. 이 법은 불타가 설했든 안 했든 그리고 우리가 그것을 깨닫든 말든 그 자체로서 영원한 진리로

---

4 Ueda Yoshifumi and Hirota Dennis, *Shinran: An Introduction to His Thought* (Kyoto: Hongwanji International Center, 1989), 106-108에서 인용.

간주된다. 그것은 사물이 있는 그대로의 모습, 즉 진여(眞如, tathata)를 드러내 주는 것이다. 진여는 본질적으로 초시간적이고 초설화적인 것으로서 이야기를 필요로 하거나 이야기에 의존할 필요도 없는 영원한 실재이다. 우리가 그것을 깨닫기 위해 필요한 것은 다만 반야(般若, prajna)라고 불리는 특별한 형태의 직관적 통찰 내지 지혜뿐이며, 이 지혜는 어떤 사건의 서술이나 이야기를 믿는 것과는 무관하다. 지혜는 계(戒), 정(定), 혜(慧)를 닦는 수행으로부터 오는 것이며, 이러한 불교적 정신 수련에는 근본적으로 어떤 이야기가 차지할 자리는 별로 없다. 설사 아주 초보적인 단계에서 수행에 도움을 주기 위해 어떤 불교 설화를 얘기해 주는 경우가 있다 하더라도 그것은 어디까지나 수행을 목적으로 하는 것이지 정토 불교의 이야기와는 성격이 전혀 다르다. 정토 불교의 이야기는 바로 그러한 자력 수행을 통하지 않고서도 성불하는 길이 있음을 보여주려는 데에 그 목적이 있기 때문이다. 그러므로 정토 불교의 이야기는 본질적으로 믿음을 필요로 하는 이야기인 것이다. 정토 불교는 그리스도교와 같이 한 이야기를 들려주는 것으로 시작하는 종교이며, 듣는다는 것(聞)은 본원을 믿어 의심하는 마음이 없는 것이며, 신심(信心)을 뜻한다고까지 신란은 말한다.5 실로 독특한 형태의 불교임이 틀림없다.

우리는 이와 같은 사실을 과연 어떻게 이해할 것인가? 한 특수한 이야기에 모든 것을 건 정토 불교와 보편적 진리를 추구하는 여타의 불교는 과연 조화될 수 있는 것인가 아니면 전혀 다른 종류의 불교인가? 보다 구체적인 문제로서 이 법장보살의 원과 수행과 성불 그리고 그가 이룩한 정토의 아름다운 모습에 관한 이야기는 일단 깨달음을 통해 진리의 세계가 열리면 모두 사라지고 마는데, 그렇다면 과연

---

5 『一念多念文意』, 全書, 604-605.

그러한 이야기가 정토 신앙 자체에 있어서조차 어떤 궁극적인 가치와 의미를 지니고 있는 것인가 아니면 다만 어리석고 무지한 자를 진리로 이끌어 주기 위한 하나의 일시적인 교육적 방편에 지나지 않는ㅡ따라서 궁극적으로는 없어도 되는ㅡ이야기일 뿐인가? 레싱이 그리스도교를 염두에 두고 제기한 역사의 우연적 진리와 이성의 필연적 진리의 관계에 관한 가시 돋친 문제가 비록 사상적 배경은 전혀 다르다 할지라도 불교에서도 유사하게 제기되는 것 같다.

이 문제는 불교인들 스스로에 의해서도 제기되었다. 철학적인 통찰과 지혜를 강조하는 불교 사상가들에게는 정토 신앙이 의존하고 있는 이야기는 몹시 조잡하고 유치한 이야기로 들리며, 그러한 이야기에 집착하고 있는 정토 신앙은 상에 대한 집착을 떨치지 못한 저급한 형태의 불교로밖에 간주될 수 없었다. 그런가 하면 이와 같은 문제를 의식하면서도 정토 신앙을 옹호하고자 했던 정토 사상가들도 있었다. 중국의 정토 사상가 가운데서 이러한 문제를 처음으로 심각하게 받아들이면서 이야기에 근거한 정토 불교의 대중적 신앙과 대승불교의 철학적 진리를 조화시키고자 노력했던 사람은 담란(曇鸞, 476~542)이었다. 그는 공 사상의 관점에서 정토 신앙의 이야기에 일종의 존재론적 기반을 마련하고자 노력했다.

공의 세계에서는 실로 모든 형상과 이름들이 사라지며 정토 경전에 나오는 것과 같은 이야기가 발붙일 곳이 없다. 우리가 일상적 삶 속에서 행하는 모든 구별과 차별은 의미와 타당성을 상실해 버린다. 그러나 담란은 공이란 단순히 아무것도 없는 무가 아니라 모든 형상과 이름들이 그 다양성 가운데서 순수하게 현존하는 세계임을 강조한다. 색은 공이고 공은 색인 것이다(色卽是空 空卽是色). 공은 이름과 개념, 형상과 특성으로 붐비는 역동적인 다양성의 세계이다. 유도 아니고 무도 아닌 이러한 형상은 곧 가유(假有) 혹은 묘유(妙有)로서 '형상 아닌 형상'이다. 담란은 바로 이러한 가유의 세계에서 아미타불과 그의 정토를 장식하는 모든 찬란한 형상을 위한 존재론적 기반이 확보된다고 생각했다. 이러한 형상은 결코 범부들이 상식적인 차원에서 보고 있는 형상이 아니라 형상 아닌 형상, 묘유라는 것이다.6

신란도 정토 신앙이 지닌 위와 같은 문제를 의식하고 있었으며, 그것에 관해 담란의 견해를 따르고 있다. 그는 『교행신증』에서 다음과 같이 담란의 말을 인용하고 있다.

> 실상은 상이 없으므로 참지혜는 앎이 없다. 무조건적인 법신(無爲法身)
> 이란 법성신이다. 법성은 적멸이기 때문에 법신은 상이 없다. 상이 없기
> 때문에 능히 상을 나타내지 않음이 없다. 그렇기 때문에 [불타의 뛰어난]
> 모습과 특징들은 곧 법신이다.7

여기서 신란은 형태 없는 법신(法身, 곧 空)이 바로 형태가 없기 때문에 아미타불과 그의 정토의 모든 놀라운 상을 나타낸다고 말한다. 마찬가지로 우리가 정토에 태어난다는 것도 상식적인 뜻으로 이해되어서는 안 된다. 그것은 '태어남이 없는 태어남'이다.

> 질문: 대승경론들 가운데는 곳곳에서 중생은 허공과 같이 필경 태어남이
>     없다고 하는데 어찌하여 세친보살은 말하기를 [정토에] 태어나기
>     를 원한다고 말하는가?

---

6 담란 정토 사상의 철학적 측면에 관하여는 이시다 미츠유키, "담란 교학의 배경과 그 기본적 이념," 『신란 교학의 기초적 연구』 (쿄토: 나가타 분쇼, 1970).
7 『敎行信證』, 全書, 112; 신란은 담란의 『淨土王生論註』로부터 인용하고 있다.

답: 중생이 허공과 같이 태어남이 없다는 말에는 두 가지 의미가 있다. 첫째는 범부들이 보고 있는 것—즉 그들이 실재한다고 여기는 중생들 혹은 그들이 실재하는 것으로 여기고 있는 태어나고 죽음—은 거북이의 털이나 허공과 같아 필경 존재하지 않는다는 뜻이고, 둘째는 모든 법은 인연에 의해 생기는 고로 곧 생기는 것이 아니며, 허공과 같아 존재하는 것이 아니다라는 뜻이다. 세친보살이 원하는 태어남이란 인연에 따라 태어난다는 것을 뜻한다. 인연의 뜻에 의한 것이기 때문에 가명으로 태어남이라 하는 것이지 범부들이 있다고 말하는 실재적 중생이나 실재적 태어나고 죽음이 아니다.[8]

이 말이 뜻하는 바는 정토에 태어난다거나 정토가 지닌 아름다운 모습들은 모두 본래 허공과 같이 공한 것으로 실유(實有)가 아니지만 다만 속제(俗諦)의 차원에서 가명으로 그러한 모습들을 인정한다는 뜻이다. 아미타불과 법장보살 등 정토에 관계된 존재들과 상들과 개념들은 담란과 신란에 의하면 모두 궁극적 실재는 아니며, 가유적 존재로서 상 아닌 상의 세계에 속하는 존재들인 것이다.

상 중심의 정토 신앙과 상을 부정하는 대승의 존재론을 조화시키려는 담란의 철학적 노력에도 불구하고 담란 이후의 정토 사상가들은 정토 신앙을 이해함에 있어서 보다 대담하게 실재론적인 경향을 보였으며, 철학적 문제에 대한 관심은 오히려 퇴조했다. 이 점에 있어서 선도(善導, 613~618)는 한 획을 긋고 있다.[9] 그는 정토 신앙을 열등한 근기의 사람들을 가르치기 위한 낮은 단계의 진리에 지나지 않는

---

8 같은 책, 15.
9 선도의 정토 교학 사상에 관하여는 모치즈키 신코, 『중국 정토 교리사』 (쿄토: 호조칸, 1942), 180-196.

것으로 간주하는 견해에 반대하여 두 가지 중요한 점을 주장했다. 다채로운 형상과 특징들을 지닌 정토는 그 자체가 목적이 아니라 다만 무지한 중생들을 보다 더 높은 진리로 이끌기 위한 방편에 지나지 않는 화토(化土)라는 견해에 대항하여 그는 정토가 화토가 아니라 법장보살이 원을 세우고 닦은 오랜 수행의 결과로 이루어진 보토(報土)임을 주장했다. 그리고 다른 한편으로는 정토가 정말로 보토라 할 것 같으면 번뇌로 가득 찬 범부들은 들어갈 수 없으며, 오직 높은 단계의 수행에 있는 보살들만이 들어갈 수 있다는 견해에 대하여 그는 아미타불이 원을 발하고 정토를 이룩한 것은 바로 무지한 중생들을 구하기 위함이었다고 말한다. 따라서 선도에게 정토 신앙은 비록 쉬운 길이기는 하지만 결코 환상이 아니며, 무지한 중생들을 유인하기 위한 단순한 방편이나 저급한 형태의 불교도 아니다. 선도에게 있어서 정토왕생을 위한 가장 중요한 수행은 진실된 마음으로 아미타불의 이름을 입으로 부르는 아주 단순한 행위인 칭명염불(稱名念佛)이었으며, 아미타불과 그의 정토를 관하는 관상염불(觀想念佛)과 같은 어려운 수행은 아니었다. 그러나 선도에게는 아직도 전통적인 자력의 길인 성도문(聖道門)적 요소가 완전히 제거되지는 않았다.

선도의 정토 사상은 호넨(法然, 1133~1212)에 의해 계승되면서 새로운 모습을 띠게 된다. 호넨은 선도의 사상에 남아 있던 성도문적 요소들을 과감히 제거하고 오직 아미타불의 본원(本願)에 근거한 염불만을 말법(末法) 시대에 사는 중생들이 구원받을 수 있는 유일한 길이라고 선언하면서 전수염불(專修念佛)을 주창했다. 이러한 타력 신앙은 그의 제자 신란에 이르러 극에 달하지만, 다른 한편으로는 정토 신앙의 대중화 내지 단순화의 경향은 오히려 후퇴하여 우리는 그에게서 담란이 보였던 철학적 관심이 되살아나는 것을 보게 된다. 이미 언급한 대로 신란은 상 중심의 정토 신앙과 무상의 신리를 말하는 대승의 존재론을 조화시키려는 담란의 철학적 노력에 공감하면서 그의 이론을 따르고 있다. 그뿐 아니라 그는 전통적인 정토 신앙이 지녔던 몇몇 중요한 관념들을 과감히 '탈신화화'했다. 예를 들어 아미타불이 임종 시에 신자들을 맞으러 온다는 생각이나 정토왕생을 깨달음을 성취하기 위한 전 단계로 보는 견해들을 그는 과감히 재해석하여 신심이 생기는 순간에 정토왕생은 의심의 여지없이 확정되는 것이기 때문에 임종의 순간까지 불안한 마음으로 아미타불의 내영(來迎)을 기다릴 필요가 없으며, 정토왕생 그 자체가 곧 깨달음을 이루는 일이며 열반임을 말했다. 신란은 또한 아미타불의 본원을 깊이 믿고 정토왕생을 간절히 바라는 신심 자체도 우리 스스로의 마음이 아니라 아미타불이 우리에게 주는 진실한 마음이라고 말하면서 이 신심을 전통적인 대승불교의 핵심 개념들을 빌려서 설명했다. 즉, 그는 아미타불의 본원력에 의하여 우리에게 회향(廻向)되는 신심 자체를 곧 불성으로 간주했으며, 신심이 일어나는 것을 전통적인 보살의 수행 체계에 있어서 깨달음을 얻고자 하는 마음이 발하는 발보리심(發菩提心)과 동일시했던 것이다.[10]

신란의 정토 사상이 전통적인 정토 사상에 비추어 볼 때 가장 획기적인 탈신화화의 모습을 보인 것은 아마도 정토 그 자체에 대한 해석에서였다. 그는 정토를 더 이상 우리가 사후에 도달하는 어떤 장소나 세계로 간주하지 않았으며, 보리와 열반을 얻기 위한 전 단계로 간주하지도 않았다. 정토가 아미타불의 성불과 더불어 성취되었듯이 신란에게 있어서 정토란 곧 깨달음을 통해 얻는 진실한 세계 그 자체이다. 따라서 신란에게는 정토에 태어난다는 것은 곧 깨달음 그 자체이다.

---

10 『敎行信證』, 全書, 62-63, 72.

정토에 태어나는 순간 우리 모두는 아미타불 자신과 꼭 같은 깨달음을 이루는 것이다. 정토에 태어난 자들 사이에는 아무런 차별도 있을 수 없으며, 그들과 아미타불 사이에도 어떠한 차별도 존재하지 않는다.

이것이 의미하는 바는 다음과 같다. 신란이 제시하는 신심을 통한 구원의 길은 불타와 중생, 열반과 생사, 정토와 예토, 피안과 차안, 타력과 자력 그리고 믿는 자와 믿음의 대상 사이의 뚜렷한 구별 없이는 성립하기 어려우나 일단 우리가 정토와 깨달음을 실현(證)하고 나면 이 모든 구별은 무의미하게 된다는 말이다. 이러한 면에서 볼 것 같으면 신란에 있어서 신앙의 세계와 깨달음의 세계 사이에는 인식론적으로나 존재론적으로 분명히 하나의 질적 차이 내지 괴리가 존재한다. 더욱 심각한 것은 깨달음의 세계인 정토에는 정토 신앙이 기초로 하고 있는 정토에 관한 이야기 자체가 성립되지 않는다는 사실이다. 경전에 언급된 정토를 장식하는 찬란한 형상들과 존재들은 궁극적으로 형상과 차별의 세계에 집착하는 무지의 산물에 지나지 않으며, 48원을 발하여 지금으로부터 10겁 전에 정토를 건립했다고 하는 법장보살의 이야기도 설 곳을 잃는다. 분명히 정토 이야기의 세계와 깨달음의 세계 사이에는 존재론적 괴리가 있는 것이다. 후자는 전지를 용납하지 않는다. 역설적으로 표현해서 신란에 있어서 정토는 정토의 이야기 자체를 불가능하게 만들어 버린다.

그렇다면 도대체 이 정토의 상들이 차지하고 있는 존재론적 위상은 과연 어떤 것인가? 궁극적 진리의 세계인 깨달음의 세계에 속하지도 않고, 그렇다고 해서 무지와 탐욕의 세계인 중생들의 세계에 속한다고 얘기할 수도 없다. 왜냐하면 그것은 석가모니불이 친히 설해 주신 진실된 얘기일 뿐 아니라 바로 그것을 통해 이 예토에 살고 있는 중생들이 정토, 즉 진리의 세계로 옮겨갈 수 있기 때문이다. 궁극적 진리도 아니고, 그렇다고 해서 거짓도 아닌 이 정토 이야기, 두 세계 사이에 위치하여 매개적 역할을 하는 이 정토의 상들이 지니고 있는 존재론적 가치를 신란은 과연 어떻게 생각하고 있는가라는 문제가 제기되는 것이다. 그것은 실재에 도달하기 위한 비실재적 수단인가? 하나의 허구이되 필요한 허구, 방편적 거짓인가? 하나의 꿈이되 중생들로 하여금 꿈에서 깨어나도록 하는 힘을 지닌 꿈인가? 끝내는 깨어나야 할 꿈임에도 불구하고 적어도 깨어날 때까지는 바로 깨어남을 위해서도 필요한 어쩔 수 없는 꿈이란 말인가? 탈신화화된 정토의 이해를 견지하면서도 정토의 이야기와 신앙을 진지하게 받아들일 수 있는 길이 있는 것일까?

이미 고찰한 대로 신란은 담란과 같이 이 두 세계 사이의 괴리를 분명히 의식하고 있었으며, 양자를 매개할 수 있는 방법을 모색하지 않을 수 없었다. 특히 그의 탈신화화된 정토 이해는 그러한 모순의 해결을 더욱 절실하게 만들었다. 이 중대한 문제에 대한 신란의 견해를 고찰하기에 앞서 우리는 신란이 실제로 어떻게 정토에 대한 대중적 이해를 탈신화화했는가를 좀 더 구체적으로 살펴볼 필요가 있다.

『대무량수경』에 의하면 법장보살은 그의 수행과 깨달음을 통해 성취하고자 했던 정토의 모습에 대해서 다음과 같이 말하고 있다(제32원).

제가 부처가 될 때에 지상으로부터 허공에 이르기까지 궁전이나 누각이나 연못이나 냇물이나 꽃이나 나무나 나라 안에 있는 일체 만물이 모두 헤아릴 수 없는 갖가지 보배와 백천 가지 종류의 향으로 이루어져 장엄하고 기묘함이 인간계나 천상계에 있는 것보다 뛰어나며 그 향기가 시방 세계에 스며들어 보살들이 이것을 듣고 모두 부처가 되기 위한 행을 닦으리니 만약 그렇지 않을 것 같으면 저는 정각을 취하지 않겠나이다.

이 원에 나타나 있는 이름다운 상들은 신란이 이해하는 정토, 즉 깨달음의 세계에서는 모두 자취를 감추어 버린다. 아미타불과 정토에 관하여 신란이 인정하는 유일한 상이 있다면, 그것은 무한한 광명(無量光, amitabha) 혹은 수명(無量壽, amitayus, 광명보다는 덜 중요하고 덜 강조됨)뿐이다. 그리하여 신란은 그의 『교행신증』의 진불토권(眞佛土卷)을 다음과 같은 말로 시작하고 있다.

> 삼가 진불토라는 것을 살펴보건대 불이란 곧 불가사의 광명여래이며 토라는 것 역시 무량광명토이다. 커다란 자비의 서원이 성취된 까닭에 참된 보상으로서의 불과 토라고 일컫는 것이다. 이와 관련된 원으로서는 광명과 수명의 원이 있다.[11]

여기서 광명의 원이란 제12원으로서 다음과 같다.

> 제가 부처가 될 때 그 빛이 한량이 있어서 백천 억 나유타의 모든 불국토를 비출 수 없다면 저는 정각을 취하지 않겠나이다.

이와 같이 신란에 의하면 아미타불과 그의 정토는 한량없는 빛의 세계이다. 그러나 빛이라 해도 문자 그대로 이해되어서는 안 된다. 빛은 중생계 어디에나 침투하면서 중생의 어두움을 제거해 주는 아미타불의 무한한 지혜와 자비를 나타내는 상징이기 때문이다. 빛은 아미타불의 막힘 없는 구제의 활동을 상징한다.

---

11 같은 책, 120.

지혜의 광명 한없으며
한계를 지닌 모든 상은
동터오는 빛에 감싸여 있나니
진실한 빛에 귀명(歸命)할지어다.[12]


자비로운 빛 널리 감싸나니
빛이 이르는 곳마다
법의 즐거움을 일으킨다고 말씀하신다.
대안위(大安慰)에 귀명할지어다.[13]


무애광여래(無碍光如來)의 명호와
그 지혜의 모습 광명은
무명의 기나긴 밤의 어두움을 파하고
중생이 뜻하는 원을 이루어준다.[14]


번뇌에 가리어진 나의 눈은
감싸는 광명을 보지 못해도
대비(大悲)는 지칠 줄 모르고
항시 내 몸을 비추도다.[15]


---

12 『淨土和讚』, 全書, 486.
13 같은 책, 487.
14 『高僧和讚』, 全書, 508.
15 같은 책, 512.

신란이 왜 아미타불의 지칠 줄 모르는 구제 행위의 상징으로서 빛에 초점을 맞추었는지는 이해하기 어렵지 않다. 아미타불의 이름 자체가 무량광을 뜻할 뿐만 아니라 빛은 존재하는 모든 것 가운데서 가장 덜 형체적이며, 모든 상 가운데서 가장 상으로서의 제약과 한계를 초월한 것처럼 보이기 때문일 것이다. 그러나 빛조차도 완벽한 상징은 못 된다. 빛은 물체들에 의하여 장애를 받을 수 있음에 반하여 아미타불의 참빛은 그러한 장애를 모른다. 따라서 아미타불의 빛은 '무량광'이라고 불릴 뿐만 아니라 '무애광'이라고도 불린다. 신란은 말하기를 "태양과 달의 빛은 막는 것이 있을 때 이르지 못한다. 그러나 아미타불의 빛은 사물에 의해 막힘이 없으므로 모든 중생에게 비춘다. 따라서 그는 무애광불이라고 불리는 것이다"라고 한다.[16] 즉, 아미타불의 보이지 않는 빛은 중생들 마음속 가장 어두운 구석까지 비추면서 무지의 암흑을 제거해 주며, 번뇌로 굳어진 마음을 따뜻하게 녹이는 힘을 지니고 있다는 말이다. 우리는 신란의 아미타불과 정토관에 대한 다음과 같은 해석에 동의하지 않을 수 없다.

아미타불과 정토의 실상에 대한 신란의 이해를 특징짓는 것은 그가 그것들이 인간의 개념화와 지적 이해를 초월한다는 것을 강조하는 데에 있음을 알 수 있다. 아미타불은 무한한 빛으로서 인간 의식의 제한된 반경을 초월하며 나아가서 그는 무한한 수명으로서 시간의 관념을 초월한다. 우리가 아미타불을 어떤 특정한 모습을 지닌 것으로 객체화하거나 정토의 위치를 말하거나 그것에다 어떤 특정한 장소를 부여한다면 이러한 관념들은 단지 우리가 지닌 이상들을 투영할 뿐이며, 아미타불의 활동을 우리와는 동떨어진 객체들로 격리시킬 뿐이다. 아미타불과 정토는 깨침을 얻은 지혜와 자비의 활동이자 영역으로서

---

16 『彌陀如來名號德』, 全書, 733.

시간과 공간을 초월한다. 바로 그렇기 때문에 아미타불과 정토는 생사의 전 시간과 역사를 통하여 모든 중생에게 현존할 수 있는 힘을 지닌 것이다.[17]

　그러나 만약 무한한 빛과 생명 이외의 모든 상이 깨달음의 세계인 정토에서 궁극적으로 무의미한 것이라면, 어찌하여 신란은 빛과 생명이라는 상을 고집하며 이름 없는 실재를 아미타불, 즉 무량광불이라 이름해야만 하는가라는 의문은 여전히 남아 있다. 이 같은 상들도 결국 정토를 장식하는 다른 상들과 마찬가지로 끝내 사라져야만 할 것이 아닌가? 진리의 세계에서는 모든 신앙적 언어와 일체의 관념과 형상들은 사라져야 하는 것이 아닌가? 조잡하고 유치한 정토의 상들을 탈신화화해 버린 신란이 아직도 아미타불의 명호에 집착할 이유가 어디에 있는 것이며, 도대체 아미타불이라는 인격화된 불의 정체는 무엇이기에 그래야만 하는 것일까? 여기서 우리는 또다시 이 글이 처음부터 제기해 온 문제, 곧 어떤 특정한 상에 매달릴 수밖에 없는 신앙적 불교인 정토 불교와 일체의 상을 초월하는 세계를 추구하는 대승불교 일반의 갈등의 문제로 되돌아온다. 이 둘은 과연 양립할 수 없는 것이며, 두 세계를 동시에 논하고 있는 신란은 해결할 수 없는 모순을 범하고 있는 것인가?

---

17 *The True Teaching, Practice and Realization of the Pure Land Way: A Translation of Shinran's Kyogyoshinsho* (Kyoto: Hongwanji International Center, 1983~ 1990) III, "Introduction," xxviii.

## 3. 법성법신과 자비

신란에 의하면 정토의 이야기를 구성하고 있는 상들은 바로 실재
그 자체에 근거해 있으며, 실재와 불가분리의 관계에 있다. 그러므로
정토의 이야기와 깨달음의 세계 사이에 근본적으로 존재론적 괴리는
존재하지 않는다. 그러한 상들은 바로 이름 없는 실재인 법신 혹은
진여 그 자체의 활동으로부터 생기는 것이기 때문이다. 정토의 상들은
중생들의 세계인 상들의 세계로 접근해 오는 상 없는 법신(法身, dharma-
kaya)불의 현현이기 때문이다. 신란에 의하면 정토의 상들은 상도
없고, 이름도 없는 불타의 자비로부터 일어나는 상들이다. 따라서
자비야말로 이 두 세계, 즉 상과 무상, 정토의 이야기와 깨달음의
세계를 이어 주는 고리가 되며 양 세계를 매개해 주는 힘이다. 이
문제를 좀 더 자세히 살펴보자.

상과 무상의 문제를 가지고 씨름한 담란을 따라 신란은 법신에
두 종류가 있음을 말한다. 하나는 법성법신(法性法身) 혹은 진여 그
자체이며, 다른 하나는 방편법신(方便法身)이다. 신란은 다음과 같이
말한다.

> 그렇다면 불(佛)에 2종의 법신이 있다. 첫째는 법성법신이라 하고, 둘째
> 는 방편법신이라 한다. 법성법신이라는 것은 색깔도 없고 형체도 없다.
> 그런즉 마음도 미치지 못하고 언어도 끊어진다. 이러한 일여(一如)로부
> 터 형상을 나타내니 방편법신이라고 부른다. 이러한 형태를 취하여[이름
> 없는] 불은 그의 이름을 법장비구라고 했으며 48의 불가사의한 대서원을
> 세우신 것이다. 이 서원들 가운데는 광명무량의 본원과 수명무량의 홍서
> (弘誓)가 있으며 이 같은 두 원을 나타내는 형상에 세친보살은 진시방무애

광여래(盡十力無時光如來)라는 이름을 붙여주었다. 이 여래기 곧 [그의 성불의] 업인(業因)인 서원에 대한 보상으로서 보신(報身)여래라고 불리는 것이다. 곧 아미타여래인 것이다. 보(報)라는 말은 [깨달음을 이루게 한] 원인에 대한 보상이기 때문에 그렇게 부르는 것이다.[18]

이 말이 뜻하는 것은 형상도 없고, 이름도 없고, 이야기도 발붙일 곳이 없는 법성법신으로부터 무한하고 막힘 없는 빛의 형상을 지닌 아미타불이 방편법신으로서 출현했다는 것이다. 이 방편법신은 먼저 법장보살의 형상으로 나타나서 48가지 자비의 서원을 발한 후 진실된 수행을 통해 서원들을 성취함으로써 그 보상으로 무량광불 혹은 무량수불이 된 것이다. 여기서 핵심이 되는 개념은 방편이라는 말로서 신란은 그것을 다음과 같이 더 명확히 설명하고 있다.

이 일여(一如)의 보해(寶海)로부터 형상을 나타내어 법장보살이라는 이름을 취하고 무애의 서원을 세움을 원인으로 해서 아미타불이 되었다. 이 때문에 보신여래라고 부르는 것이다. 그는 진시방무애광불이라 불리기도 하며 이 여래를 나무불가사의광불(南無不可思議光佛)이라고도 하며 방편법신이라고도 한다. 방편이라는 말은 형상을 나타내고 이름을 보여주며 중생에게 자신을 알려주었음을 말하는 것으로서, 즉 아미타불이다. 이 여래는 광명이다. 광명은 지혜이며 지혜는 빛의 형상이다.[19]

요컨대 신란에 의하면 아미타불은 자비심으로 인해 생사의 세계에

---

18 『唯信抄文意』, 全書, 630-631.
19 『一念多念文意』, 全書, 616.

서 방황하는 중생을 건지기 위하여 형상 없는 세계로부터 한 형상을 취하여 나타난 불이다. 따라서 그는 방편법신이라고 불린다. 이와 같이 상 없는 세계로부터 상의 세계로 나타난 아미타불은 두 세계를 매개해 주는 매개자가 되는 것이다. 신란은 말한다.

> 이 원은 [우리로 하여금] 무상불(無上佛)이 되게 하려는 원이다. 무상불이
> 라는 것은 형상이 없으며 형상이 없기 때문에 자연(自然, jinen)이라고 불
> 린다. 불이 형상을 가진 것으로 보여질 때는 무상열반이라고 부르지 않는
> 다. 우리에게 형상도 없는 것을 알게 하기 위하여 비로소 그것을 아미타불
> 이라 부른다고 나는 배웠다. 아미타불은 우리에게 자연을 알게 하기 위한
> 매개체(料, ryo)인 것이다.[20]

아미타불은 상이 없는 불의 세계와 상의 세계인 중생계, 열반과 생사, 깨달음과 번뇌의 세계를 매개해 주는 매개자—혹은 그리스도교의 용어를 사용하자면 중보자—라는 것이다. 스즈키는 이 같은 법신불 내의 전개, 곧 상이 없는 법성법신이 중생을 구하려는 자비 때문에 상을 취해 법장보살과 아미타불로 나타나는 과정과 석가모니불이 정각을 얻은 후 자기가 깨달은 바를 설하기 위해 깊은 명상으로부터 나오는 과정 사이에 깊은 유사성을 본다. 양자의 경우 모두 무상의 세계를 버리고 중생이 살고 있는 상의 세계로 오도록 자기 부정 내지 자기 제한을 하게 만드는 것은 곧 자비인 것이다.[21]

---

20 『末燈抄』, 全書, 664.
21 D. T. Suzuki, "The Development of the Pure Land Doctrine in Buddhism," *Collected Writings on Shin Buddhism* (Kyoto: Shinshu Otaniha, 1973), 18. 자력 중심의 불교와 타력 신앙 불교의 관계에 대한 스즈키의 논의는 자못 심오하다. 같은 책, 15-28.

방편법신으로서의 아미타불의 매개적 활동의 핵심은 두말할 필요 없이 그가 법장보살로서 발한 자비의 본원과 이 본원의 성취로 인해 얻은 아미타불이라는 명호에 있다. 중생을 구제하려는 아미타불의 의지의 표현인 본원이야말로 부처와 중생을 이어 주는 매개체가 되는 것이다. 스즈키는 다음과 같이 말한다.

> 본원(本願, hongan, purvapranidhana)은 모든 중생에 대하여 아미타가 품은 의지 혹은 자비(karuna)의 표현이다. 자비는 지혜(반야, prajna)와 더불어 모든 불타의 인격을 이루는 것이다. 초월적 지혜인 반야로써 그는 세상을 관조하며 세상이 진여로부터 오는 것임을 아는 반면에 자비로써 그는 그의 선정으로부터 나와서 우리와 함께 거한다. 바로 이러한 나옴이 본원이라 불리는 그의 원을 발하는 것이 된다. … 그러므로 본원은 아미타의 의지력, 여기서는 무시(無始) 이래 그와 함께 있는 그의 자비로운 마음인 것이다. 다른 말로 말해 본원은 인간적 술어로 표현된 아미타 자신이다. 아미타가 그의 선정에 거하는 한, 그가 반야로서 자기 자신에 머무는 한 그는 중생들이나 상대성의 차원에는 접근할 수 없는 존재이다. 그러나 그는 동시에 자기 자신 밖의 타자에 대한 느낌을 지니고 있는 자비의 화신이기도 하며 이 느낌을 본원의 형태로 표현하는 존재이다. 그러므로 아미타는 본원 속에서 업에 종속되어 있는 우리와 같은 존재들과 의사소통을 하며 우리는 그것을 통하여 그와 접촉하게 되는 것이다.[22]

그리스도교와의 비교적 안목에서 스즈키는 이렇게도 말한다.

---

22 D. T. Suzuki, "Miscellany on the Shin Teaching of Buddhism," 같은 책, 68-69.

정토진종(淨土眞宗)에서 아미타는 어떤 면에서 하느님과 그리스도의 역할을 동시에 수행하고 있다. 신자들에게 있어서 아미타는 빛(abha)이요 생명(ayus)이요 사랑이며, 그의 사랑과 생명으로부터 그의 원들은 발하며, 이 원들을 통해 아미타는 우리와 연결되는 것이다. 원은 중보자이며 아미타의 사랑으로부터 나오는 것이기 때문에 그가 수행하는 중보의 역할은 그리스도와 같은 효력을 지니는 것이다.[23]

본원은 아미타불의 구원의 의지와 힘을 나타내는 것으로서 법성법신, 즉 실재 그 자체에 근거해 있는 우주적 힘이다. 본원은 궁극적 실재가 나타난 하나의 특수한 상에 지나지 않지만, 그런데도 그것은 온 우주의 중생들이 응답하도록 되어 있는 보편적 실재이다. 비록 그것은 정토의 이야기에 의하면 법장보살이라는 한 특정한 존재가 한 특정한 순간에 품었던 의지의 표현에 지나지 않지만, 그것은 무지한 중생들을 언제나 떠나지 않고 있는 영원한 진리, 즉 불의 자비의 나타남이다. 본원은 비록 정토의 이야기에서는 원인(수행)과 결과(성불)의 관계로 나타나고 있지만, 실제로는 그것은 인과를 넘어서고 시공을 초월해 있는 영원한 실재이다. 본원은 이야기를 초월한 실재 그 자체이며, '모든 실재의 근저에' 있는 것이다.[24]

그러므로 신란은 아미타불이 곧 법성법신임을 강조한다. 이것은 전통적 교가들로서는 인정할 수 없는 견해이며 대부분의 정토 사상가들조차도 인정하고 있는 점이 아니다. 그러나 신란에 의하면 아미타불은 형상과 이름을 지니고 나타난 존재이긴 하지만, 실제로는 이름과 형상을 초월한 법성법신이다. 비록 그가 정토의 이야기에서는

23 같은 책, 58.
24 D. T. Suzuki, *Shin Buddhism* (New York: Harper & Row, 1970), 20.

법장보살이라는 보살의 수행 결과에 대한 보상으로 성취된 보신불로 나타나지만, 그의 본질은 시간과 인과성을 초월한 영원한 불, 곧 법성법신 자체라는 것이다. 신란은 다음과 같이 말한다.

> 티끌과 같이 수많은 세계에 막힘 없는 지혜의 빛을 발해주기 때문에 진시 방무애광불이라고 불리는 빛의 형태로 나타나지만 그는 색깔도 없고 형태도 없다. 그는 곧 법성법신과 마찬가지로서 무명의 어두움을 제거하며 악업에 장애받지 않는다. 이러한 이유로 그는 무애광이라고 불리는 것이다. 무예란 중생의 악업과 번뇌에 의해 장애받지 않는다는 것을 뜻한다. 그런즉 아미타불은 광명이고 광명은 지혜를 나타내는 형상임을 알아야 한다.[25]

또 그의 정토화찬(靜土和讚)에서는 신란은 아미타불을 다음과 같이 찬미한다.

> 아미타의 성불 이래
> 710겁이 경과했다 말하지만
> 티끌과도 같이 많은 아득한 겁보다도
> 더 오랜 불로 보인다.[26]
> 무명의 긴 밤을 불쌍히 여겨
> 법신의 광륜(光輪) 한없이
> 무애광불의 모습으로 나타나서

---

25 『唯信抄文意』, 全集, 631.
26 『淨土和讚』, 全集, 492.

안양계(安養界, 정토)에 나타나신다.[27]

요컨대 법장보살과 그가 발한 서원 그리고 그 결과로 얻어진 아미타불과 그의 정토는 비록 형상으로 나타난 것이지만 본질적으로 법성법신 그 자체와 다른 것이 아니다. 그 모든 것은 상의 세계에 머물고 있는 중생들에게 다가와 그들을 상에 대한 가련한 집착으로부터 해방시키고자 나타난 상들인 것이다. 정토의 이야기는 생사의 세계에서 방황하는 중생들을 불쌍히 여겨 중생계 저편으로부터 중생들을 향해 모습을 드러낸 상 아닌 상들이다.

그러나 중생의 구원은 이것만으로는 이루어지지 않는다. 저편으로부터 우리에게 다가온 상 아닌 상의 세계를 우리가 알고 믿기 위해서는 또 하나의 매개 과정이 필요하다. 이 또 하나의 매개 과정이 없이 어떻게 우리가 저 놀라운 정토의 이야기를 듣고 알 수 있겠는가? 자비로운 본원의 힘이 쉼 없이 작용하고 있고, 아미타불이라는 우주적 이름이 언제나 중생들을 부르고 있다 하더라도, 아미타불의 지혜와 자비가 이 부정한 세계의 구석구석에서 중생들의 가슴 속에 빛을 던져주고 있다 하더라도 이러한 진리를 누군가가 우리에게 일깨워주지 않는다면 우리가 어떻게 그것을 알 수 있겠는가? 다시 말해서 생사의 세계에 살고 있는 중생들이 법신불 내에서 전개되는 '형이상학적' 매개의 진리를 알 수 있기 위해서는 구체적인 역사적 매개를 필요로 한다는 것이다. 그렇지 않으면 이 법신 내에 전개되는 드라마는 무지한 중생들에게 아무 필요도 없는 사실이 되고 말 것이다.

신란에게는 이러한 역사적 매개를 시작한 사람은 곧 석가모니불 자신이다. 석가모니불은 정토 삼부경을 통해, 그 가운데서도 특히

---

27 같은 책, 496.

『대무량수경』을 통해 정토에 관한 놀라운 이야기를 중생들에게 들려준 존재이다. 신란은 석가모니불과 『대무량수경』 그리고 본원과 명호라는 우주적 진리와의 관계를 다음과 같이 말하고 있다.

> 진실한 가르침을 드러내는 것, 그것은 곧 『대무량수경』이다. 이 경의 대의는 아미타불이 뛰어난 원을 발하고 법의 창고를 열어 보잘것없는 범부들을 위해 공덕의 보물을 선택해 베풀어 주셨다는 것이다. [이 경은 또 가르치기를] 석가모니가 세상에 출현하셔서 깨달음의 길에 대한 가르침을 밝히시며 무리들을 구하고자 진실한 이로움으로써 그들에게 혜택을 베푸셨다고 한다. 그러므로 여래의 본원을 가르치는 것이 이 경의 참된 뜻이며 부처의 명호가 이 경의 체(體)가 되는 것이다.[28]

이 말이 뜻하는 바를 달리 표현하자면 법신불 내의 자기 전개인 형이상학적 매개로 인해 생긴 본원과 명호가 석가모니불과 『대무량수경』이라는 역사적 매개를 통하여 직접적으로 중생들을 위한 진리, 중생들의 이익이 되었다는 말이다.

신란에 의하면 이와 같은 역사적 매개는 석가모니불로 끝나지 않는다. 역사적 매개는 석가여래 이후에 출현하여 석가가 설한 정토 경전들의 의미를 밝혀준 뛰어난 정토 종사들의 '해석학적' 전통에 의해 계속되었다. 신란은 말한다.

> 아미타의 본원이 진실이라면, 석존의 교설이 허언일 수 없다. 불타의 교설이 진실이라면, 선도의 해석이 허언일 수 없다. 선도의 해석이 진실이라면

---

28 『教行信證』, 1-2.

호넨의 말씀이 빈말이 될 수 있겠는가? 호넨의 말씀이 진실이라면, 나의 말도 결코 헛될 수 없다.[29]

이것은 결코 신란이 전통의 이름으로 자신의 권위를 높이려고 하는 말이 아니다. 그는 오히려 아미타의 본원이라는 진실의 세계가 석가모니불과 정토 종사들에 의해 역사적으로 매개되어 오는 가운데 죄악 심중한 자기 자신과 같은 존재에게까지 이르게 되었다는 사실을 감격과 확신에 찬 어조로 증언하고 있다. 신란은 이와 같은 사실을 결코 자명한 것이나 당연한 것으로 받아들이지 않았다. 그는 언제나 아미타불의 본원과 명호에 대하여 듣게 된 것을 큰 행운으로 여겼으며, 어떤 필연적 운명과도 같이 여겼다. 정토의 진리에 접하게 된 행운에 대한 깊은 감사와 놀라움을 신란은 다음과 같이 고백하고 있다.

여래 대비의 은덕은
몸을 가루로 만들어도 갚기 어려우며
사주(師主)와 스승들의 은덕도
뼈를 부순다 하더라도 갚아야 한다.[30]

또 그는 『교행신증』의 말미에서 다음과 같이 자신의 심정을 토로하고 있다.

여래의 긍휼과 불쌍히 여김을 깊이 깨달으며, 스승의 가르침의 두터운 은

---

29 『歎異抄』, 全書, 774-775.
30 『正像末和讚』, 全書, 523.

덕을 진정으로 우러러본다. 기쁨은 더욱 충만하고 지극한 감사의 마음은 더욱 깊어진다. 이에 진종(眞宗)의 말씀을 발췌하여 정토의 요체를 추려 놓았다. 오직 부처님의 깊은 은혜만 생각할 뿐 사람들의 조소를 부끄러워 하지 않노라.[31]

신란의 『정토화찬』과 『고승화찬』은 자기 자신에게까지 이르게 된 역사적 매개의 전통에 대한 깊은 감사와 감격을 나타내는 글이며, 그의 유명한 『정신염불게』(正信念佛偈) 또한 정토 종사들, 특히 용수(龍樹, Nagarjuna)로부터 호넨에 이르는 7종사들에 대한 이러한 감사를 노래한 게송들이다. 그 취지를 신란은 이렇게 말한다.

그런즉 위대한 성인의 참다운 말씀에 귀의하고 위대한 조사들의 해석을 읽어 보면서 부처님 은혜의 깊고 넓음을 믿고 깨달아 올바른 믿음과 염불 에 대한 계송을 짓노라.[32]

이렇게 볼 때 신란이 정토 진리를 우리에게 깨닫게 해 준 역사적 매개자들을 궁극적 실재 그 자체로부터 온 존재들로 본 것은 이상한 일이 아니다. 그들도 역시 법장보살이나 그가 발한 원들과 마찬가지로 궁극적 실재의 현현들이다. 보다 더 정확하게 말해 신란은 그들을 아미타불의 화신으로 간주하고 있다. 아미타불은 보신불로서 그의 보신으로부터 "무수한 응화신(應化身)들이 나타나서 티끌과 같이 많은 세계에 막힘 없는 지혜의 빛을 비추어준다." 다시 말해서 방편법신으로

31 『敎行信證』, 203.
32 같은 책, 43.

서의 아미타불 자신이 법성법신의 현현일 뿐만 아니라 아미타불 스스로가 많은 응신과 화신들을 현현시킨다는 것이다. 석가모니불은 물론 그러한 화신들 가운데 가장 중요한 존재이다. 신란은 석가모니불이 세상에 출현한 목적은 오로지 중생들에게 본원의 진실을 '열어'(hiraki)주려는 것이었다고 한다.

> 진실로 우리가 아노니 위대한 성인이 세상에 출현하신 큰 인연은 [아미타불의] 자비로운 원의 참된 이익을 드러내어 그것을 여래들의 직접적 가르침으로 삼으려는 것이었으며 범부들이 즉시로 왕생할 수 있음이 대비의 핵심이 됨을 보여주려는 것이었다. 그리하여 제불의 가르침의 뜻을 살펴보건대 과거 현재 미래의 모든 여래가 세상에 출현하는 참된 본뜻은 오직 아미타불의 불가사의한 원을 설하기 위함이다.[33]

석가모니불은 곧 원을 발하고 성취한 아미타불의 현현이다.

> 영원한 옛날에 성불한 아미타불
> 오탁(五濁)의 미련한 범부들을 불쌍히 여겨
> 석가모니불로 자기를 나타내시며
> 가야성에 응현하셨다.[34]

석가모니불 자신이 아미타불과 같은 마음을 지녔으며, 아미타불의 원에 나타난 중생을 향한 자비를 느끼지 않았다면 어떻게 그가 저

---

33 『淨土文類聚抄』, 全書, 454.
34 『淨土和讚』, 全集, 496.

놀라운 정토의 이야기를 설할 수 있었을까? 그가 아미타불 자신의 화신이 아니었다면 어떻게 그 심오한 진리를 알 수 있었겠는가? 아마도 이와 같은 생각들이 신란으로 하여금 석가모니불을 아미타불의 현현으로 간주하게 만들었을 것이다. 그리고 마찬가지 이유로 해서 신란은 다른 정토 종사들도 역시 아미타불의 현현으로 간주하였던 것이다.

그렇다면 아미타불을 통한 진리의 형이상학적 매개와 석가모니를 통한 역사적 매개의 관계는 어떻게 이해하는 것이 좋을까? 존재론적으로 볼 때는 아미타불과 그의 본원이 석가모니불이나 그가 설한 경전들보다 앞선다. 전자는 실재 자체 내의 초시간적 '사건'으로서 후자보다 시간적으로도 앞설 뿐만 아니라 더 실재성을 지닌다. 본원과 명호를 중생들에게 역사적으로 매개해 주는 석가모니와 경전들은 법성법신 내에서 전개되는 더 근원적인 존재론적 매개 위에 근거해 있기 때문이다. 따라서 역사적 매개도 중요하지만, 더 근원적으로는 법성법신 내에서 전개되는 드라마인 형이상학적 매개야말로 중생의 구원을 위한 참된 기초가 되는 것이다. 이름과 상을 초월한 불타로부터 상의 세계로 향하는 움직임이 먼저 없다면 어떠한 역사적 매개도 불가능했을 것이기 때문이다. 정토 신앙이 믿는 '복음'의 객관적 기반이 되는 이 실재 자체의 신비야말로 신란에게는 가장 근원적인 진리이다. 이것이 왜 신란이 앞서 언급한 정토 종사들의 전통에 관한 인용문에서 아미타불의 본원을, 그것을 중생들에게 가르쳐준 석가모니불이나 자신의 스승 호넨보다 먼저 언급하고 있는 까닭이다. 신란은 "석존의 교설이 진실이라면 아미타불의 본원이 허언일 수 없다"고 말하지 않고 "아미타불의 본원이 진실이라면 석존의 교설이 허언일 수 없다"고 말하고 있음에 유의해야 한다. 존재론적 매개가 인식론적, 역사적 매개보다 우선한다.

이제 다시 한번 우리는 물어야 한다. 도대체 왜 이와 같은 법성법신의 내적 드라마가 필요하단 말인가? 어찌하여 일체의 상을 초월한 법신불이 법장보살이나 아미타불의 모습을 취해 나타나야 하는 것인가? 신란은 대답한다. 무상으로부터 상들이 전개되지 않으면, 무상의 법신이 정토 세계의 상들을 나타내지 않으면 상의 세계에 묶여 있는 중생들로서는 도저히 무상의 진리에 이르는 길이 없기 때문이다. 이야기 없는 실재로부터 한 이야기가 전개되어 나오지 않는다면 우리는 결코 이야기와 시간을 초월한 영원한 실재 자체에 이르지 못하기 때문이다. 법성법신으로부터 전개되는 방편법신의 존재론적 매개 없이는 불타와 중생, 열반과 생사, 정토와 예토의 깊은 단절은 극복될 길이 없기 때문이다. 중생들은 그들 스스로의 힘에 의해 건널 수 없는 강을 건너기 위해서 다리를 필요로 하며, 이 다리는 그들이 자력적으로 놓을 수 없고, 오직 타력에 의해서만 놓여질 수 있다는 것이다. 바로 이 다리, 이 매개체가 법성법신의 자기 부정으로서의 방편법신이며, 그러한 다리가 있음을 우리에게 일깨워 주는 역사적 매개자가 석가모니불과 정토 종사들인 것이다. 타력 신앙으로서의 정토 불교와 자력 성도문적 불교의 가장 결정적인 차이가 여기에 있다. 신란에 의하면 이 정토 불교의 복음에 응답하는 신심과 염불의 행마저도 우리 쪽으로부터 온 것이 아니고 아미타불로부터 온다. 바로 이러한 철저한 타력 신앙이야말로 신란의 정토 사상과 그 이전의 정토 사상을 구별해 주는 핵심적인 차이점이다. 자비에 의해 일어나는 궁극적 실재 자체의 움직임이 없이는 그리고 그러한 자비의 몸짓에 응답하는 우리의 신심마저도 선물로 주는 아미타불의 회향 없이는 우리의 모든 노력은 제아무리 치열하고 진실하다 하더라도 스스로 자신을 구하려는 부질 없는 노력이나 계산(hakarai)에 지나지 않는다고 신란은 말한다.

저쪽으로부터 오는 움직임에 의해서 불타와 우리를 갈라놓는 심연에 다리가 놓일 때 우리에게는 비로소 흔들림 없는 신심이 생기고, 구원의 확실성이 보장된다. 그리고 사후 정토왕생 시에 우리의 눈은 열려 불타와 중생, 깨달음과 번뇌, 열반과 생사, 무상과 상의 세계 사이에 놓여 있던 건널 수 없는 심연이 다만 환상에 지나지 않았음을 깨닫게 될 것이다. 상의 세계에서 중생들을 괴롭히는 모든 차별과 분별들은 사라질 것이다. 그러나 그날이 오기 전까지는 아직도 우리 중생들과 불타 사이에는 극복하기 어려운 간격이 있음을 망각해서는 안 된다고 신란은 말한다. 그때까지는 우리는 아직도 두터운 업장(業障)에 의해 속박되어 있는 존재들로서 오직 신심으로만 구원받은 존재들이기 때문이다. 우리 스스로가 아미타의 무한한 광명으로 화하기 전까지는 신란에 의하면 우리는 어두움의 힘을 결코 완전히 벗어나지는 못한다. 현재에는 다만 구원의 확신만이 있을 뿐이다.


## 4. 정토 불교와 그리스도교의 구원론적 드라마

지금까지 우리는 신란이 어떻게 법성법신이라는 무상의 세계와 정토 신앙이 의존하고 있는 상의 세계 사이에 존재하는 존재론적 괴리를 극복하는지를 살펴보았다. 그 핵심은 무상의 법상법신이 자비로 인해 스스로 자신을 제약하여 상을 지닌 방편법신으로 나타난다는 데에 있다. 무상(無相)의 불과 중생이 거하는 상의 세계를 매개해 주는 정토 불교의 구원론적 드라마(soteriological drama)는 상의 세계에서 전개될 수밖에 없다. 그러나 이것이 정토 이야기에 나타나는 상들이 중생들이 거하는 상의 세계와 동일한 존재론적 차원에 있다는 것을 의미하지는 않는다. 중생들이 경험하는 상의 세계는 구원을 매개해 주기는커녕 도리어 한없는 집착과 번뇌만을 산출하기 때문이다. 따라서 아미타불이 거하는 정토의 상과 중생들이 거하는 예토의 상은 다른 차원에 속한다. 다시 말해 상 없는 세계와 상의 세계를 매개하기 위하여 전개되는 정토의 구원론적 드라마는 그 두 세계 사이에서 중간적 위치를 차지할 수밖에 없다는 것이다. 그렇지 않으면 양자 사이의 매개는 불가능하기 때문이다. 정토 드라마는 중생을 구제하는 힘을 지니고 있으나 결코 그 자체가 전적으로 중생계에 속하는 것은 아니다.

신란이 이해하는 정토 불교의 구원론적 드라마는 따라서 세 가지ㅡ 혹은 관점에 따라 네 가지ㅡ 존재론적 차원에서 전개된다고 할 수 있다. 즉, 무상, 상 그리고 상 아닌 상의 세 차원이다. 그리고 만약 우리가 여기에다 석가모니불이나 정토 종사들과 같은 역사적 매개자들을 또 하나의 차원으로 추가한다면 정토의 구원론적 드라마는 네 가지 차원을 지녔다고도 볼 수 있을 것이다. 역사적 매개자들은 어디까지나 중생들과 같이 상의 세계에 속한 존재들이기 때문에 세 차원만이 존재한다고도 볼 수 있으나 그래도 그들이 여타의 상들과는 달리 아미타불의 화신으로 간주되는 한 또 다른 차원을 형성하고 있다 해야 옳을 것이다. 여기서 우리는 정토 불교의 구원론적 드라마와 그리스도교의 구원론적 드라마 사이에 결정적인 구조적 차이점을 본다. 이제 나는 정토 불교와 그리스도교의 구원론적 드라마를 대비해 보면서 정토 신앙이 서구 신학의 전통적 그리스도론에 대하여 어떤 의의를 지니는지 살펴보고자 한다.

그리스도교의 구원론적 드라마는 신란이 이해하는 정토 불교의 구원론적 드라마와는 달리 주로 시간과 영원, 역사와 하느님이라는 두 개의 존재론적 차원을 놓고서 전개되어 왔다. 두 차원을 매개해 주는 매개자로서의 예수 그리스도는 전적으로 하느님이며, 전적으로 인간인 존재로 이해되어 왔으나 신과 인간 사이의 어떤 중간적 존재나 혹은 신도 아니고 인간도 아닌 제3의 존재론적 위치를 지닌 존재로 간주되지는 않았다. 예수 그리스도는 곧바로 하느님의 육화(incarnation)로서 우리와 같이 피와 살을 지닌 역사적 존재로 이해된 것이다. 따라서 예수 그리스도의 출현이라는 구원론적 드라마는 역사의 한복판에서 진행된 사건으로서 정토 불교의 드라마가 전개되는 제3의 존재론적 차원인 '상 없는 상'의 세계와는 다르다. 정토 신앙이 그리스도교 신학에 암시하고 있는 가장 의미심장한 진리는 하느님과 세상, 초월자와 인간 사이의 단절과 소외가 극복되기 위해서는 적어도 상을 초월한 절대(법성법신)가 자비로써 스스로를 제한하거나 부정하여 상대적 절대(방편법신, 상아닌 상)로 나타나는 움직임이 있어야 한다는 점이다. 이것은 물론 그리스도교에서도 전통적으로 이해하고 있는 예수 사건의 의미이다. 영원하고 무한한 하느님이 자신을 낮추어 유한한 인간의 몸으로 태어났다는 것이 그리스도교 신앙의 요체로 이해되어 왔다. 이것은 얼핏 보기에 정토 불교의 구원론적 드라마와 유사한 구조를 지닌 것 같지만, 자세히 살펴보면 몇 가지 기본적인 차이와 문제점이 드러난다. 첫째, 정토 불교에서 자기 부정과 자기 비하를 하는 주체는 법성법신 자체인데 비하여 그리스도교의 경우 그것은 엄밀히 말해 성부 하느님 자신이라기보다는 성자 하느님, 곧 하느님의 아들이다. 빌립보서 2장에 나오는 자기 공화(ekenosen)의 주체는 천상의 하느님의 아들인 것이다. 전통적으로 그리스도교에서는 하느님 자신이 변화를 한다거나 자기 자신을 상대적 세계로 비하시킨다는 생각은 좀처럼 하지 않았다. 육화의 주인공은 로고스이지 하느님 자신은 아니며, 십자가에 달려 고통을 당하고 돌아가신 분도 어디까지나 하느님의 아들이지 하느님 자신은 아니다.

둘째, 전통적인 그리스도교의 신관은 어째서 유일신 하느님이 영원한 '아들'을 두어야 하는지 그 이유를 사변적으로도 설득력 있게 제시하지 않고 있다. 처음부터 성부, 성자, 성령이 따로 존재하는 것이라고 말한다면 삼신론(tritheism)에 빠질 것이고, 성자와 성령을 피조물로 간주한다면 삼위의 존재를 부정하는 것이 된다. 나는 여기서 삼위일체 교리 자체를 논하고자 하지는 않는다. 문제는 내재적 삼위일체(immanent trinity)를 제아무리 교묘하게 해석해도─상호 관계, 종속, 양태 혹은 그 밖의 어떤 이론이든─ 삼위라는 것을 상정하는 한 성부와 성자가 공존하게 된 이유 혹은 성부가 성자를 허용하게 된 이유 혹은 양자가 적어도 구별되어야만 하는 이유를 설명할 길이 없는 것 같다. 도대체 오직 한 분이신 하느님 안에 애당초 자기 분열 내지 분화(self differentiation)가 생기는 이유는 무엇이며, 이 분화의 성격을 어떻게 이해해야 할까?

셋째, 절대의 자기 부정으로서 나타난 존재인 아미타불과 예수의 존재론적 위상이 달리 이해된다는 사실이다. 아미타불이 상 아닌 상의 세계에 속한 존재라면, 예수는 역사의 세계에 속한 존재로서 역사의 갈등과 고통에 직접적으로 참여한 존재였다. 정토 불교에서 이에 해당하는 존재를 찾는다면, 아미타불보다는 오히려 정토 진리의 역사적 매개자인 석가모니불일 것이다. 양자 모두 어떤 초월적 실재의 화신─비록 이 말의 의미는 달리 해석된다 하더라도─으로 간주됨에도 불구하고 상의 세계에 몸담았던 역사적 존재들이었던 것이다.

이제 위와 같은 차이점들을 염두에 두면서 정토 불교적 관점에서 전통적 그리스도론을 다시 생각해 본다고 할 것 같으면 과연 우리는 어떠한 그리스도론적 통찰들을 얻을 수 있을까?

우선 하느님과 인간의 단절이 극복되기 위해서는 하느님의 아들의 육화 사건 이전에 더 근본적으로 사랑의 하느님 자신에 의한 자기 부정의 움직임이 있어야 한다는 점이다. 이러한 관점에서 우리는 내재적 삼위일체 내의 성부와 성자의 관계를 새롭게 생각해 볼 수 있다. 성자는 곧 성부가 사랑으로 인해 스스로를 부정하고 제한한 모습이며(법성법신이 방편법신으로), 이러한 성자 하느님과 그의 모습을 우리에게 구체적으로 보여준 지상의 예수는 명확하게 구별되어야 한다(아미타불과 석가모니불이 구별되듯이). 전통적인 그리스도교 신학은 하늘에 있는 하느님의 아들 혹은 신학적 술어로 말해 삼위일체 내적 (intratrinitarian) 하느님의 아들과 2천 년 전에 갈릴리 지방을 다니면서 복음을 선포한 '하느님의 아들', 즉 역사적 예수와 전적으로 동일시해 온 것이 사실이다. 그리하여 사실상 역사적 예수는 땅 위에 걸어다니는 하느님의 아들로 간주되었고, 그의 역사성과 인간성은 무시되거나 진지하게 생각되지 않는 결과를 낳았다. 정토 신학적 입장에서 볼 것 같으면 성자 하느님은 아미타불과 같이 상 아닌 상과 같은 존재이며, 지상에 태어나 활동한 예수는 석가모니불과 같이 어디까지나 중생들과 함께 상의 세계에 속한 존재로 이해될 수 있다. 정토 신앙에 있어서도 석가모니불은 단순히 상의 세계에 속하는 역사적 존재만은 아니며, 방편법신인 아미타불의 화현으로 간주된다. 그럼에도 정토 신학이 상 아닌 상으로서의 아미타불과 상의 세계에 속한 석가모니불을 존재론적으로 확연히 구별하듯이 그리스도교 신학에도 삼위일체 내적 하느님의 아들과 지상의 예수를 확연하게 구분하는 것이 좋지 않을까? 석가모니불이 법성법신의 자비에 근거한 정토의 복음을 전했듯이 예수는 하느님의 사랑에 근거한 하느님 나라의 복음을 전한 자이다. 석가모니와 예수는 다 같이 구원의 진리를 계시 혹은 매개해 준 존재로서 진리의 화신으로 간주된다. 다만 차이가 있다면 석가모니는 아미타불의 이야기, 즉 한 '형이상학적 드라마'를 이야기해 준 반면에 그리스도인들은 예수 자신이 펼친 역사적 드라마에서 성자 하느님의 모습을 본다. 이 차이점이 지닌 의미는 잠시후 다시 논의될 것이다.

법성법신이 자비로써 자신을 제한하여 아미타불이라는 방편법신으로 나타났다는 것이 정토 복음의 근본이 되는 사실이라면, 성부 하느님이 사랑 가운데서 자기 자신을 제한하고 부정하여 성자 하느님의 모습으로 자신을 계시했다는 것이야말로 그리스도교 복음의 근본이다. 아미타불과 법성법신이 하나이듯이 성부와 성자는 하나이다. 아미타불이 중생을 향한 자비의 법성법신이듯이 하느님의 아들은 인간을 위하는 하느님(deus pro nobis) 자신이다. '하느님의 아들'이란 하늘 어디엔가 자리 잡고 있는 어떤 신화적 존재가 아니며, 부활하신 주님은 '하느님의 오른편' 보좌에 좌정하고 계시면서 우리의 경배를 받으시는 두 번째 하느님이 아니다. '하느님의 아들'이란 표현은 이제 과감히 탈신화화되어 세상과 인간을 위해 스스로를 부정하시는 사랑의 하느님 자신을 가리키는 말로 이해되어야 할 것이다. 인간을 사랑하고, 인간이 사랑으로 사귀고 접근 가능하도록 자신을 낮추는 하느님, 이것이 하느님의 아들이라는 말이 나타내고자 하는 뜻이 아닐까? 만약 하느님이 자신의 정체성을 고수하면서 하느님 자신으로 머물러 있는 한, 하느님이 세계와 인간과는 무관하게 자기 충족적 존재로 있는 한 우리는 하느님에 대하여 어떠한 관념도 가질 수 없으며, 그를 사랑할 수도 없으며, 그에게 접근할 수도 없을 것이다. 죄인들과 함께하시는 사랑의 하느님을 전하는 그리스도교의 복음은 성립될 수 없을 것이다. 하느님은 사랑이기에 항시 자기 제한과 자기 부정, 자기 비하와 자기 공화(kenosis) 속에서 존재한다. 사랑의 하느님, 우리를 위한 하느님, 임마누엘(Immanue) 하느님, 이것이 하느님의 아들이라는 말이 나타내고자 하는 의미일 것이다. 하느님의 사랑과 육화와 창조를 연결시키면서 신학자 몰트만은 이 점을 다음과 같이 말하고 있다.

> 하느님은 사심 없는 사랑이다. 공화(kenosis)는 삼위일체 하느님의 비밀이다. 하느님은 사심 없는 사랑으로 인해 모든 피조물 속으로 침투하시며 생명을 부여하신다. 이와 같이 하느님은 창조의 공동체 안에 살고 계시며, 모든 피조물의 공동체로 하여금 자기 자신 안에 살도록 하신다. '이와 같은' 상호 침투(perichoresis) 속에서 존재하는 모든 것은 존재하며 살고 있다. 하느님의 사심 없는 내감(empathy)은 모든 피조물의 상호 공감(sympathy)을 일깨운다. 상호 침투는 창조 세계의 비밀이기도 하다.[35]

여기서 몰트만은 하느님의 삼위일체 내적 관계뿐만 아니라 하느님의 창조, 육화, 하느님과 세계와의 관계 그리고 사물과 사물들 간의 관계까지도 상호 침투 혹은 상호 내재(perichoresis)라는 개념으로 설명하고 있으며, 이 상호 침투가 가능한 것은 하느님이 근본적으로 자신을 제한하고 공화하는 사심 없는 사랑이기 때문이라는 것이다.[36] 자기

---

35 Jürgen Moltmann, "God is Unselfish Love," *The Emptying God: A Buddhist-Jewish-Christian Conversation*, ed. by John B. Cobb, Jr. and Christopher Ives (Maryknoll, New York: Orbis Books, 1990), 121.

36 내재적 삼위일체와 '상호 침투' 개념에 대한 몰트만의 견해에 대하여는 그의 "Die immanente Trinitat," *Trinität und Reich Gottes: Zur Gotteslehre* (Milnchen: Chr.

공화(kenosis)는 다만 하느님의 아들 그리스도의 자기 비움의 행위로만 이해될 것이 아니라 하느님 자신의 본질적 성격으로 이해되어야 한다는 것이며, 이 점에서 몰트만은 경도학파의 종교철학자들과 기본적으로 일치하고 있다.37 사실 하느님이 자기의 초월적 절대성에만 머물거나 자기 동일성만 고집한다면 그는 참으로 절대적인 존재일 수 없으며, 오히려 상대적 세계와 상대되는 상대적 절대로 되어버린다는 경도학파 철학자들의 통찰은 그리스도교 신학자들에 의해서도 진지하게 받아들여져야 한다.

정토 불교의 구원론적 드라마가 그리스도교의 구원론적 드라마와 그리스도론의 이해에 던져주는 또 하나의 문제점은 아미타불과 역사적 예수 사이에 발견되는 존재론적 위상의 차이 문제였다. 그리스도교 신앙은 영원한 하느님의 아들이 자기 자신을 비워 살과 피를 지닌 구체적 존재로 시간과 역사의 세계에 들어와서 하느님 나라 운동을 하다가 십자가에 처형당한 후 부활했다고 말한다. 그리스도교의 구원론적 드라마가 지닌 이러한 이차원적 성격은 그 드라마의 비극적 성격을 잘 설명해 준다. 즉, 하느님의 아들이 역사의 현장에 개입하여 악의 세력에 의해 희생당하고 흉악한 범죄자와 같이 십자가에 처형당했다는 비극적 이야기는 이 드라마의 주인공이 바로 역사적 존재였기 때문에 생기는 일이었다. 예수 이야기는 분명 법장보살이나 아미타불의 이야기처럼 초현실적 세계 어디에선가 일어난 듯한 '신화적' 사건과는 차원을 달리하는 것임이 틀림없다. 예수의 정체가 무엇이었든

---

Kaiser Verlag, 1980), 178-194.

37 이 문제에 관한 경도학파 종교철학자들의 견해에 대하여는 Steve Odin, "Kenosis as a Foundation for Buddhist-Christian Dialogue: The Kenotic Buddhology of Nishida and Nishitani of the Kyoto School in relation to the Kenotic Christology of Thomas J. J. Altizer," *The Eastern Buddhist*, 20/1 (Spring, 1987) 참조.

그는 의심의 여지없이 역사의 현장 속에서 살다 간 존재였다. 그리고 바로 이 점이 불교 일반은 물론이요 정토 신앙에서조차 그리스도교의 구원론적 드라마를 이해하기 어렵게 만든다. 하느님의 아들이 인간 역사에 직접적으로 개입하여 비극의 주인공이 된다는 것은 덧없는 상과 분별의 세계에 대한 맹목적인 집착처럼 보이기 때문이다. 스즈키가 지적한 대로 불교인들의 눈에 십자가는 어떤 숭고함보다는 오히려 잔인함을 보여 주는 것 같아 별로 감동을 느끼기 어렵다는 것이다.

그러나 그리스도교적 관점에서 보면 정토의 구원론적 드라마는 사실성을 결여한 어떤 환상적인 놀이와 같은 이야기로 들린다. 법장보살의 숭고한 서원들과 희한한 정토의 상 아닌 상들은 상들의 세계에 속해 살 수밖에 없는 우리가 겪는 역사적 갈등과는 너무나도 동떨어진 먼 이야기처럼 들린다. 번뇌에 괴로워하는 중생들을 위한 이야기라 하지만 그 이야기는 역사적 현실과는 먼 신화적 이야기로 보이는 것이 사실이다. 그리스도인들은 물을 것이다. "상 아닌 상이 지극히 현실적인 상을 구제하기에 충분한 매개적 힘을 과연 지닌 것일까? 진정한 매개를 위해서는 매개자가 역사의 고통에 직접 참여해야만 하는 것이 아닐까?"

그렇다면 역사적 매개와 신화적 매개 사이에는 조화시키기 어려운 근본적 차이가 있다는 말인가? 신화이든 역사적 이야기이든 모두 상에 사로잡혔다는 점에 있어서는 마찬가지이다. 둘 다 특수성의 집착이라는 비난을 면하기 어렵다. 그러나 정토 불교와 그리스도교 신자들은 그들의 이야기가 결코 이야기 자체에 목적이 있다고는 생각하지 않는다. 한 이야기가 그들에게 있어서 중요한 이유는 그것이 궁극적 실재 자체의 성격을 결정적으로 드러내 주는 힘을 지니고 있다고 믿기 때문이다. 이러한 면에서는 결코 이야기에 대한 '집착'이란 있을 수 없다. 이야기는 어디까지나 실재를 드러내 주는 진리의 수단이며, 실재와의 관계를 회복시켜 주는 매개체이기 때문이다. 법장보살의 이야기나 예수의 이야기는 신앙인들에게 영원한 실재 그 자체의 성격을 계시해 준다.

역사와 신화의 차이가 절대적인 것으로 간주되어서는 안 된다. 그리스도교에서 말하는 이른바 구원사(Heilsgeschichte)란 따지고 보면 단순한 역사일 수는 없다. 그것은 역사이자 하느님이 개입된 초역사적 사건이기 때문이다. 그리스도교의 구원론적 드라마의 이야기는 우리가 그것을 듣고 의례를 통하여 재현할 때마다 영원히 반복되는 하나의 신화가 되어버린다. 단순한 역사적 사건은 아무리 엄청난 사건이라 하더라도 모든 인류의 영원한 구원을 가져올 힘은 없다. 인간이 구원을 받는 것은 하느님의 영원한 사랑에 의해서이지 어떤 특수한 역사적 사건에 의해서가 아니다. 영원한 진리가 인간을 구원하지 역사의 한 특정한 사건이 인간을 구원하는 것은 아닐 것이다. 십자가와 부활 사건 그 자체가 과연 인류 구원의 힘을 지닌 것인가 아니면 그 배후에 있는 영원한 실재 자체의 힘인가?

신화와 역사의 차이에 대하여 스즈키는 한 미국 철학자와 가졌던 대화를 상기하면서 불교적 관점에서 다음과 같이 말하고 있다.

우리는 다음과 같은 결론에 이르렀다. 신화와 전설과 전통과—전통이란 말은 좋은 말이 못 될는지 모르지만— 시적 상상은 알고 보면 우리가 사실적 역사라고 부르는 것보다 더 실재적(real)이다. 우리가 사실이라 부르는 것은 정말로 사실이 아니며, 그렇게 신뢰할 만하고 객관적인 것이 못 된다. 참된 객관성은 형이상학적 주관성, 말하자면 형이상학적 진리나 시적 전설이나 종교적 신화에 있는 것이다. 그리하여 우리는 아미타의 이야기가 단순한 역사적 진리나 사실보다 더 객관적이고 영적인 실재성을 지니며, 아미타가 객관적인 역사적 사실보다 더 형이상학적 기반을 지닌다는 데 동의했던 것이다.[38]

어느 것이 더 실재적이든 간에 또 어느 것이 더 사실적이든 간에 정토 불교의 이야기와 그리스도교의 이야기는 둘 다 이 보이는 세계와는 다른 어떤 차원의 보다 더 근본적인 '사실'에 대하여 증언하고 있다. 정토 신앙에 의하면 법성법신은 대비로 인해 방편법신으로서 법장보살과 아미타불의 형체로 나타나 구원의 드라마를 펼친다. '방편'이라 말하지만 법장보살의 본원과 아미타불의 자비에 관한 이야기는 의심의 여지없이 궁극적 실재 그 자체가 자비의 성격을 지님을 증언하고 있다. 만약 법성법신 그 자체에 자비가 없다면 어떻게 법성법신이 중생을 위해 스스로를 부정하고 제한하여 방편법신으로서 구원의 드라마를 펼칠 수 있겠는가? 법장보살의 원이 자비의 성격을 띤 실재 그 자체의 깊이로부터 오는 것이 아니라면 어디서부터 온다는 말인가? 신란에 의하면 법성법신은 방편법신인 아미타불을 떠나서는 생각할 수 없으며, 후자 또한 전자 없이 생각할 수 없다. 법성법신은 결코 중생의 고통에 초연한 어떤 비인격적 실재가 아니라 중생의 아픔을 함께 느끼고 고통의 소리에 귀를 기울이는 자비의 성품을 지녔기에 스스로 상의 제약을 감수하면서 법장보살로 나타나는 것이다.

정토 불교 신자들과 그리스도인들은 궁극적 실재의 성격을 사랑과 자비로 이해한다는 데에 있어서 일치한다. 물론 그들의 역사를 통하여 이 사랑과 자비를 체험하고 표현하는 양식이 반드시 같지 않았던

---

38 D. T. Suzuki, *Shin Buddhism*, 36.

것도 사실이다. 하느님이 자신을 부정하여 아들의 모습으로 우리에게 나타나든, 법성법신이 법장보살과 아미타불이라는 상 아닌 상을 취하여 스스로를 나타내든 사랑 혹은 대자대비야말로 궁극적 실재로 하여금 그 자체에 머물러 있지 않게 하고, 죄악 세상에 거하는 인간으로 향하게 하는 힘인 것이다. 인간에게 구원이 있다면 그것은 결국 궁극적 실재 자체가 사랑과 자비이기 때문이 아닐까? 그리고 정토 불교와 그리스도교의 복음의 이야기는 바로 이 같은 근본 사실을 증언해 주는 것이 아니고 무엇이겠는가?

역사적 이야기든 신화이든 예수의 이야기와 법장보살의 이야기는 신자들에게 실재의 가장 깊은 면을 드러내 준다. 신학자 존 캅은 다음과 같이 말한다.

실재가 은총의 성격을 지녔다는 믿음은 사건들의 실제 진행 과정에 대한 생각과 연결되어 있으며, 사건들의 실제 과정에 대한 생각은 실재에 대한 생각과 연결되어 있다. 정토 불교의 전통들에서는 실재에 대한 생각이 일차적 역할을 하는 반면에 그리스도교에서는 실제 사건들의 경과에 대한 생각들이 일차적일지 모른다. 그러나 양자의 경우 모두 우리가 대하고 있는 것은 두 측면이 다 요구되고 있는 일종의 순환적 양상이다. 양자 모두에 있어서 이 순환의 중심은 궁극적 실재의 성격을 규정하고 있는 은총이며, 양자 모두 그 설득력은 참이라고 믿고 있는 이야기에 의존하고 있다.[39]

법장보살의 '신화적' 이야기나 예수 자신의 '역사적' 이야기나 모두 궁극적 실재는 사랑과 자비임을 증언해 주고 있다. 우리는 캅의 다음과

---

39 John Cobb, Jr., *Beyond Dialogue: Toward a Mutual Transformation of Christianity and Buddhism* (Philadelphia: Fortress Pr., 1982), 138-139.

같은 결론에 동의하지 않을 수 없다.

이상으로부터 우리는 아미타는 그리스도라고 결론 짓는다. 즉, 정토 불교 신자들이 아미타라는 말로 가리키는 실재 전체의 모습은 그리스도라고 결론 짓는다. 즉, 정토 불교 신자들이 아미타라는 말로 가리키는 실재 전체의 모습은 그리스도인들이 그리스도라는 말을 사용할 때 가리키는 그것과 동일하다는 것이다. 이것은 불교인들이 말하는 실재에 대한 이야기가 전적으로 옳다는 것을 뜻하지도 않으며, 그리스도인들이 전적으로 옳다는 것도 아니다. 이것은 불교인들이 아미타에 관해서 아는 바를 공부함으로써 그리스도인들이 그리스도에 대한 지식을 증진시킬 수 있다는 것을 뜻하며, 그리스도인들이 그리스도에 대하여 알고 있는 바를 공부함으로써 불교인들이 아미타에 대한 지식을 넓힐 수 있다는 것을 뜻한다. 실로 우리는 불교인들과 그리스도인들 모두에게 관심이 되고 있는 많은 문제에 대해서 함께 숙고할 수 있을 것이다. 그러나 참된 공동 작업은 아직도 미래를 기다려야 한다. 현재로서는 우리는 얼마간 서로 떨어져서 각기 서로 배울 수 있는 바를 고찰하고 있을 뿐이다.[40]

다만 나는 위에서 캅이 '그리스도'라고 부르고 있는 것이 지상의 예수보다는 천상의 그리스도, 곧 하느님의 아들 혹은 인간을 향한 하느님을 지칭해야 한다는 점을 강조하고 싶다. 적어도 정토 불교의 시각에서 보면 지상의 예수와 천상의 그리스도는 지금까지의 서구 신학에서보다는 더 명확히 구별되어야 한다. 지상의 예수와 천상의 그리스도는 인식상으로는 불가분리적이나 존재론적으로는 구별되어

---

40 같은 책, 128.

야 한다는 뜻이다. 그리고 우리는 이 천상의 그리스도, 하느님의 아들이라는 표현들이 가리키고 있는 것은 다름 아닌 사랑과 구원의 하느님 자신임을 말했다.

예수는 하느님의 아들의 육화라고 그리스도교 신앙은 말한다. 그러나 이것은 반드시 예수가 로고스의 유일한 육화라는 것을 뜻하지는 않는다. 정토 불교에서는 진리의 역사적 매개자인 석가모니불 그리고 나아가서 그를 이은 정토 종사들까지 아미타불의 화신이라 믿는다. 우리가 만약 아미타불이 곧 그리스도임을 믿는다면 우리는 이보다 한 걸음 더 나아가서 예수는 무한한 광명인 아미타불의 화신이며, 석가모니불은 하느님의 아들, 즉 로고스의 또 하나의 육화라고 말할 수 있지 않을까? 성서는 분명히 예수 그리스도를 빛이요 생명이라고 증언하고 있다. 그리스도인들에게는 예수는 아미타불이 된 법장보살의 모습을 가장 확실하게 보여준 존재로서 그의 육화라 해도 좋다. 정토 불교 신자들에게는 물론 아미타불의 은총의 신비를 계시해 준 석가모니불이야말로 그의 화신이다.

약 5백여 년의 거리를 두고서 문화적, 종교적 풍토가 전혀 다른 곳에 출현한 두 성자가 각기 다른 방식으로 진리를 증언하며 살다 간 것은 너무나도 당연한 일이며, 그들에 의해 진리의 눈을 뜬 사람들이 그들 인격의 비밀을 이해하고 규정하고자 했던 방식 또한 상이할 수밖에 없었다. 그리하여 하나는 아미타불의 화신, 다른 하나는 하느님의 아들의 육화로 이해된 것이다. 두 신앙 형태를 보는 이러한 견해를 놓고서 쉽게 역사적 상대주의라고 비난할지 모른다. 하지만 땅 위에 살다 간 사람치고 문화적, 역사적 제약을 벗어나서 말하고 생각했던 사람이 일찍이 한 사람이라도 있었던가 우리는 물어야 한다. 석가와 예수도 물론 예외는 아니었다. 그러나 그들이 사용한 제한되고 상대성을 면키 어려운 언어를 통하여 그들은 궁극적 실재가 사랑임을, 사랑이 궁극적인 것임을 한가지로 증언했다. 예수도 석가도 상대적이다. 그들의 언어와 사고방식도 상대적이고, 그들의 정체를 밝혀보고자 했던 모든 사변적 노력도 상대적이다. 그러나 그들이 증언하고자 했던 실재 그 자체만은 상대적인 것이 아니리라 생각해 본다.

정토 불교와 그리스도교는 둘 다 이야기의 종교로서 특정한 상에 집착하는 종교들이다. 그리스도교는 예수라는 한 역사적 존재의 이야기를 진리의 결정적 계시로 삼는 반면에 정토 불교는 석가모니불이 들려주는 한 이야기를 진리와 구원의 길로 삼고 있다. 그러나 둘 다 자기들의 이야기를 소중하게 생각하기는 하되 이야기 자체를 궁극적 진리로 여기거나 목적으로 삼지는 않는다. 둘 다 자기들의 이야기가 어디로부터 오는 것임을 알고 있기 때문이며, 그 속에 숨어 있는 참된 이야기—빛과 생명, 사랑과 자비의 이야기—를 들을 줄 알기 때문이다. 이 참된 이야기를 듣지 못하고, 그러한 이야기들이 어디로부터 오는 것이며 무엇을 가리키고 있는지 모르는 사람에게는 법장보살의 이야기나 예수 이야기는 저급하고 유치한 그리고 황당하게 들릴지도 모를 한낱 이야기에 지나지 않을 것이며, 진리를 향해 가는 길에 오히려 커다란 걸림돌이 될 것이다. 그러나 이야기를 통해서 사실 이상의 사실을 깨닫는 사람에게는 그것은 정녕 기쁜 소식이 될 것이다.

# 참 고 문 헌

## 1. 서양 연구 문헌

Abe, Masao and Cobb, John. "BuddhistChristian Dialogue: Past, Present and Future." *Buddhist-Christian Studies,* 1981.

Barth, Karl. *Church Dogmatics IV. 1.* Edinburgh: T&T Clark, 1956.

_____. *Church Dogmatics IV. 2.* Edinburgh: T&T Clark, 1958.

Bary, Wm Theodore de. (ed.) *Sources of Indian Tradition,* Vol. II, New York: Columbia Univ. Press, 1958.

Bendix, Reinhard. *Max Weber.* New York: Doubleday & Company, Inc., 1960.

Bühler, George. (ed.) *The Laws of Manu.* The Sacred Books of the East. Vol. xxv, 1886.

Cobb, John B. Jr. *Beyond Dialogue: Toward a Mutual Transformation of Christianity and Buddhism.* Philadelphia: Fortress Press, 1982.

Crawford, Cromwell. "Raja Ram Mohan Roy's Attitude toward Christians and Christianity." *Neo-Hindu Views of Christianity.* ed. Arvind Sharma. Leiden: E. J. Brill, 1988.

Dasgupta, Surama. *Development of Moral Philosophy in India.* New York: Frederick Ungar Publishing Co., 1961.

Demiéville, Paul. (trans.) *Entretiens de Lin—chi.* Paris: Fayard, 1972.

_____. "Les entretiens de Lin-chi." *Choix d'etudes bouddhiques.* Leiden: E. J. Brill, 1973.

Dickens, Charles. *Truth and Dialogue in World Religions.* ed. John Hick. Philadelphia: The Westminster Pr., 1974.

Dilthey, Wilhelm. *Pattern and Meaning in History.* New York: Harper and Row, 1962.

Dumont, Louis. *Homo Hierarchicus: The Caste System and its Implications.* Chicago: The University of Chicago Press, 1970.

Dumoulin, H. *Christianity Meets Buddhism.* La Salle, Illinois: Open Court Publishing

Co., 1974.

Eliade, M. & Kitagawa, J. (eds.) *The History of Religions.* Chicago: The Univ. of Chicago Pr., 1959.

Finot, Louis. (trans.) *La Marche à la Lumière(Bodhicaryavatara).* Paris: Les Deux Oceans, 1987.

French, Hal W. "Reverence to Christ Through Mystical Experience and Incarnational Identity: Sri Ramakrishna." *Neo-Hindu Views of Christianity.* ed. Arvind Sharma. Leiden: E. J. Brill, 1988.

_____. "Swami Vivekananda's Experience and Interpretations of Christianity."*Neo-Hindu Views of Christianity.* ed. Arvind Sharma. Leiden: E. J. Brill, 1988.

Gadjin, Nagao. "The Bodhisattva Returns to this World." *The Bodhisattva Doctrine in Buddhism.* ed. Leslie S. Kawamura. Waterloo, Ontario: Wilfrid Laurier University Press, 1981.

Geffre, Claude. *Le Christianisme au risque de l'interpretation.* Paris: Les Editions du Cerf, 1983.

Gerth, H. H. and Mills, C. W. *From Max Weber: Essays in Sociology.* New York: Oxford Univ. Pr., 1958.

Glasenapp, Helmuth von. "Religiose Reformbewegungen im heutigen Indien." *Ausgewahlte Kleine Schriften.* Wiesbaden: Franz Steiner Verlag GMBH, 1980.

Griffiths, Paul J. (ed.) *Christianity through Non-Christian Eyes.* Maryknoll: Orbis Books, 1990.

Habermas, Jürgen. *Erkenntnis und Interesse.* Frankfurt am Main: Suhikamp Verlay, 1968.

Habito, Ruben L. *Total liberation: Zen spirituality and the social dimension.* Maryknoll, New York: Orbis Books, 1989.

Hacker, Paul. "Aspects of Neo-Hinduism as Contrasted with Surviving Traditional Hinduism." *Ausgewahlte Kleine Schriften.* Wiesbaden: Franz Steiner Verlag GMBH, 1979.

Hick, John. *God has Many Names.* Philadelphia: The Westminster Press, 1980.

Kane, P. V. *History of Dharmasastra*. Poona: Bhandarkar Oriental Research Institute, 1968.

Kasper, Walter. *Jesus der Christus*. Mainz: Matthias-Grunewald Verlag, 1974.

Kierkegaard, S. (trans.) *The Principal Upanisads*. London: George Allen & Unwin LTD, 1953.

_____. *Works of Love*. trans. Howard and Edna Hong. New York: Harper & Row, 1962.

King, Winston. *Buddhism and Christianity*. London: George Allen and Unwin LTD, 1963.

Kristensen, W. Brede. *The Meaning of Religion*. The Hague: Martinus Nijhoff, 1971.

Lessing, Gotthold. *Lessing's Theological Writings*. trans. Henry Chadwick Stanford: Stanford Univ. Pr., 1956.

Moltmann, Jürgen. "Die immanente Trinitat." *Trinität und Reich Gottes: Zur Gotteslehre*. Milnchen: Chr. Kaiser Verlag, 1980.

_____. *Was ist heute Theologie?*. Freiburg, Basel, Wien: Herder, 1988.

_____. "God is Unselfish Love." *The Emptying God: A Buddhist-Jewish- Christian Conversation*. ed. Cobb, John B. Jr. and Ives, Christopher. Maryknoll, New York: Orbis Books, 1990.

Nehru, J. *The Discovery of India*. New York: Doubleday & Company Inc., 1960.

Nygren, Anders. *Agape and Eros*. (trans.) Philip S. Watson. New York: Harper & Row, 1969.

Radhakrishnan, S. *The Hindu View of Life*. New York: The Macmillan Co., 1969.

Ramanan, K. Venkata. *Nagarjuna's Philosophy As Presented in the Maha-Prajna-paramita-Sastra*. Delhi: Motilal Banarsidass, 1975, reprint.

Sasaki, Ruth Fuller. (trans.) *The Recorded Sayings of Ch'an Master Linchi-Hui-chao of Chen Prefecture*. Kyoto: The Institute for Zen Studies, 1975.

Shonin, Shinran. *The True Teaching, Practice and Realization of the Pure Land Way: A Translation of Shinran's Kyogyoshinsho*. ed. Yoshifumi Ueda. Kyoto: Hongwanji International Center, 1983~1990.

Smith, Wilfred C. "Comparative Religion: Whither Why?" *The History of Religions*.

eds. M. Eliade & J. Kitagawa. Chicago: The Univ. of Chicago Pr., 1959.

_____. *Questions of Religious Truth*. New York: Charles Scribner's Sons, 1967.

_____. "A Human View of Truth." *Truth and Dialogue in World Religions Conflicting Truth-Claims*. ed. John Hick. Philadelphia: The Westminster Pr., 1974.

_____. "Objectivity and the Humane Sciences." *Religious Diversity: Essays by Wilfred Cantwell Smith*. ed. Willard G. Oxtoby. New York: Harper and Row, 1976.

_____. *The Meaning and End of Religion*. San Francisco: Harper & Row Pub., 1978.

_____. *Faith and Belief*. Princeton: Princeton Univ. Pr., 1979.

Stark, Claude Alan. *God of All: Sri Ramakrishna's Approach to Religious Plurality*. Cape Cod: Claude Stark, Inc., 1974.

Suzuki, D. T. *Shin Buddhism*. New York: Harper & Row, 1970.

_____. "The Development of the Pure Land Doctrine in Buddhism." *Collected Writings on Shin Buddhism*. Kyoto: Shinshu Otaniha, 1973.

Tachibana, S. *The Ethics of Buddhism*. London: Curzon Press, 1975; reprint of the 1926 edition, Clarendon Press.

Thurman, Robert A. F. (trans.) *The Holy Teaching of Vimalakirti*. University Park and London: The Pennsylvania State Univ. Pr., 1976.

Tillich, Paul. *Theology of Culture*. New York: Oxford University Press, 1964.

Vivekananda. "Christ, the Messenger." *Christianity through Non-Christian Eyes*.

Wach, Joachim. *The Comparative Study of Religions*. New York: Columbia Univ. Pr., 1958.

Weber, Max. *The Religion of India*. New York: The Free Press, 1958.

Weinrich, Friedrich. *Die Liebe im Buddhismus und im Christentum*. Berlin: Verlag von Alfred Topelmann, 1935.

Yoshifumi, Ueda and Dennis, Hirota. *Shinran: An Introduction to His Thought*. Kyoto: Hongwanji International Center, 1989.

## 2. 동양 연구 문헌

*Jataka* VI, 421. 中村元, 『原始佛敎』. 東京: 日本放送出版t福會, 1970.

가지야마 유이치. 『보살이라는 것』. 경도: 인문서원, 1984.

柳田聖山. 『臨濟錄』.

岩本泰波 『キソスト敎と 佛敎の對比』. 東京: 創文社, 1974.

일본 불교학회 편. 『菩薩觀』. 경도: 평락사 서점, 1986.

中村元. 『佛敎語大辭典』. 「三緣慈悲」.

秋月龍珉 역주. 『臨濟錄』. 禪の語錄 10. 東京: 筑摩書房, 1972.

하야미 다스쿠. 『보살_불교학 입문』. 동경: 동경 미술, 1982.

『感吐譯解普照法語』. 金虛 譯. 松廣寺, 1963.

『高僧和讚』. 全書.

『敎行信證』. 眞宗聖敎全書 II.

『大正新修大藏經』.

『大智度論』第二十卷.

『都序』. 四集合本 (安震湖 編).

『鈴木大抽 全集』 제3권. 東京: 岩波書店, 1968.

『臨禪』 佛典講座 30. 東京: 大藏出版, 1972.

『末燈抄』. 全書.

『彌陀如來名號德』. 全書.

『普照法語』.

『瑜伽論』.

『維摩詰所說經』.

『唯信抄文意』. 全書.

『一念多念文意』. 全書.

『節要』. 四集合本.

『正像末和讚』. 全書.

『淨土文類聚抄』. 全書.

『淨土和讚』. 全書.

『歎異抄』. 全書.

『八十華嚴』.

## 3. 우리말 저술, 논문

「감신대 학보」, 1962.

「기독교 사상」, 1963. 9.

「기독교 사상」, 1971. 12.

「종교연구」 제4집, 1988.

『바가바드기타』. 길희성 역. 서울: 현암사, 1988.

길희성. "예수, 보살, 자비의 하느님: 불교적 관점에서 본 그리스도론." 「사목」 168
    1993. 1.

法成. "민중불교 운동의 이념과 교리적 배경." 『민중불교의 탐구』. 서울: 민족사, 1989.

송길섭. 『한국신학사상사』, 1987.

유동식. 『한국 종교와 기독교』, 1965.

_____. 『한국신학의 광맥』, 1982.

윤성범. 『기독교와 한국사상』, 1964.

_____. 『한국적 신학』. 선명문화사, 1972.

최병헌. 『만종일련』. 박혜선 역. 성광문화사, 1985.